Spanisch
ohne Mühe heute

ASSIMIL®

Die Methode für jeden Tag

Spanisch
ohne Mühe heute

von

Francisco Javier Antón

Deutsche Übersetzung und Bearbeitung von

Barbara Lilienbeck

Zeichnungen von J.-L. Goussé

ASSIMIL®

B. P. 25

94431 Chennevières-sur-Marne Cedex

FRANCE

ISBN 978-2-7005-0107-0

Der Assimil-Verlag bietet folgende Sprachlernmethoden an:

Grundkurse: Reihe „ohne Mühe“

Amerikanisch • Arabisch • Bulgarisch
Chinesisch (2 Bände) • Chinesische Schrift
Dänisch • Deutsch (als Fremdsprache)
Englisch • Finnisch • Französisch
Griechisch • Hebräisch • Hindi • Italienisch
Japanisch (2 Bände) • Kanji-Schrift
Niederländisch • Norwegisch
Polnisch • Portugiesisch • Russisch
Schwedisch • Spanisch • Tschechisch
Türkisch • Ungarisch • Vietnamesisch

Vertiefungskurse: Reihe „in der Praxis“

Englisch • Französisch • Italienisch • Spanisch

Wirtschaftssprache

Englisch/Amerikanisch

Weitere Titel in Vorbereitung

Die Tonaufnahmen mit den fremdsprachigen Texten aller Lektionen und Verständnisübungen aus diesem Buch (insgesamt 200 Min. Spieldauer) können Sie bei Ihrem Buchhändler bestellen:
«El nuevo Español sin esfuerzo»
Auf 4 Audio-CDs: ISBN 978-2-7005-1202-1
Auf einer mp3-CD: ISBN 978-2-7005-1303-5

INHALT

VERZEICHNIS DER LEKTIONEN		**SEITE**

ANHÄNGE

VORWORT

„SPANISCH OHNE MÜHE HEUTE"

Die spanische Sprache hat sich aufgrund der gesellschaftlichen Veränderungen und einer größeren Offenheit der Mentalität weiterentwickelt, so daß eine Neubearbeitung des Buches notwendig wurde. „Spanisch ohne Mühe heute" will dem Leser und Lernenden eine Lehrmethode anbieten, die der heute von Millionen von Spaniern alltäglich gesprochenen Sprache Rechnung trägt.

Wie ist diese Methode aufgebaut?

Der Gesamtaufbau des Buches zeigt keine wesentlichen Abweichungen von der früheren Ausgabe „Spanisch ohne Mühe". Die Grammatik wird weiterhin in Form von Anmerkungen zu jeder Lektion angeboten. In diesen Anmerkungen werden einzelne Vokabeln und Redewendungen näher erläutert und grammatische Strukturen beschrieben, die in Wiederholungslektionen noch einmal aufgegriffen werden. Diese Wiederholungslektionen, die jeweils nach sechs Textlektionen eingebaut sind, sind teilweise komplexer als in der früheren Methode, bieten auf diese Weise aber einen guten Anhaltspunkt bei eventuell auftretenden Unklarheiten.

Der wesentliche Unterschied aber besteht im Niveau des Vokabulars, das sich nunmehr wieder auf einem aktuellen Stand befindet. Was die Texte der Lektionen betrifft, so haben wir uns bemüht, sie zunächst sehr einfach zu gestalten. Mit den ersten dreißig Lektionen werden Sie sich eine Basis schaffen, von der aus Sie danach problemlos interessantere und anspruchsvollere Texte bearbeiten können. Diese ersten Lektionen sind notwendig, um ein Grundwissen an grammatischen Strukturen und wichtigem Vokabular zu erhalten. Sie werden die Erfahrung machen, daß Sie wenn die ersten Lektionen erst „überwunden" sind die folgenden Lektionen in einem ganz anderen Licht sehen, und Sie werden erstaunt sein, wie ausbaufähig Ihr Grundwissen ist. Je weiter Sie fortschreiten, desto weniger Schwierigkeiten werden Sie haben, sich in die Texte hineinzudenken und neue Strukturen und Ausdrücke zu verarbeiten.

Eine weitere Neuerung dieses Buches gegenüber der früheren Ausgabe „Spanisch ohne Mühe" besteht in einem kleinen Anhang über das Spanische, wie es im Spanisch sprechenden Amerika zu finden ist. Vielleicht beschäftigen Sie sich mit diesem Kapitel nur „interessehalber", vielleicht besteht bei Ihnen ein echter Bedarf in jedem Fall werden Ihnen unsere Hinweise dienlich sein.

Nicht zuletzt haben wir eine große Aufmerksamkeit den regelmäßigen und unregelmäßigen Verben geschenkt, die sicherlich eins der großen Probleme für den Spanisch-Lernenden darstellen. Wir haben diesen Teil so übersichtlich gestaltet, daß Sie bei jeglicher Frage bezüglich der Konjugation eines Verbs eine Antwort finden werden.

HINWEISE ZUR VERWENDUNG DIESES BUCHES

Allgemeines

Das vorliegende Lehrwerk richtet sich an Personen, für die das Spanische noch eine völlig unbekannte Sprache ist, aber auch an Personen, die bereits über ein wenig Spanischkenntnisse verfügen, sich jedoch einen Fortgeschrittenenkurs nicht zutrauen und Ihre Kenntnisse gerne etwas auffrischen möchten. Es vermittelt in 109 Lektionen modernes und lebensnahes Spanisch. Insgesamt umfaßt der Wortschatz, den Sie in diesem Kurs erlernen, etwas mehr als 2.000 Vokabeln.

Die Voraussetzung für Ihren Lernerfolg ist die Regelmäßigkeit, mit der Sie lernen. Widmen Sie der spanischen Sprache täglich ca. 15-20 Minuten. Haben Sie einmal wenig Zeit, so vermindern Sie die Lerndosis lieber, als daß Sie sie ganz streichen. Sie müssen nicht pro Tag eine Lektion durcharbeiten, sondern können eine Lektion auf zwei oder drei Tage verteilen. Lernen Sie nicht "zwischen Tür und Angel" oder wenn Sie unter Streß stehen oder zu müde sind. Wählen Sie zum Lernen einen Ort und eine Tageszeit, der bzw. die auf Ihre Lerngewohnheiten abgestimmt ist.

Lesen Sie auf jeden Fall die Einleitung, besonders die Erläuterungen zur Aussprache und die Liste der Laute. Beides ist eine wichtige Ergänzung zu den Tonaufnahmen; außerdem wird hier beschrieben, wie Sie die vereinfachte Lautschrift lesen. Vor allem in den ersten Tagen Ihres Studiums sollten Sie sich die Liste der Laute möglichst täglich ansehen und die Laute laut und deutlich nachsprechen. Außerdem können Sie diese Liste jederzeit zum Nachschlagen benutzen.

Passive und aktive Phase

Wie alle Assimil-Kurse gliedert sich auch dieser Kurs in eine passive und eine aktive Phase (auch "2. Welle"). Bis Lektion 49 lernen Sie zunächst passiv, d.h. Sie sollen nur verstehen, was Sie lesen und hören. Hören Sie möglichst oft die Aufnahmen an, trainieren Sie die Aussprache, lesen Sie die Anmerkungen, und absolvieren Sie die Übungen. In dieser Phase bilden Sie noch keine eigenen Sätze, sondern sammeln lediglich passiv Wortschatz an.

Mit Lektion 50 beginnt die aktive Phase oder "2. Welle". Sie finden nun am Ende jeder Lektion den Hinweis "Zweite Welle:", gefolgt von einer Lektionsnummer. Nachdem Sie eine Lektion wie gewohnt studiert haben, gehen Sie zurück zu der angegebenen Lektion und arbeiten diese aktiv durch, d.h. Sie sollen den deutschen Dialog auf der rechten Buchseite auf Spanisch formulieren, wobei Sie die linke Buchseite zudecken. Dies üben und wiederholen Sie so lange, bis Sie den Text korrekt in die Fremdsprache übersetzen können.

AUFBAU DER LEKTIONEN

A. Lektionstext

Auf jeder linken Buchseite finden Sie den fremdsprachigen Lektionstext, auf der gegenüberliegenden Buchseite die deutsche Übersetzung, die eine sinngemäße Übersetzung ist. Um Ihnen vor allem am Anfang das Verständnis zu erleichtern, finden Sie in den Sätzen, in denen es nötig ist, auch die wörtliche Übersetzung einzelner Wörter oder Satzteile in runden Klammern (...). Dagegen sind Satzteile oder Ausdrücke im Deutschen, die im spanischen Text nicht vorhanden sind, jedoch für das Verständnis oder für die syntaktische Korrektheit des Deutschen wichtig sind, mit eckigen Klammern versehen [...]. Eingekreiste Zahlen am Satzende im spanischen Dialog verweisen auf die Anmerkungen (siehe Punkt C.).

B. Vereinfachte Lautschrift (PRONUNCIACION)

Unter dem Lektionstext finden Sie einen mit **PRONUNCIACION** ("Aussprache") überschriebenen Absatz, der den Lektionstext in vereinfachter Lautschrift wiedergibt. Hierbei handelt es sich *nicht* um die internationale Lautschrift, sondern eine speziell von ASSIMIL entwickelte Phonetik, die Ihnen die Aussprache des Spanischen erleichtern soll. Betonte Silben sind fett gedruckt. Bis Lektion 6 wird jeweils der gesamte Dialog in vereinfachter Lautschrift wiedergegeben, ab Lektion 8 nur noch die Ausdrücke und Wörter, deren Aussprache schwierig oder ungewöhnlich ist. Ab Lektion 50 wird gänzlich auf die vereinfachte Lautschrift verzichtet. Wie Sie die Phonetik lesen, wird in der vorliegenden Einleitung erläutert.

C. Anmerkungen

Eingekreiste Zahlen im spanischen Lektionstext verweisen auf die Anmerkungen, die grundsätzlich auf der gleichen Buchdoppelseite zu finden sind; das erspart Ihnen umständliches Hin- und Herblättern. Die Anmerkungen enthalten in Kürze wichtige Informationen zum Verständnis des jeweiligen Satzes, eines Satzteils oder eines Wortes bzw. deren Grammatik, ergänzenden Wortschatz, Synonyme und Antonyme zu bestimmten Wörtern und gelegentlich landeskundliche Details.

D. Verständnisübung mit Lösung

Die 1. Übung jeder Lektion ist eine aus wenigen spanischen Sätzen bestehende Verständnisübung, in der das Vokabular der aktuellen Lektion und auch der letzten Lektionen wieder aufgegriffen und in einen anderen Kontext eingebettet wird. Anhand dieser Übung können Sie feststellen, ob Sie den bisher gelernten Wortschatz verstanden und assimiliert haben. Die Lösung dieser Übung finden Sie in Form der deutschen Übersetzung der Übungssätze auf der gegenüberliegenden rechten Buchseite.

E. Lückentextübung mit Lösung

Die 2. Übung jeder Lektion ist eine Lückentextübung, die ebenfalls auf dem bislang erlernten Vokabular basiert. Hier sollen Sie auf der Grundlage der angegebenen deutschen Sätze in die darunter stehenden spanischen Sätze fehlende Wörter einsetzen. Die "Lücken" werden durch Punkte dargestellt, wobei jeder Punkt für einen Buchstaben steht. Die Lösung zu dieser Übung, d.h. die fehlenden Wörter, die Sie einsetzen müssen, finden Sie auf der gegenüberliegenden rechten Buchseite.

F. Wiederholungslektionen

Jede 7. Lektion ist eine Wiederholungslektion. Hier wird in systematischer Form die Grammatik der vergangenen sechs Lektionen wiederholt, vertieft und anhand von Beispielen erläutert. In diesen Lektionen finden Sie u.a. auch Konjugations-, Deklinations- und Wortschatzlisten, die Sie vielleicht in den Lektionen vermißt haben.

G. Motivationshinweise

Alle paar Lektionen finden Sie kleine Absätze in Kursivschrift, die dazu dienen sollen, Sie zu ermuntern und zu motivieren, Sie also sozusagen “bei Laune zu halten”. Sie enthalten auch wichtige Tips für das effektive Lernen und für Situationen, in denen Sie auf Schwierigkeiten stoßen oder in denen Sie sich demotiviert fühlen.

H. Illustrationen

Schenken Sie schließlich auch unseren mit viel Liebe gemachten Illustrationen ein bißchen Aufmerksamkeit. Jede Karikatur dreht sich um einen Satz aus der jeweiligen Lektion. Vielleicht helfen Ihnen die Illustrationen, sich bestimmte Wendungen oder Ausdrücke besser zu merken, weil Sie sie dann mit einem Bild bzw. einer Situation verbinden können.

I. Die Aufnahmen

Sie können zwar auch mit dem Buch alleine lernen, wir empfehlen Ihnen dennoch dringend, die Tonaufnahmen (vier Ton-Cassetten oder vier Audio-CDs) zu erwerben. Sie enthalten sämtliche spanischen Lektionstexte sowie die spanischen Texte der Verständnisübung. Professionelle Sprecherinnen und Sprecher gewährleisten eine hohe Authentizität in Aussprache, Betonung und Satzmelodie. Zunächst ist das Sprechtempo relativ langsam. In den ersten sechs Lektionen werden Sie jeden Satz zweimal hören. Danach wird die Lektion noch einmal im Ganzen in Dialogform wiederholt, so wie Sie es auch im Text finden. Erst nach und nach steigert sich das Sprechtempo zu dem typischen, recht schnellen Spanisch, wie Sie es in Spanien antreffen werden.

Die Wiederholungslektionen sind nicht auf den Aufnahmen enthalten.

ARBEITSWEISE

1. Hören Sie sich zunächst die Lektion mehrmals hintereinander auf den Tonaufnahmen an, und vergleichen Sie die Aussprache mit der vereinfachten Lautschrift unter dem Lektionstext.

2. Hören Sie sich dann die Aufnahmen erneut an, und lesen Sie den spanischen Dialog Satz für Satz laut mit, wobei Sie versuchen sollten, der Aussprache des Sprechers möglichst nahe zu kommen. Lesen Sie auch die Übersetzung auf der rechten Seite.

3. Lesen Sie die Anmerkung zu jedem Satz, zu dem eine Anmerkung vorliegt.

4. Hören Sie sich am Ende die Lektion noch einmal komplett auf den Tonaufnahmen an.

5. Lesen Sie jeden Satz so oft laut, bis Sie ihn wiederholen können, ohne ins Buch zu sehen.

6. Hören Sie sich die Lektion noch einmal komplett an.

7. Wenn Sie den gesamten Lektionstext verstanden, die Aussprache geübt und die Anmerkungen gelesen haben, absolvieren Sie die Verständnisübung, am besten schriftlich.

8. Arbeiten Sie anschließend, am besten schriftlich, die Lückentextübung durch, natürlich ohne zwischendurch auf die Lösung zu sehen!

9. Gehen Sie erst dann zur nächsten Lektion über, wenn Ihnen die aktuelle Lektion keinerlei Schwierigkeiten mehr bereitet!

DIE AUSSPRACHE DES SPANISCHEN

Wie Sie vielleicht wissen, wird Spanisch zu den romanischen Sprachen gezählt. Es hat seinen Ursprung zum größten Teil im Lateinischen. Wenn Sie also Sprachkenntnisse in einer anderen romanischen Sprache oder in Latein haben, wird Ihnen bei Ihrem Spanischstudium die sprachliche Verwandtschaft häufig auffallen. Viele Wörter und grammatische Strukturen werden Ihnen dann bekannt vorkommen.

Aber auch ohne diese Vorkenntnisse wird Ihnen das Spanische keine allzu große Mühe bereiten. Die Aussprache des Spanischen bietet – bis auf einige wenige Laute – keine besonderen Schwierigkeiten für den Deutschen. Das Spanische wird gesprochen, „wie man es schreibt". Die Betonung erfolgt nach festen Regeln ohne Ausnahmen. Damit Sie sich am Anfang nicht mit diesen Betonungsregeln beschäftigen müssen, haben wir in den Texten die betonten Vokale fett gesetzt.

Die zu diesem Kurs gehörenden Tonaufnahmen sind insbesondere eine Hilfe, um Ihr Ohr zu schulen. Wenn Sie es ermöglichen können, sollten Sie mit ihnen arbeiten. Auch wenn Sie nicht jedes Wort verstehen werden, wird sich Ihr Ohr doch an die Laute und die typisch spanische Satzmelodie gewöhnen, die für den Deutschen zunächst sehr ungewohnt klingt.

Die meisten Buchstaben des spanischen Alphabets werden wie die entsprechenden deutschen Buchstaben ausgesprochen. Die Laute, die von dieser Regel abweichen, für die also eine spezielle Aussprache gilt, sind die folgenden:

Buchstabe	**Aussprache und Darstellung in der vereinfachten Lautschrift**
b/v	wird ausgesprochen wie das deutsche [*b*] oder - noch besser - wie ein Laut, der zwischen [*b*] und [*w*] liegt.
c/z	wird ausgesprochen wie ein „gelispeltes" [*s*]. Diese Regel gilt für **c** nur, wenn es vor **e** oder **i** steht. Es wird in der Lautschrift durch ein [*ç*] dargestellt.
ch	wird ausgesprochen wie [*tsch*].
h	ist immer stumm und taucht daher auch in der Lautschrift an den entsprechenden Stellen nicht auf.
j/g	wird ausgesprochen wie das deutsche [*ch*] in „rauchen". Diese Regel gilt für **g** nur, wenn es vor **e** oder **i** erscheint
ll	entspricht dem deutschen [*j*] oder einem schnell gesprochenen [*lj*]
ñ	entspricht [*nj*]
r/rr	ist das gerollte [*r*], dem im Deutschen kein Laut entspricht. **rr** steht nie am Wortanfang.
s	wird immer „scharf", also wie unser deutsches „ß" in „Soße" gesprochen und wird in der Lautschrift mit [*ss*] dargestellt.
t	Beim spanischen **t** stoßen Sie mit der Zunge deutlich gegen die oberen Schneidezähne.
x	entspricht dem deutschen [*x*], wird aber oft auch wie [*ss*] ausgesprochen.
qu/c	wird ausgesprochen wie das deutsche [*k*]. Diese Regel gilt für **c** nicht, wenn es vor **e** oder **i** steht (siehe oben).
y	wird wie [*i*] gesprochen. Wenn es vor einem Vokal steht, lautet es wie das deutsche [*j*].

Diese Liste der Laute sollte vor allem in der ersten Zeit Ihres Spanischstudiums Ihr täglicher Begleiter sein!

▶ Leccion primera (1.) [*lekçionn primera*]

Un encuentro

1 – ¡Buenos días! Pablo.
2 – ¡Ana! ¿Qué tal estás? ①②
3 – Bien. Tú, en cambio, tienes mala cara. ③
4 – Sí. Estoy un poco preocupado.
5 – ¿Sabes? Tenía ganas de verte. ④
6 – Yo también.
7 – ¿Quieres comer conmigo?
8 – De acuerdo. Es una buena idea.

AUSSPRACHE

[*uhn enkuentro* **1** *buennoss diass pablo* **2** *anna keh tall esstass* **3** *bienn. tu en kambio tienness malla kara* **4** *ssi. esstoi uhn pocko preockupado* **5** *ssabess tennia ganass de berte* **6** *jo tambienn* **7** *kierress komehr konmigo* **8** *de ackuerdo. ess una buenna idea*]

Erste Lektion

Ein Treffen

1 – Guten Tag, Pablo!
2 – Anna! Wie geht's? (Wie bist du?)
3 – Gut. Du dagegen siehst schlecht aus (hast schlechtes Aussehen).
4 – Ja. Ich bin ein bißchen besorgt.
5 – Weißt du? Ich hatte Lust dich zu sehen (zu sehen dich).
6 – Ich auch.
7 – Willst du mit mir essen?
8 – Einverstanden. [Das] ist eine gute Idee.

Wörtliche Übersetzungen des spanischen Textes werden in runde Klammern gesetzt. Zu Ihrem besseren Verständnis haben wir manchmal deutsche Satzteile, denen im spanischen Text kein Wort entspricht, in eckige Klammern gesetzt.

ANMERKUNGEN

① **¿Qué tal estás?** (häufig auch nur **¿Qué tal?**) entspricht dem deutschen Ausdruck: „Wie geht's?" oder „Wie steht's?". **estás** allein heißt „du bist". Im Spanischen muß nicht unbedingt ein Personalpronomen das Verb begleiten. Daher muß **estás** genau wie **tú estés** übersetzt werden. Entsprechend werden **yo estoy** und **estoy** gleich übersetzt: „ich bin".

② Im Spanischen stehen Ausrufe- und Fragezeichen nicht nur hinter einem Ausruf bzw. einer Frage, sondern auch davor, dann allerdings umgedreht: **¡...!; ¿...?**

③ Die Aussprache des spanischen **r** ist für Deutsche anfangs schwierig. Üben Sie trotzdem weiter: Das typische gerollte **r** wird Ihnen gelingen, wenn Sie mit der Zungenspitze den Gaumen ganz vorn berühren und dabei etwas Luft ausströmen lassen.

④ Die Form **verte** ist zusammengesetzt aus **ver** „sehen" und **te** „dich". Die Aussprache des **v** entspricht einem Laut, der zwischen **b** und **w** liegt. Gelingt Ihnen dieser Laut nicht, so sprechen Sie das spanische **v** wie das deutsche **b** aus.

1. ÜBUNG: VERSTEHEN SIE DIESE SÄTZE?

❶ Tú está**s** bien. ❷ Tú ti**e**nes **u**na id**e**a. ❸ Yo tambi**é**n. ❹ Yo ten**í**a g**a**nas. ❺ Tú qui**e**res com**e**r. ❻ Es **u**na bu**e**na id**e**a. ❼ Yo est**o**y de acu**e**rdo.

2. ÜBUNG: SETZEN SIE DIE FEHLENDEN WÖRTER EIN!

❶ Es geht mir gut.

Yo . . . . . bien.

❷ Du dagegen bist besorgt.

Tu, ... estás preocupado.

❸ Ich auch.

Yo . . . .

❹ Ich hatte Lust zu essen. Ich hatte Lust, dich zu sehen.

Yo . . . . . ganas de . . . . . . Yo . . . . . ganas . . . .

▶ Leccion segunda (2.) [*lekçionn ssegunda*]

Voy a casa

1 – Yo v**o**y a c**a**sa. ①
2 – ¿Vi**e**nes conm**i**go?
3 Est**a**mos mu**y** l**e**jos. ②
4 T**e**ngo un probl**e**ma.

PRONUNCIACION [*pronunçiaçion*]

[*1 jo boi a kassa 2 bienness konmigo 3 esstamoss mui lechoss 4 tengo uhn problema*]

LÖSUNG DER 1. ÜBUNG: HABEN SIE VERSTANDEN?

❶ Es geht dir gut. ❷ Du hast eine Idee. ❸ Ich auch. ❹ Ich hatte Lust. ❺ Du willst essen. ❻ Das ist eine gute Idee. ❼ Ich bin einverstanden.

❺ Du bist bei mir (mit mir). Du bist einverstanden.

Tú ....

Tú ..... de ....

LÖSUNG DER 2. ÜBUNG: DIE FEHLENDEN WÖRTER.

❶ estoy ❷ en cambio ❸ también ❹ tenía - comer - tenía - de verte ❺ estás conmigo - estás - acuerdo.

Achten Sie auf die Seitenzahlen (ganz oben auf jeder Seite); auf diese Weise werden Sie schnell die Zahlen lernen!

Zweite Lektion

Ich gehe nach Hause

1 – Ich gehe nach Hause.
2 – Kommst du mit mir?
3 Wir sind sehr weit [entfernt].
4 Ich habe ein Problem.

ANMERKUNGEN

① In dieser Lektion lernen Sie die Personalpronomen (persönliche Fürwörter) kennen. Denken Sie daran, daß im Spanischen die Verben meist ohne Personalpronomen erscheinen: **Yo voy** entspricht **voy** „ich gehe". Die Verwendung eines Personalpronomens dient in erster Linie der Betonung der genannten Person.

② **j** wird ausgesprochen wie der deutsche Laut **ch** in „rau<u>ch</u>en".

5 El vi**e**ne mañ**a**na. ③
6 Nos**o**tros v**a**mos a com**e**r.
7 **E**lla est**á** cans**a**da. ④⑤
8 H**o**y t**e**ngo **u**na c**i**ta. ⑥⑦
9 **E**llos est**á**n cont**e**ntos. ⑧
10 Vos**o**tros com**é**is en el restaur**a**nte.

PRONUNCIACION

[**5** *ell bi**e**nne manj**a**na* **6** *noss**o**tross b**a**moss a kom**e**hr* **7** ***e**ja esst**a** kanss**a**da* **8** ***o**i t**e**ngo **u**na ç**i**ta* **9** ***e**joss esst**a**nn kont**e**ntoss* **10** *boss**o**tross kom**e**iss en ell restaur**a**nte*]

Über die Betonungsregeln werden wir später sprechen. Vorläufig sollten Sie nur wissen, daß die Buchstaben, die einen Akzent tragen, betont werden. Auf Großbuchstaben fehlen die Akzente; daher müssen wir noch nachtragen, daß die Wörter **lección** *und* **pronunciación** *- mit kleinen Buchstaben geschrieben - einen Akzent auf dem* **o** *tragen.*

EJERCICIO 1: ¿COMPRENDE USTED ESTAS FRASES?

[*echerçiçio primero: ¿kompr**e**nde usst**e**d **e**sstass fr**a**ssess?*]

❶ Yo est**o**y cont**e**nta. ❷ Tú qui**e**res com**e**r. ❸ El vi**e**ne mañ**a**na. ❹ Nos**o**tros est**a**mos cans**a**dos. ❺ **E**llos est**á**n l**e**jos. ❻ **E**lla vi**e**ne conm**i**go. ❼ Vos**o**tros com**é**is.

5 Er kommt morgen.
6 Wir gehen [zum] essen.
7 Sie ist müde.
8 Heute habe ich eine Verabredung.
9 Sie sind zufrieden.
10 Ihr eßt in dem Restaurant.

ANMERKUNGEN

③ Das Zeichen über **ñ** in **mañana** heißt „Tilde". Sprechen Sie den Buchstben **ñ** wie **nj** in „Anja".

④ Das spanische **ll** wird niemals wie das deutsche **l** ausgesprochen; es entspricht vielmehr dem deutschen **j**, manchmal auch dem **ll**, wie Sie es in „Familie" sprechen.

⑤ Eigenschaftswörter richten sich in ihrer Endung immer nach dem Geschlecht der Person, auf die sie sich beziehen. Ist die Person weiblich, so erhalten die meisten Eigenschaftswörter die Endung -**a**, ist sie männlich, so erscheint die Endung -**o**. Bezieht sich das Pronomen auf mehrere Personen, so erscheint zusätzlich die Endung -**s**.

⑥ Das **h** wird im Spanischen niemals ausgesprochen.

⑦ **c** vor den Vokalen **e** und **i** wird ausgesprochen wie ein gelispeltes **s**. Es ist vergleichbar mit dem englischen **th** in **thing**. In der Lautschrift wird es hier dargestellt durch das Zeichen [ç].

⑧ **Ellos** „sie" bezeichnet mehrere männliche oder mehrere männliche und weibliche Personen; das Pronomen für mehrere weibliche Personen heißt **ellas** „sie".

SOLUCION DEL EJERCICIO 1:
¿HA USTED COMPRENDIDO LAS FRASES?

[*ssoluçionn del echerçiçio primero: ¿a usted komprendido lass frassess?*]

❶ Ich (weibl.) bin zufrieden. ❷ Du willst essen. ❸ Er kommt morgen. ❹ Wir sind müde. ❺ Sie sind weit entfernt. ❻ Sie kommt mit mir. ❼ Ihr eßt.

EJERCICIO SEGUNDO:
¡COMPLETE USTED LAS FRASES CON LAS PALABRAS QUE FALTAN!

[*echerçiçio ssegundo: ¡komplete ussted lass frassess kon lass palabrass keh faltann!*]

❶ Ich gehe essen. Ich werde (ich gehe) morgen zu Hause essen.

.. ... . comer. .. ... . comer ...... en .... .

❷ Heute eßt ihr im Restaurant.

... . coméis .. el restaurante.

❸ Sie kommt mit uns. Sie kommt morgen mit uns.

.... viene con .... viene con ....

❹ Du hast eine Verabredung. Du hast ein Problem.

.. tienes una .... tienes un ....

❺ Er ist sehr weit [entfernt]. Er ist sehr müde.

.. está muy .... está ... .

▶ Leccion tercera (3.) [*lekçionn terçera*]

¿Qué tal está?

1	– ¿Usted fuma? ①
2	– Muy poco.
3	– ¿Quiere un cigarro?

PRONUNCIACION

[*keh tall essta* **1** *usste fuma* **2** *mui pocko* **3** *kierre uhn çigarro*]

SOLUCION DES EJERCICIO SEGUNDO:
LAS PALABRAS QUE FALTAN.

*[ssoluçi**o**nn del echerç**i**çio sseg**u**ndo: lass pal**a**brass keh f**a**ltann.]*

❶ Yo voy a - Yo voy a - mañana - casa ❷ Hoy vosotros - en ❸ Ella - nosotros - Ella - nosotros mañana ❹ Tú - cita - Tú - problema ❺ El - lejos - El - muy cansado.

***ACHTUNG! Tú** „du" und **él** „er" werden immer mit Akzent geschrieben und unterscheiden sich dadurch von dem Possessivpronomen (besitzanzeigendes Fürwort) **tu** „dein" und dem bestimmten Artikel **el**: **tú vienes** „du kommst", **tu casa** „dein Haus", **él tiene** „er hat", **el problema** „das Problem".*

Lesen Sie unter Beachtung der Anmerkungen die Lektion noch einmal. Achten Sie genau auf Aussprache und Betonung. Betrachten Sie die Anmerkungen wie einen guten Freund. Leider geht es auch in diesen ersten Lektionen nicht ohne Erklärungen, auch wenn Ihnen diese ein wenig lang erscheinen. Aber es ist wichtig, daß Sie von Anfang an mit den Eigenheiten der spanischen Aussprache vertraut gemacht werden.

Dritte Lektion

Wie geht's Ihnen? (Wie sind Sie?)

1 – Rauchen Sie?
2 – Sehr wenig.
3 – Wollen Sie eine Zigarette?

ANMERKUNGEN

① Wörter, die auf **-d** enden, werden auf der letzten Silbe betont. Das **d** wird nur ganz leicht ausgesprochen oder ist ganz unhörbar. Es darf nicht wie das deutsche **d** in „Ra<u>d</u>" ausgesprochen werden.

4 – Sí. Gracias.
5 – El tabaco rubio, en España, es caro. ②
6 – Tiene usted razón. ③
7 – El tabaco negro cuesta mucho menos. ④ ⑤
8 – Y no fumar es todavía más barato.

PRONUNCIACION

[*4 ssi. graçiass 5 ell tabacko rubio en esspanja ess karo 6 tienne usste raçonn 7 ell tabacko negro kuessta mutscho menoss 8 i no fumar ess todabia mass barato*]

¿COMPRENDE USTED ESTAS FRASES?

❶ ¿Quiere usted fumar? ❷ El tabaco es caro. ❸ Tienes razón. ❹ El fuma muy poco. ❺ Todavía tengo un cigarro. ❻ No es caro. ❼ Es más barato.

4 – Ja. Danke.
5 – Der helle Tabak in Spanien ist teuer.
6 – Sie haben recht. (Haben Sie recht.)
7 – Der schwarze Tabak kostet viel weniger.
8 – Und nicht [zu] rauchen ist noch billiger (ist noch mehr billig).

ANMERKUNGEN

② Eigenschaftswörter stehen meist hinter dem zugehörigen Substantiv (Hauptwort): **el tabaco rubio** „der helle Tabak".

③ Für **z** gilt dieselbe Aussprache wie für **c** vor den Vokalen **e** und **i:** Sie sprechen ein **th** wie in dem englischen Wort „thing". Ein doppeltes **c** wie in **lección** wird gesprochen [*kç*]. Der deutsche Laut **z** existiert im Spanischen nicht.

④ Die Aussprache des spanischen **ch** entspricht dem [*tsch*].

⑤ **mucho** heißt „viel". Steht es bei einem Substantiv, so richtet es sich mit seiner Endung nach dem Geschlecht und der Zahl dieses Substantivs: **muchas ideas** „viele Ideen", **muchos cigarros** „viele Zigaretten".

*Wenn Sie eine Person siezen, so sprechen Sie sie mit **usted** an; wollen Sie mehrere Personen siezen, so verwenden Sie die Pluralform (Mehrzahl) **ustedes**. Die dazugehörigen Verbformen sind die 3. Person Singular bzw. Plural, die Sie bisher mit den Personalpronomen **él** und **ella** bzw. **ellos** und **ellas** gebraucht haben: **él fuma** „er raucht"; **usted fuma** „Sie rauchen"; **ellos fuman** „sie rauchen"; **ustedes fuman** „Sie rauchen" (mehrere gesiezte Personen).*

¿HA USTED COMPRENDIDO LAS FRASES?

❶ Wollen Sie rauchen? ❷ Der Tabak ist teuer. ❸ Du hast recht. ❹ Er raucht sehr wenig. ❺ Ich habe noch eine Zigarette. ❻ Das ist nicht teuer. ❼ Das ist billiger.

COMPLETE USTED LAS FRASES CON LAS PALABRAS QUE FALTAN!

❶ Ich rauche sehr wenig. Ich rauche sehr viel.

Yo fumo . . . . Yo fumo . . . . . .

❷ Du hast recht. Du hast eine Zigarette.

. . tienes . . . . tienes un . . . .

❸ Der Tabak ist billig. Der Tabak ist teuer.

El tabaco . . . . El tabaco . . . .

Leccion cuarta (4.) [*lekçionn kuarta*]

Masculino y femenino ①

1 El niño bebe el agua. ②
2 La madre coge una llave. ②
3 La casa está lejos.
4 La cafetería está cerca de la panadería.

PRONUNCIACION

[*masskulino i femenino* **1** *ell ninjo bebe ell agua* **2** *la madre koche una jabe* **3** *la kassa essta lechoss* **4** *la kafeteria essta çerka de la panaderia*]

❹ Das Haus ist noch weit [entfernt].

La casa está ....

❺ Der helle Tabak kostet weniger.

El tabaco ....

LAS PALABRAS QUE FALTAN.

❶ muy poco - mucho ❷ Tú - razón - Tú - cigarro ❸ es barato - es caro ❹ todavía lejos ❺ rubio cuesta menos.

Vierte Lektion

Männlich und weiblich

1 Das Kind trinkt das Wasser.
2 Die Mutter nimmt einen Schlüssel.
3 Das Haus ist weit [entfernt].
4 Das Café ist in der Nähe der Bäckerei (nahe von der Bäckerei).

ANMERKUNGEN

① Substantive (Hauptwörter) sind im Spanischen entweder weiblich oder männlich. Das sächliche Geschlecht - wie etwa im Deutschen - gibt es nicht. Fast alle Substantive mit der Endung **-o** sind männlich, fast alle Substantive mit der Endung **-a** sind weiblich (aber: **el problema** „das Problem"). Beachten Sie, daß das Geschlecht eines Substantivs im Deutschen und Spanischen häufig nicht übereinstimmt: **un cigarro** „eine Zigarette".

② Der bestimmte Artikel für männliche Substantive heißt **el**, für weibliche Substantive **la**: **el niño**, **la madre**. In der Mehrzahl heißen die Artikel **los** und **las**: **los niños** „die Kinder", **las madres** „die Mütter".

5	T**e**ngo **u**na am**i**ga franc**e**sa. ③
6	Ti**e**nes un transist**o**r españ**o**l. ③
7	El v**a**so est**á** ll**e**no. ④
8	La t**a**za est**á** vac**í**a. ④

PRONUNCIACION

[**5** *t**e**ngo **u**na am**i**ga franç**e**ssa* **6** *ti**e**nness uhn transsisst**o**r esspanj**o**ll* **7** *ell b**a**sso esst**a** j**e**no* **8** *la t**a**ça esst**a** baç**i**a*]

¿COMPRENDE USTED ESTAS FRASES?

❶ El n**i**ño ti**e**ne **u**na ll**a**ve. ❷ Mi am**i**ga v**i**ve en Fr**a**ncia. ❸ El v**a**so est**á** vac**í**o. ❹ La c**a**sa es gr**a**nde. ❺ La t**a**za es pequ**e**ña.

¡COMPLETE USTED LAS FRASES CON LAS PALABRAS QUE FALTAN!

❶ Das Kind nimmt einen Schlüssel. Das Kind nimmt ein Glas.

. . niño . . . . llave. . . niño . . . . vaso.

❷ Das Haus ist weit [entfernt]. Das Haus ist in der Nähe (nahe).

. . casa está . . . . casa está . . . . . .

❸ Ich habe einen Freund. Ich habe eine gute Idee.

Yo tengo . . amigo. Yo tengo . . . . idea.

5 Ich habe eine französische Freundin.
6 Du hast ein spanisches Transistorgerät.
7 Das Glas ist voll.
8 Die Tasse ist leer.

ANMERKUNGEN

③ Die unbestimmten Artikel heißen **un** und **una**: **un transistor** „ein Transistor", **una amiga** „eine Freundin". Im Spanischen gibt es den unbestimmten Artikel auch in der Mehrzahl: **unos niños** „(einige) Kinder", **unas amigas** „(einige) Freundinnen".

④ In der zweiten Lektion haben wir schon über die Endungen von Eigenschaftswörtern gesprochen: Eigenschaftswörter, die sich auf ein männliches Substantiv beziehen, enden meistens auf -**o**; bei weiblichen Substantiven haben sie meistens die Endung -**a**.

¿HA USTED COMPRENDIDO LAS FRASES?

❶ Das Kind hat einen Schlüssel. ❷ Meine Freundin lebt in Frankreich. ❸ Das Glas ist leer. ❹ Das Haus ist groß. ❺ Die Tasse ist klein.

❹ Die Mutter geht zur (zu der) Bäckerei.

.. madre va . .. panadería.

❺ Die Tasse ist voll. Die Tasse ist leer.

.. taza .... taza ....
....

LAS PALABRAS QUE FALTAN.

❶ El - coge una - El - coge un ❷ La - lejos - La - cerca ❸ un - una buena ❹ La - a la ❺ La - está llena - La - está vacía.

Leccion quinta (5.) [*lekçionn kinta*]

Antes del viaje

1 Ahora, estamos en Burgos. ①
2 Mañana, vamos a Madrid. ②
3 – ¿Sabes? Ultimamente, me canso mucho.
4 – Deberías trabajar menos.
5 – La vida en la ciudad es demasiado agitada.
6 Antes de ir a París, quiero consultar al médico.
7 – Yo conozco a un médico muy simpático.
8 – ¿Puedes telefonearle?
9 – ¡Claro que sí! ③

PRONUNCIACION

[*antess dell biache* **1** *aora esstamoss en burgoss* **2** *manjana bamoss a madri* **3** *ssabess ultimamente me kansso mutscho* **4** *deberiass trabachar menoss* **5** *la bida en la çiuda ess demassiado achitada* **6** *antess de ir a pariss kiero konssultar all mediko* **7** *jo konnoçko a uhn mediko mui ssimpatiko* **8** *pueddess telefonearle* **9** *klaro keh ssi*]

Fünfte Lektion

Vor der Reise

1 Jetzt sind wir in Burgos.
2 Morgen fahren wir nach Madrid.
3 – Weißt du? In letzter Zeit (zuletzt) ermüde ich (mich) schnell (sehr).
4 – Du solltest weniger arbeiten (arbeiten weniger).
5 – Das Leben in der Stadt ist zu bewegt [aufreibend].
6 Bevor ich nach Paris fahre (bevor zu fahren nach Paris), will ich den Arzt konsultieren.
7 – Ich kenne einen sehr netten Arzt.
8 – Kannst du ihn anrufen? (anrufen ihn)
9 – Natürlich! (Klar, daß ja!)

***Hora** heißt Stunde; **ahora** heißt eigentlich „zur Stunde", also zur gegenwärtigen Stunde: „jetzt".*

ANMERKUNGEN

① Das Verhältniswort **en** wird im Deutschen - je nach Zusammenhang - mit „in", „an" oder „auf" übersetzt. Es gibt den Ort an, an dem sich etwas befindet.

② Das Verhältniswort **a** bestimmt den Ort, zu dem sich etwas bewegt oder bewegt wird: **Voy a casa** „Ich gehe nach Hause". Es kann auch verwendet werden, um einen Zeitpunkt zu bestimmen: **a la salida** „bei der Abfahrt". **a** mit bestimmtem Artikel **el** wird zu **al**: **al restaurante** „ins Restaurant". Weiterhin steht **a** vor Satzergänzungen, die eine Person bezeichnen: **Yo veo a Pedro** „Ich sehe Pedro". **vamos** ist die erste Person Plural von **ir** „gehen", aber auch „fahren".

③ **Claro** ist ein Wort, das Sie sehr häufig in einer Unterhaltung hören werden. Es entspricht den deutschen Ausdrücken „Natürlich!", „Na klar!", „Sicher!".

¿COMPRENDE USTED ESTAS FRASES?

① Ahora vamos a casa. ② Puedes ir a París. ③ Tengo un amigo muy simpático. ④ Voy a Burgos. ⑤ Estoy en París. ⑥ Nosotros estamos en la ciudad. ⑦ Estás demasiado cansado. ⑧ Yo conozco a un médico. ⑨ Tú puedes telefonearle.

¡COMPLETE USTED LAS FRASES CON LAS PALABRAS QUE FALTAN!

① Jetzt ermüde ich (mich) schnell (sehr). Jetzt ermüde ich (mich) wenig.

.... mucho . .....
.. .. poco.

② Wir sind in Bordeaux. Wir sind in [der] Bretagne.

Estamos .. Burdeos. Estamos .. Bretaña.

③ Er fährt (geht) nach Italien. Er fährt (geht) zur Bäckerei.

El va . Italia. El va . la ....

▶ Leccion sexta (6.) [*lekçionn ssessta*]

Tener - Haber ①

1 Ahora tengo hambre.
2 Hoy tienes una cita.
3 Ellos tienen un coche rojo.
4 Nosotros no tenemos ganas.

PRONUNCIACION

[*tener - aber* **1** *aora tengo ambre* **2** *oi tienness una çita* **3** *ejoss tiennen uhn kotsche rocho* **4** *nossotross no tenemoss ganass*]

¿HA USTED COMPRENDIDO LAS FRASES?

❶ Jetzt gehen (fahren) wir nach Hause. ❷ Du kannst nach Paris gehen. ❸ Ich habe einen sehr netten Freund. ❹ Ich gehe nach Burgos. ❺ Ich bin in Paris. ❻ Wir sind in der Stadt. ❼ Du bist zu müde. ❽ Ich kenne einen Arzt. ❾ Du kannst ihn anrufen.

❹ Vor dem Gang zum Café (bevor zu gehen zum Café).

. . . . . de ir . . . cafetería.

❺ Kannst du mit mir nach Hause kommen? Kannst du mit ihm nach Hause kommen?

¿ . . . . . . venir . casa . . . . ?

¿ . . . . . . venir . casa . . . él?

LAS PALABRAS QUE FALTAN.

❶ Ahora me canso - Ahora me canso ❷ en - en ❸ a -a - panadería ❹ Antes - a la ❺ Puedes - a - conmigo - Puedes - a - con.

Sechste Lektion

Haben

1 Jetzt habe ich Hunger.
2 Heute hast du eine Verabredung.
3 Sie (3. Pers. Plural, männl.) haben ein rotes Auto.
4 Wir haben keine Lust (wir haben nicht Lust).

ANMERKUNGEN

① Dem Verb haben entsprechen im Spanischen zwei Verben: **haber** und **tener**. **Haber** wird als Hilfsverb verwendet, um die zusammengesetzte Vergangenheit (Perfekt) zu bilden: **Yo he comido** „Ich habe gegessen". Dabei folgt das Mittelwort der Vergangenheit (Partizip Perfekt) unmittelbar auf die jeweilige Form von **haber** und hat stets die Endung **–o**. „Sie sind noch nicht gekommen": **Ellos no han venido todavía**.

5	Vos**o**tras ten**é**is un apartam**e**nto bon**i**to.
6	**E**lla ti**e**ne un p**e**rro pequ**e**ño.

Diese Konstruktion kennen wir bereits. Aber...

7	Yo he **i**do al c**i**ne.
8	¿Has com**i**do bi**e**n?
9	El no ha ven**i**do todav**í**a.
10	Nos**o**tros h**e**mos gan**a**do la part**i**da.
11	Vos**o**tros hab**é**is conoc**i**do a su herm**a**na.
12	**E**llas han telefone**a**do a su m**a**dre.

PRONUNCIACION

[**5** *boss**o**trass ten**e**iss uhn apartam**e**nto bon**i**to* **6** ***e**ja ti**e**nne uhn p**e**rro pek**e**njo* **7** *jo e **i**do all ç**i**ne* **8** *ass kom**i**do bi**e**nn* **9** *ell no a ben**i**do todab**i**a* **10** *noss**o**tross **e**moss gan**a**do la part**i**da* **11** *boss**o**tross ab**e**iss konoç**i**do a ssu erm**a**na* **12** ***e**jass ann telefone**a**do a ssu m**a**dre.*]

¿COMPRENDE USTED ESTAS FRASES?

❶ T**e**ngo un c**o**che. ❷ Has com**i**do. ❸ Hab**é**is **i**do al c**i**ne. ❹ Ten**e**mos h**a**mbre. ❺ Has **i**do conm**i**go. ❻ Han telefone**a**do. ❼ Todav**í**a no ha ven**i**do.

¡COMPLETE USTED LAS FRASES CON LAS PALABRAS QUE FALTAN!

❶ Ich habe ein Auto. Ich habe Hunger.

Yo .... coche. Yo ....

❷ Wir haben seine Schwester angerufen.

Nosotros .... a .. hermana.

5 Ihr (weibl.) habt ein hübsches Appartement.
6 Sie hat einen kleinen Hund.
7 Ich bin ins Kino gegangen.
8 Hast du gut gegessen?
9 Er ist noch nicht gekommen.
10 Wir haben das Spiel (die Partie) gewonnen.
11 Ihr habt seine/ihre Schwester kennengelernt.
12 Sie (3. Pers. Plural, weibl.) haben ihre Mutter angerufen.

¿HA USTED COMPRENDIDO LAS FRASES?

❶ Ich habe ein Auto. ❷ Du hast gegessen. ❸ Ihr seid ins Kino gegangen. ❹ Wir haben Hunger. ❺ Du bist mit mir gegangen. ❻ Sie haben telefoniert. ❼ Er ist noch nicht gekommen.

❸ Er ist nicht mit uns gekommen. Er ist noch nicht gekommen.

El . . . . venido con . . . .

El . . . . venido . . . .

❹ Hast du gegessen? Hast du eine Verabredung?

¿ . . . comido? ¿ . . . . . . una cita?

21 • (p**á**gina) v**e**inti**u**na (männl. v**e**inti**u**no)

5 Sie (weibl. Plural) haben einen Hund. Sie haben ein hübsches Appartement.

..... tienen un .... tienen un ....

*Beachten Sie, daß es - anders als im Deutschen - nur das Hilfsverb **haber** zur Bildung des Perfekts gibt. Daher erscheint **haber** auch in solchen Formen, für die wir im Deutschen das Hilfsverb „sein" benötigen: „Ich bin gegangen": **Yo he ido**; „Sie sind gekommen": **Ellos han venido**. Das Verb **tener** drückt einen Besitz oder eine*

▶ Leccion septima (7.) [*lekçionn sseptima*]

Wiederholung und Anmerkungen

1. Begleitende Hinweise

An dieser Stelle wollen wir zunächst einmal stehenbleiben und zusammenfassen, was wir bisher gelernt haben. Auf den vorangehenden Seiten haben Sie einen ersten Eindruck über den Aufbau der Lektionen erhalten. Im folgenden werden die Sätze ein bißchen länger und ihre Strukturen etwas komplizierter; aber... so weit sind wir noch nicht.

Die Dialoge, die wir Ihnen bisher vorgestellt haben, entsprechen den gängigen Ausdrücken und Redewendungen und sind sehr wichtig. Vergessen Sie sie also nicht völlig!

Was die Grammatik betrifft, so haben wir uns schon eine kleine Grundlage geschaffen, die darin besteht, daß wir uns mit einigen wesentlichen Besonderheiten des Spanischen vertraut gemacht haben. Das besondere Interesse liegt bei unserer Methode ja nicht darin, grammatische Regeln zu beherrschen, sondern sprechen zu können. Daher werden im weiteren Verlauf der Lektionen die grammatischen Anmerkungen weniger werden zugunsten der Sätze und der Übungen zur Anwendung der gelernten Strukturen.

LAS PALABRAS QUE FALTAN.

❶ tengo un - tengo hambre ❷ hemos telefoneado - su ❸ no ha - nosotros - no ha - todavía ❹ Has - Tienes ❺ Ellas - perro - Ellas - apartamento bonito.

Zugehörigkeit im weitesten Sinne aus: ***Tengo un coche*** *„Ich habe ein Auto",* ***Tengo hambre*** *„Ich habe Hunger". Die Konstruktion* ***tener que*** *bezeichnet eine Verpflichtung:* ***Tengo que ir a casa*** *„Ich muß nach Hause gehen".*

Siebte Lektion

2. Aussprache

Wir haben diese ersten Lektionen auf die Aussprache ausgerichtet. Sie haben sicherlich schon bemerkt, daß die Aussprache des Spanischen für Deutsche nicht allzu schwierig ist. Jedoch bekommt das Spanische, wenn es allzu deutsch ausgesprochen wird, einen unschönen Klang, und daher wollen wir Sie hier noch einmal auf einige typisch spanische Laute aufmerksam machen:

Buchstabe	Aussprache und Darstellung in der vereinfachten Lautschrift
b/v	wird ausgesprochen wie das deutsche [*b*] oder - noch besser - wie ein Laut, der zwischen [*b*] und [*w*] liegt.
c/z	wird ausgesprochen wie ein gelispeltes [*s*]. Diese Regel gilt für **c** nur, wenn es vor **e** oder **i** steht. Es wird in der Lautschrift durch ein [*ç*] dargestellt.
ch	wird ausgesprochen wie [*tsch*].
h	ist immer stumm und taucht daher auch in der Lautschrift an den entsprechenden Stellen nicht auf.
j/g	wird ausgesprochen wie das deutsche [*ch*] in „rauchen". Diese Regel gilt für **g** nur, wenn es vor **e** oder **i** erscheint

ll	entspricht dem deutschen [*j*] oder einem schnell gesprochenen [*lj*].
ñ	entspricht [*nj*]
r/rr	ist das gerollte [*r*], dem im Deutschen kein Laut entspricht. **rr** steht nie am Wortanfang.
s	wird immer „scharf“, also wie unser deutsches „ß“, gesprochen und wird in der Lautschrift mit [*ss*] dargestellt.
t	Beim spanischen **t** stoßen Sie mit der Zunge deutlich gegen die oberen Schneidezähne.
x	entspricht dem deutschen [*x*], wird aber oft auch wie [*ss*] ausgesprochen.
qu/c	wird ausgesprochen wie das deutsche [*k*]. Diese Regel gilt für **c** nicht, wenn es vor **e** oder **i** steht (siehe oben).
y	wird wie [*i*] gesprochen. Wenn es vor einem Vokal steht, lautet es wie das deutsche [*j*].

Diese Liste der Laute sollte vor allem in der ersten Zeit Ihres Spanischstudiums Ihr täglicher Begleiter sein!

3. Betonung

In einem spanischen Wort kann die Betonung nur auf einer einzigen Silbe liegen. Die Betonungsregeln sind sehr einfach:

Wörter, die auf einen Vokal (**a**, **e**, **i**, **o**, **u**) enden, werden auf der vorletzten Silbe betont. Also: **amigo**, **mañana**, **vaso**, **tengo**, usw.

Wörter, die von dieser Regel eine Ausnahme bilden, tragen einen Akzent auf der Silbe, die betont werden muß: **médico**, **está**, **simpático**, usw.

Wörter, die auf den Konsonanten **n** oder **s** enden, werden ebenfalls auf der vorletzten Silbe betont: **nosotros**, **ganas**, **tienen**, usw.

Sollte ein Wort von dieser Regel eine Ausnahme bilden, so wird dies wiederum durch Akzent kenntlich gemacht: **París**, **lección**, **razón**, **están**, usw.

Wörter, die auf allen anderen Konsonanten (außer **n** und **s**) enden, werden auf der letzten Silbe betont: **Madrid**, **usted**, **venir**, **fumar**, **español**, **estoy**, usw.

Wörter, die von dieser Regel eine Ausnahme bilden, tragen einen Akzent auf der zu betonenden Silbe: **Cádiz**.

4. Verhältniswörter: a und en

Diese beiden Verhältniswörter haben wir in ihrer Anwendungsweise schon kennengelernt; lesen Sie noch einmal die Anmerkungen 1 und 2 der 5. Lektion.

5. Bestimmter und unbestimmter Artikel

Werfen Sie noch einmal einen Blick auf die Anmerkungen der Lektion 4; Sie finden dort auch Erklärungen zum Geschlecht von Substantiven und Adjektiven (Eigenschaftswörtern).

6. Pluralbildung

Die Pluralbildung (Bildung der Mehrzahl) ist im Spanischen sehr einheitlich und daher auch recht einfach: Wenn ein Substantiv oder Adjektiv auf einem unbetonten Vokal endet, so fügen Sie für den Plural ein **s** hinzu: **llave**, **llaves**; **casa**, **casas**; **bonito**, **bonitos**; usw.

Endet ein Substantiv oder Adjektiv auf einem Konsonanten, so lautet die Pluralendung **es**: **razón**, **razones**; **ciudad**, **ciudades**.

7. Übungen für die „Zweite Welle“

Vorläufig können Sie sich damit begnügen, die folgenden Sätze mit ihrer Übersetzung zu vergleichen. Erst wenn Sie die „aktive Phase“ Ihres Studiums erreicht haben, d.h. im Laufe der sogenannten „Zweiten Welle“ (siehe Lektion 49/50) sollten Sie versuchen, die deutschen Sätze auf Spanisch zu formulieren.

1 Wie geht's dir? – Sehr gut. Und dir?

2 Willst du morgen mit mir essen? – Einverstanden. Das ist eine gute Idee.

3 Bevor ich nach Burgos fahre, will ich meine Freundin anrufen.

4 Hast du gegessen? – Nein, und ich habe Hunger.

5 Willst du eine Zigarette? – Nein danke, ich rauche nicht.

6 Jetzt habe ich Lust, ins Kino zu gehen. – Weißt du, daß wir eine Verabredung haben?

7 Kennst du meinen Freund? – Ja, er ist sehr nett.

▶ Leccion octava (8.) [*lekçionn oktaba*]

Por favor. ¿Puede indicarme...?

1 – Por favor. ¿Sabe usted si hay una gasolinera por aquí? ①

2 – ¿No es usted de aquí, verdad?

3 – No, y estoy un poco perdido.

PRONUNCIACION

[*por fabor. puedde indikarme...* **1** *por fabor. ssabe usste ssi ai una gassolinera por aki* **2** *... ess usste ... berda* **3** *... esstoi uhn pocko perdido*]

Übersetzung

1 ¿Qué tal est**á**s ? – Mu**y** bi**e**n. ¿Y tú?

2 ¿Qui**e**res com**e**r mañ**a**na conm**i**go? – De acu**e**rdo. Es **u**na bu**e**na idea.

3 **A**ntes de ir a B**u**rgos qui**e**ro telefone**a**r a mi am**i**ga.

4 ¿Has com**i**do? – No, y t**e**ngo h**a**mbre.

5 ¿Qui**e**res un cig**a**rro? – No gr**a**cias, no f**u**mo.

6 Ah**o**ra t**e**ngo g**a**nas de ir al c**i**ne. – ¿S**a**bes que ten**e**mos una c**i**ta?

7 ¿Con**o**ces a mi am**i**go? – Sí, es mu**y** simp**á**tico.

Achte Lektion

Bitte (zum Gefallen). Können Sie mir sagen (angeben)...?

1 – Bitte. Wissen Sie, ob es hier irgendwo (für hier) eine Tankstelle gibt?

2 – Sie sind nicht von hier, nicht wahr (Wahrheit)?

3 – Nein, und ich bin ein bißchen verloren.

Sie können nun schon viele Wörter ohne Schwierigkeiten aussprechen; sie erscheinen daher auch nicht mehr in Lautschrift. Schwierige und neu eingeführte Wörter werden Sie aber weiterhin unter PRONONCIACION finden. Mittlerweile haben Sie auch die Betonungsregeln kennengelernt; wir werden aber weiterhin die betonten Silben im spanischen Text markieren.

ANMERKUNGEN

(1) **hay** bedeutet „es gibt“, „es befindet sich“ bzw. in der Frageform „Gibt es?“, „Befindet sich?“ Es erscheint nur mit unbestimmten Substantiven in der Einzahl oder Mehrzahl. Es ist eine unpersönliche Form des Verbs **haber**, das im Deutschen in diesem Sinne keine Entsprechung hat. Die Übersetzung „vorhanden sein“ kommt seiner Bedeutung vielleicht am nächsten.

4 – No se preocupe, h**a**y **u**na mu**y** c**e**rca de aquí. ②
5 ¿D**ó**nde ti**e**ne ust**e**d el c**o**che?
6 – Es el r**o**jo que est**á** aparc**a**do detr**á**s del bl**a**nco.
7 – Mu**y** bi**e**n. La más pr**ó**xima no est**á** l**e**jos. ②
8 ¿Ve ust**e**d el sem**á**foro?
9 P**a**ra lleg**a**r a la gasolin**e**ra, ti**e**ne que gir**a**r a la der**e**cha despu**é**s del sem**á**foro. ③
10 – M**u**chas gr**a**cias por la informaci**ó**n. Adi**ó**s. ④

PRONUNCIACION

[*4 ... sse preok**u**pe, **a**i **u**na mu**i** çerka de ak**i*** **5** *d**o**nnde ti**e**nne usst**e** ... k**o**tsche* **6** *... r**o**cho keh esst**a** apparka**d**o detr**a**ss dell bl**a**nko* **7** *mu**i** bi**e**nn. ... pr**o**xima ... l**e**choss* **8** *be usst**e** ell ssem**a**foro* **9** *p**a**ra ljeg**a**r ... gassolin**e**ra, ... chir**a**r ... der**e**tscha desspu**e**ss dell ssem**a**foro* **10** *m**u**tschass gr**a**çiass por ... informaçi**o**nn. adi**o**ss*]

¿COMPRENDE USTED ESTAS FRASES?

❶ H**a**y un c**o**che en la c**a**lle. ❷ ¿D**ó**nde est**á** P**a**blo? ❸ No se preoc**u**pe. ❹ El r**o**jo es p**a**ra **A**na. ❺ Mu**y** bi**e**n. ❻ El v**a**so est**á** detr**á**s del n**i**ño. ❼ Por aqu**í**.

¡COMPLETE USTED LAS FRASES CON LAS PALABRAS QUE FALTAN!

❶ Es gibt eine Tankstelle hier in der Nähe.

. . . una gasolinera . . . . . de . . . . .

❷ Ich bin ein bißchen verloren. Ich bin sehr müde.

Estoy . . . . Estoy . . . .

❸ Seien Sie unbesorgt.

. . . . preocupe.

4 – Seien Sie unbesorgt (sorgen Sie sich nicht), es gibt eine ganz in der Nähe (sehr nahe von hier).
5 Wo haben Sie das Auto?
6 – Es ist das rote, das hinter dem weißen geparkt ist.
7 – Sehr gut. Die nächste ist nicht weit [entfernt].
8 Sehen Sie die Ampel?
9 Um zur Tankstelle zu kommen, müssen Sie hinter der Ampel (nach) rechts abbiegen.
10 – Vielen Dank für die Auskunft. Auf Wiedersehen.

ANMERKUNGEN

② **lejos** und **cerca** sind unveränderlich; ihre Endungen richten sich nicht nach dem Substantiv, auf das sie sich beziehen: **El restaurante está cerca** „Das Restaurant ist in der Nähe“, **La casa está lejos** „Das Haus ist weit entfernt“.

③ **Para** bezeichnet ein Ziel oder eine Bestimmung: **Tengo una llave para usted** „Ich habe einen Schlüssel für Sie“.

④ **por** drückt einen Grund, eine Ursache oder einen Eintausch aus: **Gracias por la información** „Danke für die Auskunft“. Es bezeichnet auch eine räumliche Angabe: **por aquí** „hier herum, hier irgendwo“.

¿HA USTED COMPRENDIDO LAS FRASES?

❶ Es befindet sich ein Auto auf der Straße. ❷ Wo ist Pablo? ❸ Seien Sie unbesorgt. ❹ Der rote ist für Anna. ❺ Sehr gut. ❻ Das Glas ist hinter dem Kind. ❼ Hier irgendwo.

❹ Bitte. Danke.

... . ¡ .... !

❺ Sie (höfl.) sind rechts (an der Rechten). Sie (höfl.) sind hinter dem Auto.

Usted .... a .. .. Usted .... coche.

⑥ Nach dem Essen. Nach Ihnen.

. . . . comer. . . . . de usted.

Denken Sie daran, daß es im Moment nicht nötig ist, jede Lektion von Grund auf zu verstehen, bevor Sie zur nächsten übergehen. Kleinere Unklarheiten werden sich auflösen, je weiter Sie fortschreiten.

▶ Leccion novena (9.) [*lekçionn nobena*]

La hora

1 **A**ntes de acost**a**rse.
2 – ¿Qué h**o**ra es?
3 – Son las di**e**z y cu**a**rto. ①
4 – V**o**y a acost**a**rme.
5 – ¿Mañ**a**na vas a madrug**a**r? ②
6 – Sí. ¿Pu**e**des despert**a**rme a las si**e**te?
7 – ¿Por qué no p**o**nes tu despertad**o**r? ③
8 – P**o**rque el mu**e**lle est**á** r**o**to.
9 – Ent**o**nces, de acu**e**rdo. Bu**e**nas n**o**ches.
10 – Bu**e**nas n**o**ches. H**a**sta mañ**a**na.

PRONUNCIACION

[*la **o**ra **1** **a**ntess ... ackosst**a**rsse **2** keh **o**ra ess **3** ssonn lass di**e**ç i ku**a**rto **4** b**o**i ... ackosst**a**rme **5** manj**a**na bass a madrug**a**r **6** ... pu**e**ddess desspert**a**rme ... lass ssi**e**tte **7** por keh ... p**o**ness ... dessperta**d**or **8** p**o**rke ... mu**e**lje ... r**o**tto **9** enntt**o**nnçess ... acku**e**rdo. bu**e**nnass n**o**tschess **10** .... **a**ssta manj**a**na*]

LAS PALABRAS QUE FALTAN.

❶ Hay - cerca - aquí ❷ un poco perdido - muy cansado ❸ No se ❹ Por favor - Gracias ❺ está - la derecha - está detrás del ❻ Después de - Después.

Aber vergessen Sie nicht
- die fettgedruckten Silben deutlich zu betonen;
- jeden einzelnen Vokal auszusprechen;
- das r und rr zu rollen.

Neunte Lektion

Die Stunde (die Uhrzeit)

1 Vor dem Schlafengehen (sich hinlegen).
2 – Wieviel Uhr ist es? (Welche Stunde ist?)
3 – Es ist Viertel nach zehn (es sind die zehn und Viertel).
4 – Ich werde schlafen gehen (ich gehe zu mich hinlegen).
5 – Wirst du morgen frühzeitig aufstehen?
6 – Ja. Kannst du mich um sieben [Uhr] wecken?
7 – Warum stellst du nicht deinen Wecker?
8 – Weil die Feder kaputt ist.
9 – Also, einverstanden. Gute Nacht (gute Nächte).
10 – Gute Nacht. Bis morgen.

ANMERKUNGEN

① Die Uhrzeit geben Sie an mit der Wendung **Es la una** „Es ist eins" bzw. **Son las dos, tres, cuatro** usw. „Es ist zwei, drei, vier (Uhr)" usw. Viertel- und halbe Stunden zählen Sie hinzu: **Son las ocho y cuarto** „Es ist Viertel nach acht", **Son las nueve y media** „Es ist halb zehn".

② **madrugar** ist ein typisch spanisches Verb; es bedeutet „früh aufstehen".

③ **Por qué** „Warum?"; **porque** (mit der Betonung auf dem **o**) „weil".

¿COMPRENDE USTED ESTAS FRASES?

❶ ¿Qué h**o**ra es? ❷ **A**ntes de com**er**. ❸ **A**na va a madrug**ar**. ❹ V**o**y a **i**rme a c**a**sa. ❺ ¿Por qué no vi**e**nes al c**i**ne? ❻ P**o**rque no t**e**ngo g**a**nas. ❼ Son las c**i**nco y cu**a**rto.

¡COMPLETE USTED LAS FRASES CON LAS PALABRAS QUE FALTAN!

❶ Wieviel Uhr ist es? Wieviel Uhr ist es bitte?

¿ . . . . ? ¿ . . . . ?

❷ Es ist fünf nach eins (ein Uhr und fünf). Es ist halb zwei (ein Uhr und halb).

. . la . . . . la . . . .

❸ Warum kommst du nicht mit mir? Warum kommst du morgen nicht?

¿ . . . . . . no vienes . . . . ? ¿ . . . . . . no vienes . . . . . . ?

❹ Weil ich nicht kann. Weil ich mit Anna gehe.

. . . . . . no . . . . voy . . . Ana.

❺ Also, bis morgen. Also, gute Nacht.

. . . . mañana. . . . . buenas . . . .

Wenn Sie in Ihrer täglichen Lektion auf ein Wort, eine Redewendung oder eine Besonderheit in der Aussprache treffen, die Ihnen immer wieder entfällt oder die Sie nicht in den Griff bekommen, dann machen Sie einen Vermerk: Unterstreichen Sie die schwierige Stelle, dann blättern Sie ein paar Seiten weiter und notieren dort am Rand die Seitenzahl, wo sich die Schwierigkeit befindet. Wenn Sie diesen

¿HA USTED COMPRENDIDO LAS FRASES?

❶ Wieviel Uhr ist es? ❷ Vor dem Essen. ❸ Anna wird früh aufstehen. ❹ Ich werde (mich) nach Hause gehen. ❺ Warum kommst du nicht ins Kino? ❻ Weil ich keine Lust habe. ❼ Es ist (sind) Viertel nach fünf.

LAS PALABRAS QUE FALTAN.

❶ Qué hora es - Qué hora es por favor ❷ Es - una y cinco - Es - una y media ❸ Por qué - conmigo - Por qué - mañana ❹ Porque - puedo - Porque - con ❺ Entonces hasta - Entonces - noches.

Vermerk ein paar Tage später wiederfinden, dann ist es sehr gut möglich, daß sich das Problem inzwischen gelöst hat, denn wir vertiefen in den Lektionen ständig das, was wir vorher schon einmal gehört haben. Sollte eine Schwierigkeit bestehen bleiben, so machen sie einen weiteren Vermerk.

▶ Leccion décima (10.) [*lekçionn deçima*]

Ser - Estar ①

1 Yo estoy contigo. ②
2 Tú estás cansada.
3 Hoy está ocupado.
4 Ellos están en la habitación.
5 Vosotras estáis con ellos.
6 Nosotros estamos en Barcelona.
7 Ya conocemos este tipo de construcción. Pero...
8 Yo soy francés. ③
9 Tú eres una mujer.
10 Es la una.
11 Nosotras somos jóvenes.
12 Vosotros sois inteligentes. ④
13 Las mesas son pequeñas.

PRONUNCIACION

[*sser - esstar* **1** *... kontigo* **2** *... kanssada* **3** *oi ... ockupado* **4** *eljoss ... abitaçionn* **5** *bossotrass esstaiss konn eljoss* **6** *nossotross ... barçelona* **7** *ja konoçemoss esste tipo ... konsstrukçionn. pero...* **8** *ssoi françess* **9** *... eress ... mucher* **11** *... ssomoss chobeness* **12** *... ssoiss intelichentess* [**13** *... messass ssonn pekenjass*]

Zehnte Lektion

Sein

1 Ich bin bei dir (mit dir).
2 Du (weibl.) bist müde.
3 Heute ist er beschäftigt.
4 Sie sind im (in dem) Zimmer.
5 Ihr (weibl.) seid bei ihnen (mit ihnen).
6 Wir sind in Barcelona.
7 Wir kennen schon diese Art von Konstruktion. Aber...
8 Ich bin Franzose.
9 Du bist eine Frau.
10 Es ist ein Uhr.
11 Wir (weibl.) sind jung.
12 Ihr seid intelligent.
13 Die Tische sind klein.

ANMERKUNGEN

① Dem deutschen Verb „sein" entsprechen die spanischen Verben **ser** und **estar**.

② **Estar** drückt einen nur vorübergehenden, von den jeweiligen Umständen abhängigen Zustand aus. Dies betrifft vor allem den Aufenthalt an einem Ort und einen nur als vorübergehend angesehenen körperlichen oder seelischen Zustand: **Ana está en casa** „Anna ist zu Hause"; **Estoy cansado** „Ich bin müde".

③ Mit **ser** werden solche Eigenschaftswörter oder sonstige Beifügungen verbunden, die charakteristische, unveränderliche, von den jeweiligen Umständen unabhängige Wesenszüge des Subjekts bezeichnen: **Soy francés** „Ich bin Franzose"; **Eres una mujer** „Du bist eine Frau".

④ Die Anwendung von **ser** und **estar** wird Ihnen anfangs noch Mühe bereiten; Sie werden sich aber mit der Zeit in dieses typisch spanische Phänomen hineindenken und auch diese Schwierigkeit bald beherrschen.

¿COMPRENDE USTED ESTAS FRASES?

❶ Están contigo. ❷ La taza es grande. ❸ Yo soy joven. ❹ Son las cuatro de la mañana. ❺ Tú eres española. ❻ Vosotros sois simpáticos. ❼ Nosotras somos hermanas.

¡COMPLETE USTED LAS FRASES CON LAS PALABRAS QUE FALTAN!

❶ Ich (weibl.) bin beschäftigt. Ich bin zu Hause.

Yo . . . . . ocupada. Yo . . . .

❷ Ihr (weibl. Pl.) seid Französinnen. Ihr (weibl. Pl.) seid bei ihnen (männl. Pl.).

Vosotras . . . . francesas. Vosotras . . . .

❸ Bist du gegangen? Bist du jung?

¿ . . . . . . ? ¿ . . . . joven?

▶ Leccion once (11.)

Quiero hablar castellano

1 Ahora hablamos francés.
2 Queremos hablar también castellano.

PRONUNCIACION

[*kiero ablar kassteljano* **1** ... *ablamoss* ... **2** *keremoss ablar* ... *kassteljano*]

¿HA USTED COMPRENDIDO LAS FRASES?

❶ Sie sind bei dir. ❷ Die Tasse ist groß. ❸ Ich bin jung. ❹ Es ist vier Uhr morgens (vom Morgen). ❺ Du bist Spanierin. ❻ Ihr seid nett. ❼ Wir sind Schwestern.

❹ Das Haus ist weiß. Das Haus ist in Barcelona.

La casa . . . . La casa . . . . . .
Barcelona.

❺ Wir sind nett. Wir sind in dem Café.

Nosotros . . . . . simpáticos. Nosotros
. . . . cafetería.

LAS PALABRAS QUE FALTAN.

❶ estoy - estoy en casa ❷ sois - estáis con ellos ❸ Has ido - Eres ❹ es blanca - está en ❺ somos - estamos en la.

Elfte Lektion

Ich will Spanisch sprechen

1 Jetzt sprechen wir Französisch.
2 Wir wollen auch Spanisch sprechen.

Von jetzt an werden nur noch die neu eingeführten Wörter in Lautschrift dargestellt. Sicherlich haben Sie die spanische Aussprache nun schon „im Ohr". Es ist wichtig, daß Sie sich an die Schreibung des spanischen Textes gewöhnen; Ihre Aussprache können Sie anschließend anhand der Lautschrift überprüfen.

3 – ¡Hola, Juan! ①
4 – ¡Carmen! ¿Adónde vas? ②
5 – Voy a clase. Me he puesto a estudiar francés.
6 El próximo verano quiero ir de vacaciones a Córcega.
7 ¿Tú no estudias ninguna lengua?
8 – Hablo un poco francés, pero con mucho acento.
9 – ¿Por qué no vienes conmigo? Tengo un buen profesor.
10 – Actualmente no tengo tiempo.
11 Pero estudio un poco cada día en casa.

PRONUNCIACION

[*3 ola chuan 4 karmen adonde ... 5 ... klasse. me ... puessto ... esstudiar ... 6 ... berano ... bakaçioness ... korçega 7 ... esstudiass ninguna lengua? 8 ablo ... açento 9 ... buenn professor 10 aktuallmente ... 11 pero esstudio ... kadda dia ...*]

¿COMPRENDE USTED ESTAS FRASES?

❶ Nosotros hablamos francés. ❷ ¿Adónde vas? ❸ ¿Dónde estás? ❹ Las vacaciones de verano. ❺ No tengo ninguna hermana. ❻ Es un buen amigo. ❼ Estudio un poco cada día.

¡COMPLETE USTED LAS FRASES CON LAS PALABRAS QUE FALTAN!

❶ Wir wollen auch mit euch sprechen. Wir wollen auch mit euch gehen.

Queremos . . . .
vosotros. Queremos . . . .
vosotros.

3 – Hallo, Juan!
4 – Carmen! Wohin gehst du?
5 – Ich gehe zum Unterricht. Ich habe mich [daran] gesetzt, Französisch zu lernen (studieren).
6 [Im] nächsten Sommer will ich nach Korsika in (von) Urlaub fahren.
7 Lernst du (nicht) [überhaupt] keine Sprache?
8 – Ich spreche ein bißchen Französisch, aber mit starkem Akzent (mit viel Akzent).
9 – Warum kommst du nicht mit (mir)? Ich habe einen guten Lehrer.
10 – Im Moment (aktuell) habe ich keine Zeit.
11 Aber ich lerne jeden Tag ein bißchen zu (in) Hause.

ANMERKUNGEN

① **Hola** entspricht dem deutschen „Hallo“; so begrüßen sich gute Bekannte. Etwas förmlicher sagt man **Buenos días** „Guten Morgen“, **Buenas tardes** „Guten Tag“, **Buenas noches** „Guten Abend“ oder „Gute Nacht“.

② **Adónde** „Wohin?“ ist zusammengesetzt aus **a** und **dónde**, also „nach wo“. **Adónde** und **dónde** tragen einen Akzent auf dem **o**, wenn sie einen Frage- oder Ausrufesatz einleiten.

¿HA USTED COMPRENDIDO LAS FRASES?

❶ Wir sprechen Französisch. ❷ Wohin gehst du? ❸ Wo bist du? ❹ Die Sommerferien (Ferien von Sommer). ❺ Ich habe keine Schwester. ❻ Er ist ein guter Freund. ❼ Ich lerne jeden Tag ein bißchen.

❷ [Im] nächsten Sommer will ich (das) Spanisch lernen.

.. .. quiero .... el castellano.

❸ Ich habe keine Zeit. Ich habe keine Lust.

No .... No tengo ....

4 Wo bist du? Wohin gehst du?

¿ . . . . . estás? ¿ . . . . vas?

5 Du hast [überhaupt] keine Verabredung. Du hast überhaupt keinen Freund.

No tienes . . . . cita. No tienes . . . . . . amigo.

Leccion doce (12.)

Entre vecinos

1 Esta familia está de vacaciones. ①
2 – ¿Dónde viven ustedes?
3 – Vivimos aquí. Esta casa es la nuestra.
4 – ¿Tienen niños?
5 – Sí. Este niño es nuestro hijo Rafael.

PRONUNCIACION

[*entre beçinoss* **1** *essta familja* .... **2** ... *biben* ... **3** *bibimoss* ... *nuesstra* **5** ... *esste* ... *nuesstro icho rafaell*]

LAS PALABRAS QUE FALTAN.

❶ hablar también con - ir también con ❷ El verano próximo - estudiar ❸ tengo tiempo - ganas ❹ Dónde - Adónde ❺ ninguna - ningún.

An dieser Stelle wollen wir uns einmal den Verben zuwenden, ohne gleich die ganze Konjugation zu lernen. Wir unterscheiden drei Gruppen von Verben: Verben, deren Infinitiv auf ***ar****, auf* ***er*** *und auf* ***ir*** *endet. Typische Verben dieser Gruppen sind:* ***hablar*** *„sprechen“,* ***comer*** *„essen“,* ***vivir*** *„leben“.*
In der ersten Person Präsens (Gegenwart) enden alle drei Verben auf ***o****:* ***yo hablo*** *„ich spreche“,* ***yo como*** *„ich esse“,* ***yo vivo*** *„ich lebe“. Es handelt sich bei den drei Beispielen um regelmäßige Verben.*

Was die unregelmäßigen Verben betrifft, so haben wir schon kennengelernt: ***yo voy*** *„ich gehe“,* ***yo soy*** *„ich bin“,* ***yo estoy*** *„ich bin“, „ich befinde mich“.*

*Die 3. Person Singular des Präsens endet für die Verben, deren Infinitiv auf -****ar*** *ausgeht, auf* ***a****:* ***él habla*** *„er spricht“, für die Verben, deren Infinitiv auf -****er*** *und -****ir*** *ausgeht, auf* ***e****:* ***ella come*** *„sie ißt“. Diese Endungen gelten auch für das höfliche „Sie“:* ***usted habla*** *„Sie sprechen“.*

Zwölfte Lektion

Unter Nachbarn

1 Diese Familie ist in Ferien.
2 – Wo wohnen (leben) Sie (Plural)?
3 – Wir wohnen hier. Dieses Haus ist unseres (ist das unsere).
4 – Haben Sie Kinder?
5 – Ja. Dieses Kind ist unser Sohn Rafael.

ANMERKUNGEN

① Wir wollen jetzt die Demonstrativpronomen (dieser, diese, dieses) vorstellen. Die beiden Formen für den Singular lauten **este** und **esta**: **este niño** „dieses Kind“, **esta familia** „diese Familie“.

6 Y la pequeña, que ustedes ven en el balcón, es nuestra hija Teresa.
7 ¿Quieren subir a tomar el café?
8 – Con mucho gusto. Además, Cecilia podrá hacer una amiga.
9 Estamos de vacaciones y no conocemos a nadie aquí.
10 – ¿Les molesta si nos tuteamos?
11 – Al contrario, nosotros no estamos acostumbrados a esas formalidades. ②
12 – Tanto mejor, nosotros tampoco.

PRONUNCIACION

*[**6** ... benn ... balkonn ... icha teressa **7** kieren .... **8** ... gussto. ademass çeçilja podra açer .... **9** ... konoçemoss ... nadje ... **10** ... molessta ... tuteamoss? **11** ... kontrario ... ackosstumbradoss ... essass formalidadess **12** tannto mechor ... tammpocko]*

¿COMPRENDE USTED ESTAS FRASES?

❶ Estoy de vacaciones. ❷ Esta mujer tiene un hijo. ❸ Este coche es rojo. ❹ Nuestra hija está en Francia. ❺ No conocemos a nadie. ❻ Esas mesas son pequeñas. ❼ Al contrario. ❽ Tanto mejor. ❾ Yo tampoco.

6 Und die Kleine, die Sie auf dem Balkon sehen, ist unsere Tochter Teresa.
7 Wollen Sie [mit] hochkommen, einen (den) Kaffee (zu) trinken (nehmen)?
8 – Mit (viel) Vergnügen. Außerdem kann Cecilia sich anfreunden (wird Cecilia eine Freundin machen können).
9 Wir sind in Ferien und kennen hier niemanden.
10 – Macht es Ihnen etwas aus (stört es Sie), wenn wir uns duzen?
11 – Im Gegenteil, wir sind nicht an diese (jene) Förmlichkeiten gewöhnt.
12 – Um so besser, wir auch nicht.

ANMERKUNGEN

② Für den Plural verwenden Sie **estos** und **estas**: **estos vasos** „diese Gläser“, **estas casas** „diese Häuser“. Die neutrale Form „dies“ heißt **esto**; sie steht nie bei einem Substantiv. Mit den bisher gezeigten Formen bezieht man sich auf einen Gegenstand oder eine Person, die sich in unmittelbarer Nähe des Sprechers befindet. „Jener, jene, jenes“ - zur Bezeichnung eines weiter entfernten Gegenstandes oder einer Person - wird mit **ese**, **esa**, **esos**, **esas** übersetzt: **ese balcón** „jener Balkon“, „der Balkon da“; **esa mesa** „jener Tisch“; **esos cigarros** „jene Zigaretten“; **esas tazas** „die Tassen da“. Achten Sie darauf, daß Sie die weibliche Form **esta**, mit der Betonung auf dem **e**, nicht verwechseln mit **está** „er ist“, das auf der letzten Silbe betont wird.

¿HA USTED COMPRENDIDO LAS FRASES?

❶ Ich bin in Ferien. ❷ Diese Frau hat einen Sohn. ❸ Dieses Auto ist rot. ❹ Unsere Tochter ist in Frankreich. ❺ Wir kennen niemanden. ❻ Jene Tische sind klein. ❼ Im Gegenteil. ❽ Um so besser. ❾ Ich auch nicht.

¡COMPLETE USTED LAS FRASES CON LAS PALABRAS QUE FALTAN!

1. Dieses Kind ist unser Sohn Rafael.

. . . . niño . . . . Rafael.

2. Um so besser, wir auch. Um so besser, wir auch nicht.

. . . . nosotros . . . .

. . . . nosotros . . . .

3. Wir wohnen hier. Wir wohnen in der Nähe der Tankstelle.

Nosotros . . . . Nosotros

. . . . de la gasolinera.

Leccion trece (13.)

Un poco de todo

1 ¿Hay vino para cenar? ①

2 He pagado veinte pesetas (cents) por la leche.

3 – Es la una y diez.

4 – No, son las dos y cuarto.

5 – ¿Por qué no vas?

PRONUNCIACION

[*1 ... bino ... 2 ... pagado ... pessetass ... letsche 6 ... chosse ...*]

Seit dem 1.1.2002 haben Euro und Cent die bisherige Währung Peseten und Centimos abgelöst. Anstelle von "Cent" benutzen die Spanier gerne noch das Wort "Centimos".

Auf den Tonaufnahmen werden Sie stellenweise noch auf die alte Währung stoßen; wo es möglich war, haben wir im Buch die Änderung in Euro und Cent vorgenommen (1 Euro = 166,38 Peseten).

❹ Im Gegenteil, das stört mich nicht. Im Gegenteil, er ist [daran] gewöhnt.

.. .., ... no me molesta.
.. .., él .... acostumbrado.

❺ Wir kennen niemanden hier. Wir kennen seine Schwester nicht.

Nosotros .. conocemos .... Nosotros .. conocemos . .. hermana.

LAS PALABRAS QUE FALTAN.

❶ Este - es nuestro hijo ❷ Tanto mejor - también - Tanto mejor - tampoco ❸ vivimos aqui - vivimos cerca ❹ Al contrario, eso - Al contrario - está ❺ no - a nadie aquí - no - a su.

Dreizehnte Lektion

Ein wenig von allem

1 Gibt es Wein zum Abendessen (für Abendessen)?
2 Ich habe zwanzig Peseten (Cents) für die Milch bezahlt.
3 – Es ist zehn nach eins (es ist die Eins und zehn).
4 – Nein, es ist Viertel nach zwei (es sind die Zwei und Viertel).
5 – Warum gehst du nicht?

In dieser Lektion gibt es keine Anmerkungen. Sie ist eine Zusammenfassung von allem, was wir zuletzt kennengelernt haben. Lesen Sie die Sätze und versuchen Sie sich zu erinnern, was Sie bereits wissen. Sie werden sehen, daß anfängliche Schwierigkeiten verschwinden. Falls aber doch ein größeres Problem auftauchen sollte, so sehen Sie noch einmal in den Anmerkungen der vergangenen Lektionen nach. Es sind dies für die Sätze 1 und 2: Lektion 8; für die Sätze 3, 4, 5, 6 die Lektion 9; für die Sätze 7 und 8 die Lektion 10; für die Sätze 9 und 10 die Lektion 11; für die Sätze 11 und 12 die Lektion 12.

6 – P**o**rque Jos**é** va a lleg**a**r ah**o**ra.
7 **E**res un h**o**mbre.
8 Est**á**s en la ciud**a**d.
9 ¿D**ó**nde est**a**mos?
10 ¿Ad**ó**nde v**a**mos?
11 En **e**sta c**a**lle, h**a**y m**u**cha circulaci**ó**n.
12 **E**sas cam**i**sas no son c**a**ras.

PRONUNCIACION

[*7 ... **o**mbre ... **11** ... çirkulaçi**o**nn **12** ... kam**i**ssass ...*]

¿COMPRENDE USTED ESTAS FRASES?

❶ Un p**o**co de t**o**do. ❷ Son las c**i**nco y c**i**nco. ❸ **E**sas c**a**sas son c**a**ras. ❹ **E**res j**o**ven. ❺ ¿Por qué no vi**e**nes con nos**o**tros? ❻ He pag**a**do qu**i**nce pes**e**tas (euros). ❼ ¿H**a**y m**u**chos ni**ñ**os?

¡COMPLETE USTED LAS FRASES CON LAS PALABRAS QUE FALTAN!

❶ Ich habe wenig bezahlt. Ich habe dreizehn Peseten (Euro) bezahlt.

Yo . . . . Yo . . . . pesetas (euros).

❷ Jene Autos sind teuer. Jene Autos sind rot.

. . . . coches . . . . coches . . . .

❸ Du bist Franzose. Du bist zu Hause.

Tú . . . . francés. Tú . . . . casa.

❹ Es ist Viertel nach eins. Es ist Viertel vor drei (drei weniger Viertel).

. . la . . . . las . . . . menos . . . .

❺ Wohin wirst du jetzt gehen? Wohin wirst du morgen gehen?

¿ . . . . . . vas . . . . ? ¿ . . . . . . vas . . . . ?

6 – Weil José jetzt kommen wird.
7 Du bist ein Mann.
8 Du bist in der Stadt.
9 Wo sind wir?
10 Wohin gehen wir?
11 In dieser Straße gibt es viel Verkehr.
12 Jene Hemden sind nicht teuer.

Schaffen Sie es, jeden dieser Sätze - ohne Hinschauen - zu wiederholen, nachdem Sie ihn einmal gelesen haben? Denken Sie daran, daß Sie nicht zuletzt durch diese Übung langsam dazu kommen werden, Spanisch zu denken.

¿HA USTED COMPRENDIDO LAS FRASES?

❶ Ein wenig von allem. ❷ Es ist fünf nach fünf. ❸ Die Häuser da sind teuer. ❹ Du bist jung. ❺ Warum kommst du nicht mit uns? ❻ Ich habe fünfzehn Peseten (Euro) bezahlt. ❼ Gibt es viele Kinder?

LAS PALABRAS QUE FALTAN.

❶ he pagado poco - he pagado trece ❷ Esos - son caros - Esos - son rojos ❸ eres - estás en ❹ Es - una y cuarto - Son - tres - cuarto ❺ Adónde - a ir ahora - Adónde - a ir mañana.

▶ Leccion catorce (14.)

Revisión y notas [*rebissionn i notass*]

Wiederholung und Anmerkungen

1. Diphthonge

Von den fünf Vokalen **a**, **e**, **i**, **o**, **u** und dem Buchstaben **y**, der in manchen Fällen auch als Vokal gilt, bilden die Vokale **a**, **e**, **o** die Gruppe der sogenannten „starken" Vokale. Kein „starker" Vokal kann mit einem anderen „starken" Vokal eine gemeinsame Silbe bilden. Wohl aber kann ein Vokal dieser Gruppe mit einem der übrigen - sogenannten „schwachen" - Vokale eine Silbe, d.h. einen Diphthong bilden. Wir kennen schon Beispiele: **yo voy** „ich gehe", **hoy** „heute", **siete** „sieben", **cuarto** „Viertel".

Wird gemäß der - bereits besprochenen - Betonungsregeln diese Silbe betont, so muß die Betonung immer auf dem „starken" Vokal liegen. Soll die Betonung auf dem „schwachen Vokal" liegen, so wird dies durch Akzent kenntlich gemacht: **el día** „der Tag", **todavía** „noch", **vacía** „leer".

Wenn zwei „schwache" Vokale einen Diphthong bilden, so liegt die Betonung auf dem zweiten Vokal: **muy** „sehr", **la viuda** „die Witwe", **el ruido** „der Lärm".

Wenn zwei „starke" Vokale aufeinandertreffen, so bilden sie keinen Diphthong, sondern sind als zwei Silben anzusehen: **veo** „ich sehe", **creo** „ich glaube", **telefonear** „telefonieren".

2. Aussprache

Sie kennen mittlerweile schon die einzelnen Laute des Spanischen; wir werden uns daher in diesen Wiederholungslektionen nicht weiter damit beschäftigen. Soweit irgendwelche Einzelheiten oder Besonderheiten in der Aussprache nachzutragen sind, werden wir dies in den Anmerkungen der entsprechenden Lektionen tun.

3. Präposition „für“

Die Übersetzung der Präposition „für“ bringt anfangs große Schwierigkeiten mit sich. Wir haben schon die beiden spanischen Präpositionen **por** und **para** kennengelernt, wobei **para** einen Zweck, ein Ziel, eine Bestimmung angibt:

Tenemos vino para cenar. „Wir haben Wein zum Abendessen“;
Este café es para usted. „Dieser Kaffee ist für Sie“;
un billete para Alicante. „eine Fahrkarte nach (für) Alicante“.

Por dagegen bezeichnet einen Grund, eine Ursache, einen Tausch, eine Stellvertretung, eine zeitliche Dauer:

Estoy aquí por unos días. „Ich bin für ein paar Tage hier“;
Yo contestaré por usted. „Ich werde für Sie antworten“, usw.

¿Por qué? heißt „Warum?“; **¿Para qué?** heißt „Wozu?“.

Wir wollen an dieser Stelle keine weiteren Erklärungen zum Gebrauch von **por** und **para** geben. Vielmehr werden wir - sobald diese Schwierigkeit in den Texten wieder auftaucht - die jeweiligen Beispiele kommentieren.

4. Uhrzeiten

Zur Angabe der Uhrzeit wird das Verb **ser** und der bestimmte Artikel **la** oder **las** verwendet: **Es la una** „Es ist ein Uhr“; **Son las dos** „Es ist zwei Uhr“. Minuten- und Viertelstundenangaben werden zur vollen Stunde hinzugerechnet bzw. (ab „halb...“) von der nächsten vollen Stunde abgezogen:

Son las dos y cinco. „Es ist fünf nach zwei“;
Son las tres y cuarto. „Es ist Viertel nach drei“;
Son las cuatro y media. „Es ist halb fünf“;
Son las cinco menos veinticinco. „Es ist fünf nach halb fünf“.

„Mittag“ heißt **mediodía**, „Mitternacht“ heißt **medianoche**.

5. Ser und estar

Lesen Sie noch einmal die Anmerkungen zur 10. Lektion. Unterscheiden Sie:

Soy así. „Ich bin so“;
Estoy cansado. „Ich bin müde“.

Im ersten Fall spricht die Person von einem Charakter, im zweiten Fall handelt es sich um einen derzeitigen und als vorübergehend angesehenen Zustand. Mit **ser** beziehen Sie sich also auf Eigenschaften, die für das Subjekt charakteristisch und unveränderlich sind. **Estar** verwenden Sie, wenn sie einen Ort bezeichnen wollen oder wenn Sie über Eigenschaften sprechen, die sich durch äußere Umstände verändert haben bzw. verändern lassen. Also:

Soy un hombre. „Ich bin ein Mann“;
Estoy contento. „Ich bin zufrieden“.

Leider sind diese Regeln in manchen Fällen kaum anwendbar. Wir werden darüber sprechen, sobald eine solche Schwierigkeit sich ergibt.

Was die Betonung der Form **estoy** betrifft, so wollen wir noch nachtragen, daß **y** hier als Konsonant angesehen wird und somit, nach den Regeln in Lektion 7, die letzte Silbe betont wird.

6. Ordnungszahlen

Sie richten sich mit ihren Endungen nach dem Substantiv, auf das sie sich beziehen. „Der Elfte“ heißt **undécimo**; „die elfte Lektion“: **la lección undécima**; „Zwölfter“: **duodécimo**; „dreizehnter“: **décimo tercero**; „vierzehnter“: **décimo cuarto**; usw.

Im praktischen Gebrauch werden die Ordnungszahlen aber nur bis **décimo** verwendet; danach werden die Grundzahlen gebraucht: **once**, **doce**, usw. Also heißt es:

el siglo décimo „das 10. Jahrhundert“; aber:
el siglo quinze „das 15. Jahrhundert“;
el siglo veinte „das 20. Jahrhundert“.

Ebenso wird bei der Zählung von Herrschern verfahren: **Carlos Quinto** „Karl V.“, **Alfonso Trece** „Alfonso XIII“.

7. Schreiben Sie in Spanisch („Zweite Welle“)

1 Gibt es jetzt viel Verkehr? – Ja, weil es sieben Uhr ist.

2 Um wieviel Uhr willst du, daß ich dich morgen wecke? – Um acht Uhr, wenn es dir nichts ausmacht.

3 Heute sind wir in Barcelona, und morgen fahren wir nach Madrid.

4 Warum kommst du nicht mit mir? – Weil ich zum Unterricht gehe.

5 Unser Sohn ist mit diesem Mädchen in der Klasse. – Der unsere auch.

6 Ist dein Haus weit entfernt? – Nein, es ist sehr nah von hier.

Übersetzung

1 ¿Hay mucha circulación ahora? – Sí, porque son las siete.

2 ¿A qué hora quieres que te despierte mañana? – A las ocho, si no te molesta.

3 Hoy estamos en Barcelona y mañana vamos a Madrid.

4 ¿Por qué no vienes conmigo? – Porque voy a clase.

5 Nuestro hijo está en clase con esta niña. – El nuestro también.

6 ¿Tu casa está lejos? – No, está muy cerca de aquí.

Leccion quince (15.)

Voy al mercado

1 Voy a hacer la plaza. ①
2 Elena estudia en su habitación.
3 – Voy a hacer las compras.
4 ¿Necesitas algo? ②
5 – Sí. ¿Quieres comprarme el periódico por favor? ③
6 Antes de irte, ¿puedes decirme dónde está el diccionario de inglés? ④
7 – Creo que está en el cuarto de estar.
8 Va a faltarme dinero.
9 ¿Puedes darme doscientas pesetas?
10 – Hay dinero en el cajón del armario.
11 ¿Puedes traerme también tabaco?
12 – Sí. Además tengo que comprar para mí.
13 Hasta luego.

PRONUNCIACION

[... *merkado* **2** *elena* ... **3** ... *kommprass* **4** *neçessitass algo* **5** ... *komprarme* ... *periodiko* ... **6** ... *irte* ... *deçirme* ... *dikçionario* ... *ingless* **8** ... *faltarme dinero* **9** ... *darme dossçientass* ... **10** ... *kachonn* ... *armario* **11** ... *traerme* ... **13** ... *luego*]

Fünfzehnte Lektion

Ich gehe zum Markt

1 Ich werde einkaufen gehen.
2 Elena lernt in ihrem Zimmer.
3 – Ich werde die Einkäufe machen.
4 Brauchst du etwas?
5 – Ja. Willst du mir die Zeitung kaufen, bitte?
6 Bevor du dich aufmachst (gehst), kannst du mir sagen, wo das englische Wörterbuch ist?
7 – Ich glaube, daß es im Wohnzimmer ist.
8 Es wird mir Geld fehlen.
9 Kannst du mir zweihundert Peseten geben?
10 – Es ist Geld in der Schublade vom Schrank.
11 Kannst du mir auch Tabak [mit]bringen?
12 – Ja. Außerdem muß ich für mich [auch welchen] kaufen.
13 Bis nachher.

ANMERKUNGEN

(1) Früher befand sich der Markt auf einem Platz im Dorf oder in der Stadt. Wenn man einkaufen ging, sagte man: **Voy a la plaza** „Ich gehe zum Platz". Dieser Ausdruck hat sich bis heute erhalten, und man hört auch die Redewendung **Voy a hacer la plaza** „Ich werde den Platz (im Sinne von Einkauf) machen". Die Konstruktion **voy a** mit nachfolgendem Infinitiv bedeutet, daß man gleich, in nächster Zukunft, etwas tun wird: **Voy a hacer las compras** „Ich werde die Einkäufe machen". **Va a telefonear** „Er wird anrufen, er ruft gleich an".

(2) **Necesitar** „benötigen, brauchen". **Necesidad** „Notwendigkeit, Bedarf".

(3) Wenn ein Personalpronomen für den dritten und vierten Fall (z. B. **me** „mir, mich") mit einem Infinitiv erscheint, so wird es an diesen angehängt: **puedes decirme** „kannst du mir sagen", **va a faltarme** „es wird mir fehlen".

(4) Die Konstruktion **antes de irme** läßt sich im Deutschen nur durch einen Nebensatz übersetzen: „bevor ich gehe".

¿COMPRENDE USTED ESTAS FRASES?

① ¿Necesitas algo? ② ¿Quieres hacerme esto? ③ Voy a decirte algo. ④ Tengo bastante dinero. ⑤ Además puedo comprarte un libro. ⑥ En el cuarto de estar hay un armario. ⑦ Hasta luego.

¡COMPLETE USTED LAS FRASES CON LAS PALABRAS QUE FALTAN!

① Ich werde einkaufen gehen. Ich werde die Einkäufe machen.

.. . . la plaza. ... . las ....

② Willst du mir die Zeitung kaufen? Willst du mir Milch kaufen?

¿Quieres ....?
¿Quieres ....?

③ Brauchst du etwas?

¿......... ....?

Leccion dieciseis (16.)

El imperativo y el pronombre

1 Dame la mano. ①
2 ¿Me das la mano?

PRONUNCIACION
[... *imperatibo* ... *pronombre* **1** *dame* ... *mano*]

¿HA USTED COMPRENDIDO LAS FRASES?

❶ Brauchst du etwas? ❷ Willst du das für mich (mir) tun? ❸ Ich werde dir etwas sagen. ❹ Ich habe genug Geld. ❺ Außerdem kann ich dir ein Buch kaufen. ❻ Im Wohnzimmer ist ein Schrank. ❼ Bis nachher.

❹ Kannst du mir 13 Euro geben (lassen)?

¿. . . . . ?

❺ Hast du Geld? Hast du Tabak?

¿. . . . . ? ¿. . . . . ?

LAS PALABRAS QUE FALTAN.

❶ Voy a hacer - Voy a hacer - compras ❷ comprarme el periódico - comprarme leche ❸ Necesitas algo ❹ Puedes dejarme trece euros ❺ Tienes dinero - Tienes tabaco.

Sechzehnte Lektion

Die Befehlsform und das Pronomen

1 Gib mir die Hand.

2 Gibst du mir die Hand?

ANMERKUNGEN

① In der vorangegangenen Lektion haben wir gelernt, daß Personalpronomina für den dritten und vierten Fall an einen Infinitiv angehängt werden. Diese Regel gilt auch für Personalpronomina, die bei einer Befehlsform auftreten: **me**, **te**, **nos** und **os** werden mit dem Verb verbunden: **Danos** „Gib uns“, **Cómprame** „Kauf mir“. Beachten Sie, daß **mano** „Hand“ weiblich ist - trotz der Endung **o**!

3	Date prisa. ②
4	¿Te das prisa?
5	Amaos los unos a los otros.
6	¿Os amáis los unos a los otros?
7	Déjeme este sitio. ③ ④
8	¿Me deja este sitio?
9	Escríbannos mañana.
10	¿Nos escriben mañana?

PRONUNCIACION

[*3 date prissa 5 amaoss ... 7 decheme ... ssitio 9 esskribannoss...*]

¿COMPRENDE USTED ESTAS FRASES?

❶ Dame mi taza por favor. ❷ Déjame el periódico. ❸ Daos prisa. ❹ Escríbenos mañana. ❺ ¿Me dejas este sitio? ❻ Mañana te veo. ❼ Ahora no te dejan.

¡COMPLETE USTED LAS FRASES CON LAS PALABRAS QUE FALTAN!

❶ Gib mir die Hand! Gib mir das Glas!

¡.... .. ....! ¡.... .. ....!

3 Beeil dich (gib dir Eile).
4 Beeilst du dich (Gibst du dir Eile)?
5 Liebt einander (die einen die anderen).
6 Liebt ihr einander (die einen die anderen)?
7 Lassen Sie mir diesen Platz.
8 Lassen Sie mir diesen Platz?
9 Schreiben Sie (Plural) uns morgen.
10 Schreiben Sie (Plural) uns morgen?

ANMERKUNGEN

② **Darse prisa** „sich Eile geben" bedeutet „sich beeilen". **Tener prisa** heißt „Eile haben, es eilig haben".

③ Wir haben in Lektion 3 schon gesehen, daß im Spanischen für die höfliche Anrede die Verbform der 3. Person Singular verwendet wird, wenn wir eine einzelne Person siezen, und die Verbform der 3. Person Plural gebrauchen, wenn wir mehrere Personen siezen. An den Verb-Endungen erkennen Sie bereits, daß sich Satz 7 und 8 an eine Person, Satz 9 und 10 an mehrere Personen wenden. Über die Verb-Endungen werden wir später genauer sprechen.

④ Denken Sie daran, daß das **t** auch in der Verbindung mit **io** wie [*t*] und nicht wie [*z*] ausgesprochen wird.

¿HA USTED COMPRENDIDO LAS FRASES?

❶ Gib mir meine Tasse, bitte. ❷ Laß mir die Zeitung. ❸ Beeilt euch. ❹ Schreib uns morgen. ❺ Läßt du mir diesen Platz? ❻ Morgen sehe ich dich. ❼ Jetzt lassen sie dich nicht.

❷ Beeil dich!

¡ . . . . !

3 Willst du mir ein bißchen Platz lassen?

¿Quieres ....?

4 Schreib mir morgen! Kommst du morgen?

¡.......... ....! ¿....... ....?

Leccion diecisiete (17.)

Yo soñaba... ①

1 – ¿Qué hacías en el jardín?
2 – Miraba un pájaro y soñaba.
3 – ¿Soñabas?
4 – Sí, me imaginaba que tú y tus amigos llegabais volando.
5 – ¿Y qué hacíamos?
6 – Me hablabais y luego nos poníamos todos a jugar.
7 Y también comíamos y cantábamos.
8 – ¿Y no bebíamos?
9 – No me acuerdo muy bien, pero como tú también estabas
10 estoy segura de que debía de haber algo para beber.

PRONUNCIACION

[... *ssonjaba* **1** ... *açiass* ... *chardin* **2** *miraba* ... *pacharo* ... **4** ... *imachinaba* ... *ljegabaiss bolando* **6** ... *chugar* **10** ... *ssegura* ...]

⑤ Dieser Platz ist für mich.

Este ....

LAS PALABRAS QUE FALTAN.

① Dame la mano - Dame el vaso ② Date prisa ③ dejarme un poco de sitio ④ Escríbeme mañana - Vienes mañana ⑤ sitio es para mí.

Siebzehnte Lektion

Ich träumte...

1 – Was machtest du im Garten?
2 – Ich betrachtete einen Vogel und träumte.
3 – Du träumtest?
4 – Ja, ich stellte mir vor, daß du und deine Freunde angeflogen kamt (fliegend ankamt).
5 – Und was machten wir?
6 – Ihr spracht [mit] mir, und später fingen wir alle an zu spielen (setzten wir uns alle [daran] zu spielen).
7 Und wir aßen und sangen auch.
8 – Und wir tranken nicht?
9 – Ich erinnere mich nicht sehr gut, aber weil du auch [da] warst,
10 bin ich (weibl.) sicher, daß es etwas zu trinken geben mußte.

ANMERKUNGEN

① In dieser Lektion wollen wir Ihnen eine neue Zeitstufe vorstellen: Das Imperfekt. Die deutsche Übersetzung der Imperfektformen hört sich meistens sehr steif an. Dies liegt daran, daß wir uns in der Umgangssprache meistens im Perfekt unterhalten. Die regelmäßigen Verben auf **ar** haben folgende Endungen: **aba**, **abas**, **aba**, **ábamos**, **abais**, **aban**. Die Verben auf **er** und auf **ir** haben die Endungen **ía**, **ías**, **ía**, **íamos**, **íais**, **ían**. Lesen Sie noch einmal langsam jeden Satz; so werden Sie nach und nach mit diesen Endungen vertraut.

11 – ¡Ya está! Tú y tus bromas.
12 – En todo caso era un sueño muy bonito.

PRONUNCIACION

[*11 ... bromass 12 ... ssuenjo ...*]

¿COMPRENDE USTED ESTAS FRASES?

❶ Hacía una casa. ❷ Yo imaginaba que ibas a venir. ❸ Vosotros hablabais con ellos. ❹ No me acuerdo muy bien. ❺ Estoy seguro. ❻ ¡Ya está! ❼ En todo caso era bonito.

¡COMPLETE USTED LAS FRASES CON LAS PALABRAS QUE FALTAN!

❶ Was betrachtetest du? Was sagtest du?

¿ . . . . ? ¿ . . . . ?

❷ Ihr kamt an, und ich spielte.

Vosotros . . . .

❸ Es muß etwas zu trinken im Haus sein.

Debe de . . . . para . . . . . en . . . . . .

❹ Früher (zuvor) trank ich Wasser.

. . . . . yo . . . .

❺ Ich bin sicher, daß es sehr nett war.

. . . . de . . . .

11 – Schon in Ordnung! Du und deine Witze!
12 – Auf jeden Fall war es ein sehr netter Traum.

Vergessen sie nicht, sich a) die Seitenzahlen genau anzuschauen und b) auch weiterhin Vermerke zu machen, wenn Sie einen Ausdruck, ein Wort oder einen Satz nicht verstehen!

¿HA USTED COMPRENDIDO LAS FRASES?

❶ Er machte ein Haus. ❷ Ich stellte [mir] vor, daß du kommen würdest. ❸ Ihr spracht mit ihnen. ❹ Ich erinnere mich nicht sehr gut. ❺ Ich bin sicher. ❻ In Ordnung! ❼ In jedem Fall war es nett.

LAS PALABRAS QUE FALTAN.

❶ Qué mirabas - Qué decías ❷ llegabais y yo jugaba ❸ haber algo - beber - casa ❹ Antes - bebía agua ❺ Estoy seguro - que era muy bonito.

Leccion dieciocho (18.)

Los otros pronombres personales

1 – Creo que no te ha entendido. ①
2 – Sin embargo, se lo he explicado. ②
3 – Por teléfono es más difícil entenderse.
4 – Tienes razón. Voy a ir a verle.
5 Me decías que ibas a venir.
6 Me lo decías ayer.
7 – ¿Nos puedes prestar las llaves?
8 – Os las voy a dar.
9 Voy a comprar una mesa.
10 La voy a comprar pasado mañana.
11 – La camisa de Juan está descosida.
12 – Se la coseré luego.

PRONUNCIACION

[*1 ... enntenndido* **2** *... essplikado* **5** *... deçiass ...* **6** *... ajer* **7** *... presstar ...* **11** *... desskossida* **12** *... cossere ...*]

Achtzehnte Lektion

Die anderen Personalpronomina

1 – Ich glaube, daß er dich nicht verstanden hat.
2 – Trotzdem (ohne Beschlagnahme), ich habe es ihm erklärt.
3 – Durchs Telefon ist es schwieriger (mehr schwierig), sich [zu] verstehen.
4 – Du hast recht. Ich werde ihn besuchen (ich werde gehen ihn zu sehen).
5 Du sagtest mir, daß du kommen würdest.
6 Du sagtest es mir gestern.
7 – Kannst du uns die Schlüssel leihen?
8 – Ich werde sie euch geben.
9 Ich werde einen Tisch kaufen.
10 Ich werde ihn übermorgen kaufen.
11 – Juans Hemd ist aufgeplatzt.
12 – Ich werde es ihm nachher nähen.

ANMERKUNGEN

① Wir haben bereits gelernt, daß Personalpronomina des dritten und vierten Falles an eine Befehlsform oder einen Infinitiv angehängt werden. Erscheint ein Personalpronomen jedoch mit einer konjugierten Verbform, so muß es vor diese gestellt werden: **Te miro** „Ich betrachte dich", **Os ha entendido** „Er hat euch verstanden".

② Die Personalpronomina für den 3. Fall in der 3. Person heißen **le** „ihm" bzw. „ihr" und **les** „ihnen". Die Personalpronomina für den 4. Fall in der 3. Person heißen **lo** „ihn" bzw. „es" und **la** „sie" für den Singular und **los** und **las** „sie" für den Plural. Statt **lo** und **los** hört man häufig **le** und **les**, wenn sich diese Pronomen auf Personen beziehen. Für heute ist es für Sie wichtig zu wissen, daß sich die Personalpronomina **le** oder **les** zu **se** verwandeln, wenn sie auf ein weiteres Personalpronomen der 3. Person, also **lo**, **los**, **la**, **las** treffen. „Ich habe es ihm erklärt" heißt dann: **Se lo he explicado**; „Er gibt es ihr": **Se lo da**; „Wir kaufen es ihnen": **Se lo compramos**. Machen Sie sich keine Sorgen, wenn diese Regeln Sie verwirren; in Lektion 21 finden Sie alle Formen noch einmal aufgelistet.

13 El guitarrista tocaba una melodía. ③ ④
14 El niño le miraba.

PRONUNCIACION

[*13 ... gitarissta tockaba ... melodia*]

¿COMPRENDE USTED ESTAS FRASES?

❶ Me lo decías ayer. ❷ No entiende. ❸ Os las voy a dar. ❹ ¿Puedes prestarme dinero? ❺ Mi camisa está descosida. ❻ El toca la guitarra. ❼ También canta.

¡COMPLETE USTED LAS FRASES CON LAS PALABRAS QUE FALTAN!

❶ Trotzdem ist er nicht gekommen.

... .

❷ Ich habe es ihm gesagt. Ich habe es ihm gekauft.

.. .. .. dicho. .. ..

❸ Ich will ihn besuchen (sehen) gehen. Ich will ins Restaurant gehen.

....

....

Leccion diecinueve (19.)

Por teléfono

1 – Sí. Dígame.

PRONUNCIACION

[*1 ... dígame*]

13 Der Gitarrist spielte eine Melodie.
14 Das Kind schaute ihm zu (betrachtete ihn).

ANMERKUNGEN

③ Das **u** in guitarrista wird nicht gesprochen. Es erscheint nur, um den Laut [*g*] zu erhalten, da **g** vor **i** sonst [*ch*] gesprochen wird.

④ **tocar** bedeutet einerseits „berühren, anfassen“: **Yo tocaba la mesa** „Ich berührte den Tisch“, andererseits „ein Instrument spielen“: **Tú tocabas la guitarra** „Du spieltest Gitarre“.

¿HA USTED COMPRENDIDO LAS FRASES?

❶ Du sagtest es mir gestern. ❷ Er versteht nicht. ❸ Ich werde sie euch geben. ❹ Kannst du mir Geld leihen? ❺ Mein Hemd ist geplatzt. ❻ Er spielt Gitarre. ❼ Er singt auch.

❹ Juan spielte (die) Gitarre.

Juan . . . . guitarra.

❺ Leih mir deinen Schlüssel.

. . . .

LAS PALABRAS QUE FALTAN.

❶ Sin embargo no ha venido ❷ Se lo he - Se lo he comprado ❸ Quiero ir a verle - Quiero ir al restaurante ❹ tocaba la ❺ Préstame tu llave.

Neunzehnte Lektion

Am Telefon

1 – Ja. Hallo (Sagen Sie mir)!

2 – ¿Es usted la secretaria de la doctora Jiménez? ①

3 – No. Soy su marido.

4 – Perdone. ¿Está la doctora?

5 – No. Está en el hospital. Acaba de salir. ②

6 ¿Quiere dejarme el recado?

7 – Le telefoneaba para saber si esta tarde podía venir a ver a mi hijo.

8 Está enfermo y tiene mucha fiebre.

9 – De acuerdo. Se lo diré cuando vuelva.

10 Y usted no se inquiete, seguramente ha cogido frío;

11 los niños son fuertes y saben defenderse naturalmente.

12 ¿Quiere darme su dirección?

13 – Sí. Es: calle del Sabio número 3, tercero izquierda.

PRONUNCIACION

[**2** ... *sekretaria ... doktora chimeneç* **3** ... *marido* **4** *perdonne* ... **5** ... *osspitall ... akaba ... ssalir* **6** ... *rekado* **8** ... *enfermo ... fiebre* **9** ... *buelba* **10** ... *inkiete sseguramente ... kochido frio* **11** ... *fuertess ... defendersse naturalmente* **12** ... *direkçionn* **13** ... *ssabio numero ... terçero içkierda.*]

2 – Sind Sie die Sekretärin von Frau Doktor Jiménez (von der Doktorin Jiménez)?
3 – Nein. Ich bin ihr Mann.
4 – Verzeihung. Ist Frau Doktor da (Ist die Doktorin)?
5 – Nein. Sie ist in der Klinik. Sie ist gerade weggegangen.
6 Soll ich ihr etwas ausrichten (Wollen Sie mir die Benachrichtigung überlassen)?
7 – Ich rief sie an, um zu wissen, ob sie heute nachmittag (diesen Nachmittag) meinen Sohn besuchen kann (kommen konnte, meinen Sohn zu sehen).
8 Er ist krank und hat hohes (viel) Fieber.
9 – In Ordnung. Ich werde es ihr sagen, wenn sie zurückkommt.
10 Und beunruhigen Sie sich nicht, sicherlich hat er [sich] [eine] Erkältung geholt;
11 Die Kinder sind widerstandsfähig und können sich auf natürliche Weise wehren (wissen sich natürlich zu verteidigen).
12 Wollen Sie mir Ihre Adresse geben?
13 – Ja. Das ist Weisenstraße (Straße des Weisen) Nummer 3, dritter [Stock], links.

Die Sätze in den Lektionen werden nun länger. Lesen Sie jeden einzelnen Satz, und versuchen Sie dann, ihn aus dem Gedächtnis zu wiederholen. Auf diese Weise werden Sie sich Redewendungen und Satzkonstruktionen sehr gut einprägen und sich einen besseren Zugang zur spanischen Denkweise schaffen.

ANMERKUNGEN

① Im Spanischen übersetzen Sie „Arzt“ mit **doctor** oder mit **médico**; die „Ärztin“ heißt dann **la doctora** oder **la médica**. **Doctor** kann allein auch als Anrede verwendet werden; im Deutschen sagen wir „Herr Doktor“.

② **Acabar** bedeutet „beenden, fertigstellen“. Die Konstruktion **acabar de** mit nachfolgendem Infinitiv verwenden Sie, um auszudrücken, daß Sie gerade etwas getan haben: **Acabo de comer** „Ich habe gerade gegessen“; **Acabamos de llegar** „Wir sind gerade angekommen“.

14 Adiós y muchas gracias.

¿COMPRENDE USTED ESTAS FRASES?

1 ¿Está la doctora? 2 Acaba de llegar. 3 Han dejado un recado para ti. 4 Se lo diré cuando vuelva. 5 No te inquietes. 6 Has cogido frío. 7 Está enfermo.

¡COMPLETE USTED LAS FRASES CON LAS PALABRAS QUE FALTAN!

1 Er ist gerade weggegangen. Er hat gerade gegessen.

....

2 Wollen Sie mir eine (die) Nachricht überlassen?

¿...... usted ....?

3 Wenn sie zurückkommt, werde ich es ihr sagen.

.... diré.

Leccion veinte (20.)

Una buena noticia

1 – Tengo que anunciaros algo.
2 – Esperamos que no sea una mala noticia.
3 – No. Es una buena noticia.
4 – ¿De qué se trata?
5 – Ya tengo el permiso de conducir.

PRONUNCIACION

[... *notiçia* **1** ... *anunçiaross algo* **2** *essperamoss* ... **4** ... *trata* **5** ... *permisso* ... *konnduçir*]

14 Auf Wiedersehen und vielen Dank.

¿HA USTED COMPRENDIDO LAS FRASES?

❶ Ist die [Frau] Doktor da? ❷ Sie ist gerade [an]gekommen. ❸ Sie haben eine Nachricht für dich hinterlassen. ❹ Ich werde es ihm sagen, wenn er zurückkommt. ❺ Beunruhige dich nicht. ❻ Du hast dich erkältet. ❼ Er ist krank.

❹ Ich habe [mir eine] Erkältung geholt. Ich habe mir die Zeitung geholt.

.. ..

....

❺ Können Sie mir Ihre Adresse geben?

¿Puede usted ....?

LAS PALABRAS QUE FALTAN.

❶ Acaba de salir - Acaba de comer ❷ Quiere - dejarme el recado ❸ Cuando vuelva se lo ❹ He cogido frío - He cogido el periódico ❺ darme su dirección.

Zwanzigste Lektion

Eine gute Nachricht

1 – Ich muß euch etwas ankündigen (annoncieren).
2 – Wir hoffen, daß es nicht eine schlechte Nachricht ist (sei).
3 – Nein, es ist eine gute Nachricht.
4 – Worum (um was) handelt es sich?
5 – Ich habe (schon) den Führerschein (die Erlaubnis zu fahren) [geschafft].

6 – ¡Enhorabuena!
7 ¡Eso hay que celebrarlo!
8 ¿Se lo has dicho a Juan?
9 – No, pero voy a telefonearle para decírselo. ①
10 – Invítale a cenar.
11 Pásamelo cuando hayas terminado.
12 – ¿Quién puede ocuparse de hacer las compras?
13 – Yo mismo.

PRONUNCIACION

[*6 enorabuenna 7 ... çelebrarlo 8 ... ditscho ... 9 ... deçirsselo 10 inbitale ... 11 passamelo kuanndo ajass terminado 12 kienn ... 13 ... mismo*]

¿COMPRENDE USTED ESTAS FRASES?

❶ Voy a deciros algo. ❷ Es una buena noticia. ❸ Se lo he dicho. ❹ Vamos a telefonearle. ❺ Quiero decírselo. ❻ ¿De qué se trata? ❼ Yo mismo.

¡COMPLETE USTED LAS FRASES CON LAS PALABRAS QUE FALTAN!

❶ Ich muß euch eine schlechte Nachricht mitteilen.

. . . .   anunciaros   . . .   .
. . . .

❷ Worum (um was) handelt es sich?

¿ . .   . . ?

❸ Das muß man feiern.

. . .   .   celebrarlo.

❹ Hast du es ihm schon gesagt?

¿ . .   . .   ya?

6 – [Herzlichen] Glückwunsch!
7 Das muß man (es) feiern!
8 Hast du es (ihm) Juan gesagt?
9 – Nein, aber ich werde ihn anrufen, um es ihm zu sagen.
10 – Lad ihn zum Abendessen ein.
11 Gib ihn mir, wenn du geendet hast (haben wirst).
12 – Wer kann sich [damit] befassen, die Einkäufe zu machen?
13 – Ich (selbst).

ANMERKUNGEN

① Wenn ein Verb von zwei Personalpronomina (3. und 4. Fall) begleitet wird, so steht das Personalpronomen im 3. Fall immer vor dem Personalpronomen im 4. Fall: **Te lo anuncio** „Ich teile es dir mit". Diese Regel gilt auch, wenn das Verb im Infinitiv oder in der Befehlsform erscheint und die Pronomen angehängt werden: **Voy a decírselo** „Ich werde es ihm sagen"; **Pásamelo** „Reich ihn mir". Das Verb darf dabei seine ursprüngliche Betonung nicht verändern, so daß es nötig ist, entsprechende Akzente zu setzen.

¿HA USTED COMPRENDIDO LAS FRASES?

❶ Ich werde euch etwas sagen. ❷ Das ist eine gute Nachricht. ❸ Ich habe es ihm gesagt. ❹ Wir werden ihn anrufen. ❺ Ich will es ihm sagen. ❻ Worum handelt es sich? ❼ Ich selbst.

5 Ich werde ihn zum Abendessen einladen. Ich werde ihn einladen, mit uns zu essen.

... .

....

▶ Leccion veintiuna (21.)

Revisión y notas

1. Allgemeine Hinweise

In den letzten sechs Lektionen haben wir uns vor allem den Pronomen zugewandt. Sie haben nun einen ersten Eindruck von ihrem Gebrauch, ihrer Stellung und ihren Formen bekommen. Diese Lektion soll dazu dienen, einen Überblick über das bisher Gelernte und einige weitere Einzelheiten zu schaffen.

Sollten Sie angesichts der Vielfalt der neuen Formen und der damit verbundenen Regeln entmutigt sein, so lassen Sie sich beruhigen: Wir werden noch sehr oft auf die Pronomen zurückkommen, über ihre Anwendung sprechen und weitere Formen vorstellen. Es wird Ihrer weiteren Arbeit sehr zugute kommen, wenn Sie sich immer sehr eingehend mit den in den Lektionen dargestellten Formen beschäftigen, genau auf ihren Gebrauch achten und sich ihre Stellung im Satz einprägen. Sicherlich ist dies keine leichte Aufgabe, aber sie ist auf jeden Fall zu bewältigen, und Sie sollten sie unbesorgt angehen.

Aber nun zu den Pronomen selbst:

2. Personalpronomina

Sie haben verschiedene Formen - je nach der Funktion, die sie im Satz übernehmen. Wir unterscheiden Subjektpronomina (Pronomen im 1. Fall) und Objektpronomina (im 3. Fall (Dativ) und im 4. Fall (Akkusativ)) sowie Pronomen, die auf eine Präposition folgen. Alle diese Pronomen finden Sie auf den folgenden Seiten aufgelistet.

Wir haben schon gesehen, daß ein Objektpronomen (im Dativ oder

LAS PALABRAS QUE FALTAN.

❶ Tengo que - una mala noticia ❷ De qué se trata ❸ Eso hay que ❹ Se lo has dicho ❺ Voy a invitarle a cenar - Voy a invitarle a comer con nosotros.

Einundzwanzigste Lektion

Akkusativ) an einen Infinitiv oder eine Befehlsform (und an eine weitere Verbform, die wir später kennenlernen werden) angehängt wird:

comprarme „mir kaufen"; **mirarme** „mich betrachten"; **dilo** „sag es"; **déjame** „überlaß mir, laß mich".

In allen anderen Fällen steht das Objektpronomen vor dem konjugierten Verb:

lo compro „ich kaufe es"; **le telefoneaba** „ich rief ihn/sie an"; **le he invitado** „ich habe ihn eingeladen".

Aus Anmerkung 2 der 18. Lektion wissen wir, daß sich das Objektpronomen des Dativs, **le** oder **les**, in **se** verwandelt, wenn es auf ein Objektpronomen des Akkusativs für die 3. Person, also **lo**, **la**, **los**, **las** trifft:

decírselo „es ihm sagen"; **se lo he dado** „ich habe es ihm gegeben".

Es sei noch einmal an die Regel erinnert, nach der das Objektpronomen im 3. Fall stets vor dem Objektpronomen im 4. Fall steht.

Wir haben die beiden nun folgenden Tabellen nicht in der Absicht aufgestellt, daß Sie sie auswendiglernen; vielmehr wollten wir Ihnen eine Möglichkeit bieten, eventuell in den nächsten Lektionen auftretende Schwierigkeiten mit Hilfe dieser Übersichten zu lösen.

Sollten Ihnen aber zu diesem Zeitpunkt die Tabellen zu schwierig oder zu unübersichtlich erscheinen, so übergehen Sie sie zunächst einmal. Sie werden es selbst merken, wenn Ihnen die Pronomen zugänglicher geworden sind, und können dann auf die Tabellen zurückkommen. Wir werden Ihnen dazu noch viele Gelegenheiten bieten!

Übersicht zu den Pronomen

Person und Numerus	Subjektpronomina	Objektpronomina ohne Präposition 4. Fall (Akkusativ)	 3. Fall (Dativ)	Objektpronomina nach Präposition	Objektpronomina nach der Präposition „con“
Singular					
1	**yo** „ich“	**me** „mich“	**me** „mir“	**mí** „mir“, „mich“	**conmigo** „mit mir“
2	**tú** „du“	**te** „dich“	**te** „dir“	**tí** „dir“, „dich“	**contigo** „mit dir“
3	**él** „er“ **ella** „sie“ **usted** „Sie“	**le** (1), **lo** „ihn“, „es“; **la** „sie“; **le** (1), **lo**, **la** „Sie“	**le** „ihm“, „ihr“, „Ihnen“	**él** „ihm“, „ihn“ **ella** „ihr“, „sie“ **usted** „Ihnen“, „Sie“	**con él** „mit ihm“ usw.
Plural					
1	**nosotros**, **-as** „wir“	**nos** „uns“	**nos** „uns“	**nosotros, -as** „uns“	
2	**vosotros**, **-as** „ihr“	**os** „euch“	**os** „euch“	**vosotros, -as** „euch“	
3	**ellos** „sie“ (männl.); **ellas** „sie“ (weibl.); **ustedes** „Sie“	**les** (1), **los**, **las** „sie“ („Sie“)	**les** „ihnen“ („Ihnen“)	**ellos** „ihnen“, „sie“; **ellas** „ihnen“, „sie“ **ustedes** „Ihnen“, „Sie“	
reflexiv (rückbezüglich)		**se** „sich“	**se** „sich“	**sí** „sich“	**consigo** „mit sich“

Objekt im 4. Fall (Akkusativ)	*ohne Präposition* **Objekt im 3. Fall (Dativ)**	**Objekt nach einer Präposition**	**Objekt nach der Präposition „con“**
„Er betrachtet mich“	„Er gibt mir ein Geschenk (gibt es mir)“	„an mich“	„und er singt mit mir“
Me mira	Me da un regalo (me lo da)	a mí	y canta conmigo
te mira	te (te lo da)	a ti	y canta contigo
le mira (1)		a él	y canta con él
la mira	le (se (2) lo da)	a ella	y canta con ella
lo mira		a usted	y canta con usted
nos mira	nos (nos lo da)	a nosotros, -as	y canta con nosotros, -as
os mira	os (os lo da)	a vosotros, -as	y canta con vosotros, -as
los mira		a ellos	y canta con ellos
las mira	les (se (2) lo da)	a ellas	y canta con ellas
		a ustedes	y canta con ustedes
se mira	se da	a sí mismo	y lo lleva consigo
se miran	se dan	a sí mismos	y lo llevan consigo

(1) Der Gebrauch des Pronomens **le** anstelle des Pronomens **lo** als Objekt im 4. Fall ist zwar nicht ganz korrekt, aber sehr gängig. Sie können in dieser Funktion **le** (und ebenso **les**) verwenden, wenn es sich auf Personen bezieht.

(2) **Le** und **les** verwandeln sich aus Gründen des Wohlklangs zu **se**. Anders als im Deutschen steht das Dativpronomen immer vor dem Akkusativpronomen.

3. Imperfekt

Im Laufe der ersten Lektionen haben wir uns vor allem mit den Gegenwartsformen der Verben, dem Präsens, beschäftigt. In Lektion 17 haben wir dann das Imperfekt eingeführt. Und weil wir gerade bei Tabellen sind, stellen wir Ihnen gleich die Imperfektendungen für die drei Konjugationen der regelmäßigen Verben auf **ar**, **er** und **ir** in einer Übersicht vor.

cant-ar	**com-er**	**viv-ir**
„singen"	*„essen"*	*„leben"*
cant-aba	com-ía	viv-ía
cant-abas	com-ías	viv-ías
cant-aba	com-ía	viv-ía
cant-ábamos	com-íamos	viv-íamos
cant-abais	com-íais	viv-íais
cant-aban	com-ían	viv-ían

Beachten Sie, daß die Endungen der 2. und 3. Konjugation gleich sind. Dies vereinfacht die Sache sicherlich für Sie.

4. Schreiben Sie in Spanisch („Zweite Welle")

1. Ich werde den Einkauf machen. Willst du, daß ich dir etwas kaufe?
2. Willst du mir die Zeitung überlassen? Ich habe es sehr eilig.
3. Ich stellte mir vor, daß du kommen würdest. – Ich hatte es dir gesagt.
4. Ich hatte es ihm gesagt, bevor ich ging.
5. Mein Sohn hat hohes Fieber. – Wirst du den Arzt rufen?
6. Ruf ihn an, um es ihm zu sagen.

Übersetzung

1. Voy a hacer la plaza. ¿Quieres que te compre algo?
2. ¿Quieres dejarme el periódico? Tengo mucha prisa.
3. Me imaginaba que ibas a venir. – Te lo había dicho.
4. Se lo había dicho antes de irme.
5. Mi hijo tiene mucha fiebre. – ¿Vas a llamar al médico?
6. Telefonéale para decírselo.

Raum für persönliche Notizen:

▶ Leccion veintidos (22.)

Se bañaron

1 – La semana pasada acampamos junto al mar. ①

2 – Tuvimos cuatro días de vacaciones y aprovechamos para ir a descansar.

3 A la vuelta, visitamos algunos pueblos de la provincia de Santander.

4 – ¡Claro! Ahora me lo explico.

5 El miércoles os telefoneé a mediodía y pensé que vuestro teléfono no funcionaba.

6 – Sí, nos fuimos el martes al salir del trabajo. ②

PRONUNCIACION

[... *banjaron* **1** ... *ssemana* ... *ackampamoss chunto all mar* **2** *tubimoss* ... *aprobetschamoss* ... *desskanssar* **3** ... *buelta vissitamoss allgunoss puebloss* ... *probinçia* ... *ssantander* **5** ... *mierkoless* ... *mediodía* ... *pennsse* ... *funçionaba* **6** ... *fuimoss* ... *martess* ...]

Zweiundzwanzigste Lektion

Sie sind schwimmen gegangen (badeten sich)

1 – Letzte Woche haben wir in der Nähe des Meeres gezeltet.
2 – Wir hatten vier Tage Ferien und haben [sie] ausgenutzt, um uns zu erholen (ausruhen zu gehen).
3 Auf der Rückfahrt haben wir einige Dörfer der Provinz (von) Santander besichtigt.
4 – Natürlich! Jetzt verstehe ich (erkläre ich es mir)!
5 Am Mittwoch habe ich euch mittags angerufen und habe gedacht, daß euer Telefon nicht funktionierte.
6 – Ja, wir sind am Dienstag gleich nach der Arbeit (beim Weggehen von der Arbeit) losgefahren.

ANMERKUNGEN

① Wir stellen Ihnen in dieser Lektion eine Zeitstufe des Spanischen vor, die im Deutschen keine Entsprechung hat: den Indefinido. Es handelt sich hierbei um eine Vergangenheitsform, die sehr häufig gebraucht wird und die wir im Deutschen mit dem Perfekt oder Imperfekt übersetzen. Der Indefinido wird verwendet, um abgeschlossene Handlungen oder Ereignisse der Vergangenheit zu beschreiben: **Ayer fui al cine** „Gestern bin ich ins Kino gegangen"; **El martes comí con ellos** „Am Dienstag habe ich mit ihnen gegessen". Es ist wichtig, daß Sie sich an diese Zeitstufe gewöhnen, auch wenn Ihnen ihre Formen zunächst sehr fremd vorkommen.

② **al** mit nachfolgendem Infinitiv dient zum Ausdruck einer Gleichzeitigkeit und entspricht einem durch **cuando** eingeleiteten Nebensatz. Sie übersetzen diese Konstruktion im Deutschen am besten durch einen Nebensatz oder durch eine geeignete Umstandsbestimmung: **Al comer me acordé** „Als ich aß, erinnerte ich mich", oder: „Beim Essen erinnerte ich mich".

7 – ¿Hizo buen tiempo? ③
8 – Hizo un tiempo estupendo.
9 Yo me paseé mucho por la costa.
10 Elvira contempló mucho la playa y el mar.
11 Y no vimos a nadie. ④
12 – ¿Os bañasteis?
13 – Todas las mañanas a la salida del sol.

PRONUNCIACION

[*7 iço ... 9 ... passee ... kossta 10 elbira kontemplo... plaja ... 12 ... banjassteiss 13 ... ssalida ... ssoll*]

¿COMPRENDE USTED ESTAS FRASES?

❶ A la vuelta, nos vimos en su casa. ❷ ¿Hizo buen tiempo? ❸ Me paseé mucho. ❹ Ahora me lo explico. ❺ Vino el miércoles a comer. ❻ No había nadie en la playa. ❼ Todas las mañanas voy a hacer las compras.

¡COMPLETE USTED LAS FRASES CON LAS PALABRAS QUE FALTAN!

❶ Letzte Woche habe ich mit ihm im Restaurant gegessen.

. . . . comí . . . .

. . . .

❷ Bei der Rückkehr habe ich ihn besucht (bin ich gegangen, ihn zu sehen).

. . . .

❸ Ich habe (mich) im Meer gebadet.

. . . .

❹ Wir haben ihn gesehen, als wir aus dem Kino kamen.

Lo . . . . . visto . . . . cine.

❺ Gestern war es sehr schön (machte es sehr gut).

. . . .

7 – War das Wetter gut (machte gutes Wetter)?
8 – Es war (ein) herrliches Wetter.
9 Ich bin viel an der Küste spazieren gegangen.
10 Elvira betrachtete oft (viel) den Strand und das Meer.
11 Und wir haben niemanden gesehen.
12 – Seid ihr schwimmen gegangen (Habt ihr euch gebadet)?
13 – Jeden Morgen (alle Morgen) bei Sonnenaufgang (beim Aufgang der Sonne).

ANMERKUNGEN

③ Wenn Sie über das Wetter sprechen wollen, benötigen Sie das Verb **hacer**, das eigentlich „tun, machen", bedeutet: **Hace buen tiempo** „Es ist schönes Wetter"; **Hace mal tiempo** „Es ist schlechtes Wetter". **Bueno** oder **buen** als Kurzform bedeuten im Zusammenhang mit Wetter „schön". In anderen Fällen wird „schön" durch **bello** übersetzt: **El paisaje es bello** „Die Gegend ist schön".

④ Fassen Sie diesen Satz nicht als doppelt verneint auf! **No** und **nadie** zusammen bedeuten hier „niemanden". Wenn **nadie** allein erscheint, so trägt es allein diese Bedeutung.

¿HA USTED COMPRENDIDO LAS FRASES?

❶ Bei der Rückkehr haben wir uns in seinem Haus gesehen. ❷ War schönes Wetter? ❸ Ich bin viel spazieren gegangen. ❹ Jetzt erkläre ich es mir. ❺ Er ist Mittwoch zum Essen gekommen. ❻ Es war niemand am Strand. ❼ Jeden Morgen gehe ich die Einkäufe machen.

LAS PALABRAS QUE FALTAN.

❶ La semana pasada - con él en el restaurante ❷ A la vuelta he ido a verlo ❸ Me bañé en el mar ❹ hemos - al salir del ❺ Ayer hizo muy bueno.

▶ Leccion veintitrés (23.)

Vamos a su casa ①
o
Pequeños detalles

1 – Hace una semana que no he visto a los Soley. ②
2 – ¡Claro! El lunes pasado se fueron a Holanda. ③
3 – ¿Llevaron también a los niños?
4 – Sí, porque ya no tenían colegio. ④
5 – ¿Sabes cuándo vuelven? ⑤
6 – No estoy segura, pero creo que pronto estarán de vuelta.
7 Han ido solamente para hacer una visita a la madre de Anni, que estaba enferma. ⑥
8 – ¿Sabes si es grave?

PRONUNCIACION

[... *detaljess* **1** ... *ssolei* **2** ... *luness* ... *ollanda* **4** ... *kollechio* **7** ... *ssollamente* ... *bissita* ... **8** ... *grabe*]

Dreiundzwanzigste Lektion

Wir wollen zu ihnen gehen
oder
Kleine Einzelheiten

1 – Es ist schon eine Woche her (es macht eine Woche), daß ich die Soleys nicht gesehen habe.
2 – Natürlich! Letzten Montag sind sie nach Holland gefahren.
3 – Haben sie auch die Kinder mitgenommen?
4 – Ja, weil sie keine Schule mehr hatten.
5 – Weißt du, wann sie zurückkommen?
6 – Ich (weibl.) bin nicht sicher, aber ich glaube, daß sie bald zurück sein werden.
7 Sie sind nur gefahren, um einen Besuch bei Annis Mutter zu machen, die krank war.
8 – Weißt du, ob es ernst ist?

ANMERKUNGEN

① „Bei jemandem“ im Sinne von „bei jemandem zu Hause“ heißt im Spanischen: **en casa de**. „Zu jemandem (nach Hause)“ heißt **a casa de**.

② Wenn Sie um einen Zeitraum zurückrechnen wollen, verwenden Sie das Verb **hace** „es ist ... her“. In der Vergangenheit heißt es **hacía** „es war ... her“.

③ „weggehen, wegfahren, hinausgehen“ heißt im Spanischen **salir** oder **irse**. Letzteres wird reflexiv gebraucht.

④ **ya** heißt „schon“. In Verbindung mit **no** wird es übersetzt: „nicht mehr“.

⑤ **volver** heißt „zurückkommen, nach Hause kommen“. Davon abgeleitet ist das Substantiv **la vuelta**; wir haben es bereits kennengelernt in der Bedeutung „Rückfahrt“. Es kann auch „Heimkehr, Rückkehr“ heißen. **Estar de vuelta** heißt „zurück sein“.

⑥ Ein Besitz- oder Zugehörigkeitsverhältnis kann nur mit Hilfe der Präposition **de** ausgedrückt werden: **la madre de Anni** „Annis Mutter“; **el coche de Juan** „Juans Auto“.

9 – No creo, pero para las personas mayores una operación es siempre delicada.
10 – ¿Quieres que vayamos a ver si han vuelto?
11 – Me parece una buena idea. ⑦
12 Además, sé que tenían idea de ir luego de vacaciones a España.
13 – Entonces es posible que ya se hayan ido.
14 – Me extraña que lo hayan hecho tan rápido, pero es posible.

PRONUNCIACION

[**9** ... *perssonass majoress ... operaçionn ... delikada* **10** ... *bajamoss* ... **14** ... *extranja ... ajan etscho tann rapido...*]

¿COMPRENDE USTED ESTAS FRASES?

❶ Hace una semana que no le veo. ❷ Lo llevaron al colegio. ❸ No estoy segura. ❹ Vamos a hacerle una visita. ❺ Me parece una buena idea. ❻ Se han ido. ❼ Eso me extraña.

¡COMPLETE USTED LAS FRASES CON LAS PALABRAS QUE FALTAN!

❶ Hast du sie nicht gesehen?
¿No .. .. ?

❷ Morgen werden wir um fünf Uhr zurück sein.
....

❸ Ich werde zu Juan (nach Hause) gehen, wenn ich aus dem Unterricht komme.
... . Juan . .. .

9 – Ich glaube nicht, aber für die älteren Leute ist eine Operation immer heikel.

10 – Willst du, daß wir [nach]sehen (gehen mögen), ob sie zurückgekommen sind?

11 – Das finde ich eine gute Idee (es erscheint mir eine gute Idee).

12 Außerdem weiß ich, daß sie [die] Idee hatten, danach in Urlaub nach Spanien zu fahren.

13 – Dann ist es möglich, daß sie schon weggefahren sind (haben mögen).

14 – Es wundert mich, daß sie das so schnell gemacht haben, aber es ist möglich.

ANMERKUNGEN

⑦ **parecer** „(er)scheinen". **¿Qué te parece?** „Was hältst du davon?", „Wie findest du das?", eigentlich „Was scheint dir?" Diesen Ausdruck hört man sehr oft.

¿HA USTED COMPRENDIDO LAS FRASES?

❶ Es ist eine Woche her, daß ich ihn gesehen habe (daß ich ihn nicht sehe). ❷ Sie haben ihn zur Schule (Gymnasium) mitgenommen. ❸ Ich (weibl.) bin nicht sicher. ❹ Wir werden ihm einen Besuch abstatten. ❺ Ich finde es eine gute Idee. ❻ Sie sind weggefahren. ❼ Das wundert mich.

❹ Ich bin [schon] seit zwei Tagen krank (Es macht zwei Tage, daß ich krank bin).

....

❺ Wie findest du das?

¿... .. ..?

LAS PALABRAS QUE FALTAN.

❶ la has visto ❷ Mañana estaremos de vuelta a las cinco ❸ Voy a ir a casa de - a la salida de clase ❹ Hace dos días que estoy enfermo ❺ Qué te parece.

Leccion veinticuatro (24.)

Antes de comer

1 – ¿Qué estás haciendo? ①
2 – Estoy jugando con Alicia.
3 – ¿A qué jugáis?
4 – Estamos jugando al ajedrez.
5 – ¿Y tú, qué haces?
6 – Estoy preparando la comida.
7 – ¿Qué has comprado para hoy?
8 – Carne, arroz, tomates, pepinos y berenjenas. ¿Qué te parece?
9 – ¡Ya se me hace la boca agua!
10 – Pero... tendrás que esperar porque todavía no está listo. ②
11 – ¿Cuánto tiempo?
12 – Una hora, más o menos.
13 – Bueno, entonces date prisa porque tengo mucha hambre.
14 – Perdona Alicia. ¿A quién le toca jugar ahora? ③

PRONUNCIACION

[2 ... chugando ... aliçia 3 ... chugaiss 4 ... achedreç 6 ... preparando ... 8 karne arroç tomatess pepinoss ... berechenass ... 9 ... bocka ... 10 ... tenndrass ... lissto 14 ... kienn ...]

Vierundzwanzigste Lektion

Vor dem Essen (bevor zu essen)

1 – Was machst du gerade (was bist du machend)?
2 – Ich spiele gerade mit Alicia.
3 – (An) was spielt ihr?
4 – Wir spielen gerade Schach.
5 – Und du, was machst du?
6 – Ich bereite gerade das Essen vor.
7 – Was hast du für heute gekauft?
8 – Fleisch, Reis, Tomaten, Gurken und Auberginen. Was meinst du dazu?
9 – Mir läuft schon das Wasser im Munde zusammen (schon macht sich mir der Mund Wasser)!
10 – Aber... du wirst warten müssen, weil es noch nicht fertig ist.
11 – Wie lange (wieviel Zeit)?
12 – Eine Stunde, mehr oder weniger.
13 – Gut, dann beeil dich, weil ich großen (viel) Hunger habe.
14 – Entschuldige, Alicia. Wer ist jetzt an der Reihe [zu] spielen? (Wem kommt es zu, jetzt zu spielen?)

ANMERKUNGEN

① Wir lernen hier das spanische Gerundium kennen; es handelt sich hierbei um eine unveränderliche Verbform, deren Endungen -**ando** (bei Verben auf -**ar**) und -**iendo** (bei Verben auf -**er** und -**ir**) lauten. **Estar** mit Gerundium dient zum Ausdruck des Verlaufs einer Handlung: **Estoy jugando** „Ich spiele gerade“; **Estás haciendo** „Du machst gerade“.

② **listo** heißt „klug, aufgeweckt, geschickt“: **Es una niña muy lista** „Sie ist ein sehr aufgewecktes Mädchen“. Wenn **listo** mit **estar** verbunden wird, bekommt es die Bedeutung „fertig, bereit“: **¿Todavía no estás listo?** „Bist du noch nicht fertig?“.

③ Wir haben das Verb **tocar** schon in der Bedeutung „berühren, anfassen“, aber auch „ein Instrument spielen“, kennengelernt. Hier sehen Sie einen weiteren gängigen Gebrauch in dem Ausdruck **Me toca a mí** „Ich bin an der Reihe“.

¿COMPRENDE USTED ESTAS FRASES?

1 Estoy trabajando. 2 ¿Qué te parece? 3 Todavía no estamos listos. 4 ¿Cuánto tiempo hace? 5 Tres semanas más o menos. 6 Date prisa porque tengo que irme. 7 Te toca a ti.

¡COMPLETE USTED LAS FRASES CON LAS PALABRAS QUE FALTAN!

1 Was ißt du gerade? Was machst du gerade?
¿ . . .   . ? ¿ . . .   . ?

2 Ist sie fertig? Spielt sie gerade?
¿. . . .   . ? ¿ . . . . ?

3 Heute werden wir Fleisch mit Reis essen.
. . .   .

4 Wir haben mehr oder weniger zwei Stunden gewartet.
. . . . .   esperado   . . .   .

5 Du bist an der Reihe.
. .   . .

Leccion veinticinco (25.)

Me gusta el castellano ①

1 – Quisiera aprender bien el castellano.

PRONUNCIACION
[... *gussta* ...]

¿HA USTED COMPRENDIDO LAS FRASES?

❶ Ich arbeite gerade. ❷ Was meinst du dazu? ❸ Wir sind noch nicht fertig. ❹ Wie lange ist es her? ❺ Mehr oder weniger drei Wochen. ❻ Beeil dich, weil ich weggehen muß. ❼ Du bist an der Reihe.

LAS PALABRAS QUE FALTAN.

❶ Qué estás comiendo - Qué estás haciendo ❷ Está lista - Está jugando ❸ Hoy vamos a comer carne con arroz ❹ Hemos - dos horas más o menos ❺ Te toca a ti.

Fünfundzwanzigste Lektion

(Das) Spanisch gefällt mir
oder
Ich mag Spanisch

1 – Ich würde gerne (würde wollen) (das) Spanisch gut lernen.

ANMERKUNGEN

① **gusto** „Geschmack". Das Verb **gustar** bedeutet „gefallen": **Esta calle me gusta** „Diese Straße gefällt mir". Sie können es auch mit „schmecken" übersetzen: **¿Le gusta a usted esta comida?** „Schmeckt Ihnen dieses Essen?". **Me gusta mucho** „Es gefällt mir gut, es schmeckt mir gut, ich mag es sehr". Sehr gängig ist die Konstruktion **gustar** mit nachfolgendem Infinitiv: **Me gusta viajar** „Ich reise gerne (es gefällt mir zu reisen)".

2 – ¿Por qué no vas a España?
3 – Probablemente iré el año que viene, pero no sé todavía qué región elegir.
4 – El mejor castellano se habla en Burgos y en Valladolid: en Castilla la Vieja.
5 – Creía que era en Madrid.
6 – En Madrid, se habla bien pero el idioma del pueblo no es tan puro. ②
7 Sin embargo, si vas a Madrid encontrarás una vida más movida y una gran cantidad de espectáculos.
8 – ¿Y dónde se habla el peor castellano?
9 – Es difícil de decir y... no creo que se pueda hablar así. ③
10 Casi todas las provincias tienen su acento propio y se encuentra en toda España gente que habla correctamente.

PRONUNCIACION

[*3 probablemente ... rechionn elechir 4 ... bajadoli ... kasstilja ... biecha 5 kreia ... 6 ... idioma ... puro 7 ... enkontrarass ... mobida ... kantida ... esspektakuloss 8 ... peor ... 9 ... diffiçil... deçir... puedda ... assi 10 kassi ... propio ... chente ... korrektamente*]

2 – Warum gehst du nicht nach Spanien?
3 – Wahrscheinlich werde ich im nächsten Jahr (im Jahr, das kommt) gehen, aber ich weiß noch nicht, welche Gegend [ich] wählen [soll].
4 – Das beste Spanisch spricht man in Burgos und in Valladolid: im Alten Kastilien (Kastilien das Alte).
5 – Ich glaubte, daß es in Madrid wäre.
6 – In Madrid spricht man gut, aber die Sprache des Volkes ist nicht so rein.
7 Trotzdem, wenn du nach Madrid gehst, wirst du ein abwechslungsreicheres Leben und eine große Vielzahl (Quantität) von Darbietungen finden.
8 – Und wo spricht man das schlechteste Spanisch?
9 – [Das] ist schwer zu sagen und... ich glaube nicht, daß man so sprechen kann.
10 Fast alle (die) Provinzen haben ihren eigenen Akzent, und man findet in ganz Spanien Leute, die korrekt sprechen.

ANMERKUNGEN

② **el idioma**, **la lengua** bedeuten beide „Sprache“. Beachten Sie, daß **idioma** männlich ist, obwohl es auf **-a** endet. – **El pueblo** kann mit „Volk“ und mit „Ortschaft“ oder „Dorf“ übersetzt werden.

③ **No creo que** „Ich glaube nicht, meine nicht, daß...“ – **Se habla** übersetzen Sie am besten mit „Man spricht“. **Se encuentra** im nächsten Satz heißt dann „Man findet“.

11 Cataluña, el País Vasco, Galicia, el País Valenciano, tienen su idioma propio y además sus habitantes hablan el castellano.

12 En Andalucía, se habla el castellano pero con un acento particular.

13 – Entonces ... España es un conjunto muy rico de pueblos.

14 – En efecto, es una tierra de una riqueza insospechada.

PRONUNCIACION

[*11 katalunja ... paiss bassko galiçia ... balençiano ... abitantess ... 12 ... andaluçia ... partikular 13 ... konnchunto ... ricko ... 14 ... effekto ... tierra ... rickeça inssosspetschada*]

¿COMPRENDE USTED ESTAS FRASES?

❶ Me gusta viajar. ❷ Probablemente iré mañana. ❸ Creía que no ibas a venir. ❹ Esta comida es peor que la de ayer. ❺ Es difícil de decir. ❻ El idioma es un ser viviente. ❼ En esta región, la gente tiene mucho acento.

¡COMPLETE USTED LAS FRASES CON LAS PALABRAS QUE FALTAN!

❶ Mir gefällt das gute Kino. Ich reise gerne.

.. .. buen ....
....

❷ Ich spreche gut (das) Französisch und (das) Spanisch.

....
....

❸ Die Sprache des Volkes ist sehr [umfang]reich.

.. ..
.... .

11 Katalonien, das Baskenland, Galizien, das Land Valencia haben ihre eigene Sprache, und zusätzlich sprechen ihre Einwohner [noch] Spanisch.

12 In Andalusien spricht man Spanisch, aber mit einem besonderen Akzent.

13 – Also... Spanien ist ein sehr [umfang]reiches Gefüge von Völkern.

14 – In der Tat, es ist ein Land von unvermutetem Reichtum.

¿HA USTED COMPRENDIDO LAS FRASES?

❶ Ich reise gerne. ❷ Wahrscheinlich werde ich morgen gehen. ❸ Ich glaubte, daß du nicht kommen würdest. ❹ Dieses Essen ist schlechter als das von gestern. ❺ Das ist schwer zu sagen. ❻ Die Sprache ist ein Lebewesen. ❼ In dieser Gegend haben die Leute einen starken Akzent (viel Akzent).

❹ Für einen Franzosen ist die „jota" schwierig zu sprechen (sagen).

. . . . „ . . . . " . .

. . . .

❺ Dein Akzent gefällt mir.

. . . .

LAS PALABRAS QUE FALTAN.

❶ Me gusta el - cine - Me gusta viajar ❷ Hablo bien el francés y el castellano ❸ La lengua del pueblo es muy rica ❹ Para un francés la „jota" es difícil de decir ❺ Tu acento me gusta.

▶ Leccion veintiseis (26.)

Un regalo

1 – Me gusta lo que haces. ¿Qué es? ①
2 – Estoy haciendo una lámpara y esto será el pie. ②
3 – ¿En madera tallada?
4 – Sí, me encanta trabajar la madera. Cuando la tallo siento que me habla. Es una materia noble.
5 – ¿Esta es la pantalla?
6 – Sí. ¿Te gusta?
7 – Mucho. ¿Dónde la vas a poner?
8 – No es para mí. Quiero hacer un regalo. ③

PRONUNCIACION

[... *regalo* **2** ... *lampara* ... *pie* **3** ... *madera taljada* **4** ... *ennkannta* ... *ssiennto* ... *materia noble* **5** ... *panntalja*]

Sechsundzwanzigste Lektion

Ein Geschenk

1 – Mir gefällt das, was du machst. Was ist [es]?
2 – Ich mache gerade eine Lampe, und dies wird der Fuß (sein).
3 – Aus (in) geschnitztem Holz?
4 – Ja, es entzückt mich, das Holz [zu] bearbeiten. Wenn ich es schnitze, fühle ich, daß es [zu] mir spricht. Es ist ein edles Material.
5 – Dies ist der Lampenschirm?
6 – Ja. Gefällt es dir?
7 – Sehr. Wo[hin] wirst du sie stellen?
8 – Sie ist nicht für mich. Ich will ein Geschenk machen.

ANMERKUNGEN

① **lo que haces** „das, was du machst". Im Deutschen würden wir auch sagen: „was du machst". **Lo que dices me gusta** „(Das), was du sagst, gefällt mir". **Lo** ist wie **el** und **la** ein bestimmter Artikel, steht jedoch nicht vor echten Substantiven.

② In Lektion 12 haben Sie die Demonstrativpronomina kennengelernt: **este**, **esta**, **esto** „dieser, diese, dieses": Die Pluralformen heißen **estos** und **estas**. Gewöhnlich werden diese Formen - außer **esto** - von einem Substantiv begleitet. Wenn sie jedoch allein vorkommen, so tragen sie einen Akzent: **Este vino es bueno** „Dieser Wein ist gut"; **éste es el buen vino** „dies ist der gute Wein". In Satz 5 finden Sie ein weiteres Beispiel. **Esta** trägt hier keinen Akzent, weil auf Großbuchstaben keine Akzente erscheinen.

③ **No es para mí** „Das ist nicht für mich". **Mí** (mit Akzent auf dem **í**) ist ein Personalpronomen, das nach einer Präposition steht. **Mi** ohne Akzent ist ein Possessivpronomen; es steht vor einem Substantiv: **mi casa** „mein Haus".

9 A las personas a las que quiero mucho me gusta regalarles algo hecho con mis propias manos.
10 – Es bonito lo que dices.
11 – Eso no tiene importancia. Es simplemente un gesto que me gusta hacer.
12 – ¿Para quién es el regalo?
13 – Para ti.
14 – Nunca me habían hecho un regalo como éste.

PRONUNCIACION

[*9 ... regalarless ... propiass manoss* ***11*** *... importançia ... chessto ...* ***14*** *nunka ...*]

¿COMPRENDE USTED ESTAS FRASES?

❶ Esto me gusta. ❷ Me encanta ir al campo. ❸ Este regalo es para ti. ❹ Lo que haces es bonito. ❺ ¿Te gustan sus manos? ❻ He hecho esto para ella. ❼ Nunca había venido hasta aquí.

¡COMPLETE USTED LAS FRASES CON LAS PALABRAS QUE FALTAN!

❶ (Das), was du sagst, ist nicht wahr.

.. ..

❷ Das ist mein Geschenk. Das ist mein Bruder.

.. ..

❸ Diese Lampe ist für mich.

....

9 Den Personen, die ich sehr mag, schenke ich (ihnen) gerne etwas (gemacht) mit meinen eigenen Händen Gefertigtes.
10 – Es ist nett (das), was du sagst.
11 – Das hat keine Bedeutung (Wichtigkeit). Es ist einfach eine Geste, die ich gerne mache (die mir gefällt zu machen).
12 – Für wen ist das Geschenk?
13 – Für dich.
14 – Nie hat man (hatten sie) mir ein Geschenk gemacht wie dieses.

¿HA USTED COMPRENDIDO LAS FRASES?

❶ Das gefällt mir. ❷ Es entzückt mich, aufs Land zu fahren. ❸ Dieses Geschenk ist für dich. ❹ Was du machst, ist nett. ❺ Gefallen dir seine Hände? ❻ Ich habe dies für sie gemacht. ❼ Nie war ich bis hierher gekommen.

❹ Mir gefallen seine Gesten.

.. ..

❺ Ich hatte nie das Holz bearbeitet.

....

LAS PALABRAS QUE FALTAN.

❶ Lo que dices no es verdad ❷ Es mi regalo - Es mi hermano ❹ Esta lámpara es para mí ❺ Me gustan sus gestos ❻ Nunca había trabajado la madera.

Leccion veintisiete (27.)

Mañana iremos de campo ①

1 – ¿Qué haremos mañana? Tenemos el día libre.
2 – Mañana no es hoy. Yo no sé lo que querré.
3 – Tú tendrás que llamar a Roberto y estoy casi seguro de que pasaréis el día estudiando.
4 – No me acordaba de que le había prometido llamarle para preparar el examen juntos.
5 – ¿Crees que estará ahora en casa?
6 – No lo sé. ¿Por qué me lo preguntas?
7 – Porque se me acaba de ocurrir una idea. ②
8 ¿Qué te parece si vamos de campo?
9 Tú y Roberto podréis estudiar si queréis y yo jugaré a la pelota con los niños.
10 – Me gusta tu idea.
11 – Habrá que madrugar para aprovechar todo el día. ③

Wenn Sie sich jetzt schon genauer für die Konstruktion des spanischen Futur interessieren, so sehen Sie sich in der Lektion 28 den Abschnitt 6 an. In Abschnitt 7 finden Sie die spanischen Verneinungselemente aufgelistet.

PRONUNCIACION

[... *iremoss* ... *kampo* **1** ... *aremoss* ... **2** ... *kerre* **3** ... *tenndrass* ... *roberto* ... *passareiss* ... **4** ... *ackordaba* ... *prometido*... *examen* ... **5** ... *esstara* ... **6** ... *preguntass* **7** ... *ockurrir* ... **9** ... *podreiss* ... *chugare* ... *pelota* ... **11** *abra* ...]

Siebenundzwanzigste Lektion

Morgen werden wir ins Grüne (auf Land) fahren

1 – Was werden wir morgen machen? Wir haben den Tag frei.
2 – Morgen ist nicht heute. Ich weiß [noch] nicht (das), was ich machen will (wollen werde).
3 – Du wirst Roberto anrufen müssen, und ich bin fast sicher, daß ihr den Tag mit Studieren (studierend) verbringen werdet.
4 – Ich erinnerte mich nicht, daß ich ihm versprochen hatte, ihn anzurufen, um das Examen gemeinsam vorzubereiten.
5 – Glaubst du, daß er jetzt zu Hause sein wird?
6 – Ich weiß es nicht. Warum fragst du es mich?
7 – Weil (sich) mir gerade eine Idee gekommen (eingefallen) ist.
8 Wie findest du es, wenn wir ins Grüne (aufs Land) fahren?
9 Du und Roberto, ihr könnt (werdet können) studieren, wenn ihr wollt, und ich werde mit den Kindern (mit dem) Ball spielen.
10 – Deine Idee gefällt mir.
11 – Man wird früh aufstehen müssen, um den ganzen Tag auszunutzen.

ANMERKUNGEN

① **el campo** „Land“ oder „Feld“. **Ir de campo** bedeutet „den Tag auf dem Land verbringen, ins Grüne fahren“.

② **occurir** „vorkommen geschehen“. **¿Qué ocurre?** heißt dasselbe wie **¿Qué pasa?** „Was ist los? Was gibt's?“. Die reflexive Form **ocurrirse** heißt „einfallen“: **No se me ocurre** „Es fällt mir nicht ein“. Das Substantiv **ocurrencia** kann „Vorfall, Vorkommnis“ und auch „Einfall“ bedeuten.

③ Beachten Sie die Stellung von **todo**, **toda** vor dem Artikel: **toda la noche** „die ganze Nacht“.

12 – Voy a llamar a Roberto para ver si está de acuerdo.

¿COMPRENDE USTED ESTAS FRASES?

❶ Hoy tengo el día libre. ❷ Estaba casi seguro de que no ibas a venir. ❸ No me acordaba. ❹ No tengo ni idea. ❺ Se me acaba de ocurrir... ❻ ¿Jugarás con nosotros? ❼ Nosotros lo haremos.

¡COMPLETE USTED LAS FRASES CON LAS PALABRAS QUE FALTAN!

❶ Wirst du morgen zu Hause (in deinem Haus) sein?

¿ . . . . ?

❷ Er wird heute (diesen) Abend ins Kino gehen.

. . .   .

❸ Mir ist gerade eine Idee gekommen.

. .   . .

❹ Werdet ihr Sonntag ins Grüne fahren?

¿ . . . . ?

❺ Wirst du mit den Kindern spielen?

¿ . . . . ?

Leccion veintiocho (28.)

Revisión y notas

1. Indefinido

Lesen Sie noch einmal die Anmerkung 1 der Lektion 22. Wir wollen die Formen des Indefinido hier überwiegend durch das deutsche Perfekt übersetzen, wie es auch der üblichen Redeweise entspricht.

12 – Ich werde Roberto anrufen, um zu sehen, ob er einverstanden ist.

¿HA USTED COMPRENDIDO LAS FRASES?

❶ Heute habe ich den Tag frei. ❷ Ich war fast sicher, daß du nicht kommen würdest. ❸ Ich erinnerte mich nicht. ❹ Ich habe keine Ahnung. ❺ Mir ist gerade eingefallen... ❻ Wirst du mit uns spielen? ❼ Wir werden es tun.

LAS PALABRAS QUE FALTAN.

❶ Estarás en tu casa mañana ❷ Irá esta noche al cine ❸ Se me acaba de ocurrir una idea ❹ Iréis de campo el domingo ❺ Jugarás con los niños.

Achtundzwanzigste Lektion

Verben auf -**ar**:

(Yo) tomé el tren. „Ich habe den Zug genommen".

(Tú) jugaste con él. „Du hast mit ihm gespielt".

(El/ella/usted) habló poco. „Er/sie hat/Sie haben wenig gesprochen".

(Nosostros) cantamos. „Wir haben gesungen".

(Vosotros) fumasteis mucho. „Ihr habt viel geraucht“

(Ellos/ellas/ustedes) telefonearon tarde. „Sie (*mask./fem.*)/Sie haben spät angerufen“.

Verben auf -**er** und –**ir**:

(Yo) comí arroz. „Ich habe Reis gegessen“.

(Yo) escribí ayer. „Ich habe gestern geschrieben“.

(Tú) quisiste salir. „Du wolltest weggehen“.

(Tú) saliste pronto. „Du bist früh abgereist“.

(El/ella/usted) volvió solo/sola. „Er/sie ist/Sie sind allein zurückgekommen“.

(El/ella/usted) dijo esto. „Er/sie hat/Sie haben das gesagt“.

(Nosotros) creímos en él. „Wir haben an ihn geglaubt“.

(Nosotros) vinimos enseguida. „Wir sind sofort gekommen“.

(Vosotros) prometisteis venir. „Ihr habt versprochen zu kommen“.

(Vosotros) dijisteis. „Ihr habt gesagt“.

(Ellos/ellas/ustedes) lo vieron. „Sie (*mask./fem.*)/Sie haben es gesehen“.

(Ellos/ellas/ustedes) fueron a comer. „Sie (*mask./fem.*)/Sie sind zum Essen gekommen“.

Sie finden hier mit der Darstellung der Formen des Indefinido gleichzeitig eine Vokabelwiederholung. Sie haben jedes dieser Verben in den vorausgegangenen Lektionen schon kennengelernt. Sicherlich werden Sie das eine oder andere wieder vergessen haben. Das ist ganz normal, und Sie sollten sich darüber keine Sorgen machen. Wir werden noch sehr oft auf die gängigen Verben zurückkommen. Für den Augenblick genügt es, wenn Sie sich nach und nach mit ihnen vertraut machen. Denken Sie daran, daß nur die ständige Übung zum Erfolg führt.

2. Ländernamen

Sie werden teilweise mit dem bestimmten Artikel gebraucht: **el Japón**, **la Argentina**, **el Brasil** [*brassil*], **el Perú**, **los Estados Unidos** „die Vereinigten Staaten“, **la China**, **el Salvador**, **el Ecuador**, **la India**, **el Canadá**. Ohne Artikel werden verwendet: **Bélgica** [*belchika*] „Belgien“, **Suiza** „Schweiz“, **Inglaterra** „England“, **Alemania** „Deutschland“, **Italia**, **Rusia** „Rußland“, **Holanda**, **Argelia** „Algerien“, **Marruecos** „Marokko“, **Europa**, **Asia**, **America**, **Portugal**, **Francia** „Frankreich“.

Wenn jedoch einer dieser Ländernamen eine Ergänzung bei sich führt, so wird der bestimmte Artikel gesetzt: **La Francia del siglo XVIII** „das Frankreich des 18. Jahrhunderts“; **la España de Carlos V** „das Spanien Karls V“.

3. Gerundium

(Siehe Anmerkung 1 von Lektion 24.) Es wird mit **estar** gebildet. Es dient zum Ausdruck des Verlaufs einer Handlung und kann im Deutschen nur umschrieben werden mit „gerade etwas tun; gerade dabei sein, etwas zu tun“. Diese Form ist vergleichbar mit der englischen Verlaufsform: „I am speaking“: **Estoy hablando.** „Ich spreche gerade“.

Das spanische **gerundio** hat für die Verben auf -**ar** die Endung -**ando**, für die Verben auf -**er** und auf -**ir** die Endung –**iendo**: **cantar**, **cantando**; **beber**, **bebiendo**; **salir**, **saliendo**.

4. Demonstrativpronomina

(Siehe Anmerkung 1 von Lektion 12 und Anmerkung 2 von Lektion 26.) Es gibt im Spanischen drei verschiedene Demonstrativpronomina: **este**, **ese**, **aquel**. Sie können sowohl mit einem Substantiv als auch allein verwendet werden. Wenn sie allein erscheinen, tragen sie einen Akzent, der sie einerseits von den mit Substantiv verwendeten Formen unterscheiden soll, andererseits eine besondere Hervorhebung zum Ausdruck bringen will.

Die alleinstehenden Demonstrativpronomen heißen:

Geschlecht / **Person**	**Männlich**	**Weiblich**	**Neutral**
1.	**éste** „dieser (hier)“; **éstos** „diese (hier)“	**ésta** „diese (hier)“; **éstas** „diese (hier)“	**esto** „dies (hier)“
2.	**ése** „dieser (da)“; **ésos** „diese (da)“	**ésa** „diese (da)“; **ésas** „diese (da)“	**eso** „dies (da)“
3.	**aquél** „jener“; **aquéllos** „jene“	**aquélla** „jene“; **aquéllas** „jene“	**aquello** „jenes“

Die mit einem Substantiv erscheinenden Demonstrativpronomen:

Geschlecht / **Person**	**Männlich**	**Weiblich**
1.	**este** **estos**	**esta** **estas**
2.	**ese** **esos**	**esa** **esas**
3.	**aquel** **aquellos**	**aquella** **aquellas**

Das Anwendungsgebiet von **este**, **ese** und **aquel** ist im Spanischen genau geregelt: **este** und seine abgeleiteten Formen beziehen sich auf Personen oder Gegenstände, die sich im Bereich des Sprechenden befinden: **ésta es mi casa** „dies(es) ist mein Haus“.

Ese betrifft den Bereich der zweiten, nämlich angesprochenen Person; es bezieht sich auf Gegenstände und Personen, die etwas weiter vom Sprechenden entfernt sind: **ésa es tu hermana** „das ist deine Schwester“.

Aquel weist auf Gegenstände oder Personen hin, die räumlich und zeitlich weit entfernt sind. Es betrifft somit den Bereich der dritten Person: **Aquélla fue una época...** „Jene war eine Epoche...“.

Lassen Sie sich hier noch einmal daran erinnern, daß die Tabellen in unseren Wiederholungslektionen lediglich ein Anhaltspunkt für Sie sein sollen. Sie sollten sich also nicht bemühen, sie auswendig zu lernen und sich nicht allzu intensiv mit ihnen beschäftigen. Vielmehr haben Sie - wann immer in den folgenden Lektionen ein Problem auftaucht - die Möglichkeit, in den Tabellen nachzusehen und so Unklarheiten zu beseitigen.

5. Lo que... Lo de...

(Siehe Anmerkung 1, Lektion 26): **Lo que como me gusta.** „(Das) was ich esse, schmeckt mir"; **Esta casa es la de mi amiga.** „Dieses Haus ist das meiner Freundin".

6. Futur

(Siehe Lektion 27.)

Verben auf –**ar**:

(Yo) tomaré el tren. „Ich werde den Zug nehmen".

(Tú) jugarás con él. „Du wirst mit ihm spielen".

(El/ella/usted) hablará poco. „Er/sie wird/Sie werden wenig sprechen".

(Nosotros) cantaremos. „Wir werden singen".

(Vosotros) fumaréis mucho. „Ihr werdet viel rauchen".

(Ellos/ellas/ustedes) telefonearán tarde. „Sie (*mask./fem.*)/Sie werden spät anrufen".

Verben auf -**er** und –**ir**:

Die Futurendungen sind die gleichen wie bei den Verben auf -**ar**, d.h. Sie hängen **é**, **as**, **á**, **emos**, **éis**, **án** an den Infinitiv: **comer**, **comeré**, **comerás**, **comerá**, usw.; **vivir**, **viviré**, **vivirás**, usw.

7. Verneinungselemente

nunca, jamás „nie(mals)" (siehe Lektion 26, Satz 14); **nada** „nichts"; **nadie** „niemand" (siehe Lektion 22, Satz 11); **tampoco** „auch nicht"; **ninguno** „kein (einziger)"; **ni** „nicht einmal" (siehe Lektion 27, Satz 4 der Übung) können vor dem Verb stehen oder ihm folgen. Wenn sie dem Verb folgen, so muß zusätzlich die Verneinung **no** vor dem Verb stehen. Hierdurch wird das Verb nicht doppelt verneint!

8. Schreiben Sie in Spanisch („Zweite Welle“)

1 Ist letzten Sonntag schönes Wetter gewesen? – Ja, und wir sind an den Strand gefahren.

2 Es war eine Woche her, daß ich zurückgekommen war, als er mich angerufen hat.

3 Was machst du gerade? – Ich spiele gerade mit den Kindern.

4 Ich weiß nicht, ob dir dieses Essen schmecken wird. – Ich glaube, daß es mir schmecken wird.

5 Niemals hattest du mir das gesagt, was du mir heute gesagt hast.

6 Morgen werde ich früh aufstehen müssen, weil ich mich auf die Reise machen muß. – Ich werde dich zum Bahnhof begleiten.

▶ Leccion veintinueve (29.)

Calado hasta los huesos

1 Pablo e Isabel se han dado cita a la salida del trabajo.

2 Quieren volver a casa juntos.

3 Como llueve y no tiene paraguas, Isabel decide entrar a tomar un té con Miguel en un bar. ①

PRONUNCIACION

[*kalado ... uessoss* **1** *... dado ...* **2** *... bolber ...* **3** *... ljuebe ... paraguass ... deçide ... migell ...*]

Übersetzung

1 ¿Hizo buen tiempo el domingo pasado? – Sí, y fuimos a la playa.

2 Hacía una semana que había vuelto cuando me telefoneó.

3 ¿Qué estás haciendo? – Estoy jugando con los niños.

4 No sé si te gustará esta comida. – Creo que me gustará.

5 Nunca me habías dicho lo que me has dicho hoy.

6 Mañana tendré que madrugar porque tengo que salir de viaje. – Te acompañaré a la estación.

Neunundzwanzigste Lektion

Naß bis auf die Knochen

1 Pablo und Isabel haben sich nach Arbeitsschluß (beim Verlassen der Arbeit) verabredet (sich [eine] Verabredung gegeben).

2 Sie wollen zusammen nach Hause (zurück)gehen.

3 Da es regnet und sie keinen Regenschirm hat, beschließt Isabel, in ein Café ein[zu]treten [und] mit Miguel einen Tee zu trinken (nehmen).

ANMERKUNGEN

① **paraguas** „Regenschirm“. In dem Substantiv finden Sie **para** „für“ und **aguas** „Wasser“ (Pl.) für „[die] Wasser“. Oder Sie können auch ableiten: **parar** „anhalten“. Ein **paraguas** dient demnach dazu, Wasser anzuhalten.

4 – Me extr**a**ña que P**a**blo se retr**a**se, es si**e**mpre tan puntu**a**l...
5 – Habr**á** ten**i**do, seg**u**ramente, un probl**e**ma a **ú**ltima h**o**ra.
6 – Adem**á**s, con **e**ste ti**e**mpo no se pu**e**de esper**a**r fu**e**ra.
7 – En fin, esper**e**mos que v**e**nga pr**o**nto.
8 – ¡M**í**rale! All**í** ll**e**ga. Par**e**ce que me b**u**sca.
9 – Sí. Es él, v**o**y a sal**i**r a dec**i**rle que est**á**s aqu**í**.
10 ¡P**a**blo...! Isab**e**l est**á** d**e**ntro; c**o**mo no ven**í**as, h**e**mos entr**a**do a tom**a**r **a**lgo.
11 – Hab**é**is h**e**cho bi**e**n. Yo cre**í**a que no **i**ba a termin**a**r n**u**nca.
12 Empez**a**ba a preocup**a**rme p**o**rque no pod**í**a advert**i**r a Isab**e**l y no pod**í**a, tamp**o**co, dej**a**r el trab**a**jo.
13 ¡C**ó**mo llu**e**ve, est**o**y cal**a**do!
14 – Ven a tom**a**r **a**lgo cali**e**nte.

PRONUNCIACION

[*4 ... retrasse ... punntuall* ***5*** *... ulltima ...* ***6*** *... essperar fuera* ***7*** *enn finn ... benga ...* ***8*** *... alji... busska* ***9*** *... acki* ***10*** *... denntro ... beniass ...* ***11*** *... iba ... terminar ...* ***12*** *emmpeçabá ... preockuparme ... adbertir ...* ***14*** *... kaliente*]

4 – Es wundert mich, daß Pablo sich verspätet, er ist immer so pünktlich...

5 – Er wird sicherlich in letzter Minute (Stunde) ein Problem gehabt haben.

6 – Außerdem, bei (mit) diesem Wetter kann man draußen nicht warten.

7 – Kurz und gut, hoffen wir, daß er bald kommt.

8 – Sieh mal (sieh ihn an)! Dort kommt er. Es scheint, daß er mich sucht.

9 – Ja. Er ist es, ich werde hinausgehen, [um] ihm zu sagen, daß du hier bist.

10 Pablo! Isabel ist drinnen; weil du nicht kamst, sind wir hineingegangen, um etwas zu trinken (nehmen).

11 – [Das] habt ihr gut gemacht. Ich glaubte, daß ich nie fertig werden (enden) würde.

12 Ich begann mich zu sorgen, weil ich Isabel nicht benachrichtigen konnte und auch nicht die Arbeit verlassen konnte.

13 Wie es regnet! Ich bin durchnäßt!

14 – Komm etwas Heißes trinken.

¿COMPRENDE USTED ESTAS FRASES?

❶ Queríamos pasearnos juntos. ❷ Me extraña. ❸ A última hora no pude venir. ❹ Dentro hace más calor que fuera. ❺ Habéis hecho bien. ❻ Empezaba a preocuparme. ❼ Estoy calado.

¡COMPLETE USTED LAS FRASES CON LAS PALABRAS QUE FALTAN!

❶ Wir wollen zusammen zurückkehren. Wir wollen bald zurückkehren.

Queremos .... Queremos ....

❷ Es wundert mich, daß er noch nicht gekommen ist.

.. .. que no haya ....

❸ Ich werde nach draußen gehen, um es ihm zu sagen.

Voy . .. . para ....

Leccion treinta (30.)

Hacer su casa

1 – Los alumnos que he tenido este año quieren hacer una fiesta de fin de curso. ①

2 Les he propuesto hacerla en nuestra casa. ¿Qué te parece? ②

PRONUNCIACION

[*1 ... alummnoss ... tenido ... anjo ... fiessta ... kursso* **2** *... propuessto açerla ...*]

¿HA USTED COMPRENDIDO LAS FRASES?

❶ Wir wollten zusammen spazierengehen. ❷ Das erstaunt mich. ❸ Im letzten Moment habe ich nicht kommen können (Indef.). ❹ Drinnen ist es heißer als draußen. ❺ Das habt ihr gut gemacht. ❻ Ich fing an, mich zu sorgen. ❼ Ich bin durchnäßt.

❹ [Das] habt ihr gut gemacht. Ihr habt gemacht, was ich wollte.

.... bien. ....

.. ... quería.

❺ Weil er nicht kam, sind wir weggegangen.

.... nos ..... ido.

LAS PALABRAS QUE FALTAN.

❶ volver juntos - volver pronto ❷ Me extraña - llegado todavía ❸ a ir fuera - decírselo ❹ Habéis hecho - Habéis hecho lo que ❺ Como no venía - hemos.

Dreißigste Lektion

Sein Haus bauen

1 – Die Schüler, die ich dieses Jahr gehabt habe, wollen ein Fest zum Ende des Schuljahres (Fest von Ende von Kurs) machen.

2 Ich habe ihnen vorgeschlagen, es in unserem Haus [bei uns] zu machen. Was meinst du dazu?

ANMERKUNGEN

① **el año** „das Jahr". **este año** „dieses Jahr" oder „in diesem Jahr".

② Die Präposition „bei" wie z.B. „bei uns" läßt sich nicht so einfach ins Spanische übersetzen. In Lektion 23 haben wir schon gesehen, daß wir dafür die Umschreibung **en casa de** benötigen. „Bei uns" heißt dann **en nuestra casa**. „zu mir (nach Hause)" wird übersetzt: **a mi casa**.

3 – Muy bien, pero no olvides que esta semana tenemos todos los días ocupados.
4 – ¿Tanto tenemos que hacer?
5 – Si queremos que la casa esté terminada antes de irnos de vacaciones, tendremos que trabajar mucho este mes. ③
6 – Mañana, domingo, tenemos que raspar las dos habitaciones del segundo piso. ④
7 El lunes habrá que ir a comprar la madera para terminar la escalera.
8 El martes podemos pintar la cocina y una habitación. ⑤
9 El miércoles la otra habitación y comenzar la escalera.
10 El jueves terminar la escalera y arreglar la chimenea.
11 El viernes estaría bien poder limpiar y ordenar un poco todo.
12 Y el sábado... el sábado todo estaría listo para hacer la fiesta.
13 – Creo que es un buen programa y, además, será la ocasión para celebrar el fin de los trabajos.
14 – Pues... ¡Manos a la obra!

PRONUNCIACION

[*3 ... ollbidess ... 5 ... esste ... tenndremoss ... 6 ... domingo ... rasspar... ssegundo pisso 7 ... esskalera 8 ... podemoss pinntar ... koçina ... 9 ... kommençar ... 10 ... chuebbess ... arreglar... tschimenea 11 ... bierness esstaria ... poder limmpiar ...ordenar ... 12 ... ssabado ... lissto ... 13 ... programma ... ockassionn ... 14 ... obra*]

3 – Sehr gut, aber vergiß nicht, daß wir [in] dieser Woche jeden Tag (alle Tage) verplant (besetzt) haben.
4 – So viel haben wir zu tun?
5 – Wenn wir wollen, daß das Haus fertig ist (sei), bevor wir in Urlaub fahren, werden wir [in] diesem Monat viel arbeiten müssen.
6 – Morgen, Sonntag, müssen wir die zwei Zimmer im (des) zweiten Stock abkratzen.
7 Montag wird man das Holz kaufen gehen müssen, um die Treppe fertigzustellen.
8 Dienstag können wir die Küche und ein Zimmer streichen.
9 Mittwoch das andere Zimmer und die Treppe anfangen.
10 Donnerstag die Treppe beenden und den Kamin in Ordnung bringen.
11 Freitag wäre es gut, alles ein bißchen reinigen und ordnen zu können.
12 Und Samstag... Samstag wäre alles fertig, um das Fest zu machen.
13 – Ich glaube, daß das ein gutes Programm ist, und außerdem wird es die Gelegenheit sein, um das Ende der Arbeiten zu feiern.
14 – Also dann... An die Arbeit! (Hände an das Werk!)

ANMERKUNGEN

③ **este mes** „dieser Monat", „in diesem Monat". **esta noche** „dieser Abend" oder „heute abend".

④ **tenemos que** „wir müssen". Erinnern Sie sich noch an diese Konstruktion? **Tendremos que** ist die Futurform: „Wir werden müssen".

⑤ Haben Sie bemerkt, daß die Wochentage meist mit dem bestimmten Artikel verwendet werden? Der bestimmte Artikel steht jedoch nicht bei **mañana** „morgen", **ayer** „gestern", **pasado mañana** „übermorgen", **antes de ayer** oder **anteayer** „vorgestern", und ebenfalls nicht in Ausdrücken wie: **Hoy es domingo** „Heute ist Sonntag".

¿COMPRENDE USTED ESTAS FRASES?

① Los al**u**mnos han ten**i**do un ex**a**men. ② No olv**i**des tu trab**a**jo. ③ Ac**a**bo de termin**a**r de le**e**r el l**i**bro. ④ Mañ**a**na, s**á**bado, tomar**é** un d**í**a de desc**a**nso. ⑤ **E**sta chimen**e**a cali**e**nta m**u**cho. ⑥ H**o**y, v**o**y a limpi**a**r mi habitaci**ó**n. ⑦ No v**o**y a dej**a**r pas**a**r la ocasi**ó**n.

¡COMPLETE USTED LAS FRASES CON LAS PALABRAS QUE FALTAN!

① Meine Freunde haben ein Haus gebaut. Meine Freunde haben ein Fest gemacht.

. . .   . han . . . .

. . .   . han . . . .

② Es ist einen Monat her, daß ich die Kurse beendet habe. Es ist eine Woche her, daß ich die Kurse beendet habe.

. . . . que . . . .

cursos. . . . . que

. . . .

③ Mittwoch wird man die Farbe kaufen gehen müssen.

. .   . . que . .   .

. . . . pintura.

¿HA USTED COMPRENDIDO LAS FRASES?

❶ Die Schüler haben ein Examen gehabt. ❷ Vergiß nicht deine Arbeit. ❸ Ich habe gerade aufgehört, das Buch zu lesen. ❹ Morgen, Samstag, werde ich einen Ruhetag nehmen. ❺ Dieser Kamin heizt viel. ❻ Heute werde ich mein Zimmer putzen. ❼ Ich werde die Gelegenheit nicht vorbeigehen lassen.

Mittlerweile entsprechen die Texte immer mehr der Sprache, wie sie im täglichen Leben gesprochen wird. Einige Redewendungen, die im Deutschen kaum eine Entsprechung finden, werden Ihnen vielleicht größere Schwierigkeiten bereiten. Sie sollten sich nicht damit aufhalten, bestimmte sprachliche Strukturen zu analysieren. Fahren Sie mit Ihren Lektionen fort - Sie werden auch diese Schwierigkeiten bewältigen!

Vergessen Sie nicht:
- *daß das Perfekt und Plusquamperfekt aller Verben mit dem Hilfsverb* ***haber*** *gebildet wird;*
- *daß jeder Vokal (mit ganz wenigen Ausnahmen) ausgesprochen wird;*
- *daß* ***esperar*** *„hoffen" und auch „erwarten" heißen kann;*
- *auf das spanische* ***j*** *(jota) zu achten:* ***dejar****,* ***trabajo****,* ***juntos****,* ***ejercicio****.*

❹ Diese Woche gibt es ein gutes Kinoprogramm.

.... de cine.

❺ Sag es mir. Sag es ihm.

....

LAS PALABRAS QUE FALTAN.

❶ Mis amigos - hecho una casa - Mis amigos - hecho una fiesta ❷ Hace un mes - terminé los - Hace una semana - terminé los cursos ❸ El miércoles habrá - ir a comprar la ❹ Esta semana hay un buen programa ❺ Dímelo - Díselo.

Leccion treinta y una (31.)

Las cuatro estaciones ①

1 En primavera, la naturaleza se viste de colores.
2 Los árboles están en flor.
3 La vida resucita en los campos y los jardines florecen.
4 Los pájaros, como los niños, parecen despertarse.
5 Los armarios se vacían y se rellenan.
6 El verano es la estación en la que la tierra ofrece al hombre sus frutos.
7 Es la época de la cosecha en los campos y de la recolección de la fruta. ②
8 Los días son más largos. El sol se levanta más pronto y se pone más tarde. ③
9 En las ciudades, se aprovecha para coger las vacaciones. ④
10 En otoño, el vino llega a las bodegas.
11 Los árboles dejan caer sus hojas.

PRONUNCIACION

[... *esstaçioness* **1** ... *primabera* ... *naturaleça* ... *bisste* ... *koloress* **2** ... *arboless* .. *flor* **3** ... *ressuçita* ... *chardiness floreçen* **5** ... *rejenan* **6** ... *berano* ... *tierra offreçe* ... *ombre* ... *frutoss* **7** ... *epocka* ... *kossetscha* ... *rekollekçionn* ... **8** ... *largoss* ... *lebannta* ... *pronnto* ...**10** ... *otonnjo* ... *bodegass* **11** ... *kaer* ... *ochass*]

Einunddreißigste Lektion

Die vier Jahreszeiten

1 Im Frühling bekleidet sich die Natur mit (von) Farben.
2 Die Bäume sind in Blüte.
3 Das Leben in den Feldern erwacht [zu neuem Leben], und die Gärten blühen.
4 Die Vögel, wie die Kinder, scheinen zu erwachen (sich).
5 Die Schränke leeren sich und füllen sich wieder.
6 Der Sommer ist die Jahreszeit, in der das Land dem Menschen seine Früchte anbietet.
7 Es ist die Zeit (Epoche) der Ernte auf den Feldern und der Ernte (Einsammeln) des Obstes.
8 Die Tage sind länger. Die Sonne steht früher auf und geht später unter.
9 In den Städten nutzt man [die Zeit], um die Ferien zu nehmen.
10 Im Herbst kommt der Wein in die Keller.
11 Die Bäume lassen ihre Blätter fallen.

ANMERKUNGEN

① **estación** hat zwei Bedeutungen: „Bahnhof" und „Jahreszeit".

② **fruta** „Frucht" bezeichnet eßbare Früchte wie Äpfel, Erdbeeren, Kirschen usw. Das Wort wird gewöhnlich in der Einzahl im Sinne von „Obst" verwendet: **a mí me gusta la fruta** „Ich mag Obst". Das männliche Wort **fruto** wird insbesondere im Sinne von „Ertrag, Gewinn, Folge" gebraucht: **el fruto de mi trabajo** „der Ertrag meiner Arbeit".

③ Beachten Sie, daß das Verb **levantarse** „aufstehen" im Spanischen reflexiv gebraucht wird. Dies gilt auch für das Verb **ponerse** „untergehen", das sich auf Sonne und Sterne bezieht. „Sich schlafen legen" heißt **acostarse**.

④ Dem Verb „nehmen" entsprechen die beiden spanischen Verben **tomar** und **coger**.

12 Los colegiales vuelven a tomar el camino de la escuela.

13 En invierno, la vida es más lenta. La nieve reviste la tierra de blanco.

14 Todo parece reposar y, en silencio, se espera el nuevo ciclo.

PRONUNCIACION

[*12 ... kollechialess ... kamino ... esskuela 13 ... inbierno ... lennta ... niebe rebisste ... 14 ... repossar ... ssilennçio ... nuebo çiklo*]

¿COMPRENDE USTED ESTAS FRASES?

❶ Hoy me voy a vestir de blanco. ❷ Estos árboles tienen muchas hojas. ❸ Los pájaros vuelan. ❹ Este verano hace mucho calor. ❺ La cosecha ha sido muy buena. ❻ El sol se levanta y se pone. ❼ La fruta me gusta.

¡COMPLETE USTED LAS FRASES CON LAS PALABRAS QUE FALTAN!

❶ Dieses Jahr wird die Ernte früher stattfinden.

. . . . cosecha tendrá lugar . . . .

❷ Die Bäume meines Gartens sind in Blüte.

. . . . de mi . . . .

❸ Heute ist die Sonne später untergegangen als gestern.

. . . . se ha puesto . . . . que . . . . . .

❹ Jede Jahreszeit dauert drei Monate.

Cada . . . . dura . . . .

12 Die Schüler nehmen wieder den Schulweg (Weg der Schule).
13 Im Winter ist das Leben langsamer. Der Schnee kleidet das Land in (aus) Weiß.
14 Alles scheint zu ruhen, und schweigend (in Stille) erwartet man den neuen Zyklus.

¿HA USTED COMPRENDIDO LAS FRASES?

❶ Heute werde ich mich in Weiß kleiden. ❷ Diese Bäume haben viele Blätter. ❸ Die Vögel fliegen. ❹ In diesem Sommer ist es sehr heiß (macht viel Hitze). ❺ Die Ernte ist sehr gut gewesen. ❻ Die Sonne geht auf und geht unter. ❼ Das Obst schmeckt mir.

❺ Im Winter ist es kalt. Im Sommer ist es heiß.

.. .. frío. .. ..

....

LAS PALABRAS QUE FALTAN.

❶ Este año la - más pronto ❷ Los árboles - jardín están en flor ❸ Hoy el sol - más tarde - ayer ❹ estación - tres meses ❺ En invierno hace - En verano hace calor.

Leccion treinta y dos (32.)

Los puntos cardinales

1 Me gustaría conocer un poco más España.
2 He hecho un amigo que me cuenta muchas cosas.
3 Hoy quiero hacerle algunas preguntas sobre la situación geográfica de ese país, que tanto me hace soñar. ①
4 – ¡Hola Marcos! Te estaba esperando. ②
5 – He venido en cuanto he podido y te traigo algunos mapas. Si quieres, podemos ojearlos juntos. ③

PRONUNCIACION

[... *punntoss kardinaless* **1** ... *gusstaria* ... **2** ... *kuennta* ... **3** ... *pregunntass ssobre* ... *ssituaçionn cheografika* ... *sonnjar* **4** ... *markoss* ... *essperando* **5** ... *podido* ... *traigo* ... *mapass* ... *ochearloss* ...]

Zweiunddreißigste Lektion

Die Himmelsrichtungen

1 Ich würde gerne Spanien ein bißchen mehr kennenlernen.

2 Ich habe einen Freund gewonnen (gemacht), der mir viele Dinge erzählt.

3 Heute will ich ihm einige Fragen stellen (machen) über die geographische Situation dieses Landes, das mich so sehr träumen läßt (macht).

4 – Hallo, Marcos! Ich erwartete dich gerade.

5 – Ich bin gekommen, sobald ich konnte (gekonnt habe), und ich bringe dir ein paar Landkarten mit. Wenn du willst, können wir sie gemeinsam betrachten.

ANMERKUNGEN

① **hacerle algunas preguntas** „ihm einige Fragen stellen". Wir können auch sagen: **ponerle algunas preguntas**. Merken Sie sich diese beiden Möglichkeiten, und vergessen Sie nicht, daß beide Verben, **hacer** und **poner**, sehr viele Bedeutungen haben können.

② **Te estaba esperando** „Ich erwartete dich gerade" oder „Ich war dabei, dich zu erwarten". Hier finden Sie das Gerundium, über das wir schon in den Lektionen 24 und 28 gesprochen haben, im Imperfekt gebraucht.

③ Das Verb **ojear** bedeutet „betrachten, genau hinsehen". Es ist abgeleitet von **ojo** „Auge". In Satz 4 der Übung finden sie den sehr geläufigen Ausdruck **echar una ojeada** „einen Blick werfen".

6 – De acuerdo. Con los mapas, será más fácil hacerme una idea. ④
7 – España y Portugal forman la península Ibérica.
8 En líneas generales, podemos decir que España limita:
9 Al norte con Francia y el mar Cantábrico. ⑤
10 – ¿El mar Cantábrico?
11 – Sí, el mar Cantábrico es el nombre que dan los españoles
12 a esa parte del Atlántico.
13 Al sur, España limita con el mar Mediterráneo y África en general.
14 Al este, con el Mediterráneo y al oeste, con Portugal y el océano Atlántico.

PRONUNCIACION

[6 ... façill ... 7 ... penninnssula iberika 8 ... lineass cheneraless ... limita 9 ... norte ... françia ... kanntabriko 11 ... nommbre ... esspannjoless 12 ... parte ... atlantiko 13 ... ssur ... mediterraneo ... afrika ... 14 ... esste ... oeste ...]

¿COMPRENDE USTED ESTAS FRASES?

❶ He hecho un amigo en la playa. ❷ Quería hacerle algunas preguntas. ❸ He venido en cuanto he podido. ❹ Vamos a echar una ojeada. ❺ Me gustaría comprar algunos mapas. ❻ Los puntos cardinales son: norte, sur, este y oeste.

¡COMPLETE USTED LAS FRASES CON LAS PALABRAS QUE FALTAN!

❶ Gib mir ein bißchen mehr Geld. Geben Sie mir ein bißchen mehr Geld.

.... de dinero. ....
.. ..

6 – Einverstanden. Mit den Landkarten wird es [für mich] leichter sein, mir eine Vorstellung zu machen.
7 – Spanien und Portugal bilden (formen) die Iberische Halbinsel.
8 In der Regel (in allgemeinen Linien) können wir sagen, (daß) Spanien grenzt (begrenzt):
9 im Norden an Frankreich und das Kantabrische Meer.
10 – Das Kantabrische Meer?
11 – Ja, das Kantabrische Meer ist der Name, den die Spanier
12 diesem Teil des Atlantiks geben.
13 Im Süden grenzt Spanien an das Mittelmeer und [an] Afrika im allgemeinen.
14 Im Osten an das Mittelmeer und im Westen an Portugal und den Atlantischen Ozean.

ANMERKUNGEN

④ Verwechseln Sie nicht **el mapa** „die Landkarte" und **la carta** „der Brief".

⑤ Merken Sie sich den Ausdruck **limitar con** „grenzen an". **Mar** ist im Spanischen im üblichen Sprachgebrauch männlich. In der Sprache der Fischer und Seeleute und in bestimmten Ausdrücken ist es jedoch weiblich: **alta mar** „hohe See", **baja mar** „Untiefe", **mar de cosas** „ein Haufen von Dingen", **hacerse a la mar** „in See stechen".

¿HA USTED COMPRENDIDO LAS FRASES?

❶ Ich habe am Strand einen Freund gewonnen. ❷ Ich wollte ihm (oder Ihnen) einige Fragen stellen. ❸ Ich bin gekommen, sobald ich konnte (gekonnt habe). ❹ Wir wollen einen Blick werfen. ❺ Ich würde gerne (es würde mir gefallen) einige Landkarten kaufen. ❻ Die Himmelsrichtungen sind: Norden, Süden, Osten und Westen.

❷ Wir wollen ihm ein Geschenk machen.

. . . . un . . . .

❸ Er ist gekommen (Indef.), sobald er konnte (Indef.)

. . . . en . . . .

4 Wenn du nach Norden gehst, wirst du das Meer finden.

Si ... . encontrarás

.. ... .

Leccion treinta y tres (33.)

Un **a**ño

1 En**e**ro es el prim**e**r mes del **a**ño. A men**u**do, dec**i**mos:

2 Est**a**mos a princ**i**pios de **a**ño. ①

3 Febr**e**ro es el mes más c**o**rto del **a**ño.

4 En m**a**rzo, se ci**e**rra el prim**e**r trim**e**stre y comi**e**nza la primav**e**ra.

5 En abr**i**l, **a**guas mil. ②

6 M**a**yo es el mes de las fl**o**res.

7 J**u**nio: comi**e**nzo del ver**a**no, vacaci**o**nes escol**a**res y fin del prim**e**r sem**e**stre.

8 J**u**lio ti**e**ne dos significados en castell**a**no. ③

9 Ag**o**sto es el mes de la cos**e**cha. De ah**í** vi**e**ne la fr**a**se: „Hac**e**r su ag**o**sto“. ④

PRONUNCIACION

[*1 en**e**ro ... prim**e**r mess ... men**u**do deç**i**moss* **2** *... prinç**i**pioss ...* **3** *febr**e**ro ... k**o**rto* **4** *... m**a**rço ... çi**e**rra ... trim**e**sstre ... kommi**e**nça ...* **5** *... abr**i**l ...* **6** *m**a**jo ...* **7** *ch**u**nio ... ssem**e**sstre* **8** *ch**u**lio ... ssignifik**a**doss ...* **9** *ag**o**ssto ... a**i**... fr**a**sse ...*]

5 Es ist im Süden heißer als im Norden.

.... calor .. ... que al ....

LAS PALABRAS QUE FALTAN.

1 Dame un poco más - Déme un poco más de dinero 2 Queremos hacerle - regalo 3 Vino - cuanto pudo 4 vas hacia el norte - el mar 5 Hace más - al sur - norte.

Dreiunddreißigste Lektion

Ein Jahr

1 Januar ist der erste Monat des Jahres. Oft sagen wir:
2 Wir sind am Anfang (Anfänge) des Jahres.
3 Februar ist der kürzeste Monat des Jahres.
4 Im März endet (schließt sich) das erste Quartal (Trimester) und beginnt der Frühling.
5 April, April - der weiß nicht, was er will.
6 Mai ist der Monat der Blumen.
7 Juni: Beginn des Sommers, Schulferien und Ende des ersten Halbjahres (Semesters).
8 Juli hat zwei Bedeutungen im Spanischen.
9 August ist der Monat der Ernte. Von daher kommt der Satz: „Seinen August machen“.

ANMERKUNGEN

① **principio** „Anfang“, aber auch „Grundsatz, Prinzip“. Beachten Sie, daß im Ausdruck **a principios de año** „am Anfang des Jahres (von Jahr)“ der Plural verwendet wird. Ebenso: **a fines de mayo** „Ende (von) Mai“.

② Dieser Satz ist ein Sprichwort und bedeutet wörtlich übersetzt: „Im April, tausend Wässer“. Sie finden im Übersetzungsteil ein entsprechendes deutsches Sprichwort.

③ **Julio** ist der Monatsname „Juli“ und der Vorname „Julius“.

④ **Hacer su agosto** ist eine Redewendung, die dem deutschen „seine Schäfchen ins Trockene bringen“ entspricht.

10 El otoño comienza en septiembre.
11 En octubre, el tiempo es ya más gris.
12 La vida nocturna disminuye en noviembre. El año va apagándose.
13 En diciembre, entramos en invierno y nos preparamos para
14 festejar el fin de año y el año nuevo.

PRONUNCIACION

[*__11__ ... oktubre ... griss __12__ ... nockturna dissminuje ... nobiembre ... appaganndosse __13__ ... diçiembre ... __14__ ... fesstechar ...*]

¿COMPRENDE USTED ESTAS FRASES?

(1) Fiestas de principios de año. (2) Este trimestre me ha parecido corto. (3) Dicen que en abril llueve mucho. (4) Este semestre tendremos más vacaciones. (5) Esta ciudad tiene mucha vida nocturna. (6) Aquel invierno fue más frío. (6) Fiestas de fin de año.

¡COMPLETE USTED LAS FRASES CON LAS PALABRAS QUE FALTAN!

(1) Im vergangenen Winter schneite es oft. Im vergangenen Winter war es sehr kalt.

.. .. nevó . ...
.. .. hizo .....
.... .

(2) Wir haben gerade das neue Jahr begonnen.

.... de comenzar .. ..

(3) In diesem Sommer ist es sehr heiß gewesen (hat ... gemacht).

.... mucho ..... .

(4) Wirst du nächsten Sommer kommen können?

¿..... ..... el ....?

10 Der Herbst beginnt im September.
11 Im Oktober ist das Wetter schon grauer.
12 Das nächtliche Leben läßt im November nach. Das Jahr klingt allmählich aus (geht sich löschend).
13 Im Dezember treten wir in [den] Winter ein und bereiten uns [darauf] vor, (um)
14 das Ende des Jahres und das neue Jahr zu feiern.

¿HA USTED COMPRENDIDO LAS FRASES?

❶ Feste vom (von) Jahresbeginn. ❷ Dieses Quartal ist mir kurz vorgekommen. ❸ Man sagt (sie sagen), daß es im April viel regnet. ❹ In diesem Semester werden wir mehr Ferien haben. ❺ Diese Stadt hat viel Nachtleben. ❻ Jener Winter war kälter. ❻ Feste zum Jahresausgang.

❺ Wir werden das Fest des Jahresausgangs zusammen machen.

Haremos .. .. de ... .

LAS PALABRAS QUE FALTAN.

❶ El invierno pasado - a menudo - El invierno pasado - mucho frío ❷ Acabamos - el nuevo año ❸ Este verano ha hecho - calor ❹ Podrás venir - verano próximo ❺ la fiesta de fin - año juntos.

Leccion treinta y cuatro (34.)

El color

1 – Háblame de los colores.
2 – Haremos una frase para cada color y tú los combinarás luego. ①
3 En África, hay una mayoría negra.
4 El color de la sangre de todos los hombres es rojo.
5 La esperanza se representa con el color de los árboles: el verde.
6 Amarillo es el color del sol.
7 Gris el del tiempo de lluvia.
8 „ La vida en rosa“ es una canción de Edith Piaf.②
9 El color castaño, es el que generalmente llamamos marrón,
10 palabra que se ha convertido en un galicismo muy empleado
11 en todas las partes de España. ③
12 Tus ojos tienen el color del cielo y el mar: son azules.

PRONUNCIACION

[*1 ablame ... 2 aremos ... kommbinarass ... 3 ... majoria ... 4 ... ssangre ... 5 ... essperannça ... repressenta ... berde 6 amariljo ... 7 ... jubia 8 ... rossa ... kannçionn ... 9 ... kasstannjo ... marronn 10 palabra ... konnbertido ... galiçismo ... emmpleado 12 ... ochoss ... çielo ... açuless*]

Vierunddreißigste Lektion

Die Farbe

1 – Erzähl mir von den Farben.
2 – Wir werden einen Satz für jede Farbe machen, und du wirst sie später kombinieren.
3 In Afrika gibt es eine schwarze Mehrheit (Majorität).
4 Die Farbe des Blutes aller Menschen ist rot.
5 Die Hoffnung wird dargestelt durch (sich darstellt mit) die Farbe der Bäume: das Grün.
6 Gelb ist die Farbe der Sonne.
7 Grau die des Regenwetters (Zeit von Regen).
8 „La vie en rose" ist ein Chanson von Edith Piaf.
9 Die Farbe (kastanien)braun ist die, die wir allgemein „marrón" nennen,
10 [ein] Wort, das sich verwandelt hat zu einem Gallizismus [französische Spracheigentümlichkeit], [der] sehr gebräuchlich
11 überall in (in allen Teilen von) Spanien [ist].
12 Deine Augen haben die Farbe des Himmels und des Meeres: Sie sind blau.

ANMERKUNGEN

(1) Beachten Sie: **y tú los combinarás** „und du wirst sie kombinieren"; dieses **tú** entspricht einem sehr betonten „du" im Deutschen. Sie wissen ja bereits, daß die Personalpronomina in Subjektfunktion nur verwendet werden, wenn eine gewisse Hervorhebung beabsichtigt ist. Die Form **cada** „jeder, jede, jedes" ist unveränderlich und steht vor männlichen und weiblichen Substantiven.

(2) Dieser Titel ist die wörtliche Übersetzung des französischen Chansons „La vie en rose", was in Deutsch „Das Leben in Rosa" bedeutet. Ganz korrekt müßte der spanische Titel jedoch **La vida de color de rosa** heißen (siehe Satz 1 der folgenden Übung). Beachten Sie, daß dem deutschen „in" bei Farb- und Materialangaben das spanische **de** entspricht: „Ich werde den Tisch in Blau streichen": **Voy a pintar la mesa de azul**.

(3) **en todas las partes** „überall".

13 La nieve es blanca.

14 La lista de los colores es inmensa, pero puedes obtener muchos mezclando los que hemos enumerado. ④

PRONUNCIACION

[*14* ... *inmenssa* ... *obtener* ... *meçklanndo* ... *enumerado*]

¿COMPRENDE USTED ESTAS FRASES?

❶ Tú ves siempre todo de color de rosa. ❷ Este gris no me gusta. ❸ No bromees. ❹ Tenemos que elegir un color. ❺ Yo prefiero el verde o el amarillo. ❻ Dame mi camisa azul. ❼ Mezclando el rojo y el blanco he obtenido el rosa.

¡COMPLETE USTED LAS FRASES CON LAS PALABRAS QUE FALTAN!

❶ Die Natur ist eine Symphonie von Farben.

. . . . sinfonía . . . .

❷ Im Frühling sind viele Früchte noch grün.

. . . . muchas . . . .

❸ Mir gefallen die Farben deines Hauses.

. . . .

❹ In welcher Farbe wirst du dein Zimmer streichen?

¿ . . . . pintar . . . . ?

13 Der Schnee ist weiß.
14 Die Liste der Farben ist unermeßlich, aber du kannst viele erhalten, wenn du die, die wir aufgezählt haben, vermischst.

ANMERKUNGEN

④ **mezclando** „vermischend". Sie finden hier das Gerundium in einer weiteren Verwendungsform vor: Es dient dazu, die Art und Weise einer Handlung anzugeben und antwortet daher auf die Frage: „Wie?". **He roto la taza** „Ich habe die Tasse zerbrochen"; - **¿Como?** „Wie?" - **Jugando** „Beim Spielen". Häufig entspricht einer Konstruktion mit dem Gerundium in der deutschen Übersetzung ein Nebensatz (siehe Satz 7 der Übung).

¿HA USTED COMPRENDIDO LAS FRASES?

❶ Du siehst immer alles in Rosa. ❷ Dieses Grau gefällt mir nicht. ❸ Scherze nicht. ❹ Wir müssen eine Farbe aussuchen. ❺ Ich bevorzuge Grün oder Gelb. ❻ Gib mir mein blaues Hemd. ❼ Indem ich Rot und Weiß mischte, habe ich Rosa erhalten.

❺ Ich würde es gerne in Weiß streichen.

Quisiera . . . . de . . . .

LAS PALABRAS QUE FALTAN.

❶ La naturaleza es una - de colores ❷ En primavera - frutas están todavía verdes ❸ Me gustan los colores de tu casa ❹ De qué color vas a - tu habitación ❺ pintarla - blanco.

▶ Leccion treinta y cinco (35.)

Revisión y notas

1. Pronunciación

Erinnern Sie sich noch einmal, daß das spanische **c** vor **e** und **i** wie ein gelispeltes „s" gesprochen wird. Dieser Laut ist vergleichbar dem englischen „th" in *thing*. Ebenso wird das spanische **z** ausgesprochen. Üben Sie noch einmal die folgenden Wörter: **lección**, **tercera**, **cinco**, **conocer**, **decimos**, **principio**, **vacaciones**, **hacer**, **fácil**, **mezclar**, **naturaleza**.

Denken Sie daran, jeden einzelnen Vokal auszusprechen und nicht wie im Deutschen bei zwei aufeinandertreffenden Vokalen einen neuen Laut zu bilden: **Europa**, **tienes**, **nieve**, **veinte**, **llueve**. Und: Sprechen Sie das spanische **s** „scharf"! Nur vor einigen Konsonanten wird das **s** „weich" gesprochen, z.B. in **mismo**.

2. a mit nachfolgendem Infinitiv

Dies erscheint nach Verben der Bewegung:

Voy a comprar un libro. „Ich werde ein Buch kaufen";
Vendrá a decírmelo. „Er wird kommen, es mir zu sagen".

In allen anderen Fällen gibt es keine feste Regel für die Präposition.

3. Acabar „beenden, abschließen, fertigstellen".

Wir haben schon einige Sätze mit diesem Verb kennengelernt, jedoch war es immer von der Präposition **de** und einem Infinitiv begleitet; **acabar de hacer** haben wir übersetzt: „gerade etwas getan haben".

Acabo de hablar de usted. „Ich habe gerade von Ihnen gesprochen".

Sie verwenden diese Form für eine Handlung, die kurz zuvor stattgefunden hat.

Fünfunddreißigste Lektion

4. Akkusativobjekt mit a

Im Spanischen wird bei Akkusativobjekten (Objekten im 4. Fall) unterschieden, ob sie sich auf eine Person oder einen Gegenstand beziehen. Wenn es sich um eine Person handelt, steht vor dem Objekt die Präposition **a**:

Espero a un amigo. „Ich erwarte einen Freund";
Mira a la chica. „Er betrachtet das Mädchen"; aber:
Mira el cuadro. „Er betrachtet das Gemälde".

Diese Regel gilt auch für personifizierte Gegenstände oder Sachen:

engañar a la muerte „den Tod betrügen".

Querer wird ohne **a** verwendet, wenn es in der Bedeutung von „wollen" erscheint; wenn es aber „lieben" bedeutet, wird es mit der Präposition gebraucht.

Mi amiga quiere un niño. „Meine Freundin möchte ein Kind";
Quiero a los niños. „Ich liebe Kinder".

5. Zahlen

Wir hoffen, daß Sie regelmäßig die Seitenzahlen lesen, damit Sie schnell zählen lernen. Prägen Sie sich folgende Besonderheiten ein: „500" heißt **quinientos**; „700": **setecientos** (und nicht **siete**); „900": **novecientos** (und nicht **nueve**).

Ciento heißt „100"; wenn es vor einem Substantiv, vor **mil** („1000") oder **millón** („Million") steht, verliert es die Endung **to**: **cien euros** „100 Euro"; **ciento dos euros** „102 Euro"; **cien mil** „100.000"; **cien millones** „100 Millionen".

Die Zahlwörter von „200", „300" usw. bis „900" enden auf **as**, wenn sie sich auf weibliche Substantive beziehen: **cuatrocientas rosas** „400 Rosen".

Beachten sie: **un millar** „eintausend"; **mil millones** „eine Milliarde".

6. En cuanto...

(Siehe Satz 5 in Lektion 32):

Cuánto heißt im allgemeinen „Wieviel?“:

¿Cuánto le debo? „Wieviel schulde ich Ihnen?“

In dem Satz **en cuanto he podido** bedeutet es jedoch „sobald“: „Sobald ich konnte, gekonnt habe“.

7. Schreiben Sie in Spanisch („Zweite Welle“)

1 Wirst du mich nach Arbeitsschluß erwarten kommen, wenn es nicht regnet?

2 Diesen Monat bin ich nicht oft aus dem Haus gegangen. – Ich auch nicht.

3 Willst du, daß wir den Sonnenuntergang zusammen ansehen gehen?

4 Ich würde Ihnen gerne einige Fragen stellen. Sind Sie einverstanden?

5 Dieses Trimester habe ich mich sehr abgeplagt. – Ich auch.

6 Diese Frucht ist grün. – Mir schmecken die roten Äpfel.

Übersetzung

1 ¿Vendrás a esperarme a la salida del trabajo si no llueve?

2 Este mes, no he salido a menudo de mi casa. – Yo tampoco.

3 ¿Quieres que vayamos a ver la puesta de sol juntos?

4 Quisiera hacerle algunas preguntas. ¿Está de acuerdo?

5 Este trimestre me he cansado mucho. – Yo también.

6 Esta fruta está verde. – Me gustan las manzanas rojas.

Neben den neuen Strukturen und Wörtern, die wir Ihnen in Ihren täglichen Lektionen vorstellen, kommen wir immer wieder auf die bereits bekannten Formen zurück. Dies trifft besonders für die „Zweite Welle“ zu, in der Sie regelmäßig sowohl den neuen Stoff als auch die wesentlichen Punkte der wiederholten Lektion durcharbeiten werden. Ihr Sprachvermögen wird sich dadurch ganz erheblich verbessern.

Wir haben nun schon fünfunddreißig Lektionen hinter uns gebracht. Ihre Kenntnisse werden stellenweise unsicher und oberflächlich sein, aber Sie sollten sich darüber keine Gedanken machen. Eine Fremdsprache wird nun einmal langsam erlernt.

Leccion treinta y seis (36.)

Después del viaje

1 – ¿Os habéis fijado en el paisaje? ①
2 – Acabamos de llegar y todavía no hemos visto gran cosa.
3 Pero lo poco que hemos visto desde el coche, nos ha parecido maravilloso.
4 – Yo, como conducía, no me he fijado mucho.
5 – ¿Es la primera vez que venís aquí?
6 – Sí. No conocíamos esta región.
7 – Si no estáis demasiado cansados del viaje, podemos ir a dar un pequeño paseo. ②
8 – Me han dicho que cerca de aquí hay un manantial. ③

PRONUNCIACION

[... *biache* **1** ... *fichado* ... *paissache* **3** ... *pareçido marabiljosso* **4** ... *konnduçia* ... **5** ... *primera beç* ... *beniss* ... **6** ... *konnoçiamoss* ... **7** ... *demassiado* ... *passeo* **8** ... *ditscho* ... *mananntiall*]

Sechsunddreißigste Lektion

Nach der Reise

1 – Habt ihr auf die Landschaft geachtet (euch auf die Landschaft fixiert)?
2 – Wir sind gerade angekommen und haben noch nichts Großes (noch nicht große Sache) gesehen.
3 Aber das Wenige, das wir aus dem Auto gesehen haben, ist uns wunderbar erschienen.
4 – Ich, da ich fuhr, habe nicht sehr aufgepaßt (habe mich nicht sehr fixiert).
5 – Ist es das erste Mal, daß ihr hierher kommt?
6 – Ja. Wir kannten diese Gegend nicht.
7 – Wenn ihr nicht zu müde von der Reise seid, können wir einen kleinen Spaziergang machen (geben) gehen.
8 – Man hat (sie haben) mir gesagt, daß es hier in der Nähe eine Quelle gibt.

ANMERKUNGEN

(1) **fijarse** „sich fixieren, festsetzen". Das Verb hat sehr oft die Bedeutung „achtgeben, etwas bemerken, auf etwas achten". **Fíjate en lo que comes** „Paß auf, was du ißt".

(2) **dar un paseo** „einen Spaziergang machen"; **dar una vuelta** „eine Runde machen".

(3) Das deutsche Wort „man" hat im Spanischen keine Entsprechung. Aber es gibt mehrere Möglichkeiten, es zu übersetzen; wir werden sie später in einer Liste zusammenstellen. Im vorliegenden Fall wird „man" durch die dritte Person Plural übersetzt.

9 – ¿Podrías acompañ**a**rnos h**a**sta all**í**?
10 – ¡Cl**a**ro que sí! Adem**á**s no est**á** mu**y** l**e**jos.
11 De p**a**so, os enseñar**é** la gr**u**ta. Ya ver**é**is, ¡es fant**á**stica! ④
12 Esper**a**d un mom**e**nto, v**o**y a cog**e**r mi lint**e**rna.
13 La gr**u**ta es mu**y** osc**u**ra y qui**e**ro que ve**á**is el r**í**o subterr**á**neo.
14 ¡Ya est**á**! ¡En m**a**rcha!

PRONUNCIACION

[**9** *podriass ackommpanj**a**rnoss* ... **11** ... *p**a**sso* ... *ennssennjar**e*** ... *gr**u**ta* ... *ber**e**iss* ... *fannt**a**sstika* **12** *esssper**a*** ... *linnt**e**rna* **13** ... *ossk**u**ra* ... *be**a**iss* ... *r**i**o ssubterr**a**neo* **14** ... *m**a**rtscha*...]

¿COMPRENDE USTED ESTAS FRASES?

❶ ¿Te has fij**a**do? ❷ Acab**a**mos de ll**e**gar. ❸ ¿Qui**é**n conduc**í**a? ❹ V**a**mos a dar un pas**e**o. ❺ De p**a**so, te enseñar**é** el jard**í**n. ❻ Esper**a**d un mom**e**nto. ❼ ¡En m**a**rcha!

¡COMPLETE USTED LAS FRASES CON LAS PALABRAS QUE FALTAN!

❶ Achte auf das, was du sagst.

. . . . . . en . . . . . dices.

❷ Sonntag fuhrst du ein rotes Auto.

. . . . tú . . . .
. . . . .

❸ Ich bin zu müde, um spazieren zu gehen.

. . . .
a . . . .

9 – Könntest du uns (bis) dorthin begleiten?
10 – Ja, klar (klar, daß ja)! Außerdem ist es nicht sehr weit.
11 Unterwegs (im Vorbeigehen) werde ich euch die Grotte zeigen. Ihr werdet schon sehen, sie ist fantastisch!
12 Wartet einen Moment, ich werde meine Taschenlampe (Laterne) holen.
13 Die Grotte ist sehr dunkel, und ich möchte, daß ihr den unterirdischen Fluß seht (sehen möget).
14 Es ist soweit! Los (in Marsch)!

ANMERKUNGEN

④ **enseñar** „zeigen", aber auch „unterrichten, lehren".

¿HA USTED COMPRENDIDO LAS FRASES?

❶ Hast du bemerkt? ❷ Wir sind gerade angekommen. ❸ Wer fuhr? ❹ Wir wollen einen Spaziergang machen. ❺ Unterwegs werde ich dir den Garten zeigen. ❻ Wartet einen Moment. ❼ Auf den Weg!

❹ Man hatte mir gesagt, daß du nicht kommen würdest.

Me . . . . no . . . . .   .
venir.

❺ Wenn ihr keine Eile habt, wartet einen Moment.

Si no . . . . , ...
. . . .

LAS PALABRAS QUE FALTAN.

❶ Fíjate - lo que ❷ El domingo - conducías un coche rojo ❸ Estoy demasiado cansado para ir - pasearme ❹ habían dicho que - ibas a ❺ tenéis prisa, esperad un momento.

Leccion treinta y siete (37.)

Voy a poner la mesa

1 – ¿Cuántos seremos hoy a comer ?
2 – Cinco o seis, porque no sé si Eduardo ha invitado a una amiga de clase.
3 – Bueno, voy a poner seis cubiertos por si acaso viene su amiga. ①
4 – Pon el mantel que está sobre la silla, está recién planchado. ②
5 Voy a preguntarle a Jerónimo si quiere ayudarte; así, todo estará listo enseguida.
6 – Yo voy a ir poniendo los platos. ③
7 – ¡Jerónimo! ¿Quieres llevar al comedor seis cuchillos, seis tenedores y seis cucharillas?
8 Marcelo está poniendo la mesa y necesita ayuda.
9 – Voy a coger la bandeja y, de paso, llevaré los vasos y el pan.
10 Dile a Marcelo que las servilletas están en el cajón de la derecha.
11 – Creo que sólo falta el agua y el vino.

PRONUNCIACION

[*1 ... sseremoss ... 2 ... eduardo ... 3 ... kubiertoss ... akasso ... 4 ponn ... manntell ... ssilja ... reçienn plantschado 5 cheronimo ... ajudarte ... ennssegida 6 ... poniendo ... platoss 7 ... jebar... komedor ... kutschiljoss ... tennedoress ... kutschariljass 8 marçelo ... 9 ... banndecha ... pann 10 dile ... sserbiljettass ... 11 ... ssolo falta*]

Siebenunddreißigste Lektion

Ich werde den Tisch decken

1 – Wie viele werden wir heute beim Essen (zu essen) sein?
2 – Fünf oder sechs, weil ich nicht weiß, ob Eduardo eine Schulfreundin (Freundin der Klasse) eingeladen hat.
3 – Gut, ich werde sechs Gedecke decken für den Fall, daß seine Freundin kommt.
4 – Leg die Tischdecke [auf], die auf dem Stuhl liegt, sie ist frisch gebügelt.
5 Ich werde (ihn) Jerónimo fragen, ob er dir helfen will; so wird alles sofort fertig sein.
6 – Ich gehe und decke die Teller (ich werde gehen, die Teller deckend).
7 – Jerónimo! Willst du sechs Messer, sechs Gabeln und sechs [kleine] Löffel ins Eßzimmer bringen?
8 Marcelo deckt gerade den Tisch und braucht Hilfe.
9 – Ich werde das Tablett nehmen, und unterwegs werde ich die Gläser und das Brot mitnehmen.
10 Sag (ihm) Marcelo, daß die Servietten in der rechten Schublade (in der Schublade von der Rechten) sind.
11 – Ich glaube, daß nur [noch] das Wasser und der Wein fehlen (fehlt).

ANMERKUNGEN

① **por si acaso** „für den Fall daß, falls etwa, für alle Fälle".

② **recién** „neu, frisch" ist die Kurzform des Adverbs **recientemente** „vor kurzem, kürzlich, neulich" und steht nur vor Partizipien. **Recién casado** „frisch verheiratet"; **recién operado** „frisch operiert"; **los recién venidos** „die Neuankömmlinge".

③ **ir** „gehen", gefolgt von einem Gerundium, kann eine Abfolge von Handlungen oder eine längere Entwicklung einer Handlung ausdrücken.

12 – Inés ha ido a buscar algunas flores y dos velas. ④

13 – Me gusta comer en una mesa preparada con gusto.

14 – Y tienes razón, la comida es mejor.

PRONUNCIACION

[*12 iness ... belass 13 ... gussta ... 14 ... raçonn ...*]

¿COMPRENDE USTED ESTAS FRASES?

❶ ¿Quieres poner la mesa? ❷ ¿Cuántos cubiertos pongo? ❸ Pon el mantel y las servilletas rojas. ❹ Esas flores están recién cogidas. ❺ Telefonéame antes por si acaso no puedo venir. ❻ ¿Quieres ayudarme? ❼ Esta mesa está puesta con mucho gusto.

¡COMPLETE USTED LAS FRASES CON LAS PALABRAS QUE FALTAN!

❶ Wie viele von uns sind zu dem Fest eingeladen worden?

¿ . . . . de entre . . . .
. . . . ?

❷ Die Bestecke (Gedecke) sind in der linken Schublade.

. . . .
. . . .

❸ Willst du mir helfen, die Stühle zu tragen?

¿ . . . . llevar . . .
. . . . . . ?

❹ Nur du fehltest.

Sólo . . . .

❺ Das Essen, das du uns bereitet hattest, war sehr gut.

. . . . tú nos . . . . . .
. . . .

12 – Inés hat ein paar Blumen und zwei Kerzen geholt.
13 – Ich esse gerne an einem Tisch, [der] mit Geschmack hergerichet [ist].
14 – Und du hast recht, das Essen ist besser.

ANMERKUNGEN

④ **ir a buscar** „holen, abholen".

¿HA USTED COMPRENDIDO LAS FRASES?

❶ Willst du den Tisch decken? ❷ Wie viele Gedecke soll ich decken (decke ich)? ❸ Leg die Tischdecke und die roten Servietten auf. ❹ Diese Blumen sind frisch gepflückt. ❺ Ruf mich vorher an für den Fall, daß ich nicht kommen kann. ❻ Willst du mir helfen? ❼ Dieser Tisch ist mit viel Geschmack gedeckt.

LAS PALABRAS QUE FALTAN.

❶ Cuántos - nosotros han sido invitados a la fiesta ❷ Los cubiertos están en el cajón de la izquierda ❸ Quieres ayudarme a - las sillas ❹ faltabas tú ❺ La comida que - habías preparado estaba muy buena.

▶ Leccion treinta y ocho (38.)

En el mercado

1 De vez en cuando, me gusta ir al mercado. ①
2 Hay un ambiente muy particular y muy diferente del que se encuentra en las tiendas de cada barrio.
3 Olores y voces se entremezclan formando un todo muy animado. ②
4 Pero... allí oígo vocear a una pescadera. Voy a ver qué pescado tiene. ③
5 – ¡Sardinas frescas! ¡Recién llegadas esta mañanita! ④
6 ¡Buenos días, señor! ¿Qué desea? ¡Todo es fresco! ⑤

PRONUNCIACION

*[**2** ... ammbiennte ... differennte ... tienndass ... barrio **3** oloress ... boçess ... enntremeçklann ... annimado **4** ... oigo boçear ... pesskadera ... **5** ssardinass fresskas ... mannjanita **6** ... dessea ...]*

Achtunddreißigste Lektion

Auf dem Markt

1 Von Zeit zu Zeit gehe ich gerne zum Markt.
2 Es ist [dort] eine ganz (sehr) besondere Atmosphäre, (und) [die] sehr verschieden [ist] von der, die man in den Geschäften [eines] jeden Viertels findet.
3 Gerüche und Stimmen vermischen sich [und] bilden ein sehr lebhaftes Ganzes.
4 Aber... dort höre ich eine Fischhändlerin schreien. Ich werde [mal] sehen, was für Fisch sie hat.
5 – Frische Sardinen! Heute morgen frisch hereingekommen!
6 Guten Tag, mein Herr! Was wünschen Sie? Alles ist frisch!

ANMERKUNGEN

(1) **De vez en cuando** „gelegentlich, hin und wieder, von Zeit zu Zeit".

(2) **voces** „Stimmen" ist der Plural von **la voz** „die Stimme". **Vocear** (Satz 4) „etwas schreien, ausrufen"; **vocear los periódicos** „die Zeitungen ausrufen". **No deis voces** (Gebt keine Stimmen, keine Laute) „Schreit nicht".

(3) **oír** „hören". **¡Oíga!** „Hören Sie mal!".

(4) **Recién llegadas** „gerade eingetroffen, frisch angekommen". Wenn Sie Probleme mit **recién** haben, schlagen Sie in Lektion 42 im dritten Kapital nach. - **mañanita** ist die Verkleinerungsform von **mañana** „der Morgen". Solche Verkleinerungsformen sind im Spanischen sehr beliebt, können aber im Deutschen nur selten nachvollzogen werden.

(5) Die Anrede allein durch **señor**, **señora** (Satz 9) oder **señorita** ist im Spanischen oft zu hören. Unsere Übersetzung durch „mein Herr, meine Dame" usw. klingt sehr steif und kann daher auch nicht diese Anredeform nachempfinden.

7 – Quisiera medio kilo de anchoas y una raja de merluza. ⑥ ⑦

8 Luego iré a la carnicería y a la charcutería pero antes voy a comprar huevos y fruta.

9 – Buenos días, señora. Quisiera medio kilo de naranjas y tres o cuatro limones.

10 – ¿Algo más?

11 – Sí, un kilo de uvas y unos trescientos cincuenta gramos de cerezas para hacer un pastel.

12 Eso es todo. ¿Cuánto es?

13 – Trescientas veintisiete pesetas (cent).

14 – Adiós y gracias. ⑧

15 – A usted.

PRONUNCIACION

[*7 ... medio kilo... anntschoass... racha ... merluça* **8** *... karniçeria ... tscharkuteria ... uebboss ...* **9** *... narannchass ... limoness* **11** *... ubass ... tressçienntoss çinkuennta gramoss ... çereçass ... passtell*]

¿COMPRENDE USTED ESTAS FRASES?

❶ Vamos a verle de vez en cuando. ❷ En su barrio, hay muchas tiendas. ❸ Me gusta el olor de estas naranjas. ❹ No te oígo bien. ❺ ¿Algo más? ❻ Eso es todo. ❼ ¿Cuánto es?

¡COMPLETE USTED LAS FRASES CON LAS PALABRAS QUE FALTAN!

❶ Von Zeit zu Zeit gehst du sie (männl. Pl.) besuchen. Von Zeit zu Zeit essen wir Fisch.

.. .., ...

.. .., ...

7 – Ich hätte gern [ein] halbes Kilo (von) Anchovis und eine Scheibe (von) Seehecht.
8 Danach werde ich in die Fleischerei und in die Metzgerei gehen, aber vorher werde ich Eier und Obst kaufen.
9 – Guten Tag, meine Dame. Ich hätte gern [ein] halbes Kilo (von) Apfelsinen und drei oder vier Zitronen.
10 – Sonst noch etwas (etwas mehr)?
11 – Ja, ein Kilo (von) Trauben und etwa (einige) dreihundertfünfzig Gramm (von) Kirschen, um einen Kuchen zu machen.
12 Das ist alles. Wieviel macht das (ist es)?
13 – Dreihundertsiebenundzwanzig Peseten (Cent).
14 – Auf Wiedersehen und danke.
15 – Ich danke auch (An Sie).

ANMERKUNGEN

(6) Merken Sie sich **quisiera** („ich würde gern, ich hätte gern") als eine Floskel, mit der Sie korrekt und höflich eine Bitte oder einen Wunsch formulieren können. **Quisiera** ist eine Konjunktivform des Verbs **querer**. Merken Sie sich schon jetzt, daß Sie zur Äußerung eines Wunsches oder einer Bitte immer diese Form verwenden müssen: **Quisiera hablar con el señor Martínez** „Ich möchte gern Herrn Martínez sprechen".

(7) Nach Substantiven, die ein Maß oder eine Menge von Personen, Gegenständen oder Stoffen bezeichnen, steht die Präposition **de**: **un kilo de naranjas** „ein Kilo Apfelsinen"; **un millón de habitantes** „eine Million Einwohner"; **un paquete de cigarros** „ein Paket Zigaretten".

(8) **Adiós** entspricht dem deutschen „Auf Wiedersehen!".

¿HA USTED COMPRENDIDO LAS FRASES?

1 Wir gehen ihn von Zeit zu Zeit besuchen. 2 In seinem Viertel gibt es viele Geschäfte. 3 Ich mag den Geruch dieser Apfelsinen. 4 Ich höre dich nicht gut. 5 Sonst noch etwas? 6 Das ist alles. 7 Wieviel macht das?

2 In deinem Viertel gibt es viel Atmosphäre.

.. ..

❸ Der Markt ist immer sehr belebt.

.. .. está siempre ... .

❹ Wünschen Sie sonst noch etwas?

¿..... ....?

Leccion treinta y nueve (39.)

Vestirse

1 – ¿Qué hace ahí toda esa ropa ? ①
2 – No te preocupes por todo ese desorden.
3 Como empieza a hacer frío, he comenzado a sacar la ropa de invierno. ②
4 Esta tarde lavaré y guardaré una parte de la ropa de verano.
5 Y mañana iremos a comprar unos pantalones para ti, que... ¡buena falta te hacen!
6 – Yo prefiero ir el domingo al Rastro para poder comprarlos más baratos. ③

PRONUNCIACION

[*besstirsse* **1** ... *ropa* **2** ... *dessorden* **3** ... *emmpieça* ... *ssakar* ... **4** ... *labare* ... *guardare* ... *parte* ... **5** ... *panntaloness* ... **6** ... *prefiero* ... *rasstro* ...]

⑤ Wieviel macht das?

¿ . . . . ?

LAS PALABRAS QUE FALTAN.

❶ De vez en cuando, vas a verlos - De vez en cuando, comemos pescado ❷ En tu barrio hay mucho ambiente ❸ El mercado - muy animado ❹ Desea usted algo más ❺ Cuánto es.

Neununddreißigste Lektion

Sich anziehen

1 – Was macht da diese ganze Wäsche?
2 – Kümmere dich nicht um diese ganze Unordnung.
3 Weil es anfängt, kalt zu werden, habe ich angefangen, die Wintersachen (Kleidung des Winters) herauszuholen.
4 Heute nachmittag werde ich einen Teil der Sommersachen (Kleidung des Sommers) waschen und weghängen (aufbewahren).
5 Und morgen werden wir (einige) Hosen für dich kaufen (gehen), die... dir richtig fehlen (guten Mangel dir machen)!
6 – Ich ziehe [es] vor, am Sonntag zum „Rastro" [zu] gehen, um sie billiger kaufen zu können.

ANMERKUNGEN

① **ropa** „Kleidung, Sachen"; **el abrigo es ropa de invierno** „der Mantel ist ein Winterkleidungsstück". Aber **ropa** kann auch „Wäsche" bedeuten: **ropa interior** „Unterwäsche".

② **empezar a hacer** und **comenzar a hacer** sind zwei sehr gebräuchliche Verben; sie bedeuten beide „anfangen" oder „beginnen, etwas zu tun".

③ **el Rastro** bezeichnet einen spanischen Flohmarkt. Der bekannteste ist sicherlich der **Rastro** in Madrid. **El rastro** wird auch in der Bedeutung „Spur" oder „Fährte" gebraucht.

7 – Tú, siempre estás haciendo economías, pero tienes razón.
8 Si todos hicieran como tú, la vida no estaría tan cara.
9 Pruébate esta chaqueta, creo que ya no te vale. ④
10 – Me está demasiado corta, pero no la tires.
11 Se la voy a dar a Daniel y a Lidia ya que tienen la misma talla. ⑤
12 – ¿Te acuerdas de este vestido? Hace años que no me lo pongo.
13 – Póntelo, a mí me gusta mucho.
14 – Es una pena que no tenga zapatos y medias que vayan con él.

PRONUNCIACION

*[**7** ... ekonomiass ... **8** ... içierann ... **9** pruebate ... tschacketa ... bale. **10** ... korta ... tiress **11** ... daniell ... lidia ... talja **12** ... besstido ... pongo **13** ponntelo ... **14** ... pena ... tenga çapatoss ... bajann ...]*

¿COMPRENDE USTED ESTAS FRASES?

❶ ¿Qué haces ahí? ❷ Estos días ha comenzado a hacer más frío. ❸ He empezado a escribir a Roberto. ❹ Pruébate esta camisa. ❺ Este vestido es demasiado largo para mí. ❻ Prefiero comprar una talla más pequeña. ❼ Quiero unos zapatos negros.

¡COMPLETE USTED LAS FRASES CON LAS PALABRAS QUE FALTAN!

❶ Heute werde ich mich in Weiß anziehen.

. . . .

❷ Morgen muß ich viel Wäsche waschen.

. . . .

7 – Du bist immer dabei, Einsparungen zu machen, aber du hast recht.
8 Wenn alle [es so] machten wie du, wäre das Leben nicht so teuer.
9 Probier (dir) diese Jacke an, ich glaube, daß sie dir nicht mehr paßt (taugt).
10 – Sie ist mir zu kurz, aber wirf sie nicht weg.
11 Ich werde sie (an) Daniel und (an) Lidia geben, weil sie dieselbe Größe haben.
12 – Erinnerst du dich an dieses Kleid? Ich ziehe es (mir) seit Jahren nicht [mehr] an (es macht Jahre, daß ich es mir nicht anziehe).
13 – Zieh es (dir) an, mir gefällt es gut.
14 – Es ist schade (es ist ein Kummer), daß ich keine Schuhe und Strümpfe habe, die dazu passen (die mit ihm gehen).

ANMERKUNGEN

④ **valer** „wert sein, gelten, gültig sein". Dieses Verb kann sehr viele Bedeutungen haben: „kosten, taugen, nützen" usw. Merken Sie sich den Ausdruck **¡Vale!** im Sinne von „in Ordnung, es gilt, das geht in Ordnung" usw.

⑤ **Se la voy a dar a Daniel** „Ich werde sie Daniel geben"; in diesem Satz finden Sie eine besondere Eigenart des Spanischen, die darin besteht, daß ein und dieselbe Person (oder Gegenstand) innerhalb eines Satzes mehrfach bezeichnet wird: **se** und **a Daniel** beziehen sich auf dieselbe Person. Sie finden diese Konstruktion sehr häufig in der Umgangssprache; das zusätzliche Personalpronomen bleibt in der deutschen Übersetzung unberücksichtigt: **A mí me gusta mucho** „Mir gefällt es sehr" (Satz 13).

¿HA USTED COMPRENDIDO LAS FRASES?

❶ Was machst du dort? ❷ In diesen Tagen hat es angefangen, kälter zu sein. ❸ Ich habe begonnen, (an) Roberto zu schreiben. ❹ Probier dieses Hemd an. ❺ Dieses Kleid ist zu lang für mich. ❻ Ich ziehe es vor, eine kleinere Größe [zu] kaufen. ❼ Ich möchte (einige) schwarze Schuhe.

③ Meine Hosen sind zu lang für dich.

... . para ti.

④ Später wirst du die Jacke anprobieren, die ich dir gekauft habe.

Luego te .... comprado.

▶ Leccion cuarenta (40.)

La televisión

1 – ¿Qué lees?

2 – Estoy echando una ojeada al programa de televisión. ①

3 – ¿Hay algo interesante?

4 – Hasta ahora, no he encontrado nada que valga la pena. ②

5 – Mira a ver lo que ponen en la cuarta cadena.

6 – ¡Hombre! Esta noche, ponen „Tiempos modernos" de Charlie Chaplin. ③

7 – Ya la he visto pero me gustaría verla de nuevo.

8 Me encantan las películas de Charlot.

PRONUNCIACION

[... *telebissionn* **1** ... *leess* **2** ... *etschanndo* ... **3** ... *interessante* **4** ... *balga* ... **5** ... *kadena* **6** ... *modernoss* ... **8** ... *pellikulass* ... *tscharlo*]

5 Es ist schade, daß es regnet.

. . . . que llueva.

LAS PALABRAS QUE FALTAN.

1 Hoy voy a vestirme de blanco 2 Mañana tengo que lavar mucha ropa 3 Mis pantalones son demasiado largos 4 probarás la chaqueta que te he 5 Es una pena.

Vierzigste Lektion

Das Fernsehen

1 – Was liest du?
2 – Ich werfe gerade einen Blick auf das Fernsehprogramm.
3 – Gibt es etwas Interessantes?
4 – Bis jetzt habe ich nichts gefunden, was sich lohnt (was die Mühe wert sei).
5 – Sieh doch mal nach (betrachte, um zu sehen), was sie im vierten Programm (Kette) zeigen.
6 – Mensch! Heute abend zeigen sie „Moderne Zeiten" von Charlie Chaplin.
7 – Den [Film] habe ich schon gesehen, aber ich würde ihn gerne noch einmal (von neuem) sehen.
8 Mich begeistern die Filme von Charlot.

ANMERKUNGEN

(1) **Estoy echando una ojeada** „Ich werfe gerade einen Blick". Erinnern Sie sich noch an diesen Ausdruck?

(2) Wir sehen hier noch einmal **valer** „wert sein" und **pena** „Mühe", aber auch „Kummer" und „Strafe".

(3) **Hombre** „Mensch, Mann". Es kann wie im Deutschen als Ausruf gebraucht werden. Denken Sie daran: Das **h** ist im Spanischen immer unhörbar.

9 – Podemos telefonear a Susana, a Clemente y a Rosa y proponerles que cenemos juntos.
10 Y luego, podríamos reunirnos con Vicente y ver la película en su casa.
11 – Muy bien. Un poco de „tele“ no está tampoco mal.
12 – ¡Claro que no!

13 Inocencia
14 – Niños, apagad la televisión e id a acostaros.
15 – Mamá... por favor, deja que nos quedemos dos o tres muertos más. ④

PRONUNCIACION

[*9 ... ssussana ... klemente ... proponerless ... çenemoss ... 10 ... reunirnoss ... biçente ... 11 ... tele ... 13 innoçennçia 14 ... apaga ... ackosstaross 15 ... kedemoss ... muertoss ...*]

¿COMPRENDE USTED ESTAS FRASES?

❶ ¿Qué leías ayer? ❷ ¿Ponen alguna película interesante? ❸ Hasta ahora no he tenido tiempo. ❹ Yo no he apagado la televisión. ❺ Quédate con nosotros. ❻ Me han propuesto un nuevo trabajo. ❼ Hoy he visto de nuevo a Juan.

¡COMPLETE USTED LAS FRASES CON LAS PALABRAS QUE FALTAN!

❶ Morgen werde ich die Zeitung nach Arbeitsschluß lesen.

. . . .

. . . .

❷ Ich habe im Fernsehen ein sehr interessantes Programm gesehen.

. . . . en la . . . .

. . . .

9 – Wir können Susana, Clemente und Rosa anrufen und ihnen vorschlagen, daß wir zusammen zu Abend essen.

10 Und danach könnten wir uns mit Vicente treffen und den Film bei ihm zu Hause sehen.

11 – Sehr gut. Ein bißchen Fernsehen ist auch nicht schlecht.

12 – Bestimmt nicht (klar, daß nicht)!

13 Unschuld

14 – Kinder, stellt das Fernsehen aus und geht schlafen (euch schlafen legen).

15 – Mama... bitte laß uns (laß, daß wir uns) [noch] zwei oder drei Tote (mehr) bleiben.

ANMERKUNGEN

④ **quedarse** „bleiben, zurückbleiben". Das Verb wird reflexiv verwendet!

¿HA USTED COMPRENDIDO LAS FRASES?

❶ Was last du gestern? ❷ Zeigen sie (irgend)einen interessanten Film? ❸ Bis jetzt habe ich keine Zeit gehabt. ❹ Ich habe das Fernsehen nicht ausgeschaltet. ❺ Bleib bei (mit) uns. ❻ Man hat mir eine neue Arbeit vorgeschlagen. ❼ Heute habe ich Juan wiedergesehen (von neuem gesehen).

3 Das Fernsehen ist ein Kommunikationsmittel.

. .   . .

. . . .

4 Der Film, den wir gestern gesehen haben (Indef.), war sehr gut.

. .   . .

. . .   .

Leccion cuarenta y una (41.)

Una carta

1 – Me parece que han llamado a la puerta. ①
2 – Yo no he oído nada, pero es posible.
3 Tenemos que llamar al electricista para que venga a arreglarnos el timbre. ②
4 – Voy a abrir.
5 – Buenas tardes. ¿Señores de Vázquez? ③

PRONUNCIACION

[*1 ... puerta* **2** *... oído ...* **3** *... elektriçissta ... benga ... timbre* **4** *... abrir*
5 *... baçkeç*]

⑤ Später wirst du dir darüber klar werden (Rechenschaft geben).

... .

LAS PALABRAS QUE FALTAN.

❶ Mañana leeré el periódico a la salida del trabajo ❷ He visto - televisión un programa muy interesante ❸ La televisión es un medio de comunicación ❹ La película que vimos ayer era muy buena. ❺ Más tarde te darás cuenta

Einundvierzigste Lektion

Ein Brief

1 – Es scheint mir, daß es an der Tür geläutet hat (sie an der Tür geläutet haben).
2 – Ich habe nichts gehört, aber es ist möglich.
3 Wir müssen den Elektriker rufen, damit er kommt, uns die Klingel zu reparieren.
4 – Ich gehe öffnen.
5 – Guten Tag. Herr und Frau (Herrschaften) de Vázquez?

ANMERKUNGEN

① **llamar** „rufen, nennen"; **llamarse** „heißen", **Me llamo Juan** „Ich heiße Juan". Wir kennen auch schon: **llamar por teléfono** „anrufen, telefonieren". **llamar a la puerta** „an der Tür läuten, klingeln, klopfen".

② Reparieren können Sie durch **reparar** übersetzen. Viel häufiger aber werden Sie **arreglar** hören, das auch „ordnen, in Ordnung bringen" bedeutet.

③ **Señores** ist der Plural von **señor** „(mein) Herr". Sie können so mehrere Herren, aber auch eine Gruppe von Damen und Herren anreden. Die deutsche Entsprechung „meine Herrschaften" klingt für unser Verständnis zu steif und ist daher mit der spanischen Anrede auch nicht vergleichbar.

6 – Sí, aquí es.
7 – Esta carta certificada es para ustedes.
8 ¿Puede firmar aquí, por favor?
9 – Por supuesto, pase un momento, voy a coger un bolígrafo. ④
10 – ¿Quién es?
11 – El cartero, trae una carta para nosotros.
12 – ¿De dónde viene?
13 – No lo sé, ahora mismo lo miramos, pero antes voy a firmar porque el cartero está esperando en el pasillo.
14 ¡Vaya! Ahora no sé donde he dejado el bolígrafo.

PRONUNCIACION

[*7 ... çertifikada ... 8 ... firmar ... 9 ... ssupuessto passe ... boligrafo 11 ... kartero ... 13 ... passiljo 14 baja ... dechado ...*]

¿COMPRENDE USTED ESTAS FRASES?

❶ Llaman a la puerta. ❷ Voy a abrir. ❸ ¿Cómo firmas tú? ❹ Pasad un momento. ❺ Déjame un bolígrafo. ❻ Tus cartas nos gustan. ❼ Esperé en el pasillo.

¡COMPLETE USTED LAS FRASES CON LAS PALABRAS QUE FALTAN!

❶ Der Elektriker wird kommen, um die Klingel zu reparieren.

.. electricista .. . .

....

❷ Öffne mir die Tür.

....

❸ Ich habe einen Einschreibebrief bekommen.

.. recibido ... .

6 – Ja, das ist hier.
7 – Dieser Einschreibebrief ist für Sie.
8 Können Sie (Sing.) hier unterschreiben, bitte?
9 – Selbstverständlich (durch Voraussetzung), kommen Sie einen Moment herein, ich werde einen Kugelschreiber holen (nehmen).
10 – Wer ist es?
11 – Der Briefträger, er bringt einen Brief für uns.
12 – Woher kommt er?
13 – Das weiß ich nicht, wir werden es sofort sehen (jetzt genau sehen wir es), aber vorher werde ich unterschreiben, weil der Briefträger [noch] im Flur wartet (wartend ist).
14 Na so was! Jetzt weiß ich nicht [mehr], wo ich den Kugelschreiber gelassen habe.

ANMERKUNGEN

④ **pasar** kann sehr viele Bedeutungen haben: „durchqueren, vorbeigehen, passieren, eintreten, nähertreten" usw.

¿HA USTED COMPRENDIDO LAS FRASES?

❶ Es läutet an der Tür. ❷ Ich werde öffnen. ❸ Wie unterschreibst du? ❹ Kommt einen Moment herein. ❺ Leih (laß) mir einen Kugelschreiber. ❻ Deine Briefe gefallen uns. ❼ Ich habe im Flur gewartet (Indef).

❹ Ich muß mir einen Kugelschreiber kaufen.

. . . .

❺ Unterschreiben Sie hier, bitte.

. . . . , ...

LAS PALABRAS QUE FALTAN.

❶ El - va a venir para arreglar el timbre ❷ Ábreme la puerta ❸ He - una carta certificada ❹ Tengo que comprarme un bolígrafo ❺ Firme aquí, por favor.

Leccion cuarenta y dos (42.)

Revisión y notas

1. ¿Ha visto usted?

¿Ha visto usted? heißt Wort für Wort „Haben gesehen Sie?". Das Hilfsverb **haber** und das Partizip dürfen nicht voneinander getrennt werden, so daß das Personalpronomen nur vor oder hinter dem kompletten Verb stehen darf:

¿Usted ha visto? „Haben Sie gesehen?";
¿Ha pagado usted? „Haben Sie bezahlt?";
¿Me ha comprendido usted? „Haben Sie mich verstanden?";
¿Qué ha dicho usted? „Was haben Sie gesagt?";
¿Ha venido usted? „Sind Sie gekommen?".

Diese Regel gilt natürlich auch für die anderen Personalpronomina; jedoch treten sie, außer **ustedes**, nur dann im Satz auf, wenn sie besonders betont werden sollen: „Hat er gesehen?": **¿Ha visto?**; „Sind sie gekommen?": **¿Han venido?**; „Hast du begonnen?": **¿Has empezado?**; „Haben wir geendet?": **¿Hemos terminado?**.

2. Man

In Lektion 36 haben wir darüber gesprochen, daß das deutsche Wort „man" im Spanischen keine einheitliche Übersetzung hat. In Satz 8 haben wir gesehen:

Me han dicho. „Man hat mir gesagt".

Das Subjekt ist in diesem Satz unbestimmt; in solchen Fällen wird die dritte Person Plural verwendet.

„Man" kann weiterhin übersetzt werden:

• durch die reflexive Verbform

- wenn das Objekt einen Gegenstand bezeichnet. Das reflexive Verb steht im Singular, wenn eine einzelne Sache oder ein nicht zählbarer Begriff das Objekt bilden:

Zweiundvierzigste Lektion

Se habla español. „Man spricht Spanisch";
Se exporta vino. „Man exportiert Wein";
Se puede ver un árbol. „Man kann einen Baum sehen".

Das Verb steht im Plural, wenn das Objekt ein Pluralwort ist:

Se oyen unas voces. „Man hört einige Stimmen".

- wenn das Objekt eine Person bezeichnet:

Se puede oír a los niños. „Man kann die Kinder hören".

Das Verb erscheint hier immer im Singular.

- wenn das Verb intransitiv ist, d.h. kein Objekt haben kann:

Se viaja mucho. „Man reist viel".

• durch **„uno"**, **„una"**

- wenn das Verb reflexiv ist:

Uno se acuesta muy tarde. „Man geht sehr spät schlafen".

- wenn „man" eigentlich der ersten Person Singular („ich" oder „unsereins") entspricht:

Uno tiene sus costumbres. „Man hat so seine Gewohnheiten";

Uno se encuentra bien. „Man fühlt sich wohl".

Lesen Sie nun noch einmal die Lektionen 38, 40 und 41 und die entsprechenden Übersetzungen. Sie werden sehen, daß wir das unbestimmte Subjekt im Deutschen nicht nur durch „man", sondern auch durch „es" oder „sie" übersetzt haben. Auch in diesen Fällen wird natürlich der spanische Satz nach einer der aufgeführten Möglichkeiten konstruiert.

Sie haben nun die wichtigsten Regeln zur Übersetzung eines unbestimmten Subjekts kennengelernt. Soweit nötig, werden wir in den folgenden Lektionen noch einmal darauf zurückkommen.

3. Recién

(Siehe Satz 4 in Lektion 37 und Satz 5 in Lektion 38). Dieses Wort erscheint immer nur vor einem Partizip Perfekt:

Están recién llegados. „Sie sind gerade eingetroffen";
Están recién cogidas. „Sie sind frisch gepflückt";
Está recién hecho. „Das ist neu gemacht";
una casa recién construida „ein neu erbautes Haus";
recién nacido „neugeboren";
un periódico recién salido „eine gerade erschienene Zeitung".

In Südamerika wird **recién** sehr oft mit Verben gebraucht und erhält dann die Bedeutung: „vor kurzem":

Recién llegamos. „Wir sind kürzlich angekommen".

4. Ir mit Gerundium

(Siehe Satz 6 in Lektion 37). Zum Ausdruck einer fortschreitenden Handlung oder einer langsamen Entwicklung wird **ir** mit dem Gerundium verwendet:

Las nubes iban ocultando el cielo. „Die Wolken verdeckten langsam den Himmel".

Auch eine kontinuierliche Abfolge von Handlungen oder Geschehen kann durch die Konstruktion von **ir** mit dem Gerundium ausgedrückt werden:

El hombre contaba las horas que iban pasando. „Der Mann zählte die Stunden, die langsam vergingen".

Anstelle von **ir** kann auch **andar** „gehen" verwendet werden, wenn eine lange dauernde Bewegung beschrieben werden soll:

Anduvo buscando todo el día. „Er suchte den ganzen Tag lang".

5. Schreiben Sie in Spanisch („Zweite Welle")

1 Ist es das erste Mal, daß du hierher kommst? – Ja, ich kannte diese Stadt nicht.

2 Das Tischtuch ist frisch gebügelt. – Ich werde den Tisch decken.

3 Von Zeit zu Zeit gehe ich gerne in den Garten. – Ich auch.

4 Probier dieses Hemd an. – Es paßt mir nicht mehr.

5 Hier gibt es nichts, was die Mühe lohnt.

6 Hat es an der Tür geklopft? – Ich glaube nicht.

Übersetzung

1 ¿Es la primera vez que vienes aquí? – Sí, no conocía esta ciudad.

2 El mantel está recién planchado. – Voy a poner la mesa.

3 De vez en cuando, me gusta ir al jardín. – A mí, también.

4 Pruébate esta camisa. – Ya no me vale.

5 Aquí no hay nada que valga la pena.

6 ¿Han llamado a la puerta? – No creo.

Raum für persönliche Notizen:

Leccion cuarenta y tres (43.)

Esperamos a un amigo

1 – ¿Adónde vas?
2 – Voy a la estación. Juan llega a las nueve y media y, probablemente, vendrá cargado.
3 – ¿Vas a ir en coche?
4 – No. Voy a coger el autobús. Hoy, hay demasiada circulación.
5 – ¿Quieres que te acompañe?
6 – Si no tienes nada que hacer y quieres venir, te espero.
7 – De acuerdo. Voy a peinarme y nos vamos. (1)
8 – Entre los tres, podremos llevar todas las maletas,
9 y, si pesan demasiado, cogeremos un taxi.

PRONUNCIACION

[*2 ... benndra kargado* **4** *... autobuss ...* **5** *... ackommpannje ...* **7** *... peinarme ...* **8** *enntre ... malettass* **9** *... pessan ... kocheremoss ... tassi*]

Dreiundvierzigste Lektion

Wir warten auf einen Freund

1 – Wohin gehst du?
2 – Ich gehe zum Bahnhof. Juan kommt um halb zehn an, und wahrscheinlich wird er mit viel Gepäck (vollbeladen) kommen.
3 – Wirst du mit dem (im) Auto fahren?
4 – Nein. Ich werde den Autobus nehmen. Heute ist zuviel Verkehr.
5 – Willst du, daß ich dich begleite?
6 – Wenn du nichts zu tun (was tun) hast und kommen willst, warte ich [auf] dich.
7 – Einverstanden. Ich werde mich kämmen, und wir gehen los.
8 – Zu dritt (unter den Dreien) werden wir alle Koffer tragen können,
9 und wenn sie zuviel wiegen, werden wir ein Taxi nehmen.

Mittlerweile hatten Sie sich sicherlich an die Aussprache des Spanischen gewöhnt und sind auf die Lautschrift nicht mehr angewiesen. Trotzdem werden Sie sie in den nächsten Lektionen noch finden, aber wir empfehlen Ihnen, sie nur noch in Zweifelsfällen zu lesen. Sie werden sehen, daß Sie sie gar nicht mehr benötigen.

ANMERKUNGEN

① **irse** „weggehen, aufbrechen". Denken Sie daran, daß dieses Verb reflexiv verwendet wird. Lesen Sie auch noch einmal in Lektion 23 die Anmerkung 3.

10 – ¿Crees que vendrá muy cargado?
11 – No lo sé, pero, en su última carta, me decía que tenía intención de quedarse aquí unos meses. ②
12 Creo que ha alquilado una casa vieja a quince kilómetros de aquí.
13 – ¿Y qué quiere hacer? ③
14 – No tengo ninguna idea sobre sus planes.

PRONUNCIACION

[*11 ... intennçionn ... kedarsse ... 12 ... allkilado ... kilometross ... 14 ... planess*]

¿COMPRENDE USTED ESTAS FRASES?

❶ La estación no está lejos del centro de la ciudad. ❷ El autobús te dejará a la puerta de casa. ❸ Antes de ayer, había mucha circulación. ❹ Teresa iba a su casa muy cargada. ❺ La hemos ayudado los cuatro. ❻ Tengo la intención de hacerme una mesa. ❼ Todavía no tengo planes para el próximo año.

¡COMPLETE USTED LAS FRASES CON LAS PALABRAS QUE FALTAN!

❶ Der letzte Autobus kommt um ein Uhr morgens vorbei.

. . . . pasa . . .

. . . .

❷ Willst du mich begleiten?

¿ . . . . ?

❸ Ich muß mich anziehen und mich kämmen, bevor ich ausgehe (bevor auszugehen).

. . . .

. . . .

10 – Glaubst du, daß er mit sehr viel Gepäck (sehr beladen) kommen wird?
11 – Ich weiß es nicht, aber in seinem letzten Brief sagte er mir, daß er [die] Absicht habe, (sich) hier einige Monate zu bleiben.
12 Ich glaube, daß er ein altes Haus (in) fünfzehn Kilometer von hier gemietet hat.
13 – Und was will er machen?
14 – Ich habe keine Ahnung von seinen Plänen (über seine Pläne).

ANMERKUNGEN

② **unos meses** „einige, ein paar Monate". **Unos**, **unas** wird wie **alguno**, **algunas** mit „einige" oder „ein paar" übersetzt; jedoch wird bei **unos**, **unas** mehr die Unbestimmtheit ausgedrückt.

③ Wir wollen Ihnen einige Verbformen von **hacer** vorstellen: **yo hago** „ich mache, tue"; **yo hacía** „ich machte"; **yo haré** „ich werde machen"; **yo he hecho** „ich habe gemacht".

¿HA USTED COMPRENDIDO LAS FRASES?

❶ Der Bahnhof ist nicht weit vom Stadtzentrum. ❷ Der Autobus wird dich an der Haustür [stehen]lassen. ❸ Vorgestern war viel Verkehr. ❹ Teresa ging sehr bepackt (zu sich) nach Hause. ❺ Wir haben ihr zu viert (die Vier) geholfen. ❻ Ich habe die Absicht, mir einen Tisch zu machen. ❼ Ich habe noch keine Pläne für das nächste Jahr.

❹ Ich habe nur einen Koffer.

. . . .

❺ Er hatte die Absicht, ein altes Haus zu kaufen.

. . . .

. . . .

LAS PALABRAS QUE FALTAN.

❶ El último autobús - a la una de la mañana ❷ Quieres acompañarme ❸ Tengo que vestirme y peinarme antes de salir ❹ Tengo solamente una maleta ❺ Tenía la intención de comprar una casa vieja.

Leccion cuarenta y cuatro (44.)

Saldos

1 Es fin de temporada. ①
2 El inventario comienza a hacerse en los comercios.
3 Pronto será la época de las rebajas. ②
4 – Si estás de acuerdo, mañana, podemos levantarnos pronto e ir a ver si compramos algo. ③
5 Las rebajas han comenzado.
6 – Sí. Yo necesito zapatos ¿y tú?
7 – Yo quería hacer esta tarde una pequeña lista de lo que me parece más necesario.
8 – De todas formas, no creo que necesitemos muchas cosas.
9 – En esta casa todos somos muy cuidadosos.
10 – Si no nos gastamos todo el presupuesto que hemos previsto,
11 me gustaría comprar unas cuantas planchas de madera de pino.
12 – ¿Qué quieres hacer con ellas?
13 – Una biblioteca.
14 – ¡Ah, sí! ya no me acordaba.

PRONUNCIACION

[*ssaldoss* **1** ... *temporada* **2** ... *innbenntario* ... *kommerçioss* **3** ... *rebachass* **8** ... *neçessitemoss* ... **9** ... *kuidadossoss* **10** ... *gasstamoss* ... *pressupuessto* ... *prebissto* **13** ... *biblioteka*]

Vierundvierzigste Lektion

Ausverkauf (Ausverkäufe)

1 Es ist Saisonende (Ende von Saison).
2 Man beginnt, in den Läden die Inventur zu machen (die Inventur beginnt sich zu machen).
3 Bald wird die Zeit der Sonderangebote (Rabatte) sein.
4 – Wenn du einverstanden bist, können wir morgen früh aufstehen und (gehen zu) sehen, ob wir etwas kaufen.
5 Der Ausverkauf (Ausverkäufe) hat begonnen.
6 – Ja. Ich brauche Schuhe, und du?
7 – Ich wollte heute nachmittag eine kleine Liste machen von dem, was mir am nötigsten (mehr nötig) erscheint.
8 – Auf alle Fälle (Formen) glaube ich nicht, daß wir viele Sachen brauchen.
9 – In diesem Hause sind wir alle sehr sorgsam.
10 – Wenn wir (uns) nicht den ganzen Etat ausgeben, den wir vorgesehen haben,
11 würde ich gerne ein paar Bretter aus Kiefernholz kaufen.
12 – Was willst du damit (mit ihnen) machen?
13 – Ein Bücherregal.
14 – Ach ja! Ich habe nicht mehr daran gedacht (erinnerte mich nicht mehr).

ANMERKUNGEN

① **temporada** „Zeitraum, Jahreszeit, Saison". Wir kennen schon ein anderes Wort für „Jahreszeit": **estación**; „die vier Jahreszeiten": **las cuatro estaciones**.

② **rebaja** „Rabatt, Preisnachlaß, Preisermäßigung". Dieses Wort wird sehr oft anstelle von **saldos** „Ausverkauf" verwendet.

③ Merken Sie sich, daß vor einem mit **i** oder **hi** beginnenden Wort nicht **y** „und", sondern **e** steht: **Pedro e Inés** „Pedro und Inés".

¿COMPRENDE USTED ESTAS FRASES?

❶ La nueva temporada de cine, todavía, no ha comenzado. ❷ En ciertas zapaterías, hay ya rebajas. ❸ De todas las formas, yo no podré ir. ❹ Yo me gasto poco dinero en vestidos. ❺ Tenemos un presupuesto de cinco mil euros. ❻ José es muy cuidadoso. ❼ Necesito unos zapatos.

¡COMPLETE USTED LAS FRASES CON LAS PALABRAS QUE FALTAN!

❶ Wir werden die Ferien außerhalb der Saison nehmen.

.... fuera de ....

❷ Heute bin ich früh aufgestanden.

... .

❸ Diesen Monat gibt es Preisermäßigungen überall (an allen Stellen).

....

❹ Ich muß (benötige) oft spazierengehen.

....

▶ Leccion cuarenta y cinco (45.)

Un triste y banal fin

1 Sacado de un periódico, de la sección titulada:

PRONUNCIACION

[... *trisste* ... *banall* ... **1** *ssakado* ... *ssekçionn titulada*]

¿HA USTED COMPRENDIDO LAS FRASES?

❶ Die neue Kinosaison hat noch nicht begonnen. ❷ In bestimmten Schuhgeschäften gibt es schon Ermäßigungen. ❸ Auf alle (die) Fälle werde ich nicht gehen können. ❹ Ich gebe (mir) wenig Geld für (in) Kleider aus. ❺ Wir haben einen Etat von fünftausend Euro. ❻ José ist sehr sorgsam. ❼ Ich brauche (einige) Schuhe.

❺ Heute morgen habe ich sechzig Franken ausgegeben.

.... me he .... francos.

LAS PALABRAS QUE FALTAN.

❶ Tomaremos las vacaciones - temporada ❷ Hoy me he levantado pronto ❸ Este mes hay rebajas en todos los sitios ❹ Necesito pasearme a menudo ❺ Esta mañana - gastado sesenta.

Fünfundvierzigste Lektion

Ein trauriges und banales Ende

1 Aus einer Zeitung (herausgezogen), aus der Rubrik mit dem Titel (betitelt):

2 „Eso no les pasa más que a los demás.“ (1)

3 El relato literal que leemos es el siguiente: (2)

4 Un carpintero y sus dos hijos se matan al caer de un balcón a la calle. (3)

5 Sevilla: - Ayer, a las cinco y cinco de la tarde, el señor R. Pérez, carpintero de profesión,

6 se hallaba en el balcón de su domicilio, (4)

7 situado en el cuarto piso del inmueble que habitaba,

8 teniendo en brazos a su hijo Joaquín de dos años de edad.

9 De pronto, el otro hijo del señor R. Pérez, cayó a la calle

10 y, al querer impedirlo, el desgraciado señor resbaló

11 al pisar una cascara de plátano que se encontraba en el suelo;

12 el padre perdió el equilibrio y cayó también a la calle con el niño que tenía en sus brazos.

13 Los tres resultaron muertos en el acto.

14 La esposa y madre se ha vuelto loca. (5)

PRONUNCIACION

[**3** *... relato literall... leemoss ... ssigiennte* **4** *... karpintero ... matan ...* **5** *ssebilja ... pereç ... proffessionn* **6** *... domiçilio* **7** *... inmueble ...* **8** *... braçoss ... choakin ... eda* **9** *... kaio ...* **10** *... impedirlo ... dessgraçiado ... ressbalo* **11** *... pissar ... kasskara ... platano ... ssuelo* **12** *... perdio ... ekilibrio ...* **13** *... ressultaron ... akto* **14** *... esspossa ...*]

2 „Das passiert nur den anderen (passiert nicht mehr als den anderen)".
3 Der wörtliche Bericht, den wir lesen, ist der folgende:
4 Ein Schreiner und seine zwei Söhne kommen ums Leben (töten sich), als sie von einem Balkon auf die Straße fallen (beim Fallen von einem Balkon auf die Straße).
5 Sevilla: - Gestern um fünf [Minuten] nach fünf nachmittags
6 befand sich Herr R. Pérez, von Beruf Schreiner, auf dem Balkon seiner Wohnung,
7 gelegen im vierten Stock des Gebäudes, das er bewohnte,
8 und hielt in seinen Armen (in Armen haltend) seinen Sohn Joaquín im Alter von zwei Jahren.
9 Plötzlich fiel der andere Sohn von Herrn R. Pérez auf die Straße
10 und beim Versuch (beim Wollen), das zu verhindern, rutschte der unglückliche Mann (Herr) aus,
11 als er auf eine Bananenschale trat (beim Treten eine Schale von Banane), die sich auf dem Boden befand;
12 der Vater verlor das Gleichgewicht und fiel ebenfalls auf die Straße mit dem Kind, das er in seinen Armen hielt.
13 Die drei waren (resultierten) auf der Stelle (in dem Akt) tot.
14 Die Ehefrau und Mutter ist wahnsinnig geworden.

ANMERKUNGEN

① **pasar** „vorbeigehen", aber auch „passieren". Wir haben darüber schon in Lektion 27, Anmerkung 2 und in Lektion 41, Anmerkung 4 gesprochen.

② **leemos** „wir lesen"; **leamos** oder **vamos a leer** „wir wollen lesen, laßt uns lesen". - In **siguiente** wird das **u** nicht gesprochen.

③ **al caer** „beim Fallen". Wir sind dieser Konstruktion schon begegnet. In Lektion 49, Abschnitt 1 werden wir genauer darüber sprechen.

④ „finden": **encontrar** oder **hallar**. „sich befinden": **encontrarse** oder **hallarse**.

⑤ **se ha vuelto loca** (sie hat sich verrückt gewendet). **¿Te has vuelto loco?** „Bist du verrückt geworden (Hast du dich verrückt gewendet)?".

¿COMPRENDE USTED ESTAS FRASES?

❶ Yo c**o**mpro t**o**dos los d**í**as el peri**ó**dico. ❷ ¿Cu**á**l es su profesi**ó**n? ❸ Est**o**y domicili**a**do en C**ó**rdoba. ❹ V**i**vo en un inmu**e**ble nu**e**vo. ❺ **E**sta mañ**a**na, mi p**a**dre se ha ca**í**do en la c**a**lle. ❻ Mi m**a**dre c**o**ge a mi herm**a**no pequ**e**ño en br**a**zos. ❼ He encontr**a**do un bol**í**grafo en el su**e**lo.

¡COMPLETE USTED LAS FRASES CON LAS PALABRAS QUE FALTAN!

❶ Meine Brüder und ich lesen die Zeitung gemeinsam.

. . . .

. . . .

❷ Unsere Adresse ist die folgende.

. . . .

. . . .

❸ Bei meinen Freunden (zu Hause) gibt es drei Balkone mit Blumen.

. . . .

. . . .

❹ Ich mag (die) Bananen.

. . . .

▶ Leccion cuarenta y seis (46.)

La fam**i**lia

1 Mi abu**e**la y mi abu**e**lo, por p**a**rte de mi p**a**dre, son origin**a**rios del c**a**mpo: son campes**i**nos.

PRONUNCIACION

[*1 ... abu**e**la ... orichin**a**rioss ... kampess**i**noss*]

¿HA USTED COMPRENDIDO LAS FRASES?

❶ Ich kaufe jeden Tag die Zeitung. ❷ Was ist Ihr Beruf? ❸ Ich bin wohnhaft in Córdoba. ❹ Ich wohne in einem neuen Gebäude. ❺ Heute morgen ist mein Vater auf die Straße gefallen. ❻ Meine Mutter nimmt meinen kleinen Bruder in [die] Arme. ❼ Ich habe auf dem Boden einen Kugelschreiber gefunden.

❺ Ich wollte es verhindern.

. . . .

LAS PALABRAS QUE FALTAN.

❶ Mis hermanos y yo leemos el periódico juntos ❷ Nuestra dirección es la siguiente ❸ En casa de mis amigos hay tres balcones con flores ❹ Me gustan los plátanos ❺ Quería impedirlo.

Sechsundvierzigste Lektion

Die Familie

1 Meine Großmutter und mein Großvater väterlicherseits (für Teil meines Vaters) sind gebürtig vom Lande: Sie sind Bauern.

2 La madre de mi madre, mi abuela, también nació en el campo.
3 Mi otro abuelo murió durante la guerra. Yo no le he conocido.
4 Yo soy el mayor de los nietos por parte de mis abuelos paternos. ①
5 Los hijos e hijas de mis tías son mis primos y primas.
6 A mis abuelos, les gusta verse rodeados de sus nietos.
7 Algunos de mis primos tienen hijos.
8 Biznietos y bisabuelos juegan, a menudo, juntos como si tuvieran la misma edad.
9 Cuando se les observa, es muy fácil estar de acuerdo con el refrán que dice:
10 „Los extremos se tocan".
11 Personas mayores y niños dan, a menudo, el mismo tipo de alegrías y preocupaciones.
12 Las unas por su sabiduría
13 y los otros por su vitalidad.
14 Para nuestros predecesores, así como para nuestros descendientes somos a veces espejos.

PRONUNCIACION

[2 ... naçio ... 3 ... murio durannte la gerra (gerolltes r) ... 4 ... nietoss ... paternoss 5 ... tiass ... primoss ... 6 ... bersse rodeadoss ... 8 biçnietos ... bissabueloss ... 9 ... obsserba ... refrann 10 ... esstremoss ... 11 ... alegriass ... 12 ... ssabiduria 13 ... bitalida 14 ... predeçessoress ... dessçenndientess ... esspechoss]

2 Die Mutter meiner Mutter, meine Großmutter, wurde auch auf dem Lande geboren.
3 Mein anderer Großvater starb während des Krieges. Ich habe ihn nicht gekannt.
4 Ich bin der älteste der Enkel von Seiten (für Teil) meiner Großeltern väterlicherseits.
5 Die Söhne und Töchter meiner Tanten sind meine Vettern und Kusinen.
6 Meinen Großeltern gefällt es, sich von ihren Enkelkindern umgeben [zu] sehen.
7 Einige meiner Vettern haben Kinder.
8 Urenkel und Urgroßeltern spielen oft miteinander, als ob sie dasselbe Alter hätten.
9 Wenn man sie beobachtet, ist es sehr einfach, mit dem Sprichwort einverstanden [zu] sein, welches sagt:
10 „Die Extreme berühren sich".
11 Ältere Personen und Kinder bereiten (geben) oft dieselbe Art von Freuden und Sorgen.
12 Die einen durch ihre Weisheit
13 und die anderen durch ihre Vitalität.
14 Für unsere Vorgänger, so wie für unsere Nachkommen, sind wir manchmal Spiegel.

ANMERKUNGEN

① **mayor** „Major". In dieser Lektion erscheint **mayor** aber in der Bedeutung „der älteste" und „älter". **Mayor** ist auch die Steigerung von **grande** „groß".

Diese Lektion bringt keine besonderen Schwierigkeiten mit sich. Sie können sich daher sehr intensiv mit dem neuen Vokabular beschäftigen, das wir hier eingeführt haben. In der nächsten Wiederholungslektion werden wir Ihnen einige Erklärungen zu den Possessivpronomina geben; Sie können sich schon jetzt darauf vorbereiten. Einzelne Possessivpronomina sind Ihnen schon bekannt:
***su casa** „sein/ihr/Ihr Haus"; **vuestra amiga** „eure Freundin"; **su sabiduría** „seine/ihre Weisheit".*

¿COMPRENDE USTED ESTAS FRASES?

❶ Mis abuelos son muy mayores. ❷ Mis padres son hijos de campesinos. ❸ Mi hermana es la mayor de la familia. ❹ Nuestra casa está rodeada de jardines. ❺ Hoy, he tenido una gran alegría. ❻ Los niños tienen mucha vitalidad. ❼ En tu casa, hay un gran espejo.

¡COMPLETE USTED LAS FRASES CON LAS PALABRAS QUE FALTAN!

❶ Die Bauern bearbeiten das Land (Erde).

... .

❷ Während des Krieges von Spanien gab es mehr als eine Million (von) Tote.

.... hubo ... . millón .. ..

❸ Ich habe meine Großeltern väterlicherseits nicht gekannt.

Yo .. ..

❹ Die Sprichwörter drücken die Weisheit des Volkes aus.

... . expresan .. ..

Leccion cuarenta y siete (47.)

Cuestión de cartera

1 – Nuestro coche está averiado y no estará arreglado antes de diez días.

PRONUNCIACION

[*1 ... aberiado ...*]

¿HA USTED COMPRENDIDO LAS FRASES?

❶ Meine Großeltern sind sehr alt (älter). ❷ Meine Eltern sind Kinder von Bauern. ❸ Meine Schwester ist die älteste der Familie. ❹ Unser Haus ist umgeben von Gärten. ❺ Heute habe ich eine große Freude gehabt. ❻ Die Kinder haben viel Vitalität. ❼ Bei dir zu Hause gibt es einen großen Spiegel.

❺ Manchmal betrachten wir uns in einem Spiegel.

. ..., ...

LAS PALABRAS QUE FALTAN.

❶ Los campesinos trabajan la tierra ❷ Durante la guerra de España - más de un - de muertos ❸ no he conocido a mis abuelos por parte de mi padre ❹ Los refranes - la sabiduría del pueblo ❺ A veces, nos miramos en un espejo.

Siebenundvierzigste Lektion

Frage der Brieftasche

1 – Unser Auto ist kaputt (beschädigt) und wird frühestens in zehn Tagen (nicht vor zehn Tagen) repariert sein.

2 ¿Y el vuestro?
3 – El nuestro está en el garaje y nos han dicho que tienen para rato.
4 – ¿Y cómo vamos a hacer para ir a Suecia la semana que viene? ①
5 – Tenemos muchas posibilidades, a saber: el avión, el tren, el barco, la moto, además de la bicicleta y del autostop.
6 – ¿Y por qué no, también, el burro o el mulo?
7 – Yo había pensado que podíamos ir a pie.
8 – Sois muy graciosos pero tenemos un problema y hay que resolverlo.
9 – Más vale reírse que enfadarse.
10 – El avión es más rápido que el tren y que el barco. ②
11 – El avión es tan caro como el barco.
12 Y el tren es menos caro que el avión y que el barco,
13 y como nuestros monederos no soportan las alturas y se marean... ③
14 – ¡Entonces... guiados por la voz de la razón... iremos en tren!

PRONUNCIACION

*[**3** ... garache ... **4** ... ssueçia ... **5** ... possibilidadess ... abionn ... trenn ... barko ... biçikleta ... autosstopp **6** ... burro ... mulo **8** ... graçiossoss ...ressolberlo **9** ... reirsse ... ennfadarsse **13** ... monedeross ... ssoportann ... alturass ... mareann **14** ... giadoss ... boç ...]*

2 Und eures (das eure)?
3 – Unseres (das unsere) ist in der Werkstatt, und man hat uns gesagt, daß es noch eine Weile dauern wird (daß sie für Weile haben).
4 – Und wie werden wir [es] machen, um in der nächsten Woche (die Woche die kommt) nach Schweden zu fahren?
5 – Wir haben viele Möglichkeiten, und zwar (zu wissen): das Flugzeug, den Zug, das Schiff, das Motorrad, außer dem Fahrrad und dem Autostop.
6 – Und warum nicht auch den Esel oder den Maulesel?
7 – Ich hatte gedacht, daß wir zu Fuß gehen könnten (konnten).
8 – Ihr seid sehr witzig, aber wir haben ein Problem, und man muß es lösen.
9 – Es ist besser (ist mehr wert), sich [darüber] lustig zu machen, als sich zu ärgern.
10 – Das Flugzeug ist schneller als der Zug und als das Schiff.
11 – Das Flugzeug ist genau so teuer wie das Schiff.
12 – Und der Zug ist nicht so teuer (weniger teuer) wie das Flugzeug und wie das Schiff,
13 und weil unsere Geldbeutel die Höhen nicht aushalten und (sich) seekrank werden...
14 – Also... gelenkt von der Stimme der Vernunft... werden wir mit dem (in) Zug fahren!

ANMERKUNGEN

① **la semana que viene** „die kommende Woche, die nächste Woche". Sie können auch sagen: **la semana próxima** oder **la próxima semana**.

② Ein Vergleich wird im Spanischen mit den Wörtern **más... que**, **menos... que** oder **tan... como** konstruiert: **más rápido que** „schneller als"; **menos rápido que** „nicht so schnell wie, weniger schnell als"; **tan rápido como** „genauso schnell wie". In Lektion 49 werden wir genauer darüber sprechen.

③ **me mareo** „mir wird schlecht". Dieses Verb ist abgeleitet von **mar** „Meer". **Marearse** bedeutet „schwindelig, übel werden", aber auch speziell „seekrank werden". **El mareo** ist die „Seekrankheit, Übelkeit".

¿COMPRENDE USTED ESTAS FRASES?

❶ Acabo de llevar el coche al garaje. ❷ Todavía tengo para un buen rato. ❸ No te enfades por tan poca cosa. ❹ Nuestra casa es más grande que la vuestra. ❺ Su hijo es más pequeño que el nuestro. ❻ Sus abuelos son tan mayores como los nuestros. ❼ En barco, me mareo.

¡COMPLETE USTED LAS FRASES CON LAS PALABRAS QUE FALTAN!

❶ Das Auto wird für Montag nicht fertig sein.

.. ..
.. ..

❷ Verzeihung, gibt es eine Werkstatt hier in der Nähe?

Perdone, ¿... .. ..
.....?

❸ Unser Viertel ist weniger belebt als das eure.

....
... .

❹ Im letzten Jahr war es kälter als [in] diesem.

.. .. hizo ... .
.... .

Leccion cuarenta y ocho (48.)

Lo nuestro ①

1 – Este jersey, ¿es el mío o el tuyo?

PRONUNCIACION

[*1 ... cherssei ... mio ... tujo*]

¿HA USTED COMPRENDIDO LAS FRASES?

❶ Ich habe gerade das Auto in die Werkstatt (Garage) gebracht. ❷ Ich brauche noch (habe für) eine gute Weile. ❸ Ärgere dich nicht wegen [einer] so kleinen (wenigen) Sache. ❹ Unser Haus ist größer als eures. ❺ Sein Sohn ist kleiner als unserer. ❻ Seine Großeltern sind genauso alt wie unsere. ❼ Auf [dem] Schiff wird mir schlecht.

❺ Meine Freunde wohnen genauso weit [entfernt] wie ihr.

... .

....

LAS PALABRAS QUE FALTAN.

❶ El coche no estará listo para el lunes ❷ hay un garaje cerca de aquí ❸ Nuestro barrio es menos animado que el vuestro ❹ El año pasado - más frío que éste ❺ Mis amigos viven tan lejos como vosotros.

Achtundvierzigste Lektion

Das Unsere

1 – Dieser Pullover, ist das meiner (der meine) oder deiner (der deine)?

ANMERKUNGEN

① **lo nuestro** „das Unsere, Unserige"; **lo mío** „das Meine, Meinige" (siehe Satz 11). Behalten Sie jetzt nur diesen Gebrauch; in der nächsten Lektion werden wir ausführlicher darüber sprechen.

2 – **E**se es el m**í**o.
3 Si qui**e**res, p**ó**ntelo p**e**ro te estar**á** demasi**a**do gr**a**nde. ②
4 – No, v**o**y a busc**a**r el m**í**o.
5 – El t**u**yo se lo ha pu**e**sto M**a**yte **e**sta mañ**a**na.
6 P**e**ro p**o**nte el s**u**yo, te ir**á** mu**y** bi**e**n con **e**sa r**o**pa.
7 – Despu**é**s de t**o**do... no es **u**na m**a**la id**e**a.
8 – Es **u**na vent**a**ja que la r**o**pa de **u**nos s**i**rva p**a**ra **o**tros.
9 – Y que t**o**dos nos**o**tros est**e**mos de acu**e**rdo p**a**ra funcion**a**r as**í**.
10 – Es mej**o**r que:
11 Lo m**í**o m**í**o y lo t**u**yo de entr**a**mbos. ③

12 Refr**a**nes: ④
13 No se gan**ó** Zam**o**ra en **u**na h**o**ra.
14 Por el h**i**lo se s**a**ca el ov**i**llo.
15 Quien m**u**cho ab**a**rca, p**o**co apri**e**ta.

PRONUNCIACION

[**5** ... *maite* ... **8** ... *benntacha* ... *ssirba* ... **11** ... *enntramboss* **13** ... *çamora* ... **14** ... *ilo* ... *obiljo* **15** ... *abarka* ... *aprietta*]

2 – Der da ist meiner.
3 Wenn du willst, zieh ihn (dir) an, aber er wird dir zu groß sein.
4 – Nein, ich werde meinen suchen.
5 – Deinen hat Mayte (sich) heute morgen angezogen.
6 Aber zieh (dir) ihren an, er wird dir sehr gut stehen mit dieser Kleidung.
7 – Letzten Endes (nach allem)... [das] ist keine schlechte Idee.
8 – Es ist ein Vorteil, daß die Kleidung der einen (Plural) für andere brauchbar ist (diene).
9 – Und daß wir alle einverstanden sind, um so zu verfahren (funktionieren).
10 – Es ist besser als:
11 Das Meine mir und das Deine für uns beide.

12 **Sprichwörter**
13 Zamora ist nicht in einer Stunde gewonnen worden. [Rom wurde nicht an einem Tag erbaut.]
14 Aus dem Faden bekommt man den Knäuel. [Mühsam ernährt sich das Eichhörnchen.]
15 Wer viel umfaßt, drückt wenig. [Wer viel beginnt, zu nichts es bringt.]

ANMERKUNGEN

② **ponerse** (reflexiv gebraucht): „(sich) etwas anziehen“.

③ Es handelt sich hier um ein Sprichwort. **Entrambos** „(alle) beide“.

④ Es handelt sich hier um drei alte spanische Sprichwörter, die sich reimen und einen eigentümlichen Klang haben. Wir haben sie wörtlich übersetzt und versucht, vergleichbare deutsche Sprichwörter zu finden, die wir in eckige Klammern gesetzt haben.

¿COMPRENDE USTED ESTAS FRASES?

① Mi jersey es menos bonito que el tuyo. ② El suyo es más grande que el mío. ③ Después de todo... creo que podré arreglarme. ④ Este pescado es mejor que aquél. ⑤ Este pantalón me está tan bien como ése. ⑥ Tengo que ir a buscar a los niños. ⑦ Yo, por mi parte, estoy de acuerdo.

¡COMPLETE USTED LAS FRASES CON LAS PALABRAS QUE FALTAN!

① Zieh dir diese Hose an und sag mir, ob sie dir gut paßt (ist).

. . . .

. . . .

② Sie ist zu groß für mich.

. . . .

③ Ich glaube nicht, daß er mir dient.

. . . .

Leccion cuarenta y nueve (49.)

Revisión y notas

1. al caer „beim Fallen"

Die Konstruktion **al** mit nachfolgendem Infinitiv ist im Spanischen sehr gebräuchlich und dient dazu, einen zeitlichen Nebensatz zu verkürzen. Also:

al despertarme „als ich erwachte";
al llegar a la oficina, se fijó... „als er im Büro ankam, bemerkte er...".

Lesen Sie noch einmal die Anmerkung 2 in Lektion 22.

2. in, an, auf

„in, an, auf" wird mit den Präpositionen **en** oder **a** übersetzt. „Ich bin auf dem Balkon": **Estoy en el balcón**. In diesem Fall sprechen Sie

¿HA USTED COMPRENDIDO LAS FRASES?

❶ Mein Pullover ist nicht so schön wie deiner. ❷ Seiner ist größer als meiner. ❸ Letzten Endes... ich glaube, daß ich zurechtkommen (mich arrangieren) können werde. ❹ Dieser Fisch ist besser als jener. ❺ Diese Hose paßt mir so gut wie jene. ❻ Ich muß die Kinder abholen. ❼ Ich, für meinen Teil, bin einverstanden.

❹ Kauf mir weißes Garn (Faden) und die Zeitung.

. . . .

. . . .

❺ Ich mag (die) Sprichwörter.

. . . .

LAS PALABRAS QUE FALTAN.

❶ Ponte este pantalón y dime si te está bien ❷ Es demasiado grande para mí. ❸ No creo que me sirva ❹ Cómprame hilo blanco y el periódico ❺ Me gustan los refranes.

Neunundvierzigste Lektion

über einen Ort, an dem Sie sich befinden; „Ich gehe auf den Balkon“: **Voy al balcón**. Hier beschreiben Sie eine Bewegung zu einem Ort hin.

3. Der Vergleich

Lesen Sie die Lektion 47 und die Übung. Hier finden Sie die Konstruktion des spanischen Vergleichssatzes dargestellt. Die Steigerungsform wird mit Hilfe der Wörter **más... que** gebildet:

Tu hijo es más joven que el mío. „Dein Sohn ist jünger als meiner“.

Für die negative Steigerung verwenden Sie **menos... que**:

El tren es menos rápido que el avión. „Der Zug ist weniger schnell, nicht so schnell wie das Flugzeug“.

Um eine Gleichheit auszudrücken, brauchen Sie **tan... como**:

Los europeos son tan simpáticos como los africanos. „Die Europäer sind (genau)so nett wie die Afrikaner".

Es gibt einige unregelmäßige Steigerungsformen; Sie haben sie bereits kennengelernt:

malo - peor „schlecht – schlechter";
bueno - mejor „gut – besser";
pequeño - menor „klein - kleiner, jünger";
grande - mayor „groß - größer, älter".

Die zweite Steigerungsform (Superlativ) bilden Sie, indem Sie den unbestimmten Artikel vor die erste Steigerungsform setzen:

el coche más caro „das teuerste Auto";
el mejor „der Beste".

4. Possessivpronomina

Sie bezeichnen einen Besitz. Wir unterscheiden zwischen den betonten und den unbetonten Formen. Die unbetonten Formen stehen immer vor einem Substantiv; mit Ausnahme von **nuestro** und **vuestro** haben sie nur je eine Endung im Singular und Plural:

Singular	Plural	Singular	Plural
mi „mein(e)"	**mis** „meine"	**nuestro, a** „unser(e)"	**nuestros, as** „unsere„
tu „dein(e)"	**tus** „deine"	**vuestro, a** „euer(e)"	**vuestros, as** „eure"
su „sein(e)"	**sus** „seine"	**su** „ihr(e)"	**sus** „ihre"
„ihr(e)"	„ihre"	„Ihr(e)"	„Ihre"
„Ihr(e)"	„Ihre"		

Die betonten Possessivpronomina stehen hinter dem bzw. ohne Substantiv. Sie haben je zwei Endungen im Singular und Plural:

mío, -a, -os, -as	„mein, meine" usw.
tuyo, -a, -os, -as	„dein, deine" usw.
suyo, -a, -os, -as	„sein, seine" usw.
	„ihr, ihre" usw. /„Ihr, Ihre" usw.
nuestro, -a, -os, -as	„unser, unsere" usw.
vuestro, -a, -os, -as	„euer, eure" usw.
suyo, -a, -os, -as	„ihr, ihre" usw.
	„Ihr, Ihre" usw.

Wir zeigen Ihnen noch einmal ihre Anwendung:

Este es mi coche. „Das ist mein Auto";
Este coche es el mío. „Dieses Auto ist meins";
los míos „die Meinen, meine Familie".

5. Schreiben Sie in Spanisch („Zweite Welle")

1 Ich werde den Zug nehmen. – Willst du, daß ich dich begleite?

2 Es ist die Zeit der Saisonschlußverkäufe. Ich gehe einkaufen.

3 Was liest du? – Es ist ein Buch von Sprichwörtern.

4 Mein Bruder Juan ist der älteste der Familie. – Welches Alter hat er?

5 Deine Arbeit ist genauso interessant wie meine.

6 Dieser Pullover ist meiner, aber du kannst ihn anziehen.

Übersetzung

1 Voy a coger el tren. – ¿Quieres que te acompañe?

2 Es la época de las rebajas de fin de temporada. Voy a comprar.

3 ¿Qué lees? – Es un libro de refranes.

4 Mi hermano Juan es el mayor de la familia. – ¿Qué edad tiene?

5 Tu trabajo es tan interesante como el mío.

6 Este jersey es mío pero puedes ponértelo.

„ZWEITE WELLE" (Segunda ola)

Sie sind mittlerweile so weit, daß Sie ohne Schwierigkeiten den Sinn der Sätze verstehen, auch wenn dies in manchen Fällen erst möglich ist, nachdem Sie den Text ein zweites Mal gelesen haben.

Es ist ganz normal, daß Ihnen der eine oder andere Ausdruck unverständlich erscheint oder daß Ihnen manche Wörter immer wieder entfallen. Vor allem die Verben werden Ihnen Schwierigkeiten bereiten. Allmählich werden Sie sich in der Konjugation der regelmäßigen Verben auf -**ar**, -**er** und -**ir** zurechtfinden; es bleiben die unregelmäßigen, von denen Ihnen einige schon bekannt sind. Wir werden Sie Ihnen von nun an ausführlicher vorstellen. Aber wir wollen nichts überstürzen - **No se ganó Zamora en una hora**. Die regelmäßige Übung wird Sie auch hierbei zum Ziel führen.

Wir werden nun in die aktive Phase unserer Arbeit einsteigen. Von Lektion 50 an wird Ihre tägliche Übung dadurch erweitert, daß Sie zusätzlich zu Ihrer neuen Lektion eine bereits bekannte Lektion - angefangen von der ersten - bearbeiten. Sie gehen am besten folgendermaßen vor:

- Lesen Sie die Lektion laut vor (wenn Sie über die Tonaufnahmen verfügen, hören Sie sich den Text zunächst an).
- Sehen Sie im deutschen Text noch einmal die Wörter oder Sätze nach, die Sie nicht genau verstehen.

▶ Leccion cincuenta (50.)

Un l**a**rgo fin de sem**a**na

1 – D**e**ntro de dos sem**a**nas, tendr**é** un pu**e**nte de c**i**nco d**í**as. ① ②

2 – **E**so, más que un pu**e**nte par**e**ce un acued**u**cto. ¿Est**á**s seg**u**ro?

3 – Sí. Nos h**e**mos arregl**a**do **e**ntre los compañ**e**ros de trab**a**jo.

4 – Ent**o**nces, podr**í**amos ir a esqui**a**r.

5 – Es **u**na bu**e**na ocasi**ó**n p**a**ra que me mu**e**stres el ref**u**gio del que me has habl**a**do. ③

Von jetzt an werden Sie keine Lautschrift zu den Texten mehr finden. Sollte die Aussprache eines Wortes von den üblichen Regeln abweichen, so werden wir dies natürlich entsprechend anmerken.

- Dann übersetzen Sie jeden Satz des deutschen Textes mündlich ins Spanische und
- überprüfen Ihre Übersetzung anhand des spanischen Textes.

Wenn Sie wollen, können Sie Ihre Wiederholungsübung durch eine schriftliche Übersetzung des deutschen Textes erweitern. Dies ist zwar nicht notwendig, wird Ihnen aber sehr dienlich sein, wenn Sie auch auf die schriftliche Beherrschung des Spanischen Wert legen.

Fünfzigste Lektion

Ein langes Wochenende

1 – In (innerhalb von) zwei Wochen werde ich eine Brücke von fünf Tagen haben.
2 – Mehr als eine Brücke scheint das ein Aquädukt [zu sein]. Bist du sicher?
3 – Ja. Wir haben uns unter den Arbeitskollegen arrangiert.
4 – Dann könnten wir Ski fahren gehen.
5 – Es ist eine gute Gelegenheit, daß (damit) du mir die Schutzhütte zeigst, von der du mir erzählt (gesprochen) hast.

ANMERKUNGEN

① **Dentro** „darin, drinnen, innerhalb"; **ahí dentro** „dort drinnen"; **dentro de la casa** „im Haus, innerhalb des Hauses". Aber auch: **dentro de un año** „in einem Jahr, binnen eines Jahres".

② **el puente** „die Brücke". Aber hier ist eine Zeitspanne von freien Arbeitstagen gemeint, die dadurch zustandekommt, daß zwischen zwei Feiertagen nicht gearbeitet wird.

③ **del que** "von dem" oder „von der". Es handelt sich hier um ein Relativpronomen; es leitet den folgenden Nebensatz ein, der sich auf ein vorangehendes Wort bezieht. In Satz 9 finden Sie dieses Pronomen noch einmal angewandt.

6 – ¿A partir de qué momento estarás libre ?
7 – Del jueves por la tarde al miércoles por la mañana.
8 – Perfecto. Podemos coger el tren de las diez de la noche,
9 y así llegaremos al amanecer al pueblecito del que te he hablado.
10 Podemos desayunar allí y hacer las compras para los cinco días. ④
11 – Como las mochilas son grandes, no habrá problema.
12 – A dos kilómetros del pueblo, comienza el camino de montaña,
13 y como en esta época hay mucha nieve, podremos ponernos los esquíes.
14 – No olvides que yo no he hecho mucho esquí de fondo.

¿COMPRENDE USTED ESTAS FRASES?

❶ La semana que viene hay un puente de cuatro días. ❷ Dentro de una hora, tengo una cita. ❸ Me he arreglado con mis amigos. ❹ ¿Me harás conocer a tu familia? ❺ Mí mochila es muy pesada. ❻ Conozco un camino de montaña muy bonito. ❼ Voy a desayunar en un bar.

¡COMPLETE USTED LAS FRASES CON LAS PALABRAS QUE FALTAN!

❶ Innerhalb (von) welcher (wieviel) Zeit wirst du frei sein?

¿ . . . . ?

❷ Bist du sicher, daß es in der kommenden Woche eine Brücke gibt?

¿ . . . .

. . . . ?

❸ Wir werden den Zug um (von) sieben Uhr morgens nehmen.

. . . .

. . . .

6 – Von wann an (vom Aufbrechen welchen Momentes) wirst du frei sein?
7 – Von Donnerstag nachmittag bis Mittwoch morgen.
8 – Hervorragend (perfekt). Wir können den Zug um (von den) zehn [Uhr] nachts nehmen,
9 und so werden wir bei Tagesanbruch in dem Dörfchen ankommen, von dem ich dir erzählt (gesprochen) habe.
10 Wir können dort frühstücken und die Einkäufe für die fünf Tage machen.
11 – Da die Rucksäcke groß sind, wird es kein Problem geben.
12 – (In) zwei Kilometer vom Dorf beginnt der Gebirgsweg,
13 und weil es in dieser Zeit (Epoche) viel Schnee gibt, werden wir uns die Ski anlegen können.
14 – Vergiß nicht, daß ich nicht viel Langlaufski gemacht habe.

ANMERKUNGEN

④ **desayunar** „frühstücken"; **el desayuno** „das Frühstück".

¿HA USTED COMPRENDIDO LAS FRASES?

❶ In der kommenden Woche gibt es eine Brücke von vier Tagen. ❷ In einer Stunde habe ich eine Verabredung. ❸ Ich habe mich mit meinen Freunden arrangiert. ❹ Wirst du mich deine Familie kennenlernen lassen (machen)? ❺ Mein Rucksack ist sehr schwer. ❻ Ich kenne einen sehr schönen Gebirgsweg. ❼ Ich werde in einem Café (Bar) frühstücken.

❹ Mein Frühstück ist kalt.

.. ..

❺ Es gibt viel Schnee in jenen Bergen.

... .

LAS PALABRAS QUE FALTAN.

❶ Dentro de cuánto tiempo estarás libre ❷ Estás seguro de que hay un puente la semana que viene ❸ Cogeremos el tren de las siete de la mañana ❹ Mi desayuno está frío ❺ Hay mucha nieve en esas montañas.

Zweite Welle: Aktivieren Sie heute Lektion 1!

Leccion cincuenta y una (51.)

Un aspecto cultural

1 – Cuando fui a España hubo algo que me sorprendió.
2 – ¿Qué es lo que te sorprendió?
3 – No vi casi ningún perro, ni gato, ni pájaro, en fin, todo ese tipo de animales
4 que suele haber en las casas, en las familias en las que estuve. ①
5 – Eres observador. En efecto, tienes razón.
6 En ese aspecto, España es muy diferente de Francia.
7 – Yo pensaba que era todo lo contrario. ②
8 – ¿Y a qué crees que es debido?
9 – No lo sé. Quizás como es un país más cálido y la gente vive más fuera de casa, ③
10 no necesita tanto introducir en su casa ese aspecto de la naturaleza. ④
11 – Esa puede ser una razón, pero también hay otras.

Einundfünfzigste Lektion

Ein kultureller Aspekt

1 – Als ich nach Spanien gefahren bin, gab es etwas, was mich überrascht hat.
2 – Was ist das, was dich überrascht hat?
3 – Ich habe fast keinen Hund, noch Katze, noch Vogel, kurz und gut (endlich), diese ganze Art von Tieren gesehen,
4 die es [normalerweise] in den Häusern, in den Familien gibt (zu geben pflegt), in denen ich gewesen bin.
5 – Du bist [ein guter] Beobachter. In der Tat, du hast recht.
6 In dieser Hinsicht (diesem Aspekt) ist Spanien sehr verschieden von Frankreich.
7 – Ich glaubte (dachte), daß es ganz das Gegenteil (das ganze Gegenteil) wäre (war).
8 – Und worauf (auf was) glaubst du, daß es zurückzuführen ist?
9 – Ich weiß es nicht. Vielleicht, weil es ein heißeres Land ist und die Leute mehr außerhalb des Hauses leben,
10 haben sie es nicht so nötig (brauchen sie nicht so sehr), in ihr Haus diesen Aspekt der Natur zu bringen (einzuführen).
11 – Das kann ein Grund sein, aber es gibt auch andere.

ANMERKUNGEN

① **soler haber**: Das Verb **soler** „pflegen" wird verwendet, um eine Gewohnheit zum Ausdruck zu bringen. Wir übersetzen es meist mit „normalerweise" oder „üblicherweise tun". In Lektion 56 werden wir noch einmal über dieses Verb sprechen.

② **todo lo contrario** (seltener: **todo el contrario**) „ganz das Gegenteil" (das ganze Gegenteil).

③ **Quizá** oder **quizás** „vielleicht". - **la gente** „die Leute". Beachten Sie, daß dieses Substantiv im Singular verwendet wird und ein zugehöriges Verb die entsprechende Singularendung erhält. Das **g** wird ausgesprochen wie das deutsche [*ch*] in „rauchen".

④ **tanto** „so sehr, so viel". Wie **mucho**, **poco** usw. ist es veränderlich: **tanta gente** „so viele Leute".

12 – ¿Cuáles por ejemplo? ⑤
13 – El ritmo de vida...
14 – ¿Tú crees?

¿COMPRENDE USTED ESTAS FRASES?

❶ Su interés me ha sorprendido. ❷ Suele venir todos los domingos. ❸ Los países del sur de Europa son más cálidos que los del norte. ❹ Eso puede ser una razón. ❺ ¿Cuál es tu sitio? ❻ No conocía este aspecto de la cuestión. ❼ El lunes la gente no está tan animada.

¡COMPLETE USTED LAS FRASES CON LAS PALABRAS QUE FALTAN!

❶ Das, was ich gesehen habe, hat mir gefallen.

.. ..

❷ In Andalusien pflegen die Leute sich später schlafen zu legen.

.. .. acostarse ... .

❸ Ich habe nicht so viel Bedarf wie du.

.. ..

Leccion cincuenta y dos (52.)

Un aspecto cultural (continuación y fin)

1 – Sí. El nivel de vida es menos alto en España que en Francia. ①

12 – Welche zum Beispiel?
13 – Den Lebensrhythmus...
14 – Glaubst du?

ANMERKUNGEN

⑤ **¿Cuál?** „Welcher, welche, welches?". Im Plural heißt es **¿Cuáles?** „Welche?".

¿HA USTED COMPRENDIDO LAS FRASES?

❶ Sein Interesse hat mich überrascht. ❷ Er kommt gewöhnlich jeden Sonntag. ❸ Die Länder von Südeuropa sind heißer als die des Nordens. ❹ Das kann ein Grund sein. ❺ Welches ist dein Platz? ❻ Ich kannte diesen Aspekt der Frage nicht. ❼ Montags sind die Leute nicht so lebhaft.

❹ Wie ist deine Adresse?

¿.... .. ..?

❺ Glaubst du, daß er kommen wird?

¿..... ... .?

LAS PALABRAS QUE FALTAN.

❶ Lo que he visto me ha gustado ❷ En Andalucía la gente suele - más tarde ❸ No tengo tanta necesidad como tú ❹ Cuál es tu dirección ❺ Crees que vendrá.

Zweite Welle: Aktivieren Sie heute Lektion 2!

Zweiundfünfzigste Lektion

Ein kultureller Aspekt (Fortsetzung und Ende)

1 – Ja. Der Lebensstandard ist in Spanien nicht so hoch (weniger hoch) wie in Frankreich.

ANMERKUNGEN

① **nivel** „Niveau, Stand, Höhe". **Nivel de precio** „Preisniveau"; **nivel de vida** Lebensstandard".

2 Sobre todo en las ciudades, y un animal necesita estar bien cuidado.
3 – Sí, es posible que tengas razón.
4 ¿Crees que hay todavía otros motivos?
5 – Me parece que otro factor importante, y más aún en las ciudades, es éste: ②
6 Tengo la impresión de que en Francia la gente vive más aislada, más sola.
7 En España se vive más con los otros, se está más acompañado, ③
8 y quizá, no se busca tanto la compañía de un perro o un gato.
9 Este conjunto de razones y otras de diversa índole pueden servirte
10 para que te hagas una idea de ese detalle que te sorprendió en España.

11 – ¿Qué árbol da las aceitunas?
12 – Ninguno.
13 – Sí, hombre, el olivo.
14 – No señor, no las da, se las quitan. ④

2 Vor allem in den Städten, und ein Tier muß (braucht) gut gepflegt sein.
3 – Ja, es ist möglich, daß du recht hast.
4 Glaubst du, daß es noch andere Gründe (Motive) gibt?
5 – Mir scheint, daß [ein] anderer wichtiger Faktor, und mehr noch in den Städten, dieser ist:
6 Ich habe den Eindruck (davon), daß in Frankreich die Leute isolierter, einsamer leben.
7 In Spanien lebt man mehr mit den anderen, man hat mehr Gesellschaft (ist mehr begleitet),
8 und vielleicht sucht man nicht so sehr die Gesellschaft eines Hundes oder einer Katze.
9 Diese Gesamtheit von Gründen und anderen von verschiedener Art können dir [dazu] dienen,
10 daß (damit) du dir eine Vorstellung (Idee) von dieser Einzelheit machst, die dich in Spanien überrascht hat.

11 – Welcher Baum gibt (die) Oliven?
12 – Keiner.
13 – Doch, Mensch, der Olivenbaum.
14 – Nein (mein Herr), er gibt sie nicht, man nimmt sie ihm weg.

ANMERKUNGEN

(2) **aún** hat dieselbe Bedeutung wie **todavía** „noch". Es trägt in diesem Fall immer den Akzent.

(3) In diesem und im folgenden Satz finden Sie wieder Beispiele für die Bezeichnung eines unbestimmten Subjektes: **se vive** „man lebt"; **no se busca** „man sucht nicht". Wenn Sie mit dieser Konstruktion Schwierigkeiten haben, sehen Sie noch einmal in Lektion 42 im zweiten Abschnitt nach.

(4) **quítese el abrigo** „ziehen Sie den Mantel aus"; **un quitasol** „ein Sonnenschirm"; **este asunto me quita el sueño** „diese Angelegenheit raubt mir den Schlaf".

¿COMPRENDE USTED ESTAS FRASES?

❶ Mi nivel de vida no es muy alto. ❷ Los niños necesitan cuidados particulares. ❸ No ha venido aún. ❹ En las ciudades, hay mucha gente que vive aislada. ❺ ¿Vienes sola o acompañada? ❻ Me gustó sobre todo el gesto que tuvo con los niños. ❼ ¡Sírvete!

¡COMPLETE USTED LAS FRASES CON LAS PALABRAS QUE FALTAN!

❶ Was ist Ihr Beruf?

¿. . . . . ?

❷ Das Leben ist teurer in den Städten als in den Dörfern.

. . . .

❸ Mir scheint, daß du sehr allein bist.

. . . .

▶ Leccion cincuenta y tres (53.)

En la carretera

1 – Venimos de Poitiers y vamos a Jaén, una de las capitales de provincia de Andalucía. ①

2 Tenemos intención de pararnos a pasar la noche cerca de la frontera.

3 – Empiezo a estar un poco cansada de conducir.

¿HA USTED COMPRENDIDO LAS FRASES?

① Mein Lebensstandard ist nicht sehr hoch. ② Die Kinder brauchen besondere Fürsorge(n). ③ Er ist noch nicht gekommen. ④ In den Städten gibt es viele Leute, die isoliert leben. ⑤ Kommt du (weibl.) allein oder in Begleitung (begleitet)? ⑥ Mir gefiel vor allem die Geste, die er den Kindern gegenüber gezeigt hat (die er mit den Kindern hatte). ⑦ Bedien dich!

④ Ich habe den Eindruck (davon), daß du dich zu sehr sorgst.

. . . .

. . . .

⑤ Er hatte recht.

. . . .

LAS PALABRAS QUE FALTAN.

① Cuál es su profesión ② La vida es más cara en las ciudades que en los pueblos ③ Me parece que estás muy solo ④ Tengo la impresión de que te preocupas demasiado ⑤ Tenía razón.

Zweite Welle: Aktivieren Sie heute Lektion 3!

Dreiundfünfzigste Lektion

Auf der Landstraße

1 – Wir kommen von Poitiers und fahren nach Jaén, eine der Provinzhauptstädte von Andalusien.

2 Wir haben [die] Absicht, (uns) anzuhalten, [um] die Nacht nahe der Grenze zu verbringen.

3 – Langsam werde ich vom Fahren ein bißchen müde (ich (weibl.) beginne, vom Fahren ein bißchen müde zu sein).

ANMERKUNGEN

① Die Region Andalusien ist in acht Provinzen unterteilt; Jaén ist die Hauptstadt der gleichnamigen Provinz. Es gibt in Spanien insgesamt (einschließlich der Inseln) fünfzig Provinzen.

4 Se est**á** haci**e**ndo de n**o**che y h**a**y que pens**a**r en busc**a**r un hot**e**l o un lug**a**r p**a**ra pod**e**r acamp**a**r y dorm**i**r **e**sta n**o**che. ②

5 – Y si, adem**á**s, tú est**á**s cans**a**da, h**a**y que par**a**rse cu**a**nto **a**ntes. ③

6 – Mañ**a**na, en la front**e**ra, preguntar**e**mos cu**á**l es el cam**i**no más c**o**rto p**a**ra lleg**a**r a Ja**é**n.

7 Al d**í**a sigui**e**nte, despu**é**s de hab**e**r pas**a**do la front**e**ra: ④

8 – Bu**e**nos d**í**as, señ**o**ra. V**a**mos a Ja**é**n ¿qué carret**e**ra nos acons**e**ja tom**a**r?

9 – Es mu**y** senc**i**llo. Yo les acons**e**jo lo sigui**e**nte:

10 De aqu**í** a Madr**i**d, pu**e**den cog**e**r la autop**i**sta; ⑤

11 la entr**a**da est**á** a un kil**ó**metro de aqu**í**, a m**a**no der**e**cha. ⑥

12 **U**na vez en Madr**i**d, pu**e**den segu**i**r todav**í**a por la autop**i**sta

13 y dej**a**rla un p**o**co más t**a**rde p**a**ra cog**e**r las carret**e**ras nacion**a**les

14 y, as**í**, tendr**á**n la ocasi**ó**n de visit**a**r las ti**e**rras del Quij**o**te.

15 – M**u**chas gr**a**cias. Adi**ó**s.

4 Es wird langsam Abend (es ist sich Nacht machend), und man muß daran denken, ein Hotel oder einen Platz zu suchen, um heute (diese) Nacht lagern und schlafen zu können.

5 – Und wenn du (weibl.) außerdem müde bist, muß man baldmöglichst (sich) haltmachen.

6 – Morgen, an der Grenze, werden wir fragen, welches der kürzeste Weg ist, um nach Jaén zu kommen.

7 Am folgenden Tag, nachdem [man] die Grenze passiert hat:

8 – Guten Tag, meine Dame. Wir fahren nach Jaén, welche Landstraße empfehlen Sie uns [zu] nehmen?

9 – Es ist sehr einfach. Ich empfehle Ihnen (Plural) das Folgende:

10 Von hier bis (nach) Madrid können Sie die Autobahn nehmen;

11 die Auffahrt (der Eingang) ist (zu) einen Kilometer von hier, zu rechter Hand.

12 Einmal in Madrid [angekommen], können Sie noch über die Autobahn weiterfahren

13 und sie ein wenig später [ver]lassen, um die nationalen Landstraßen zu nehmen,

14 und so werden Sie die Gelegenheit haben, das Land (die Erden) von (vom) Quijote zu besichtigen.

15 – Vielen Dank. Auf Wiedersehen.

ANMERKUNGEN

② **Se está haciendo de noche** heißt - sehr literarisch ausgedrückt - „es wird allmählich, langsam Abend“.

③ **cuanto antes** „so schnell wie möglich, so bald wie möglich, baldmöglichst“. **Cuanto antes** kann aber auch einen Satz einleiten: **Cuanto antes vengas más tranquilos estaremos** „Je schneller du kommst, desto ruhiger werden wir sein“.

④ **El día siguiente** „der folgende Tag“; **al día siguiente** „am folgenden Tag“.

⑤ **autopista** „Autobahn“. In Spanien sind die Autobahnen gebührenpflichtig; die Autobahngebühr heißt **el peaje**; „bezahlen“ heißt **pagar**.

⑥ **a mano derecha** „zur rechten Hand, rechts“. **A mano izquierda** „zur linken Hand, links“. Denken Sie daran, daß **mano** trotz der Endung auf **-o** weiblich ist.

¿COMPRENDE USTED ESTAS FRASES?

❶ ¿Tienes intención de pararte para comer? ❷ En invierno, se hace de noche más pronto. ❸ ¿Qué me aconseja usted? ❹ La entrada de la autopista no está lejos. ❺ La carretera nacional es más bonita. ❻ Una vez en la ciudad, es muy sencillo encontrar un hotel. ❼ Dímelo cuanto antes.

¡COMPLETE USTED LAS FRASES CON LAS PALABRAS QUE FALTAN!

❶ Was beabsichtigst du zu tun (was hast du Absicht zu tun)?

¿ . . . . ?

❷ Ich suche ein Hotel im Zentrum der Stadt.

. . . .

. . . .

❸ In einer Stunde werden wir an der Grenze sein.

. . . . , ...

. . . .

Leccion cincuenta y cuatro (54.)

Una costumbre

1 Las calles se animan.
2 – Me parece que ahora hay más gente por la calle. ①
3 – ¡Claro! Los comercios cierran y la gente sale del trabajo. ②
4 Es la hora de volver a casa o de ir a tomar unos vinos.

¿HA USTED COMPRENDIDO LAS FRASES?

❶ Hast du [die] Absicht (dich) anzuhalten, um zu essen? ❷ Im Winter wird es früher Abend. ❸ Was raten Sie mir? ❹ Die Auffahrt der Autobahn ist nicht weit. ❺ Die nationale Landstraße ist schöner. ❻ Einmal in der Stadt, ist es sehr einfach, ein Hotel [zu] finden. ❼ Sag es mir baldmöglichst.

❹ Am nächsten Tag war er krank.

.. .., ...

❺ Ich will den Quijote lesen.

....

LAS PALABRAS QUE FALTAN.

❶ Qué tienes intención de hacer ❷ Busco un hotel en el centro de la ciudad ❸ Dentro de una hora, estaremos en la frontera ❹ Al día siguiente, estaba enfermo ❺ Quiero leer el Quijote.

Zweite Welle: Aktivieren Sie heute Lektion 4!

Vierundfünfzigste Lektion

Eine Gewohnheit

1 Die Straßen beleben sich.

2 – Mir scheint, daß es jetzt mehr Leute auf der (für die) Straße gibt.

3 – Klar! Die Läden schließen, und die Leute kommen von der Arbeit.

4 Es ist die Stunde, nach Hause (zurück) zu gehen oder etwas trinken zu gehen (oder einige Weine nehmen zu gehen).

ANMERKUNGEN

① **la gente** „die Leute“. Beachten Sie, daß dieses Wort im Spanischen im Singular verwendet wird.

② **comercio** „Handel“; meist wird dieses Substantiv aber in derselben Bedeutung wie **tienda** verwendet, nämlich: „Geschäft, Laden“.

5 – ¿Qué quieres decir?
6 – Perdona, no te lo he explicado. Es casi un rito en España.
7 „Ir de vinos“ quiere decir ir con algunos amigos a tomar algo a un bar o a una cafetería. ③
8 En España es algo muy corriente, sobre todo, el viernes por la tarde, el sábado y el domingo.
9 Se entra en un bar, se bebe un vaso,
10 y, si es mediodía, se toma, además, una tapa; ④
11 luego se va a otro bar y se hace lo mismo.
12 Cada una de las personas paga una ronda.
13 – ¿Y no terminan borrachos?
14 – No más que en otros lugares. Cada país regula sus costumbres. ⑤

¿COMPRENDE USTED ESTAS FRASES?

❶ ¿A qué hora cierran los comercios? ❷ ¿Vienes a tomar unos vinos? ❸ ¡Vamos a beber un vaso! ❹ ¿Cierran ustedes a mediodía? ❺ Yo hago lo mismo que tú. ❻ Esta ronda la pago yo. ❼ Se ha ido a „dormir la mona“.

5 – Was willst du [damit] sagen?
6 – Entschuldige, ich habe es dir nicht erklärt. Es ist fast ein Ritus in Spanien.
7 „Ir de vinos“ bedeutet (will sagen), mit einigen Freunden in eine Bar oder in ein Café gehen, um etwas zu trinken (nehmen).
8 In Spanien ist es etwas sehr Gängiges, vor allem (den) Freitag nachmittags, samstags (den Samstag) und sonntags (den Sonntag).
9 Man tritt in eine Bar ein, man trinkt ein Glas,
10 und, wenn es Mittag ist, ißt man außerdem einen Appetithappen;
11 später geht man in [eine] andere Bar und (man) macht dasselbe.
12 Jeder (jede eine der Personen) bezahlt eine Runde.
13 – Und sind sie nicht am Ende betrunken (enden sie nicht betrunken)?
14 – Nicht mehr als an anderen Orten. Jedes Land regelt seine Gewohnheiten.

ANMERKUNGEN

③ **Ir de vinos** läßt sich nicht wörtlich ins Deutsche übersetzen. Was mit diesem Ausdruck gemeint ist, werden Sie verstehen, wenn Sie den ganzen Text gelesen haben. Merken Sie sich den Ausdruck **tomar algo** „etwas nehmen“; es bedeutet „etwas trinken“ oder auch „etwas essen“ (Satz 10).

④ **tapa** „Appetithappen“. **Tapas** sind z.B. Oliven, Fischhäppchen, Käsewürfel. Mehrere **tapas** können schon eine Mahlzeit ergeben. **Aperitivo** ist das, was man vor einer Mahlzeit ißt oder trinkt.

⑤ **costumbre** [*kosstumbre*]: „Gewohnheit, Sitte, Brauch“. Im Spanischen hören Sie oft: **tengo costumbre de...** „ich bin gewohnt, zu...“. **Mala costumbre** „schlechte Angewohnheit, Unsitte“.

¿HA USTED COMPRENDIDO LAS FRASES?

❶ Um wieviel Uhr schließen die Geschäfte? ❷ Kommst du etwas trinken? ❸ Laßt uns einen (ein Glas) trinken gehen! ❹ Schließen Sie (Plural) mittags? ❺ Ich mache dasselbe wie du. ❻ Diese Runde bezahle ich. ❼ Er ist seinen Rausch [aus]schlafen gegangen.

¡COMPLETE USTED LAS FRASES CON LAS PALABRAS QUE FALTAN!

1. In meinem Viertel gibt es viele Läden.

   .. ..

2. Es wird spät.

   .. ..

3. Es ist Zeit (die Stunde) zurückzukehren.

   .. ..

4. Diese Runde ist noch nicht bezahlt.

   .... pagada ....

▶ Leccion cincuenta y cinco (55.)

M**e**dios de transp**o**rte

1 – ¿Qué h**a**y all**í**? Par**e**ce que h**a**y m**u**cha g**e**nte. ①

2 – No ha pas**a**do n**a**da, es la par**a**da del autob**ú**s y la g**e**nte est**á** en la c**o**la.

3 – Cre**í** que **e**ra un accid**e**nte. ②

4 – A las h**o**ras p**u**nta, es si**e**mpre igu**a**l. ③

5 La g**e**nte utili**z**a c**a**da vez más los transp**o**rtes colect**i**vos. ④

⑤ Jedes Land hat seine Bräuche.

....

LAS PALABRAS QUE FALTAN.

❶ En mi barrio hay muchos comercios ❷ Se hace tarde ❸ Es la hora de volver ❹ Esta ronda no está - todavía ❺ Cada país tiene sus costumbres.

Zweite Welle: Aktivieren Sie heute Lektion 5!

Fünfundfünfzigste Lektion

Transportmittel

1 – Was gibt es dort? Anscheinend sind [da] viele Leute (es scheint, daß es viele Leute gibt).
2 – Es ist nichts passiert, es ist die Autobushaltestelle, und die Leute sind in der Schlange.
3 – Ich habe geglaubt, daß es ein Unfall wäre (war).
4 – In der Spitzenverkehrszeit ist es immer gleich.
5 Die Leute benutzen immer mehr (jedes Mal mehr) die öffentlichen Verkehrsmittel (Sammeltransporte).

ANMERKUNGEN

① **me parece** „mir scheint". **parece que** „es scheint, daß..., anscheinend, man sollte meinen, daß...".

② **accidente** [*ackçidennte*]: „Unfall".

③ **A las horas de punta** oder **a las horas punta** „in der Stoßzeit, Spitzenverkehrszeit". **La punta** „die Spitze".

④ **cada vez más** „jedes Mal mehr, immer mehr, mehr und mehr".

6 – Eso está bien, así habrá menos polución, menos tráfico y menos ruido.
7 – Actualmente, los ayuntamientos de las ciudades más importantes
8 se preocupan bastante por crear zonas peatonales,
9 sobre todo, en los barrios viejos y alrededor de los monumentos artísticos. ⑤
10 – Me parece una excelente idea.
11 – Los habitantes de las ciudades exigen de las autoridades un sistema de vida más agradable.

12 Al pie de la letra
13 – No me ha tocado nada en la lotería. ⑥
14 – ¿También jugabas?
15 – No, pero como dicen que es cuestión de suerte...

¿COMPRENDE USTED ESTAS FRASES?

❶ Parece que ha habido un accidente. ❷ La parada del autobús está en esta misma calle. ❸ A las horas punta, hay mucho tráfico. ❹ Llueve cada vez más. ❺ Voy a visitar los barrios viejos. ❻ Me han tocado novecientas cincuenta y ocho pesetas con setenta y cinco céntimos en la lotería. ❼ Es excelente.

¡COMPLETE USTED LAS FRASES CON LAS PALABRAS QUE FALTAN!

❶ Am Eingang des Kinos gab es eine lange (große) Schlange.

. .. ., ...

..... .

❷ Ich werde dich in der Nähe der Autobushaltestelle erwarten.

.. ..

....

6 – Das ist gut, so wird es weniger Verschmutzung, weniger Verkehr und weniger Lärm geben.
7 – Gegenwärtig (aktuell) kümmern die Räte der wichtigsten Städte sich sehr (ziemlich) darum,
8 Fußgängerzonen zu schaffen,
9 vor allem in den alten Vierteln und rings um die künstlerischen Sehenswürdigkeiten.
10 – [Das] scheint mir eine ausgezeichnete Idee.
11 – Die Bewohner der Städte verlangen von den Behörden (Autoritäten) ein angenehmeres Lebensumfeld (Lebenssystem).

12 Wortwörtlich (am Fuße des Buchstabens)
13 – Ich habe nichts in der Lotterie gewonnen (mir ist in der Lotterie nichts zugefallen).
14 – Hast du auch gespielt (Imperfekt)?
15 – Nein, aber weil man sagt, daß es [eine] Frage des Glücks ist...

ANMERKUNGEN

⑤ **viejo** „alt".

⑥ Wir haben das Verb **tocar** bereits in zwei Bedeutungen kennengelernt (siehe Lektion 18 und 24, Anmerkung 3). Hier heißt **tocar** aber „zufallen", oder etwas freier übersetzt „gewinnen". **Me ha tocado mucho dinero en la lotería** „Ich habe viel Geld in der Lotterie gewonnen (mir ist viel Geld zugefallen)". **Me ha tocado una bici en la tómbola** „Ich habe in der Tombola ein Fahrrad gewonnen".

¿HA USTED COMPRENDIDO LAS FRASES?

❶ Es scheint, daß es einen Unfall gegeben hat. ❷ Die Autobushaltestelle ist in der (dieser) selben Straße. ❸ In der Spitzenverkehrszeit ist viel Verkehr. ❹ Es regnet immer mehr. ❺ Ich werde die alten Viertel besichtigen. ❻ Ich habe mit fünfundsiebzig Céntimos neunhundertachtundfünfzig Peseten in der Lotterie gewonnen. ❼ Das ist ausgezeichnet.

❸ Die öffentlichen Verkehrsmittel (Sammeltransporte) sind immer angenehmer (jedes Mal mehr angenehm).

... .

... ...

4 Die künstlerischen Sehenswürdigkeiten befinden sich oft in den alten Vierteln der Städte.

. . . . ,
. . . . , ...
. . . .

Leccion cincuenta y seis (56.)

Revisión y notas

1. Pronunciación: El alfabeto.

Da wir Ihnen die spanischen Texte nun nicht mehr in Lautschrift darstellen, wollen wir Ihnen jetzt noch einige Erläuterungen geben, die Ihre Kenntnisse über die spanische Aussprache vervollständigen.

Wir stellen Ihnen nun die 29 Buchstaben des spanischen Alphabets und ihre Aussprache vor: **a** [*a*], **b** [*be*], **c** [*çe*], **ch** [*tsche*], **d** [*de*], **e** [*e*], **f** [***e****fe*], **g** [*che*], **h** [***a****tsche*], **i** [*i*], **j** [*cho****ta***], **k** [*ka*], **l** [***e****le*], **ll** [***e****lje*], **m** [***e****mme*], **n** [***e****nne*], **ñ** [***e****nje*], **o** [*o*], **p** [*pe*], **q** [*ku*], **r** [***e****re*], **s** [***e****sse*], **t** [*te*], **u** [*u*], **v** [***u****be*], **w** [***u****be* ***do****ble*], **x** [***e****kiss*], **y** [*i grie****ga***], **z** [*çe****ta***].

Die Buchstaben **w** und **k** erscheinen nur in Fremdwörtern.

Die spanischen Buchstaben sind weiblich: **una a**, **una j**, **una z**. Beachten Sie, daß **ch**, **ll** und **ñ** selbständige Buchstaben sind. In den meisten Wörterbüchern finden Sie daher Wörter, die mit **ch** bzw. **ll** beginnen, in den Rubriken, die auf **c** bzw. **l** folgen.

2. La ortografía (die Rechtschreibung).

Die Silbentrennung erfolgt nach anderen Regeln als im Deutschen. Merken Sie sich, daß **ll** und **rr** nicht getrennt werden dürfen: **mi-llon** „Million"; **bi-llete** „Fahrkarte"; **bu-rro** „Esel"; **tie-rra** „Land".

Sie haben sicher schon bemerkt, daß die spanische Rechtschreibung sehr einfach (**muy sencilla**) ist: **fotografía** „Fotografie"; **teatro** „Theater"; **fábrica** „Fabrik"; **época** „Epoche".

LAS PALABRAS QUE FALTAN.

❶ A la entrada del cine, había una gran cola ❷ Te esperaré cerca de la parada del autobús ❸ Los transportes colectivos son cada vez más agradables ❹ Los monumentos artísticos se encuentran, a menudo, en los barrios viejos de las ciudades.

Zweite Welle: Aktivieren Sie heute Lektion 6!

Sechsundfünfzigste Lektion

Größere Schwierigkeiten bereiten aber solche Wörter, die den Laut **b** enthalten; wie Sie ja wissen, entsprechen diesem Laut die beiden spanischen Buchstaben **b** und **v.** Der Satz: **servir un vaso de vino** („ein Glas Wein servieren") könnte - nach dem Gehör - auch so geschrieben werden: „serbir un baso de bino".

Früher hießen **b** und **v** im Alphabet **la be** und **la ve** und wurden natürlich gleich ausgesprochen. Um sie zu unterscheiden, fügte man daher noch hinzu: **b de burro** („Esel"), **v de corazón** („Herz", weil das **v** die Kinder an die Form des Herzens erinnerte) oder **v de vaca** („Kuh").

Auch die Schreibweise des Lautes [*ch*] ist nicht eindeutig. In den Wörtern **mujer** „Frau"; **región** „Gebiet"; **elegir** „wählen" haben **g** und **j** die gleiche Aussprache. Ihre Unterscheidung bei der Schreibung ist eine Frage der Übung. Sie werden sich die jeweilige Schreibweise schneller einprägen, als Sie glauben.

Im Deutschen können wir die meisten Konsonanten verdoppeln. Im Spanischen ist dies nur bei sehr wenigen Konsonanten möglich (**ll** ist ein selbständiger Buchstabe, während **rr** kein eigener Buchstabe ist, sondern die Verdopplung von **r**.) In einigen Wörtern erscheinen **n** und **c** verdoppelt: **innumerable** „unzählig"; **innovación** „Neuheit"; **lección** „Lektion"; **acción** „Aktion". Diese beiden Doppelbuchstaben werden bei der Silbentrennung getrennt. Generell kann man aber sagen, daß die spanische Sprache die Doppelbuchstaben vermeidet: **comisión** „Kommission"; **inmuebles** „Immobilien"; **inmenso** „immens"; **aparato** „Apparat"; **apetito** „Appetit".

3. Soler

(Siehe Lektion 51, Anmerkung 1.) Das Verb **soler** „pflegen“ wird verwendet, um eine Gewohnheit zum Ausdruck zu bringen.

Suele llover en primavera. „Es pflegt im Frühling zu regnen, es regnet meist im Frühling“;

Suelo enterarme antes de decidirme. „Ich pflege mich zu informieren, gewöhnlich informiere ich mich, bevor ich mich entscheide“.

Eine Gewohnheit kann auch durch **muchas veces** oder **a menudo** ausgedrückt werden; beide bedeuten „oft, häufig“.

4. ¿Cuál?

(Siehe Lektion 51, Anmerkung 4.) **Cuál** und seine Pluralform **cuáles** gehören zu den Interrogativpronomina (Fragepronomina) und bedeuten „welcher, welche, welches, welche“ (**Plural**). Sie stehen nie vor einem Substantiv, sondern werden in solchen Fällen durch **qué** ersetzt:

¿Qué libro es tuyo? „Welches Buch ist deins?“;

¿Qué carretera tomó usted? „Welche Straße haben Sie genommen?.

▶ Leccion cincuenta y siete (57.)

Antes de las vacaciones

1 – He telefoneado a la estación y he reservado tres literas.

2 – Menos mal que no te has olvidado, creía que no íbamos a poder irnos. ①

Aber: **¿Cuál es el camino más corto?** „Welches ist der kürzeste Weg?“.

5. Schreiben Sie in Spanisch

1 In einem Monat werde ich in Rom sein,

2 Was ist es, was dir so sehr gefallen hat? – Seine Sympathie.

3 Ich lege mich gewöhnlich früh schlafen.

4 Ich habe viele Gründe [an]gegeben. – Welche?

5 Wir haben [die] Absicht, die Autobahn bis zur Grenze zu nehmen.

6 Man sollte meinen (es scheint), daß du jedes Mal müder bist.

Übersetzung

1 Dentro de un mes, estaré en Roma.

2 ¿Qué es lo que te ha gustado tanto? – Su simpatía.

3 Suelo acostarme pronto.

4 He dado muchas razones. – ¿Cuáles?

5 Tenemos intención de coger la autopista hasta la frontera.

6 Parece que estás cada vez más cansado.

Zweite Welle: Aktivieren Sie heute Lektion 7!

Siebenundfünfzigste Lektion

Vor den Ferien

1 – Ich habe am Bahnhof angerufen und drei Schlafplätze reserviert.

2 – Ein Glück (weniger schlecht), daß du [es] (dir) nicht vergessen hast, ich glaubte, daß wir nicht würden abreisen können.

ANMERKUNGEN

① **Menos mal que** „ein Glück, daß..., zum Glück“.

3 En Navidad, todo el mundo quiere coger el tren los mismos días.

4 – ¿Podrás pasar por la estación para coger los billetes y las reservas?

5 – Esta tarde tengo que arreglar unos asuntos pero tendré tiempo de ir.

6 – ¿Quieres que te haga un cheque?

7 – Sí, prefiero. Así, no tendré que ir al banco.

8 – Como ninguna de las tres fumamos, he pedido un compartimento

9 en el que esté prohibido fumar.

10 – ¿Tenemos que hacer transbordo?

11 – A lo sumo una vez, en la frontera. Pero se me ha olvidado preguntarlo. ②

12 – Me informaré esta tarde.

13 – Pregunta también si tenemos derecho a algún descuento. ③

14 – No creo. A no ser que nos dejen viajar gratis por ser simpáticas. ④

Vergessen Sie nicht

- *noch einmal in den entsprechenden Kapiteln nachzuschlagen, wenn Ihnen die Aussprache oder Betonung eines Wortes Schwierigkeiten macht;*
- *weiterhin Vermerke zu machen, wenn Ihnen ein Ausdruck oder ein grammatisches Phänomen unverständlich erscheint;*
- *von nun an besonders auf solche Redewendungen zu achten, die keine wörtliche Entsprechung im Deutschen haben.*

¿COMPRENDE USTED ESTAS FRASES?

❶ Quiero reservar una litera. ❷ Menos mal que has venido. ❸ Ya he comprado los billetes. ❹ Tengo un asunto importante entre manos. ❺ Este cheque no está firmado. ❻ Tenemos que hacer dos transbordos. ❼ Nos han hecho una reducción importante.

3 Zu Weihnachten will jeder (die ganze Welt) [an] denselben Tagen den Zug nehmen.
4 – Kannst du (wirst du können) am Bahnhof vorbeigehen, um die Fahrkarten und Reservierungen zu holen (nehmen)?
5 – Heute nachmittag muß ich einige Angelegenheiten regeln, aber ich werde Zeit haben zu gehen.
6 – Willst du, daß ich dir einen Scheck ausstelle (mache)?
7 – Ja, ich ziehe [es] vor. So werde ich nicht zur Bank gehen müssen.
8 – Weil keine von uns dreien raucht (weil wir keine von den dreien rauchen), habe ich ein Abteil bestellt,
9 in dem es verboten ist [zu] rauchen.
10 – Müssen wir umsteigen (Umstieg machen)?
11 – Höchstens einmal, an der Grenze. Aber ich habe ganz vergessen (es hat sich mir vergessen), es [zu] fragen.
12 – Ich werde mich heute nachmittag informieren.
13 – Frag auch, ob wir [ein] Recht auf irgendeine Ermäßigung haben.
14 – Ich glaube nicht. Es sei denn (beim nicht Sein), daß man uns gratis reisen läßt, weil wir nett sind (fürs Nettsein).

ANMERKUNGEN

② **A lo sumo** „Höchstens, allenfalls".

③ **descuento** „Diskont, Abzug, Ermäßigung". „Ermäßigung" kann auch **reducción** heißen; dieses Wort ist aber nicht ganz so gebräuchlich. Sie finden es in Satz 7 der Übung.

④ **A no ser que** „falls nicht, außer wenn, es sei denn, daß".

¿HA USTED COMPRENDIDO LAS FRASES?

❶ Ich will einen Schlafplatz reservieren. ❷ Ein Glück, daß du gekommen bist. ❸ Ich habe die Fahrkarten schon gekauft. ❹ Ich habe eine wichtige Angelegenheit in [den] (zwischen) Händen. ❺ Dieser Scheck ist nicht unterschrieben. ❻ Wir müssen zweimal umsteigen (zwei Umstiege machen). ❼ Man hat uns eine wichtige Ermäßigung gewährt (gemacht).

¡COMPLETE USTED LAS FRASES CON LAS PALABRAS QUE FALTAN!

1. Ich habe keine Schlafplätze nehmen können.

   .. ..

2. Wir werden im Sitzen reisen (fahren).

   ....

3. Wir haben die Ermäßigung für die (von) zahlreiche Familie.

   ....

4. Ich werde mich am Bahnhof informieren.

   ... .

Leccion cincuenta y ocho (58.)

Bromeando

1 – Me est**o**y lav**a**ndo la cab**e**za. Lu**e**go, si ti**e**nes ti**e**mpo, me cortar**á**s el p**e**lo. ① ②

2 – Bi**e**n. ¿Vas a tard**a**r m**u**cho?

3 – No, ensegu**i**da term**i**no. ¿Pu**e**des tra**e**rme **u**na to**a**lla l**i**mpia?

4 – T**o**ma. V**o**y a cog**e**r el p**e**ine y las tij**e**ras.③

5 – No me h**a**gas **u**na escabech**i**na ¡eh!

⑤ Hier ist es verboten [zu] rauchen.

....

LAS PALABRAS QUE FALTAN.

❶ No he podido coger literas ❷ Iremos sentados ❸ Tenemos el descuento de familia numerosa ❹ Voy a informarme en la estación ❺ Aquí está prohibido fumar.

Segunda ola: 8a lección.

Achtundfünfzigste Lektion

Scherzend

1 – Ich wasche mir gerade den Kopf. Später, wenn du Zeit hast, wirst du mir das Haar schneiden.
2 – Gut. Wirst du lange (viel) brauchen (säumen)?
3 – Nein, ich bin sofort fertig (beende sofort). Kannst du mir ein sauberes Handtuch bringen?
4 – Hier (nimm). Ich werde den Kamm und die Schere(n) holen.
5 – Mach mir keine Katastrophe, he!

ANMERKUNGEN

① **lavarse** „sich waschen, sich zurechtmachen". „Körperpflege" heißt **aseo**. **Aseo** oder **cuarto de aseo** heißt auch „Toilette, Badezimmer".

② **pelo** „Haar". **Cortarse el pelo** „sich das Haar, die Haare schneiden (lassen)".

③ **la tijera** und **las tijeras** „die Schere". Dieses Substantiv kann sowohl im Singular als auch im Plural verwendet werden, auch wenn es nur einen Gegenstand bezeichnet.

6 – Con tal de que no te **d**e**je** c**a**lvo, ya valdr**á**. ④
7 – ¡Cuid**a**do! H**a**zlo despac**i**to y no me c**o**rtes **u**na or**e**ja. ⑤
8 – **E**res un mied**o**so.
9 – Y tus coment**a**rios me dan bu**e**nas raz**o**nes.
10 – ¡Ya est**á**! Ya pu**e**des ir a ver si te ac**e**ptan p**a**ra hac**e**r el serv**i**cio milit**a**r.
11 – ¡A sus **ó**rdenes, mi sarg**e**nto! V**o**y a mir**a**rme en el esp**e**jo. ⑥
12 – Por hab**e**r ten**i**do mi**e**do, ust**e**d se pondr**á** el unif**o**rme de fa**e**na
13 y me pelar**á** tres tonel**a**das de pat**a**tas de aqu**í** a mediod**í**a. ⑦ ⑧
14 – Con g**u**sto. ¡Si**e**mpre l**i**sto p**a**ra serv**i**r!

¿COMPRENDE USTED ESTAS FRASES?

❶ Mañ**a**na, qui**e**ro cort**a**rme el p**e**lo. ❷ Me v**o**y a l**a**var. ❸ C**o**ge la to**a**lla de b**a**ño. ❹ V**e**te desp**a**cio. ❺ El n**i**ño se m**i**ra en el esp**e**jo. ❻ T**ie**ne un unif**o**rme de enferm**e**ra. ❼ V**o**y a pel**a**r dos melocot**o**nes.

¡COMPLETE USTED LAS FRASES CON LAS PALABRAS QUE FALTAN!

❶ Ich werde mich waschen.

. . .   .

❷ Hier (nimm), nimm diesen Kamm.

. . . . , ...

❸ Ich habe mich mit der Schere geschnitten.

. .   . .

❹ Der Spiegel ist zerbrochen.

. .   . .

❺ Willst du die Kartoffeln schälen?

¿ . . . . ?

6 – Vorausgesetzt, daß ich dich nicht kahlköpfig lasse, wird es schon gehen.
7 – Vorsicht! Mach es schön langsam, und schneid mir kein Ohr ab.
8 – Du bist ein Angsthase.
9 – Und deine Kommentare geben mir guten Grund (gute Gründe).
10 – Schon erledigt! Du kannst schon sehen (gehen), ob man dich akzeptiert, um den Militärdienst zu machen.
11 – Zu Ihren Diensten, (mein) Sergeant! Ich werde mich im Spiegel ansehen.
12 – Dafür, daß Sie Angst gehabt haben (für Angst gehabt zu haben), werden Sie sich den Strafdienstanzug (-uniform) anziehen
13 und mir drei Tonnen Kartoffeln von jetzt (hier) bis Mittag schälen.
14 – Mit Vergnügen. Immer bereit zu dienen!

ANMERKUNGEN

④ **Con tal (de) que** „Vorausgesetzt, daß".

⑤ **despacio** „langsam, sachte". **Despacito** ist die Verkleinerungsform; im Deutschen entspricht es „schön langsam, ganz sachte".

⑥ **el espejo** „der Spiegel".

⑦ **pelar** „schälen, enthäuten, pellen". Merken Sie sich auch den folgenden umgangssprachlichen Ausdruck: **Voy a pelarme** „Ich werde mir die Haare schneiden lassen".

⑧ **patata** „Kartoffel"; **patatas fritas** „Pommes frites".

¿HA USTED COMPRENDIDO LAS FRASES?

❶ Morgen will ich mir die Haare schneiden lassen. ❷ Ich gehe mich waschen. ❸ Nimm das Badetuch. ❹ Geh langsam. ❺ Das Kind betrachtet sich im Spiegel. ❻ Sie hat eine Schwesterntracht. ❼ Ich werde zwei Pfirsiche pellen.

LAS PALABRAS QUE FALTAN.

❶ Voy a lavarme ❷ Toma, coge este peine ❸ Me he cortado con las tijeras ❹ El espejo está roto ❺ Quieres pelar las patatas.

Segunda ola: 9a lección.

Leccion cincuenta y nueve (59.)

Un nuevo programa de radio

1 – Niños, señoritas, señoras, señores, buenas tardes.

2 He aquí nuestro nuevo programa: „¡Basta de hechos, pasemos a las palabras!" ① ②

3 En nuestra primera emisión, tenemos el honor de presentarles a

4 Pedrito Martínez, „el Terrible". Seis años y medio de edad y 875 presidente ③

5 de la República de los niños que, como ya saben ustedes,

6 tiene como divisa „La cosa tiene que dar vueltas".

7 – Buenas tardes, señor Presidente.

8 – Menos protocolo y al ajo, que no tengo tiempo que perder. ④

9 – Perdone. Nuestra primera pregunta le será formulada por el enviado especial de la revista: „Esto no marcha".

Neunundfünfzigste Lektion

Ein neues Radioprogramm

1 – [Liebe] Kinder, (Fräuleins), [meine] Damen, [meine] Herren, guten Tag!
2 Hier ist unser neues Programm: „Genug der Taten, laßt uns zu den Worten schreiten!“
3 In unserer ersten Sendung haben wir die Ehre,
4 Ihnen Pedrito Martínez, „den Schrecklichen“, vorzustellen. Sechseinhalb Jahre alt (von Alter) und 875. Präsident
5 der Kinderrepublik, die, wie Sie schon wissen,
6 als Devise hat „Die Sache muß sich wenden (muß Wendungen geben)“.
7 – Guten Tag, Herr Präsident.
8 – Weniger Protokoll und zur Sache (zum Knoblauch), weil (daß) ich keine Zeit zu verlieren habe.
9 – Verzeihung. Unsere erste Frage wird Ihnen vom Sonderberichterstatter der Zeitschrift „Das läuft nicht“ gestellt (formuliert) werden.

ANMERKUNGEN

① **He aquí** „hier ist, hier sind“. Dieser Ausdruck ist nicht sehr gebräuchlich; meist sagt man: **aquí está**.

② **¡Basta!** „Genug! Schluß!“. Dieser Ausruf ist abgeleitet von dem Verb **bastar** „genügen, ausreichen, langen“.

③ **Pedrito** ist die Verkleinerungsform von **Pedro**. Die Silbe **-ito** kann wie die deutschen Silben „-lein“ oder „-chen“ an ein Substantiv angehängt werden, um dieses zu verniedlichen. Darüber hinaus wird **-ito** oft auch an Adverbien angehängt, z.B. **despacito**.

④ **el ajo** „der Knoblauch“. Mit diesem Wort gibt es einige umgangssprachliche Redewendungen: **Vamos al ajo** „Kommen wir zur Sache“; **echar ajos** „fluchen“.

10 – Señor Presidente: ¿Cuáles son sus proyectos inmediatos?
11 – Tengo el proyecto de reciclarme. Nuestros expertos han constatado que si no se cambia se hace siempre lo mismo. ⑤
12 Por mi parte, quisiera reciclarme como parado. ⑥
13 He constatado que cuando como bien y bebo bien, resisto mucho tiempo sin trabajar. ⑦
14 – Muchas gracias, señor Presidente.

¿COMPRENDE USTED ESTAS FRASES?

❶ He aquí mi tío. ❷ Quiero hablar con él cara a cara. ❸ Iré incluso si él no está allí. ❹ Como ya sabes... ❺ No quiero perder el tiempo. ❻ Pienso cambiar de trabajo. ❼ Nos pidieron nuestra opinión.

¡COMPLETE USTED LAS FRASES CON LAS PALABRAS QUE FALTAN!

❶ Es gibt ein neues Fernsehprogramm.

... .

❷ Es ist die erste Nummer der neuen Zeitschrift, von der ich dir erzählt habe.

.. .. la ....

de la que .. ..

❸ Er macht immer dasselbe.

....

❹ Sind Sie umgezogen (Haben Sie von Wohnsitz gewechselt)?

¿.. ....?

10 – Herr Präsident: Welches sind Ihre unmittelbaren Pläne (Projekte)?
11 – Ich habe vor, mich umzuschulen. Unsere Experten haben festgestellt, daß wenn man sich nicht ändert, man immer dasselbe macht.
12 Was mich betrifft (für meinen Teil), würde ich mich gerne zum Arbeitslosen (als Arbeitsloser) umschulen.
13 Ich habe festgestellt, daß, wenn ich gut esse und gut trinke, ich [es] lange (viel Zeit) aushalten [kann], ohne zu arbeiten.
14 – Vielen Dank, Herr Präsident.

ANMERKUNGEN

⑤ **Tengo el proyecto de** „Ich habe den Plan zu..., ich beabsichtige, habe vor".

⑥ **Por mi parte** „Für meinen Teil, was mich betrifft".

⑦ **resistir** „widerstehen, aushalten, standhalten". **Resisto mucho bajo el agua** „Ich halte es lange unter Wasser aus".

¿HA USTED COMPRENDIDO LAS FRASES?

❶ Hier ist mein Onkel. ❷ Ich will mit ihm [von] Angesicht zu Angesicht sprechen. ❸ Ich werde sogar gehen, wenn er nicht dort ist. ❹ Wie du schon weißt... ❺ Ich will die Zeit nicht verlieren. ❻ Ich beabsichtige (denke), die Arbeit [zu] wechseln. ❼ Sie haben uns [um] unsere Meinung gebeten.

❺ Viele Arbeitslose schulen (sich) um.

....

LAS PALABRAS QUE FALTAN.

❶ Hay un nuevo programa de televisión ❷ Es el primer número de - nueva revista - te he hablado ❸ Hace siempre lo mismo ❹ Ha cambiado de domicilio ❺ Muchos parados se reciclan.

Segunda ola: Lección 10a.

▶ Leccion sesenta (60.)

La calefacci**ó**n

1 – El invi**e**rno se ac**e**rca y comi**e**nza a hac**e**r fr**í**o.
2 – Ya va si**e**ndo h**o**ra de que nos decid**a**mos a compr**a**r **a**lgo p**a**ra calent**a**rnos. ①
3 – El probl**e**ma son los pr**e**cios, est**á**n por las n**u**bes. ②
4 – Ay**e**r ech**é** una oje**a**da a alg**u**nos escapar**a**tes y t**o**do me parec**ió** car**í**simo. ③
5 – Los apar**a**tos de gas son más c**a**ros que los el**é**ctricos.
6 – ¡Cl**a**ro! P**e**ro **u**na fact**u**ra de electricid**a**d es más elev**a**da que **u**na de gas.
7 – Ex**a**ctam**e**nte, lo que qui**e**re dec**i**r que, a l**a**rgo pl**a**zo, el gas es más rent**a**ble.
8 – Por el mom**e**nto, lo que pod**e**mos hac**e**r es abrig**a**rnos un p**o**co más en c**a**sa; ④
9 – y, mi**e**ntras t**a**nto, mirar a ver si alg**u**no de nu**e**stros am**i**gos

Sechzigste Lektion

Die Heizung

1 – Der Winter nähert sich, und es beginnt, kalt zu werden (machen).
2 – Es wird langsam Zeit (es ist schon dabei, Stunde zu sein), daß wir uns entschließen, etwas zu kaufen, um uns zu wärmen.
3 – Das Problem sind die Preise, sie sind gesalzen (sie sind durch die Wolken).
4 – Gestern habe ich einen Blick in einige Schaufenster geworfen, und alles schien mir sehr teuer.
5 – Die Gasgeräte sind teurer als die elektrischen.
6 – Klar! Aber eine Stromrechnung (Elektrizitätsrechnung) ist höher (mehr erhöht) als eine Gasrechnung (eine von Gas).
7 – Genau (exakt), was bedeutet (was sagen will), daß langfristig (auf lange Frist) (das) Gas wirtschaftlicher (rentabler) ist.
8 – Was wir im Moment tun können, ist, uns zu Hause etwas wärmer (mehr) anzuziehen;
9 – und inzwischen (während so viel) zu versuchen (betrachten zu sehen), ob einer von unseren Freunden

ANMERKUNGEN

① **Ya va siendo hora** „Es wird Zeit“. **Ya era hora** „Es war Zeit“.

② **estar por las nubes** „unerschwinglich sein“ oder umgangssprachlich, wenn man von Preisen spricht„„gesalzen sein“.

③ **escaparate** „Schaufenster, Auslagen“. Manchmal hört man in Spanien noch den Ausdruck **Voy de escaparates** „Ich mache einen Schaufensterbummel“. - **caro** heißt „teuer“. Mittels der Endung **-ísimo** (weibl. **ísima**) wird ein sehr hoher Grad der jeweiligen Eigenschaft bezeichnet. Im Deutschen gibt es für diese Form keine Entsprechung.

④ **abrigo** „Mantel“. **abrigarse** „sich bedecken, sich zudecken, sich schützen, sich warm anziehen“.

10 puede proporcionarnos un aparato de segunda mano o conoce un lugar en el que ese tipo de cosas sea más barato.
11 – Angela es fontanera, quizá ella sepa algo. Voy a llamarla para decirle que venga a cenar y así podremos charlar. ⑤

12 ¡Viva el desarrollo científico!
13 Comentario oído en un congreso internacional:
14 „Yo he aprendido la lectura rápida: leí „La Biblia" en veintitrés minutos y medio; trata de Dios".

Denken Sie bei der Übersetzung von Indefinido-Formen daran, daß es im Deutschen für diese Zeitstufe keine Entsprechung gibt. Daher übersetzen wir solche Formen durch das Perfekt oder das Imperfekt, je nach dem deutschen Sprachgebrauch.

¿COMPRENDE USTED ESTAS FRASES?

❶ Ya va siendo hora de que nos vayamos. ❷ Las patatas están por las nubes. ❸ Voy a calentarme un poco. ❹ La factura era muy elevada. ❺ Hace frío, hay que abrigarse. ❻ A largo plazo es rentable. ❼ Llama al fontanero.

¡COMPLETE USTED LAS FRASES CON LAS PALABRAS QUE FALTAN!

❶ Der Sommer nähert sich seinem Ende.

.. .. a .. ..

❷ Die Gasgeräte sind unerschwinglich.

... .

❸ Im Winter ziehen sich die Leute warm an.

.. ..

❹ Inzwischen habe ich mich [daran] gesetzt zu lesen.

.... puse . .... .

10 uns ein Gerät aus zweiter Hand besorgen kann oder eine Stelle kennt, wo (an der) solche Sachen (dieser Typ von Sachen) billiger sind (sei).

11 – Angela ist Installateurin, vielleicht weiß sie etwas. Ich werde sie anrufen, um ihr zu sagen, daß sie kommen soll, [um] zu Abend zu essen, und so werden wir plaudern können.

12 Es lebe der wissenschaftliche Fortschritt!

13 Kommentar (gehört) auf einem internationalen Kongreß:

14 „Ich habe (das) Schnellesen gelernt: Ich habe 'Die Bibel' in dreiundzwanzigeinhalb Minuten gelesen; sie handelt von Gott."

ANMERKUNGEN

⑤ **charlar** [*tscharlar*] „plaudern, schwatzen". Das Wort „Scharlatan" ist mit diesem Verb verwandt. Das spanische Wort **charlatán** bedeutet „Schwätzer" oder „Scharlatan", je nach dem Sinn des Satzes.

¿HA USTED COMPRENDIDO LAS FRASES?

❶ Es wird allmählich Zeit, daß wir aufbrechen. ❷ Die Kartoffeln sind unerschwinglich. ❸ Ich werde mich ein bißchen aufwärmen. ❹ Die Rechnung war sehr hoch. ❺ Es ist kalt, man muß sich warm anziehen. ❻ Langfristig ist es rentabel. ❼ Ruf den Installateur an.

❺ Der Installateur wird diese Woche nicht kommen können.

.. ..

LAS PALABRAS QUE FALTAN.

❶ El verano se acerca - su fin ❷ Los aparatos de gas están por las nubes ❸ En invierno la gente se abriga ❹ Mientras tanto me - a leer ❺ El fontanero no podrá venir esta semana.

Segunda ola: Lección 11.

Leccion sesenta y una (61.)

Una sorpresa

1 Anoche, estaba tan cansado que me acosté nada más cenar. ① ②
2 He dormido bien; me he despertado a las ocho.
3 Como no tenía que ir a trabajar, me he dado una vuelta en la cama
4 con la intención de dormirme otra vez.
5 ¡Imposible! Ayer no bajé las persianas y la claridad me ha impedido dormirme.
6 Me he levantado, he encendido el tocadiscos, he puesto un disco ③
7 y he ido al cuarto de baño a ducharme.
8 Luego, me he vestido mientras mi desayuno se calentaba.
9 A eso de las nueve, han llamado a la puerta y han gritado: ④
10 – ¿Se puede?
11 – ¡Adelante! He respondido;

Einundsechzigste Lektion

Eine Überraschung

1 Gestern abend war ich so müde, daß ich mich gleich nach dem Abendessen (nichts mehr zu Abend essen) schlafen legte.

2 Ich habe gut geschlafen; ich bin um acht Uhr aufgewacht (habe mich um die acht geweckt).

3 Weil ich nicht arbeiten gehen mußte, habe ich mich noch einmal im Bett herumgedreht (habe mir eine Drehung im Bett gegeben)

4 mit der Absicht, wieder (noch einmal) einzuschlafen.

5 Unmöglich! Gestern ließ ich die Jalousien nicht herunter (Indef.), und die Helligkeit hat mich [daran] gehindert ein[zu]schlafen.

6 Ich bin aufgestanden (habe mich erhoben), habe den Plattenspieler angestellt, habe eine Platte aufgelegt

7 und bin ins Badezimmer gegangen, um mich zu duschen.

8 Dann habe ich mich angezogen, während mein Frühstück sich erwärmte.

9 Gegen neun Uhr [so um neun] hat es (haben sie) an der Tür geklingelt und jemand hat gerufen (sie haben gerufen):

10 – Kann man ['reinkommen]?

11 – Herein (vorwärts)! habe ich geantwortet,

ANMERKUNGEN

① **Anoche** „gestern abend, gestern nacht". Sie können auch sagen: **ayer por la noche**. **Anochecer** „dämmern, Nacht werden". **Al anochecer** „bei Einbruch der Nacht". **Al amanecer** „bei Tagesanbruch".

② **nada más** mit nachfolgendem Infinitiv: „gleich nach...". **Nada más que...** „Sobald...".

③ **el tocadiscos** „der Plattenspieler".

④ **A eso de las dos** „ungefähr um zwei, gegen zwei Uhr, so um zwei".

12 y, de pronto, he visto aparecer en el umbral de la puerta cinco personas gritando: ⑤

13 – ¡Felicidades! ⑥

14 – Yo, ni me acordaba que era mi cumpleaños.

¿COMPRENDE USTED ESTAS FRASES?

❶ Anoche, fuimos a cenar al restaurante. ❷ Me lo he imaginado nada más verte. ❸ La claridad y el ruido me impiden dormir. ❹ Tenemos un tocadiscos nuevo. ❺ Me ducho cuando me levanto. ❻ Te veré a eso de las once y media. ❼ Mi cumpleaños es el quince de enero.

¡COMPLETE USTED LAS FRASES CON LAS PALABRAS QUE FALTAN!

❶ Hast du gut geschlafen?

¿. . .   . . ?

❷ Wir haben uns schlafen gelegt, sobald ihr gegangen seid.

. . .   .

❸ Dein Zimmer ist heller als meins.

. .   . .

❹ Ich werde eine Platte auflegen, die dir gefallen wird.

. . .   .

❺ Ich dusche mich mit heißem Wasser.

. .   . .

▶ Leccion sesenta y dos (62.)

Rubio y moreno

1 Estoy de paso en Cáceres y he alquilado una habitación en la „Pensión franco-belga“.

12 und auf einmal habe ich auf der Türschwelle fünf Personen auftauchen sehen, die riefen (rufend):

13 – [Herzliche] Glückwünsche!

14 – Ich habe gar nicht [mehr daran] gedacht (ich erinnerte mich gar nicht), daß ich Geburtstag hatte (daß mein Geburtstag war).

ANMERKUNGEN

⑤ **de pronto** „plötzlich, auf einmal".

⑥ **Felicidades** „Herzliche Glückwünsche". Mit diesem Ausdruck gratuliert man zum Geburtstag oder zu einem anderen freudigen Ereignis.

¿HA USTED COMPRENDIDO LAS FRASES?

❶ Gestern abend sind wir, [um] zu Abend zu essen, ins Restaurant gegangen. ❷ Ich habe es mir vorgestellt, gleich nachdem ich dich gesehen hatte. ❸ Die Helligkeit und der Lärm hindern mich [daran zu] schlafen. ❹ Wir haben einen neuen Plattenspieler. ❺ Ich dusche mich, wenn ich aufstehe. ❻ Ich werde dich ungefähr um halb zwölf sehen. ❼ Mein Geburtstag ist am fünfzehnten Januar.

LAS PALABRAS QUE FALTAN.

❶ Has dormido bien ❷ Nos acostamos nada más que os fuisteis ❸ Tu habitación es más clara que la mía ❹ Voy a poner un disco que te gustará ❺ Me ducho con agua caliente.

Segunda ola: Lección 12.

Zweiundsechzigste Lektion

Blond und dunkelhaarig

1 Ich bin auf [der] Durchreise in Cáceres, und ich habe ein Zimmer in der „Französisch-belgischen Pension" gemietet.

2 Me h**a**ce gr**a**cia p**o**rque no ti**e**ne n**a**da de franc**é**s ni de b**e**lga. Los du**e**ños y los hu**é**spedes son españ**o**les; yo s**o**y el **ú**nico extranj**e**ro. ①

3 H**a**y cu**a**tro estudi**a**ntes, un abog**a**do, un rent**e**ro y dos par**e**jas que vis**i**tan Extremad**u**ra.

4 A**u**nque se c**o**me en m**e**sas independi**e**ntes, la conversaci**ó**n es, a men**u**do, gener**a**l. La c**e**na de an**o**che fu**e** mu**y** anim**a**da. ②

5 Me coloc**a**ron en la m**i**sma m**e**sa que al abog**a**do, y ensegu**i**da nos pus**i**mos a habl**a**r.

6 **A**ntes de acab**a**r la c**e**na, me di**o** su tarj**e**ta: „Em**i**lio R**u**bio“, y yo le di la m**í**a: „Marc Lebrun“. ③

7 – Se me ha olvid**a**do c**a**si t**o**do el franc**é**s que aprend**í** en el col**e**gio, p**e**ro sup**o**ngo que Marc en Franc**é**s es lo m**i**smo que M**a**rcos en castell**a**no.

8 – Sí, - contest**é** - es un n**o**mbre mu**y** corri**e**nte en m**u**chos pa**í**ses.

9 – ¿Su apell**i**do ti**e**ne alg**u**na significaci**ó**n particul**a**r? ④

AQUI, LAS CENAS SON SIEMPRE ANIMADAS.

2 [Das] kommt mir spaßig vor (macht mir Witz), weil sie nichts Französisches oder (und nicht) Belgisches hat. Die Besitzer und die Gäste sind Spanier; ich bin der einzige Ausländer.

3 [Dort] sind (es gibt) vier Studenten, ein Rechtsanwalt, ein Rentner und zwei Paare, die Extremadura besuchen.

4 Obwohl man an verschiedenen (unabhängigen) Tischen ißt, ist die Unterhaltung oft allgemein. Das Abendessen von gestern abend war sehr lebhaft.

5 Man setzte mich (sie setzten mich) an denselben Tisch wie den Rechtsanwalt, und wir begannen sofort, uns zu unterhalten (setzten uns [daran] zu sprechen).

6 Bevor wir das Abendessen beendeten, gab er mir seine Visitenkarte: „Emilio Rubio", und ich gab ihm meine: „Marc Lebrun".

7 – Ich habe fast das ganze Französisch vergessen (mir hat sich fast das ganze Französisch vergessen), das ich in der Schule gelernt habe, aber ich nehme an, daß Marc im Französischen dasselbe ist wie Marcos im Spanischen.

8 – Ja, habe ich geantwortet, es ist ein sehr häufiger Vorname in vielen Ländern.

9 – Hat Ihr Nachname irgendeine besondere Bedeutung?

ANMERKUNGEN

① **gracia** „Gunst, Gnade, Anmut, Witz, Scherzwort". **Me haces gracia** „Du amüsierst mich". **Eso no tiene gracia** „Das hat keinen Reiz". **¡Tiene gracia!** „Äußerst witzig! Reizend!". **No estoy para gracias** „Ich bin nicht zu Scherzen aufgelegt".

② **Aunque** hat zwei Bedeutungen, die von der nachfolgenden Verbform abhängen. Folgt ein Verb im Indikativ, so übersetzen Sie **aunque** mit „obwohl": **Aunque el libro es interesante** „Obwohl das Buch interessant ist". In diesem Fall halten Sie das Buch wirklich für interessant. **Aunque el libro sea interesante** „Auch wenn das Buch interessant sein mag". Hier sprechen Sie nur von einer Möglichkeit und verwenden deshalb den Konjunktiv.

③ **la tarjeta** „die Karte, Visitenkarte". **La tarjeta postal** „die Postkarte", aber meistens sagt man hierfür: **la postal**.

④ **el apellido** „der Nachname". **El nombre** „der Vorname".

10 – Efectivamente, quiere decir „el moreno".
11 – ¡Qué curioso! Yo me llamo Rubio y soy moreno y usted se llama Moreno y es rubio.
12 – Tenemos que cambiar de apellido... o de pelo.
13 – Por mi parte no hay ningún problema, yo llevo peluca. Así que... cuando usted quiera.
14 – Per...done... no sabía... estaba bromeando.

¿COMPRENDE USTED ESTAS FRASES?

❶ Estoy de paso. ❷ A mi llegada a Bruselas, alquilaré un coche. ❸ Tome mi tarjeta. ❹ Escriba aquí su nombre y apellido. ❺ Tienes que cambiar la rueda de la bicicleta. ❻ Cuando usted quiera. ❼ No sabía que me habías llamado.

¡COMPLETE USTED LAS FRASES CON LAS PALABRAS QUE FALTAN!

❶ Bist du auf der Durchreise, oder wirst du einige Tage bleiben?

¿ . . . . te . . .   . unos . . . . ?

❷ Meine Telefonnummer steht (ist) auf der Visitenkarte, die ich Ihnen gegeben habe.

. .   . . en la . . . . le he . . . . .

❸ Ich habe Spanisch nicht in der Schule gelernt (Indef.).

. .   . .

Leccion sesenta y tres (63.)

Revisión y notas

1. Suffixe (Nachsilben)

Lesen Sie noch einmal in Lektion 58 die Anmerkung 5 und in Lektion 59 die Anmerkung 3.

10 – In der Tat, er bedeutet (will sagen) „der Dunkelhaarige".
11 – Wie merkwürdig! Ich heiße (nenne mich) Blond und bin dunkelhaarig, und Sie heißen (nennen sich) Dunkelhaarig und sind blond.
12 – Wir müssen den (von) Nachnamen tauschen... oder das (von) Haar.
13 – Von meiner Seite gibt es kein Problem, ich trage [eine] Perücke. Also (so daß)... wann [immer] Sie wollen.
14 – Ver... zei... hung,... ich... wußte... nicht, ich habe einen Scherz gemacht (ich war scherzend).

¿HA USTED COMPRENDIDO LAS FRASES?

❶ Ich bin auf [der] Durchreise. ❷ Bei meiner Ankunft in Brüssel werde ich ein Auto mieten. ❸ Nehmen Sie meine Visitenkarte. ❹ Schreiben Sie hier Ihren Vornamen und Familiennamen. ❺ Du mußt das Rad des Fahrrads wechseln. ❻ Wann Sie wollen. ❼ Ich wußte nicht, daß du mich angerufen hattest.

❹ Mein Vorname ist nicht häufig.

.. ..

❺ Dein Haar ist blond.

.. ..

LAS PALABRAS QUE FALTAN.

❶ Estás de paso o - vas a quedar - días ❷ Mi número de teléfono está - tarjeta que - dado ❸ No aprendí el castellano en el colegio ❹ Mi nombre no es corriente ❺ Tu pelo es rubio.

Segunda ola: Lección 13.

Dreiundsechzigste Lektion

Die Ableitung eines Wortes mit Hilfe eines Suffixes ist im Spanischen ein sehr oft zu beobachtendes Phänomen. Da die Suffixe eine so große Rolle bei der Wortbildung spielen, wollen wir sie hier genauer behandeln.

Die Wortbildung mit Hilfe von Suffixen ist Ihnen aus dem Deutschen schon bekannt; so bilden wir beispielsweise mittels der Suffixe „-heit“ oder „-keit“ Substantive, mittels der Suffixe „-lich“ oder „-bar“ Adjektive, usw. Jedoch sind die deutschen Suffixformen nicht mit den spanischen vergleichbar. Wir wollen Ihnen nur vier Arten von Suffixen vorstellen, die einem Wort eine jeweils andere Bedeutung verleihen.

a) Die verkleinernden oder verniedlichenden Suffixe. Sie sind in der Umgangs- und familiären Sprache sehr gebräuchlich. Die wichtigsten Suffixe dieser Art sind **-ito**, **-ita** und **-illo**, **- illa**, die anstelle des **o** oder **a** des ursprünglichen Wortes erscheinen. Wir kennen schon das Beispiel **despacio** „langsam“ - **despacito** „ganz langsam“. Ebenso: **pequeña** „klein“ - **pequeñita** „sehr klein, ganz klein“.

Wenn das ursprüngliche Wort dagegen auf **e**, **n** oder **r** endet, erhält man die Verkleinerungsform (Diminutiv), indem man die Silben **-cito**, **-cita** oder **-cillo**, **-cilla** oder **-ecito**, **-ecita** anhängt:

pan „Brot“ - **panecillo** „Brötchen“; **canción** „Lied“ - **cancioncita** „Liedchen“.

Die Suffixe **-ito**, **-ita** werden verwendet, um eine Kleinheit auszudrücken, sie beinhalten aber auch immer eine positive Gefühlsäußerung, z.B. Sympathie, Zuneigung oder Zärtlichkeit. **Juanito** ist die Verkleinerungsform von **Juan**, **Pedrito** die von **Pedro**. Der Gebrauch des Diminutivs drückt dabei nicht unbedingt aus, daß die betreffende Person klein, jung oder niedlich ist; in erster Linie soll eine positive Einstellung zu ihr zum Ausdruck gebracht werden.

Die Suffixe **-illo**, **-illa** betonen dagegen die Kleinheit. Den verkleinernden Suffixen entsprechen im Deutschen die Suffixe „-lein“ und „-chen“. Jedoch lassen sich die deutschen Suffixe nur an Substantive anhängen, während die spanischen Formen auch mit Adjektiven und Adverbien verbunden werden können, wie wir bereits in den Beispielen gesehen haben.

Sie sollten spanische Diminutive nur sehr vorsichtig verwenden, da ein falscher Gebrauch sehr unangebracht wirken kann.

b) Die vergrößernden Suffixe. Die häufigsten Suffixe dieser Art sind **-ón**, **-ona** und **-azo**, **-aza**: **un hombrón** „ein Kerl“; **una casona** „ein großes Haus“; **un perrazo** „ein großer Hund“; **unas manazas** „große Hände, Pranken“, usw. Im Deutschen gibt es keine vergleichbaren Suffixe.

c) Andere verwandte Suffixe. **una mujerota** „ein Mannweib"; **una casucha** „eine Hütte, Baracke"; **una palabrota** (**palabra** „Wort") „ein derbes Wort, Schimpfwort", usw.

d) Die abwertenden Suffixe. Es gibt im Spanischen eine Reihe von Suffixen, die einem Wort eine abwertende oder gar verächtliche Bedeutung verleihen können. Die häufigsten Suffixe dieser Art sind: **ajo**, **ejo**, **uco**, **ión**, **orro**, **ualla**.

Zum Beispiel: **latinajo** „Küchenlatein"; **casuca** „elendes Haus, Hütte"; **animalejo** „Tierchen"; **ventorro** „Spelunke, elendes Gasthaus".

2. Steigerungsformen

a) Der Elativ (siehe Anmerkung 3 in Lektion 60). Der Elativ ist eine im Spanischen sehr gängige Adjektivform, die einen hohen Grad einer Eigenschaft ausdrückt. Er wird mit Hilfe des Suffixes **-ísimo** (weibl. **ísima**) gebildet. Beachten Sie, daß das erste **i** einen Akzent trägt und betont wird. Bei den folgenden Elativen ist die Schreibweise gegenüber dem ursprünglichen Adjektiv etwas verändert: **largo** „lang", **larguísimo** „sehr lang"; **blanco** „weiß"; **blanquísimo** „sehr weiß".

Natürlich läßt sich der hohe Grad einer Eigenschaft - wenn auch in abgeschwächter Weise - mit Hilfe des Adverbs **muy** ausdrücken: **caro** „teuer", **muy caro** „sehr teuer".

Es gibt eine Reihe von Elativen, die Unregelmäßigkeiten in ihrer Bildung aufweisen; wir wollen sie Ihnen aber hier nicht vorstellen, weil Sie dadurch nur verwirrt würden. Sie sollten diese Formen nur gebrauchen, wenn Sie sie schon einmal gehört haben und sich ihrer ganz sicher sind. Ansonsten sollten Sie ein Adjektiv eher durch das Adverb **muy** verstärken.

b) Der Superlativ (siehe Lektion 49, Anmerkung 3). Die Form des Superlativs (zweite Steigerungsform) entspricht dem Komparativ (erste Steigerungsform), erfordert aber den bestimmten Artikel: **más joven** „jünger", **el más joven** „der jüngste".

Beachten Sie:

- Wenn der Superlativ hinter einem Substantiv steht, das den bestimmten Artikel oder ein Possessivpronomen bei sich hat, wird er ohne Artikel verwendet:

la mujer más pobre del pueblo „die ärmste Frau des Dorfes";

mi camisa más bonita „mein schönstes Hemd".

- Die Komparativformen **mejor** „besser"; **peor** „schlechter"; **mayor** „größer, älter"; **menor** „kleiner, jünger" haben nur je eine Endung im Singular und Plural. Die entsprechenden Formen des Superlativs heißen:

el (**la**) **mejor** „der (die) beste";

el (**la**) **peor** „der (die) schlechteste";

el (**la**) **mayor** „der (die) größte, älteste";

el (**la**) **menor** „der (die) kleinste, jüngste" bzw. im Plural: **los/las mejores**; **los/las peores**, usw.

3. Neutraler Artikel lo

Im Spanischen gibt es das neutrale oder sächliche Geschlecht nicht; jedoch existiert ein neutraler Artikel, der Adjektive, Ordnungszahlen und Possessivpronomina substantiviert:

lo poco „das Wenige" (siehe Lektion 36, Satz 3);

lo nuestro „das Unsere" (Lektion 48, Anm. 1);

lo siguiente „das Folgende" (Lektion 53, Satz 9);

lo primero „das erste";

lo único „das einzige".

Manche Konstruktionen können nicht ganz wörtlich ins Deutsche übersetzt werden:

lo importante de esta lección „was in dieser Lektion wichtig ist";

por lo general „im allgemeinen";

lo de Juan „was Juan gehört";

lo dicho „das bereits Gesagte".

Wir haben den neutralen Artikel auch schon in den folgenden Sätzen kennengelernt:

Lo que como me gusta. „was ich esse, schmeckt mir" (Lektion 28, Anm. 5);

una lista de lo que me parece necesario „eine Liste von dem, was mir nötig erscheint" (Lektion 44, Satz 7);

lo que quiere decir... „was bedeutet, daß..." (Lektion 60, Satz 7);

lo que podemos hacer „was wir tun können" (Lektion 60, Satz 8) und ebenso

haz lo que quieras „mach, was du willst";

lo que dices „was du sagst";

lo que hay „was es gibt".

Der spanische Ausdruck **lo de** hat im Deutschen eine wörtliche Entsprechung: **Cuéntame lo del incendio** „Erzähl mir das vom Brand"; aber im folgenden Satz müssen wir freier übersetzen: **Lo de mi padre es también mío.** „Das, was meinem Vater gehört, ist auch meins".

Die Konstruktion **lo** + Adjektiv oder Adverb + **que** entspricht im Deutschen einem Ausruf, eingeleitet durch „wie":

Lo mal que trabajas. „Wie schlecht du arbeitest";

No sabes lo cansada que estoy. „Du weißt nicht, wie müde ich bin".

Merken Sie sich die folgenden Ausdrücke, in denen **lo** fester Bestandteil ist:

a lo más, a lo sumo „bestenfalls, allerhöchstens";

por lo menos „wenigstens";

a lo mejor „vielleicht, womöglich";

a lo más tarde „spätestens";

en lo sucesivo „von nun an, künftig".

4. Schreiben Sie in Spanisch

1 Ich werde mit euch gehen, es sei denn, daß ich zum Bahnhof gehen muß.

2 Mein Großvater geht ganz langsam.

3 Ich für meinen Teil werde sogar gehen, wenn es regnet. – Es wird nicht regnen.

4 Es wird langsam Zeit, sich zu entscheiden. – Ich werde mir den Mantel anziehen.

5 Gestern nacht bin ich um ungefähr drei Uhr morgens zu Hause angekommen.

6 Obwohl wir viel geplaudert haben, haben wir nichts Interessantes gesagt.

▶ Leccion sesenta y cuatro (64.)

Baldomero tiene problemas

1 Baldom**e**ro es un j**o**ven de **u**nos cuar**e**nta y t**a**ntos **a**ños, solt**e**ro, gu**a**po y con din**e**ro. ①

Übersetzung

1 Iré con vosotros a no ser que tenga que ir a la estación.

2 Mi abuelo anda despacito.

3 Por mi parte, iré incluso si llueve. – No lloverá.

4 Ya va siendo hora de decidirse. – Voy a ponerme el abrigo.

5 Anoche llegué a casa a eso de las tres de la mañana.

6 Aunque charlamos mucho, no dijimos nada interesante.

Diese Lektion beschränkt sich auf die Darstellung von Details, ist aber doch sehr wichtig, denn gerade die Feinheiten machen das Wesentliche einer Sprache aus. Wenn Sie im Augenblick noch Schwierigkeiten mit den vielen neuen Erklärungen haben, so sollten Sie zu einem späteren Zeitpunkt noch einmal hierauf zurückkommen.

Segunda ola: Lección 14 (Revisión).

Vierundsechzigste Lektion

Baldomero hat Probleme

1 Baldomero ist ein junger [Mann] von ungefähr vierzig und einigen (so vielen) Jahren, Junggeselle, schön und mit Geld.

ANMERKUNGEN

① **tanto** „so viel, so groß"; es ist wie **mucho**, **poco** usw. veränderlich. Vergleichen Sie in den folgenden Sätzen den Gebrauch von **unos** und **tantos**: **Tengo unas pesetas** „Ich habe ein paar Peseten"; **Tengo unas veintitantas pesetas** „Ich habe zwanzig und einige Peseten, ich habe ungefähr zwanzig Peseten".

2 Lleva un bigote gris, tiene las piernas cortas, el vientre abultado, botas de charol, chaleco blanco y una gorra con los colores del arco iris ②

3 y manifiesta un altruismo exagerado hacia él mismo.

4 Sin embargo, no es eso lo que le preocupa aunque, por supuesto, es consciente de ser un „joven con problemas“. En eso, está al día. ③

5 Se considera „liberado“ y le gusta decirse intelectual, a menudo dice: „Cuando era más joven, seguí cursos de Derecho durante dos años en la Universidad de Pamplona“.

6 Pero volvamos a „sus problemas“, de los que él dice, no sin orgullo: „son mi profesión“. ④ ⑤

7 Baldomero tiene ratos de angustia horrorosos a los que él llama: „instantes depresivos, acompañados de extrema lucidez“

8 y que, según él, se manifiestan – él prefiere decir: „son somatizados“ – como atroces sudores fríos.

9 Pero Baldomero, a través del autoanálisis – pues claro, Baldomero se autoanaliza – cree haber descubierto la raíz de sus males.

10 En efecto, según lo que ha leído en un librito de psicología científica, que el hijo de la portera, un sordomudo muy simpático, le prestó hace cinco años,

ANMERKUNGEN

② **abultado** „dick, umfangreich“. Dieses Adjektiv erscheint oft auch mit anderer Bedeutung: **Este paquete es muy abultado** „Dieses Paket ist sehr sperrig“; **labios abultados** „aufgeworfene Lippen“. Das zugehörige Substantiv heißt **el bulto** „der Umfang, Rauminhalt“, auch „die Beule“. **Libro de poco bulto** „Buch von geringem Umfang“.

2 Er trägt einen grauen Schnurrbart, hat kurze Beine (hat die Beine kurz), einen dicken Bauch (den Bauch dick). Lackstiefel, [eine] weiße Weste und eine Mütze in den Regenbogenfarben (mit den Farben des Regenbogens),

3 und er offenbart (manifestiert) eine übertriebene Selbstlosigkeit (gegenüber sich selbst).

4 Trotzdem ist es nicht das, was ihn bekümmert, obwohl er [sich] selbstverständlich bewußt ist, ein „junger [Mann] mit Problemen" zu sein. In dieser Hinsicht (in diesem) ist er auf dem Laufenden (am Tage).

5 Er hält sich [für] „frei (befreit)", und es gefällt ihm, sich intellektuell zu nennen; oft sagt er: „Als ich jünger war, habe ich zwei Jahre lang (während zwei Jahren) Vorlesungen (Kurse) in Rechtswissenschaft an der Universität von Pamplona besucht (verfolgt)".

6 Aber wir wollen zu „seinen Problemen" zurückkehren, von denen er – nicht ohne Stolz – sagt: „Sie sind mein Beruf".

7 Baldomero hat entsetzliche Augenblicke der Angst, die er „depressive Augenblicke, begleitet von extremer Klarheit", nennt

8 und die sich, nach ihm, offenbaren (manifestieren) – er bevorzugt zu sagen: „sie sind somatisiert" – wie gräßliche kalte Schweißausbrüche.

9 Aber Baldomero glaubt, durch die Selbstanalyse – natürlich analysiert sich Baldomero selbst – die Wurzel seiner Übel entdeckt zu haben.

10 In der Tat, nach dem, was er in einem kleinen Buch über wissenschaftliche Psychologie gelesen hat, das ihm der Sohn der Hausmeisterin, ein sehr netter Taubstummer, vor fünf Jahren geliehen hat,

ANMERKUNGEN

③ **estar al día** „auf dem Laufenden sein, auf der Höhe des Tages sein, auf dem neuesten Stand sein".

④ **volvamos** „wir wollen zurückkehren". Dies ist die Befehlsform (Imperativ) für die erste Person Plural.

⑤ **de los que** „von denen". Lesen Sie noch einmal in Lektion 50 die Anmerkung 3.

11 Baldomero ha llegado a la conclusión siguiente: la causa de sus problemas no es otra que su extraordinaria facultad de aburrimiento.

12 Por supuesto, la conclusión de tan funesto diagnóstico ⑥

13 postró a Baldomero en un estado de aguda crisis depresiva.

14 Menos mal que su nueva novia – el prefiere decir: „compañera“ – Remedios, se ocupa un poco de él. Ella le anima mucho. Enormemente, incluso. ⑦

ANMERKUNGEN

⑥ **Por supuesto** „Selbstverständlich, freilich, allerdings“. Diese Bedeutung haben auch andere spanische Wörter: **desde luego**, **en efecto**, **evidentemente**.

¿COMPRENDE USTED ESTAS FRASES?

❶ Es una señora de una treintena de años. ❷ ¿Qué es lo que te preocupa? ❸ He pasado un rato muy agradable con ellos. ❹ Según lo que ha dicho no creo que venga. ❺ Volvamos a nuestro trabajo. ❻ Por supuesto que yo te esperaré. ❼ Yo, prefiero ir a pie.

¡COMPLETE USTED LAS FRASES CON LAS PALABRAS QUE FALTAN!

❶ Maria ist eine Junggesellin von ungefähr fünfzig (und einigen) Jahren.

. . . .
. . . .

❷ Trotzdem hat sie sich sofort auf dem Laufenden gehalten.

. . . . , ...
. . . . .

❸ Sie ist ihrem Bruder bis zu seinem Zimmer gefolgt.

. . . .
. . . .

11 ist Baldomero zu dem folgenden Schluß gekommen: Die Ursache seiner Probleme ist keine andere als seine außergewöhnliche Befähigung zur Langeweile.
12 Allerdings stürzte die Schlußfolgerung [einer] so unheilvollen Diagnose
13 Baldomero in einen Zustand von akuter depressiver Krise.
14 Zum Glück kümmert sich seine neue Freundin (Verlobte) – er bevorzugt zu sagen: „Gefährtin" – Remedios ein wenig um ihn. Sie muntert (animiert) ihn sehr auf. Enorm, sogar.

ANMERKUNGEN

⑦ **Remedio** „Heilmittel, Medizin". **Sin remedio** „rettungslos, hoffnungslos"; **no hay remedio** „daran ist nichts zu ändern". **Remedios** ist auch ein weiblicher Vorname. Es gibt im Spanischen häufiger solche Vornamen, die sich übersetzen lassen: **Angustias** „Ängste"; **Pilar** „Pfeiler"; **Mercedes** „Gnaden". Übrigens hat jede Stadt ihre Schutzpatronin, und die kleinen Mädchen werden oft auf deren Namen getauft.

¿HA USTED COMPRENDIDO LAS FRASES?

❶ Sie ist eine Dame von ungefähr dreißig Jahren. ❷ Was ist es, was dich bedrückt? ❸ Ich habe eine sehr angenehme Zeit (Weile) mit ihnen verbracht. ❹ Nach dem, was er gesagt hat, glaube ich nicht, daß er kommt. ❺ Laßt uns an unsere Arbeit zurückkehren. ❻ [Es ist] selbstverständlich, daß ich dich erwarten werde. ❼ Ich bevorzuge [es] zu Fuß zu gehen.

❹ Es ist eine Weile [her], daß ich sie (Sing.) nicht sehe.

....

❺ [Es ist] selbstverständlich, daß ich ein Taxi nehmen werde.

... .

LAS PALABRAS QUE FALTAN.

❶ María es una soltera de unos cincuenta y tantos años ❷ Sin embargo, se ha puesto enseguida al día ❸ Ha seguido a su hermano hasta su habitación ❹ Hace un rato que no la veo ❺ Por supuesto que tomaré un taxi.

Lassen Sie sich von dieser Lektion nicht einschüchtern; sie ist gar nicht so schwierig, wie sie Ihnen vielleicht auf den ersten Blick erscheinen mag. Wir stellen Ihnen hier eine Reihe neuer Wörter und Ausdrücke vor; außerdem sind die Sätze in dieser Lektion sehr lang und verschachtelt, lassen sich aber doch überschauen.

Bearbeiten Sie diese Lektion sehr intensiv; Sie werden sehen, daß Ihnen fast alle Konstruktionen schon bekannt sind.

Leccion sesenta y cinco (65.)

Volver**á**n ①

1 Volverán las osc**u**ras golondr**i**nas
en tu balc**ó**n sus n**i**dos a colg**a**r,
y **o**tra vez con el **a**la en sus crist**a**les,
jug**a**ndo llamar**á**n;
2 p**e**ro aqu**é**llas que el vu**e**lo refren**a**ban
tu hermos**u**ra y mi d**i**cha al contempl**a**r;
aqu**é**llas que aprendi**e**ron nu**e**stros n**o**mbres,
ésas... ¡no volver**á**n!
3 Volver**á**n las tup**i**das madres**e**lvas
de tu jard**í**n las t**a**pias a escal**a**r, ②
y **o**tra vez a la t**a**rde, a**ú**n más herm**o**sas,
sus fl**o**res abrir**á**n;

Sind Ihnen die verschiedenen Ausdrücke aufgefallen, mit denen wir die Lektion gespickt haben? Sie sind Ihnen bereits geläufig, aber wir geben Ihnen noch einmal an, an welcher Stelle Sie sie nachschlagen können:
- ***a menudo**: Lektion 56, Anmerkung 4*
- ***lo que, a lo que**: Lektion 63, Anmerkung 3*
- ***aunque**: Lektion 62, Anmerkung 2*
- ***de los que**: Lektion 50, Anmerkung 3. Erinnern Sie sich wieder?*

Segunda ola: Lección 15.

Fünfundsechzigste Lektion

Sie werden zurückkommen

1 Die dunklen Schwalben werden an deinem Balkon wieder ihre Nester aufhängen, und wieder werden sie mit dem Flügel, spielend, an seine Fensterscheiben klopfen;
2 aber jene, die den Flug abbremsten, als sie deine Schönheit und mein Glück betrachteten (beim Betrachten deine Schönheit und mein Glück), jene, die unsere Namen lernten, jene... sie werden nicht zurückkehren!
3 Die dichten Geißblätter werden wieder die Mauern deines Gartens erklettern, und wieder (anderes Mal) werden ihre Blüten sich am Nachmittag, noch schöner, öffnen;

ANMERKUNGEN

① **volverán** „Sie werden zurückkommen, zurückkehren". Das Verb **volver** wird auch verwendet, um die Wiederholung einer Handlung auszudrücken: **volver a jugar** „wieder spielen". Wir werden darüber noch ausführlicher sprechen.

② **tapia** „(Garten-, Friedhofs-) Mauer"; **una pared** „eine (Haus-) Wand"; **muralla** „Stadtmauer"; **muro** „(Stadt-, Ring-) Mauer". **tapiar una puerta** „eine Tür zumauern".

4 pero aquéllas cuajadas de rocío, (3)
cuyas gotas mirábamos temblar (4)
y caer, como lágrimas del día...,
ésas..., ¡no volverán!

5 Volverán del amor en tus oídos
las palabras ardientes a sonar;
tu corazón, de su profundo sueño
tal vez despertará;

6 pero mudo y absorto y de rodillas (5)
como se adora a Dios ante su altar, (6)
como yo te he querido..., desengáñate,
¡así no te querrán!

Gustavo A. Bécquer: Rimas

¿COMPRENDE USTED ESTAS FRASES?

❶ Volverán a venir mañana. ❷ Se lo he dicho otra vez. ❸ Aquéllas de las que te hablé. ❹ Abriré la puerta más tarde. ❺ Me gusta la música y tengo buen oído. ❻ Me despertaré a eso de las ocho. ❼ Querrán que vengas.

¡COMPLETE USTED LAS FRASES CON LAS PALABRAS QUE FALTAN!

❶ Die Schwalben werden den Frühling ankündigen.

... .

❷ Der Regen auf den Fensterscheiben wird dich wecken.

.. ..
....

❸ Wirst du morgen zurückkommen?

¿ .... ?

❹ Die Kinder werden weinen, wenn du nicht kommst.

... .

❺ Der Flug jener Vögel wird dir gefallen.

.. ..

4 aber jene, bedeckt mit Tau, deren Tropfen wir zittern und fallen sahen (betrachteten) wie Tränen des Tages..., jene... sie werden nicht zurückkehren!

5 Die glühenden Worte der Liebe werden wieder in deinen Ohren klingen; dein Herz wird vielleicht aus seinem tiefen Schlaf erwachen;

6 aber stumm und versunken und auf Knien, wie man Gott vor seinem Altar verehrt, wie ich dich geliebt habe..., sieh es doch ein (ernüchtere dich), so wird man dich nicht lieben (werden sie dich nicht lieben)!

ANMERKUNGEN

③ **cuajado de rocío** „bedeckt mit Tau". **cuajar** heißt „gerinnen, fest werden". **Leche cuajada** „geronnene Milch"; **sangre cuajada** „geronnenes Blut". Nur im übertragenen Sinn bedeutet es „bedeckt sein, gefüllt sein": **un rosal cuajado de flores** „ein Rosenstock voll von Blumen".

④ **cuyo** „dessen" ist ein Relativpronomen; es richtet sich in Geschlecht und Zahl nach dem folgenden Substantiv und bezeichnet einen Besitz des vorangehendes Substantivs: **aquellas madreselvas cuyas gotas** „jene Geißblätter, deren Tropfen".

⑤ **absorto** (dichterisch) „hingerissen, versunken".

⑥ **ante su altar** ist zwar ungewöhnlich, soll an dieser Stelle aber eine eher geistige als räumliche Befindlichkeit ausdrücken. Ebenso: **ante Dios y ante los hombres** „vor Gott und den Menschen"; aber: **delante de la puerta** „vor der Tür".

¿HA USTED COMPRENDIDO LAS FRASES?

❶ Sie werden morgen wiederkommen. ❷ Ich habe es ihm noch einmal gesagt. ❸ Jene (weibl.), von denen ich dir erzählt habe. ❹ Ich werde die Tür später öffnen. ❺ Mir gefällt (die) Musik, und ich habe [ein] gutes Gehör. ❻ Ich werde ungefähr um acht aufwachen. ❼ Sie (3. Pers. Plural) werden wollen, daß du kommst.

LAS PALABRAS QUE FALTAN.

❶ Las golondrinas anunciarán la primavera ❷ La lluvia sobre los cristales te despertará ❸ Volverás mañana ❹ Los niños llorarán si no vienes ❺ El vuelo de esos pájaros te gustará.

Diese Lektion ist dem Futur und einigen 'Spezialitäten' der spanischen Sprache gewidmet, die wir in der nächsten Wiederholungslektion genauer behandeln wollen. Diesmal bieten wir Ihnen den Text aber in ungewohnter Form an und hoffen, die grammatischen Probleme in für Sie angenehmer Weise 'verpackt' zu haben. Vergessen Sie für einen Augenblick, daß Sie eine Unterrichtslektion vor sich haben; versuchen Sie, diesen Text mit anderen Augen zu lesen. Lassen Sie die Schönheit des Klanges und der Reime und die Eigenwilligkeit der Satzkonstruktionen auf sich wirken.

Wenn Sie wollen, lesen Sie die folgenden Bemerkungen und lesen Sie danach noch einmal den Text.

Sie haben sicher schon bemerkt, daß die Satzstellung im Spanischen sich nicht nach starren Regeln richtet. Vielmehr stehen die verschiedenen Satzteile (Subjekt, Verb, Objekt usw.) in recht verschiedener Reihenfolge, wobei an erster Stelle immer jener Satzteil steht, der besonders hervorgehoben werden soll. Wird das Objekt eines Satzes an die erste Stelle gesetzt, so muß es vor dem Verb noch einmal durch ein Personalpronomen aufgenommen werden. Vergleichen Sie die Sätze:

A esa mujer no la convencerá nadie. „Diese Frau wird niemand überzeugen";

Nadie convencerá a esa mujer. „Niemand wird diese Frau überzeugen".

▶ Leccion sesenta y seis (66.)

En Correos

1 – ¡Qué barbaridad! Llevo más de tres cuartos de hora en esta cola y me parece que, a este paso, voy a pasar aquí la noche. ①

Wenn die Satzstellung in der Umgangssprache und auch in der Hochsprache schon so frei ist, wird sie es erst recht in der Dichtersprache sein. Das Gedicht von Bécquer, das wir Ihnen in dieser Lektion vorstellen, dient als Beispiel für die dichterische Freiheit bezüglich des Satzbaus. Das Verb **volverán** erscheint am Anfang und Ende jeder Strophe; die zweite Zeile jeder Strophe endet mit einem Infinitiv, der von **volverán** abhängt (**a colgar**, **a escalar**, **a sonar**); jede Strophe endet mit einer Futurform (**llamarán**, **volverán**, **abrirán** usw.).

Wir haben für Sie den Text so verändert, daß er eine 'normale' Satzstellung aufweist:

Las oscuras golondrinas volverán a colgar sus nidos en tu balcón y otra vez jugando llamarán con el ala en sus cristales; pero aquéllas que refrenaban el vuelo al contemplar tu hermosura y mi dicha, aquéllas que aprendieron nuestros nombres, ésas no volverán. Las tupidas madreselvas volverán a escalar las tapias de tu jardín y, otra vez, a la tarde, sus flores abrirán, aún más hermosas; pero aquéllas, cuajadas de rocío, de las que (cuyas) mirábamos las gotas temblar y caer como lágrimas del día, ésas no volverán. Las palabras ardientes del amor volverán a sonar en tus oídos; tal vez tu corazón despertará de su profundo sueño, pero mudo, etc.

Segunda ola: Lección 16.

Sechsundsechzigste Lektion

Auf (in) [dem] Postamt

1 – Unglaublich (welche Barbarei)! Ich bin mehr als [eine] Dreiviertel-(von)stunde in dieser Schlange, und es scheint mir, daß ich bei diesem Tempo (Schritt) hier die Nacht verbringen werde.

ANMERKUNGEN

① **Llevar** bedeutet sehr oft „tragen". Aber es kommt auch in anderen Bedeutungen vor, z.B. **llevar** mit Zeitangabe: „sein". **Llevo tres días aquí** oder **Estoy aquí desde hace tres días** oder **Hace tres días que estoy aquí** „Ich bin seit drei Tagen hier".

2 – ¿Tres cu**a**rtos de h**o**ra s**o**lamente? ¡V**a**ya su**e**r-te! Yo ll**e**vo aqu**í** más de h**o**ra y m**e**dia y est**o**y pens**a**ndo que lo mej**o**r que pu**e**do hac**e**r
3 es envi**a**r un telegr**a**ma a mi c**a**sa p**a**ra que me tr**a**igan la fiambr**e**ra. ②
4 – ¡Pu**e**s yo! He dej**a**do los garb**a**nzos en el fu**e**go, pens**a**ndo que no tardar**í**a m**u**cho.
5 – Perd**o**ne la indiscreci**ó**n, señ**o**ra; ¿V**i**ve ust**e**d c**e**rca de aqu**í**?
6 – Sí, ah**í** al l**a**do. ¿Por qué me lo preg**u**nta?
7 – No qui**e**ro asust**a**rla p**e**ro ac**a**bo de o**i**r pas**a**r a los bomb**e**ros. De t**o**das las f**o**rmas, no se preoc**u**pe est**á**n bi**e**n entren**a**dos p**a**ra apag**a**r los fu**e**gos.
8 – Bu**e**no, ya me t**o**ca a mí. Bu**e**nos d**í**as, señ**o**r. Quisi**e**ra envi**a**r **e**sta c**a**rta certific**a**da. ③
9 – Sí, p**e**ro no es aqu**í**. Ti**e**ne que dirig**i**rse a la ventan**i**lla n**ú**mero nu**e**ve.
10 – ¡Es el c**o**lmo de los c**o**lmos! **U**na h**o**ra de esp**e**-ra p**a**ra que no le ati**e**ndan a **u**no. V**o**y a escrib**i**r **u**na c**a**rta al min**i**stro p**a**ra queja**r**me. ④
11 – D**é**se pr**i**sa, señ**o**r, a part**i**r de mañ**a**na est**a**mos en hu**e**lga. El sigui**e**nte, por fav**o**r.

2 – Nur [eine] Dreiviertel-(von)stunde? So ein Glück! Ich bin hier mehr als anderthalb Stunden (Stunde und halbe), und ich denke gerade, daß das Beste, was ich tun kann,
3 ist, ein Telegramm zu mir nach Hause (in mein Haus) zu schicken, damit sie mir den Henkelmann bringen.
4 – Und (also) ich! Ich habe die Kichererbsen auf dem Feuer gelassen, in der Meinung (denkend), daß ich nicht lange (viel) brauchen würde.
5 – Verzeihen Sie die Indiskretion, [meine] Dame; wohnen Sie hier in der Nähe (nahe von hier)?
6 – Ja, dort nebenan. Warum fragen Sie (es mich)?
7 – Ich möchte Sie nicht ängstigen, aber ich habe gerade die Feuerwehr (Feuerwehrleute) vorbeikommen hören. Auf jeden Fall (von allen Formen) beunruhigen Sie sich nicht, sie sind sehr (gut) geübt (trainiert), um (die) Feuer zu löschen.
8 – Gut, ich bin schon an der Reihe (es fällt mir schon zu). Guten Tag, [mein] Herr. Ich möchte gerne diesen eingeschriebenen Brief schicken.
9 – Ja, aber [das] ist nicht hier. Sie müssen sich an den Schalter (Fensterchen) Nummer neun wenden.
10 – Das ist die Höhe (das ist der Gipfel der Gipfel)! Eine Stunde (des) Warten(s), damit sie einen nicht bedienen. Ich werde einen Brief an den Minister schreiben, um mich zu beschweren.
11 – Beeilen Sie sich (geben Sie sich Eile), [mein] Herr, von morgen an sind wir im Streik. Der Nächste, bitte.

ANMERKUNGEN

(2) **enviar** „schicken". Viel häufiger sagt man aber **poner un telegrama** „ein Telegramm aufgeben" (siehe Satz 3 der Übung). Merken Sie sich auch den Ausdruck **poner una conferencia** (Satz 12): „ein Telefongespräch führen".

(3) **Quisiera** „ich hätte gern, möchte gern, würde gern".

(4) **para que no le atiendan a uno** „damit sie einen nicht bedienen". Sie wissen schon, daß **uno** einer der Ausdrücke ist, mit denen ein unpersönliches Subjekt (man) bezeichnet werden kann. Hier steht **uno** in Objektfunktion: „einen".

12 – Soy yo, quisiera poner una conferencia a cobro revertido con Australia.

13 – Ventanilla número seis, señorita. Aquí no se sirven más que los sellos. Y dése prisa porque va a ser la hora del bocadillo. El siguiente, por favor. ⑤

14 – ¿Tiene cinco duros en monedas para telefonear desde una cabina? ⑥

15 – No, pero justo detrás de usted hay una máquina donde puede cambiar. ⑦

¿COMPRENDE USTED ESTAS FRASES?

❶ Llevo más de dos meses en Tarragona. ❷ Lo mejor que puedes hacer es telefonear. ❸ Ha ido a poner un telegrama a su familia. ❹ Los bomberos han apagado el incendio. ❺ La ventanilla cerrará a las siete. ❻ He recibido una carta certificada. ❼ Voy a darme prisa.

¡COMPLETE USTED LAS FRASES CON LAS PALABRAS QUE FALTAN!

❶ Man muß sich in der Schlange anstellen (die Schlange machen).

. . . .

❷ Ich denke gerade, daß ich (mir) vergessen habe, das Feuer auszumachen.

. . . . me . . olvidado . .

. . . .

❸ Ich möchte ihm gerne ein Telegramm schicken.

. . . .

❹ Wenn du rechtzeitig (zu Zeit) ankommen willst, mußt du dich beeilen.

. . . . tienes . . .

. . . .

❺ (Die) Briefmarken kauft man am Schalter Nummer fünf.

. . . . compran . . . .

. . . .

12 – [Das] bin ich, ich möchte gern ein R-Gespräch nach (mit) Australien führen (ein Gespräch zu zurückgehender Gebührenerhebung).

13 – Schalter Nummer sechs, [mein] Fräulein. Hier werden nur Briefmarken ausgegeben (bedient man nicht mehr als die Briefmarken). Und beeilen Sie sich, weil gleich Pause ist (weil die Stunde des belegten Brötchens sein wird). Der Nächste, bitte.

14 – Haben Sie fünf Fünf-Peseten-Stücke (fünf Harte in Münzen), um von einer Kabine aus zu telefonieren?

15 – Nein, aber genau hinter Ihnen steht ein Apparat (gibt es eine Maschine), wo Sie wechseln können.

ANMERKUNGEN

⑤ **bocadillo** „belegtes Brötchen". In Spanien ist **la hora del bocadillo** „die Zeit der Pause".

⑥ In der Literatur werden Sie evtl. auf diesen Begriff stoßen – **un duro** war ein „Fünf-Peseten-Stück". **cinco duros** sind „25 Peseten".

⑦ **cambiar** „wechseln, tauschen, verwandeln". „Kleingeld haben": **tener suelto**.

¿HA USTED COMPRENDIDO LAS FRASES?

❶ Ich bin mehr als zwei Monate in Tarragona. ❷ Das Beste, was du tun kannst, ist [zu] telefonieren. ❸ Er ist gegangen, um ein Telegramm an seine Familie aufzugeben. ❹ Die Feuerwehrleute haben den Brand gelöscht. ❺ Der Schalter wird um sieben schließen. ❻ Ich habe einen Einschreibebrief erhalten. ❼ Ich werde mich beeilen.

LAS PALABRAS QUE FALTAN.

❶ Hay que hacer la cola ❷ Estoy pensando que - he - de apagar el fuego ❸ Quisiera enviarle un telegrama ❹ Si quieres llegar a tiempo - que darte prisa ❺ Los sellos se - en la ventanilla número cinco.

Segunda ola: Lección 17.

▶ Leccion sesenta y siete (67.)

Presente de subjuntivo

1 Todos deseamos que apruebes el examen.
2 Más vale que se lo digas antes de que se ponga a comer.
3 Hagamos lo que hagamos, intentaremos hacerlo bien.
4 Lo mejor es que nos enviéis una muestra.
5 Es muy importante que lleguen a la hora.
6 Ven cuando puedas.
7 ¿Vienes para que te diga lo que ha pasado?
8 Come lo que te guste.
9 Lo queramos o no, es así.
10 Es posible que no vengan.
11 No creo que estén en casa.
12 Espero que seáis bien recibidos.

13 Ternura
14 Por teléfono:
15 – Sí, dígame... ¡Ah, eres tú amor mío! ¿Qué pasa?
16 – Mamá acaba de morir en la bañera, ¿qué hago?
17 – Telefonea a la funeraria y exige que la entierren boca abajo.
18 – Tienes razón... nunca se sabe...

In dieser Lektion finden Sie keine Anmerkungen. Wir stellen Ihnen hier den ***presente de subjuntivo*** *vor, eine Form, die Sie bisher schon sehr häufig in den Texten vorgefunden haben, ohne daß wir Ihnen dazu nähere Erklärungen gegeben haben. Vielleicht sind Ihnen die Eigenheiten dieser Form schon bewußt geworden. Zunächst die Endungen für die regelmäßigen Verben:*

- *auf -**ar**:* ***-e, -es, -e, -emos, -éis, -en;***
- *auf -**er** und -**ir**:* ***-a, -as, -a, -amos, -áis, -an.***

Siebenundsechzigste Lektion

Präsens des Subjuntivo (Konjunktivs)

1 Wir wünschen alle, daß du das Examen bestehst.
2 Es ist besser (lohnt mehr), daß du es ihm sagst, bevor er anfängt zu essen (sich anschickt zu essen).
3 Was wir auch tun (wir mögen tun, was wir tun mögen), wir werden versuchen, es gut zu tun.
4 Es ist das Beste, daß ihr uns ein Muster schickt.
5 Es ist sehr wichtig, daß sie rechtzeitig ankommen.
6 Komm, wenn (wann) du kannst.
7 Kommst du, damit ich dir sage, was passiert ist?
8 Iß, was dir schmeckt.
9 [Ob] wir es wollen oder nicht, es ist so.
10 Es ist möglich, daß sie nicht kommen.
11 Ich glaube nicht, daß sie zu Hause sind.
12 Ich hoffe, daß ihr gut aufgenommen werdet.

13 Zärtlichkeit
14 Am Telefon:
15 – Ja, hallo... Ach, du bist es, mein Liebling (meine Liebe)! Was ist los (was passiert)?
16 – Mama ist gerade in der Badewanne gestorben. Was soll ich machen (was mache ich)?
17 – Ruf das Beerdigungsinstitut an und verlange, daß sie sie auf dem Bauch (Mund nach unten) beerdigen.
18 – Du hast recht... man weiß [ja] nie...

¿COMPRENDE USTED ESTAS FRASES?

❶ Más v**a**le que no v**a**yas. ❷ D**i**gas lo que d**i**gas, **e**se l**i**bro es c**a**ro. ❸ Lo mej**o**r es que veng**á**is h**a**cia las si**e**te. ❹ Qui**e**ras o no, ti**e**nes que hac**e**rlo. ❺ Esp**e**ro que las manz**a**nas no est**é**n demasi**a**do v**e**rdes. ❻ Des**e**o que ll**e**gues a ti**e**mpo. ❼ No cr**e**o que pu**e**da termin**a**r **a**ntes del s**á**bado.

¡COMPLETE USTED LAS FRASES CON LAS PALABRAS QUE FALTAN!

❶ Was du auch gibst (du magst geben, was du geben magst), es soll von ganzem Herzen sein (daß es von gutem Herzen sei).

Des . . . . , . . . sea . . . .

❷ Ich wünsche, daß du es ihm sagst, bevor er weggeht.

. . . . de . . . . .

. . . . .

❸ Ruf mich an, wann du kannst.

. . . .

❹ Es ist besser (lohnt mehr), daß ihr ein Telegramm schickt.

. . . .

Der Subjuntivo:

Was den Gebrauch des spanischen Subjuntivo betrifft, so gibt es keine Ähnlichkeiten mit dem deutschen Konjunktiv, so daß wir auf einen Vergleich verzichten können und im folgenden nur noch die spanische Bezeichnung verwenden wollen.

Zunächst sollten Sie soviel wissen:

Fast alle Subjuntivo-Formen, die wir Ihnen hier vorstellen, erscheinen in einem durch die Konjunktion (Bindewort) ***que*** *eingeleiteten Nebensatz. Diese Nebensätze sind abhängig von Verben, die einen*

¿HA USTED COMPRENDIDO LAS FRASES?

❶ Es ist besser, daß du nicht gehst. ❷ Du kannst sagen, was du willst (du magst sagen, was du sagen magst), dieses Buch ist teuer. ❸ Es ist das Beste, daß ihr gegen sieben kommt. ❹ Ob du willst oder nicht, du mußt es tun. ❺ Ich hoffe, daß die Äpfel nicht zu grün sind. ❻ Ich wünsche, daß du rechtzeitig ankommst. ❼ Ich glaube nicht, daß ich vor Samstag fertig werden kann.

❺ Verlange, daß man [es] so macht.

....

LAS PALABRAS QUE FALTAN.

❶ lo que des, que - de buen corazón ❷ Deseo que se lo digas antes - que se vaya ❸ Telefonéame cuando puedas ❹ Más vale que enviéis un telegrama ❺ Exige que se haga así.

Wunsch, eine Hoffnung, eine Absicht, einen Zweifel, eine Notwendigkeit, eine Möglichkeit oder eine Empfehlung ausdrücken.

Sehen Sie sich die Lektion noch einmal an, und achten Sie nun genauer auf die einleitenden Verben.

Was die Sätze 3, 6, 7, 8, 9 betrifft, so werden wir über die hier geltenden Regeln später sprechen.

Segunda ola: Lección 18.

Leccion sesenta y ocho (68.)

Ferias y fiestas

1 A la entrada de la ciudad multitud de carteles anuncian el acontecimiento; se respira, alegría y movimiento.
2 El vino, la cerveza y los refrescos corren con fruición. Las calles están engalanadas desde hace unos días.
3 Guirlandas, globos, luces, trajes regionales, pasacalles, risas por todos lados: son las fiestas de la ciudad. ①
4 Helados, niños de vacaciones, bares llenos a reventar, mercados con productos de cada pueblo, música... algarabía alegre.
5 En una gran explanada que se encuentra cerca del Paseo de los Artistas, y que todos los años, por la misma época, es destinada al mismo efecto
6 se encuentran las barracas: casetas de tiro, autos de choque, tiovivos, norias, tómbolas, etc. y las clásicas churrerías y puestos ambulantes de algodones rosas y blancos bien azucarados. ②

Achtundsechzigste Lektion

Jahrmärkte und Feste

1 Am Eingang der Stadt kündigen [eine] Menge von Plakaten das Ereignis an; man atmet Fröhlichkeit und Betrieb (Bewegung).

2 (Der) Wein, (das) Bier und (die) Erfrischungen fließen (laufen) mit Genuß. Die Straßen sind seit einigen Tagen geschmückt.

3 Girlanden, Ballons, Lampen (Lichter), Volkstrachten (regionale Anzüge), Straßenumzüge, Lachen von allen Seiten: [Das] sind die Stadtfeste.

4 Eis (Plural), Kinder in Ferien, Bars zum Bersten voll, Märkte mit Produkten von jedem Dorf, Musik... [ein] fröhliches Getümmel.

5 Auf einem großen Vorplatz (Esplanade), der sich in der Nähe der Künstlerpromenade befindet und der jedes Jahr (alle Jahre) zur gleichen Zeit für den gleichen Zweck bestimmt ist,

6 befinden sich die Buden: Schießbuden, Autoscooter (Zusammenstoßautos), Karussells, Riesenräder, Tombolas, usw. und die klassischen „Churrerías" und mobile Verkaufsstände von rosa und weißer Zuckerwatte (Watten gut gezuckert).

ANMERKUNGEN

① Übrigens, der **pasacalle** wird manchmal auch **chacona** genannt.

② **churrerías** sind typisch spanische, mobile Stände, an denen die **churros**, in Fett gebackene Teigkringel, verkauft werden. Im Deutschen gibt es für diese beiden Wörter keine Entsprechung.

7 Un poco más allá, bajo una carpa inmensa el ayuntamiento ha hecho instalar el circo: enorme caja de resonancia de sueños infantiles de pequeños y grandes. ③

8 Mal que bien, consigo abrirme paso hasta las vallas desde las que una multitud de niños observa a los animales diciendo a sus acompañantes: „Cuando sea mayor, seré domador". ④ ⑤

9 Al otro lado del río, están instaladas las diversas ferias de ganado.

10 Entre los mugidos de las vacas y los olores de paja húmeda, oigo a dos tratantes concluir un contrato.

11 Luego sigo de lejos, durante más de un cuarto de hora, a un grupo folklórico gallego que anima con sus gaitas y sus danzas las calles por las que pasa.

12 Decido ir a dar una vuelta por los barrios viejos. Sé que allí encontraré caras conocidas.

13 Sí. Allí están. Son mis amigos. Compramos churros y nos sentamos en un banco a contemplar el vaivén que nos rodea. ⑥

ANMERKUNGEN

③ **Un poco más allá** „ein bißchen weiter entfernt". Sie können auch sagen **un poco más lejos**.

④ **Mal que bien** „recht und schlecht".

¿COMPRENDE USTED ESTAS FRASES?

❶ He visto los carteles que anunciaban la película. ❷ Es un gran acontecimiento. ❸ El circo estaba lleno a reventar. ❹ Todos los domingos a la misma hora vamos a pasearnos. ❺ Mal que bien, he conseguido terminar. ❻ Al otro lado del paseo está mi casa. ❼ Voy a presentarte a mis amigos.

7 Ein bißchen weiter entfernt (mehr dort) unter einem riesigen Zelt hat die Stadt (Rathaus) den Zirkus aufbauen lassen (gemacht): Spiegelung (enormer Resonanzkörper) von kindlichen Träumen von Jung und Alt (Kleinen und Großen).

8 Recht und schlecht (schlecht wie gut) schaffe ich [es], mir [einen] Weg bis zu den Umzäunungen [zu] bahnen (öffnen), von denen aus eine Menge von Kindern die Tiere beobachtet, und sie sagen zu ihren Kameraden (zu ihren Kameraden sagend): „Wenn ich größer bin, werde ich Dompteur (sein)."

9 Auf der anderen Seite des Flusses sind die verschiedenen Viehmärkte aufgebaut.

10 Zwischen dem Gebrüll (den Gebrüllen) der Kühe und dem Geruch (den Gerüchen) von feuchtem Stroh höre ich zwei Händler einen Vertrag abschließen.

11 Dann verfolge ich von Weitem, während mehr als einer Viertelstunde, eine galizische Folkloregruppe, die mit ihren Dudelsäcken und ihren Tänzen die Straßen belebt, durch die sie geht (passiert).

12 Ich beschließe, eine Runde durch die alten Viertel [zu] machen (geben). Ich weiß, daß ich dort bekannte Gesichter treffen werde.

13 Ja. Dort sind sie. Es sind meine Freunde. Wir kaufen Churros und setzen uns auf eine Bank, um das Kommen und Gehen zu betrachten, das uns umgibt.

ANMERKUNGEN

⑤ **Cuando sea mayor, seré domador** „Wenn ich größer bin, werde ich Dompteur". Das Verb **ser** erscheint hier im Subjuntivo und im Futur. **Cuando** ist eine Konjunktion, nach der der Subjuntivo verwendet wird, wenn der Zeitpunkt der beschriebenen Handlung in der Zukunft liegt.

⑥ **el vaivén** „das Kommen und Gehen" ist entstanden aus **va y ven**.

¿HA USTED COMPRENDIDO LAS FRASES?

❶ Ich habe die Plakate gesehen, die den Film ankündigten. ❷ Es ist ein großes Ereignis. ❸ Der Zirkus war zum Bersten voll. ❹ Jeden Sonntag zur gleichen Zeit gehen wir spazieren. ❺ Recht und schlecht habe ich [es] geschafft, fertig zu werden. ❻ Auf der anderen Seite der Promenade ist mein Haus. ❼ Ich werde dich meinen Freunden vorstellen.

¡COMPLETE USTED LAS FRASES CON LAS PALABRAS QUE FALTAN!

❶ Am Eingang der Stadt gibt es eine Tankstelle.

. .. .

....

❷ Es ist heiß, ich werde eine Erfrischung nehmen.

...., ...

❸ Oft träumen die Kinder davon (damit), einmal (einen Tag) in einem Zirkus zu leben.

. ... con .....

.. ..

❹ Es ist schwierig, sich [einen] Weg durch (mit) diese Schlange zu bahnen.

.. ..

Leccion sesenta y nueve (69.)

„Falsos amigos" ①

1 Su habitación era larga y oscura.
2 Cuando vayas a Turquía, cómprame un sable y un jarrón orientales.
3 Esta mesa es muy práctica y aquella silla muy cómoda.
4 Le contesté que aquel día subí a su casa varias veces para enseñarle el mapa.

⑤ Werdet ihr eine Runde machen, um die Stadt beim Fest (in Festen) zu sehen?

¿. . . .   .

. . . . ?

LAS PALABRAS QUE FALTAN.

① A la entrada de la ciudad hay una gasolinera ② Hace calor, voy a tomar un refresco ③ A menudo los niños sueñan - vivir un día en un circo ④ Es difícil abrirse paso con esta cola ⑤ Vais a dar una vuelta para ver la ciudad en fiestas.

Segunda ola: Lección 19.

Neunundsechzigste Lektion

„Falsche Freunde"

1 Sein Zimmer war lang und dunkel.
2 Wenn du in [die] Türkei fährst, kauf mir einen orientalischen Säbel und eine [orientalische] Vase.
3 Dieser Tisch ist sehr praktisch und jener Stuhl sehr bequem.
4 Ich habe ihm geantwortet, daß ich [an] jenem Tag verschiedene Male zu ihm hinaufgegangen bin, um ihm die Landkarte zu zeigen.

ANMERKUNGEN

① Die Überschrift ist eine Anspielung auf die Besonderheit dieser Lektion: In den Sätzen wimmelt es von Wörtern, die Ihnen aus deutschen Wörtern oder Fremdwörtern vertraut vorkommen mögen. Vorsicht, einige dieser Wörter sind „falsche Freunde".

5 El p**a**dre de mis am**i**gos, un ofici**a**l retir**a**do, compr**ó** un past**e**l y lo parti**ó** en cu**a**tro p**a**ra que nos lo comi**é**ramos, lu**e**go nos di**o** caram**e**los.

6 Estuv**i**mos l**a**rgas h**o**ras en las s**a**las del mus**e**o, contempl**a**ndo alg**u**nos de los cu**a**dros más c**é**lebres del m**u**ndo y s**o**bre t**o**do los de G**o**ya.

7 **A**na, que es enferm**e**ra, expr**i**me un lim**ó**n p**a**ra d**á**rselo al enf**e**rmo.

8 A lo l**e**jos, se div**i**sa la mont**a**ña por la que tendr**e**mos que sub**i**r.

9 Corr**í**a tan de pr**i**sa que parec**í**a vol**a**r; toc**ó** el p**o**ste el prim**e**ro.

10 Las esp**o**sas hic**ie**ron **u**na her**i**da al prision**e**ro en las muñ**e**cas. ②

11 V**o**y a sal**i**r p**a**ra ech**a**r un par de c**a**rtas.

12 Es prec**i**so que v**e**ngas a arregl**a**r la aver**í**a del c**o**che. ③

13 Los labrad**o**res v**i**ven del cult**i**vo de los c**a**mpos.

14 Tom**á**s ti**e**ne **u**na gran cult**u**ra music**a**l.

Von der Grammatik her bietet diese Lektion keine besonderen Schwierigkeiten. Alle hier verwendeten Konstruktionen sind Ihnen bereits bekannt und sollen hier noch einmal wiederholt werden.

¿COMPRENDE USTED ESTAS FRASES?

❶ La c**a**lle **e**ra mu**y** **a**ncha y mu**y** l**a**rga. ❷ Los n**i**ños jug**a**ban en la pl**a**ya con la ar**e**na. ❸ El enf**e**rmo escr**i**be **u**na c**a**rta. ❹ Cu**a**ndo **i**ba a corr**e**os v**i**o ca**e**r el p**o**ste. ❺ Mi esp**o**sa ha compr**a**do un par de past**e**les. ❻ V**o**y a sal**i**r p**a**ra compr**a**r **u**na m**e**sa. ❼ Me g**u**stan el jarr**ó**n y el v**a**so que me has regal**a**do.

5 Der Vater meiner Freunde, ein pensionierter Offizier, hat einen Kuchen gekauft und ihn in vier [Teile] geteilt, damit wir ihn (uns) aßen; dann hat er uns Bonbons (Karamellen) gegeben.

6 Wir sind lange Stunden in den Museumssälen gewesen [und haben] einige der berühmtesten Gemälde der Welt und vor allem die von Goya betrachtet (betrachtend).

7 Ana, die Krankenschwester ist, preßt eine Zitrone aus, um sie (ihm) dem Kranken zu geben.

8 In der Ferne erblickt man das Gebirge, (durch) das wir hinaufsteigen müssen (werden).

9 Er lief so eilig (so von Eile), daß er [zu] fliegen schien; er berührte den Pfeiler als erster.

10 Die Handschellen verwundeten den Gefangenen an den Handgelenken (machten eine Verwundung).

11 Ich werde weggehen, um zwei Briefe (ein Paar von Briefen) einzuwerfen.

12 Es ist nötig, daß du kommst, um die Autopanne zu reparieren.

13 Die Bauern leben vom Anbau der Felder.

14 Tomás hat eine große musikalische Bildung (Kultur).

ANMERKUNGEN

② **La esposa** „die Ehefrau, Gattin". Im Plural verwendet heißt dieses Substantiv auch „die Handschellen".

③ **preciso** „nötig, notwendig". Da dieses Wort eine Notwendigkeit ausdrückt, muß in einem nachfolgenden Nebensatz der Subjuntivo gebraucht werden. **Preciso** kann auch bedeuten „genau, präzise, pünktlich". Das Adverb **precisamente** bedeutet „genau, bestimmt, eigentlich".

¿HA USTED COMPRENDIDO LAS FRASES?

❶ Die Straße war sehr breit und sehr lang. ❷ Die Kinder spielten am Strand mit dem Sand. ❸ Der Kranke schreibt einen Brief. ❹ Als ich zur Post ging, sah ich den Pfosten fallen. ❺ Meine Frau hat zwei Kuchen (ein Paar von Kuchen) gekauft. ❻ Ich werde weggehen, um einen Tisch zu kaufen. ❼ Mir gefallen die Vase und der Krug, die du mir geschenkt hast.

¡COMPLETE USTED LAS FRASES CON LAS PALABRAS QUE FALTAN!

1. Mir gefällt dein Haus, es ist sehr gemütlich, wenn auch ein bißchen dunkel.

   .. .., ... aunque

   .. ..

2. Er hat mir die Landkarte von Kanada mit der (per) Post geschickt.

   .. .. de Canadá ...

   ....

3. Steig in den Zug ein, er wird [gleich] abfahren.

   .... al ...., ...

Leccion setenta (70.)

Revisión y notas

1. Volver

(Siehe Lektion 23, Anmerkung 5; Lektion 45, Anmerkung 5; Lektion 64, Anmerkung 4; Lektion 65, Anmerkung 1.) Die Wiederholung einer Handlung wird im Deutschen mit Hilfe von Adverbien ausgedrückt, z.B. „wieder, von neuem, nochmals", usw. Im Spanischen gibt es entsprechende Ausdrücke: **de nuevo** „von neuem, nochmals"; **otra vez** „noch einmal".

Viel häufiger jedoch wird die Konstruktion **volver a** mit nachfolgendem Infinitiv verwendet: **volver a empezar** „noch einmal beginnen, wiederbeginnen". Manchmal kommen auch beide Konstruktionen zusammen vor:

> **Se ha vuelto a lavar de nuevo.** „Er hat sich noch einmal (von neuem) gewaschen".
>
> **Volver a casa** „nach Hause zurückkehren".

Volverse mit nachfolgendem Adjektiv drückt einen Wechsel, eine Änderung aus und entspricht dem deutschen Verb „werden":

❹ Mein kleiner Bruder sagt, daß es ihm gefallen würde, wie die Vögel [zu] fliegen.

.. .. le gustaría

....

❺ Preß mir eine Apfelsine aus.

....

LAS PALABRAS QUE FALTAN.

❶ Me gusta tu casa, es muy cómoda - un poco oscura ❷ Me ha enviado el mapa - por correo ❸ Sube - tren, va a salir ❹ Mi hermano pequeño dice que - volar como los pájaros ❺ Exprímeme una naranja.

Segunda ola: Lección 20.

Siebzigste Lektion

Se ha vuelto loco. „Er ist verrückt geworden“;

Se ha vuelto pálido. „Er ist bleich geworden“.

2. Cuyo

(Siehe Lektion 65, Anmerkung 4.) **Cuyo** ist ein Relativpronomen, die weibliche Form heißt **cuya**. Es entspricht dem deutschen Relativpronomen „dessen“ oder „deren“, richtet sich aber im Gegensatz zum Deutschen nicht nach dem vorhergehenden Bezugswort, sondern nach dem folgenden Substantiv: „jener Maler, dessen Werke Sie bewundern“: **ese pintor cuyas obras admira usted**; „ein Baum, an dessen Zweigen keine Früchte sind“: **un árbol en cuyas ramas no hay fruta**; „die Freundin, deren Bruder ich eingeladen habe“: **la amiga a cuyo hermano he invitado**.

Wie Sie sehen, kann vor **cuyo**, **cuya** - genau wie im Deutschen - eine Präposition (Verhältniswort) stehen:

el amigo con cuya madre estuve de vacaciones „der Freund, mit dessen Mutter ich in Ferien war“.

Sie werden mit diesem Relativpronomen sicherlich keine Schwierigkeiten haben.

3. Del que, de quien

(Siehe Lektion 50, Anmerkung 3.) **Del que**, **de la que**, **de los que**, **de las que** und **de quien** sind ebenfalls Relativpronomina. **De quien** kann sich nur auf Personen beziehen, während die anderen Formen sowohl Gegenstände als auch Personen bezeichnen können.

Es un honor del que soy indigno. „Es ist eine Ehre, derer ich nicht würdig bin";

ese amigo de quien está usted separado „Jener Freund, von dem Sie getrennt sind";

el señor de quien le hablé „der Herr, von dem ich Ihnen erzählt habe";

ese pintor de quien soy un admirador „dieser Maler, von dem ich ein Bewunderer bin, dessen Bewunderer ich bin";

la película de la que me has hablado „der Film, von dem du mir erzählt hast".

Auch mit diesen Relativpronomina werden Sie keine allzu großen Schwierigkeiten haben.

4. Presente de subjuntivo

(Siehe Lektion 67; Lektion 68, Anmerkung 4.) Der Subjuntivo ist ein Modus, d.h. eine Aussageweise, mit der die persönliche Einstellung des Sprechers zu einer Handlung zum Ausdruck gebracht wird. Der Subjuntivo erscheint vorwiegend in Nebensätzen, die durch **que** oder eine andere Konjunktion eingeleitet werden. Die Aussage im Nebensatz kann eine Tatsache oder auch nur eine Möglichkeit bezeichnen; wesentlich ist, daß der Sprecher seine subjektive Einstellung angibt, was in dem einleitenden Verb zum Ausdruck kommt. Der Subjuntivo steht also nach Verben und Ausdrücken,

- die eine Willensäußerung beinhalten:

  Deseo que lo hagas. „Ich wünsche, daß du es machst";

  Es necesario que venga hoy. „Es ist nötig, daß er heute kommt";

- die ein Gefühl (Angst, Hoffnung, Freude, Erstaunen, usw.) ausdrücken:

Me alegro de que hayas llegado a tiempo. „Ich freue mich, daß du rechtzeitig angekommen bist";

- die einen Zweifel, eine Möglichkeit oder Unwahrscheinlichkeit ausdrücken:

  Es imposible que alcancemos el tren. „Es ist unmöglich, daß wir den Zug erreichen".

Weiterhin steht der Subjuntivo

- in Nebensätzen, die durch **cuando**, **antes** (**de**) **que**, **mientras**, **hasta que** eingeleitet werden, wenn sie sich auf die Zukunft beziehen:

  cuando vayas a ver a Pedro „wenn du Pedro besuchen gehst";

  Ven cuando puedas. „Komm, wenn du kannst";

  Díselo antes de que se vaya. „Sag es ihm, bevor er weggeht".

- in Relativsätzen, die einen Wunsch oder eine Möglichkeit ausdrücken:

  Los que estén cansados podrán irse. „Diejenigen, die müde sind, werden weggehen können";

  Busco un coche que no sea caro. „Ich suche ein Auto, das nicht teuer ist".

Wir werden auf die Verwendung des Subjuntivo noch öfter zu sprechen kommen. Wenn Sie in den nächsten Lektionen auf Subjuntivo-Formen stoßen, sollten Sie sich jedesmal die zugrundeliegende Regel klarmachen. Auf diese Weise werden Sie sich sehr schnell an ihre richtige Anwendung gewöhnen.

5. Schreiben Sie in Spanisch

1 Erzähl mir noch einmal von dem, wovon du mir heute morgen erzählt hast.

2 Die Vögel, deren Nester in jenen Bäumen sind, werden zurückkehren.

3 Ich habe nur zwei Geldstücke zu fünf Duros.

4 Sag mir, was du willst.

5 Ein bißchen weiter entfernt war ein Offizierssäbel.

6 Wir haben lange Tage gewartet, bevor wir ihn sehen konnten (bevor ihn sehen zu können).

▶ Leccion setenta y una (71.)

Baldomero va al psicoanalista

1 A pesar de los esfuerzos de Remedios, Baldomero no consigue levantar el ánimo y se debate en su lecho como un animal enjaulado. ①

2 En el fondo, lucha contra sí mismo, contra lo que él llama „la tragedia de mi vida“; contra el destino oscuro que le persigue desde su más tierna infancia.

3 Remedios no puede más y, a escondidas, una noche estrellada de luna llena ha ido a tirarse al río. ② ③

Übersetzung

1 Vuelve a hablarme de lo que me has hablado esta mañana.

2 Los pájaros cuyos nidos están en esos árboles volverán.

3 No tengo más que dos monedas de cinco duros.

4 Dime lo que quieras.

5 Un poco más allá había un sable de oficial.

6 Esperamos largos días antes de poder verlo.

Segunda ola: Lección 21 (revisión).

Einundsiebigste Lektion

Baldomero geht zum Psychoanalytiker

1 Trotz der Bemühungen von Remedios schafft Baldomero [es] nicht, Mut zu fassen (den Mut zu heben) und sträubt sich in seinem Bett wie ein eingesperrtes Tier.

2 Im Grunde kämpft er gegen sich selbst, gegen das, was er „die Tragödie meines Lebens" nennt, gegen das dunkle Schicksal, das ihn seit seiner zartesten Kindheit verfolgt.

3 Remedios kann nicht mehr, und heimlich (mit Versteckspielen) hat sie sich [in] einer sternenklaren Nacht bei Vollmond in den Fluß gestürzt (ist sie gegangen, sich in den Fluß zu stürzen).

ANMERKUNGEN

① **levantar el ánimo** „Mut fassen, Mut zusprechen". **¡Ánimo!** „Nur Mut! Kopf hoch!" (Satz 10). **Estar animado a** mit nachfolgendem Infinitiv: „Lust haben zu".

② **a escondidas** „versteckt, heimlich". **Esconder** „verstecken, verheimlichen". **El juego del escondite** „das Versteckspiel".

③ **río** „Fluß, Strom".

4 Un acreedor que se inquieta mucho por la salud de Baldomero - menos mal que siempre hay buenos amigos - vino a verle al día siguiente.

5 Después de largas horas de discusión, Baldomero quedó convencido de la necesidad de ir a ver a un médico.

6 Pero como es vegetariano y tiene ideas muy fijas sobre los diferentes métodos de cura, no ha elegido cualquier médico.

7 Ha elegido, ni más ni menos, un psiquiatra que no es muy conocido pero del que le han hablado muy bien.

8 Dos días más tarde, Baldomero llama a la puerta. Un ama de llaves tuerta abre, saluda a Baldomero efusivamente y le hace pasar al despacho.

9 – Buenos días doctor, no puedo más, tengo ganas de llorar, no sé que hacer, necesito su ayuda, ¡ah...! ya empiezo a llorar... pero... ¡por el amor del cielo, dígame algo!

10 – Vamos... Vamos... no se abandone así... ¿Sabe? Comportándose así usted da una muy lamentable impresión. ¡Ánimo! ¡La vida es bella!

11 – Tiene usted razón doctor, sus palabras son un rayo de luz en la noche de mi corazón herido. De ahora en adelante, pensaré a menudo en ellas.

12 – Bueno, hemos sobrepasado el tiempo que nos habíamos fijado. Me debe cinco mil pesetas. Sí, sí, puede hacerme un cheque. Nos veremos la semana que viene a la misma hora.

13 – ¡Ah... doctor! ¿Qué voy a hacer sin usted durante una semana? Pero comprendo... La vida es, a veces, cruel y sin piedad. Adiós, doctor.

4 Ein Gläubiger, der sich sehr wegen Baldomeros Gesundheit beunruhigt - ein Glück, daß es immer gute Freunde gibt - kam ihn am folgenden Tag besuchen (zu sehen).

5 Nach langen Stunden der Diskussion war (blieb) Baldomero überzeugt von der Notwendigkeit, einen Arzt aufzusuchen (sehen zu gehen).

6 Aber weil er Vegetarier ist und sehr feste Vorstellungen (Ideen) von den (über die) verschiedenen Methoden von Heilung hat, hat er nicht irgendeinen Arzt ausgewählt.

7 Er hat, nicht mehr [und] nicht weniger, einen Psychiater ausgewählt, der nicht sehr bekannt ist, aber von dem man ihm viel Gutes (sehr gut) erzählt hat.

8 Zwei Tage später läutet Baldomero an der Tür. Eine halbblinde Haushälterin (Herrin von Schlüsseln) öffnet, begrüßt Baldomero herzlich und läßt (macht) ihn ins Arbeitszimmer durchgehen.

9 – Guten Tag, [Herr] Doktor, ich kann nicht mehr, ich habe Lust zu weinen, ich weiß nicht, was [ich] machen [soll], ich brauche Ihre Hilfe, ach, ich fange schon an zu weinen..., aber..., um Himmels Willen (bei der Liebe des Himmels), sagen Sie mir etwas!

10 – Aber, aber (gehen wir, gehen wir)... lassen Sie sich nicht so gehen (geben Sie sich nicht so auf)... Wissen Sie? Wenn Sie sich so aufführen (sich so verhaltend), geben Sie einen sehr jämmerlichen Eindruck [ab]. Kopf hoch! Das Leben ist schön!

11 – Sie haben recht, [Herr] Doktor, Ihre Worte sind ein Lichtstrahl in der Nacht meines wunden (verletzten) Herzens. Von jetzt an (von nun nach vorwärts) werde ich oft daran (an sie) denken.

12 – Gut, wir haben die Zeit überschritten, die wir uns festgesetzt hatten. Sie schulden mir fünftausend Peseten. Ja, ja. Sie können mir einen Scheck ausstellen (machen). Wir werden uns kommende Woche zur gleichen Stunde sehen.

13 – Ach, [Herr] Doktor! Was werde ich eine Woche lang (während einer Woche) ohne Sie machen? Aber ich verstehe... Das Leben ist manchmal grausam und ohne Erbarmen. Auf Wiedersehen, [Herr] Doktor.

¿COMPRENDE USTED ESTAS FRASES?

1 A pesar de que pensábamos que no vendrías te esperamos. 2 En el fondo es muy simpático. 3 No puede más, está muy cansada. 4 A escondidas se comía los caramelos. 5 No elijas cualquier película. 6 Hágale pasar a la sala de espera. 7 No sé qué hacer.

¡COMPLETE USTED LAS FRASES CON LAS PALABRAS QUE FALTAN!

1 Obwohl ich mich beeilt habe (trotz des mich beeilt Habens), bin ich nicht rechtzeitig angekommen,

. ...

....

2 Nicht mehr [und] nicht weniger.

.. ..

3 Sagen Sie mir, was Sie darüber denken.

....

Lernhinweis

1. Sie haben wohl schon bemerkt, daß unsere Sätze immer länger und komplexer werden. Sie haben nun schon einen ansehnlichen Wortschatz, den wir ständig anwenden und erweitern wollen, wobei wir Ihnen vor allem feste Redewendungen und sehr häufig vorkommende Sätze vorstellen. Übrigens: Manche Texte mögen Ihnen vielleicht ein bißchen unwahrscheinlich vorkommen; auf jeden Fall sind sie hervorragend geeignet, um Ihre Wortschatz- und Grammatikkenntnisse zu vertiefen.

2. Bisher haben wir den Indefinido, der ja im Deutschen keine Entsprechung hat, durch das Perfekt oder das Imperfekt übersetzt. Wir werden auch weiterhin so verfahren, wollen Ihnen aber von nun an hinter der jeweiligen Übersetzung in Klammern einen Hinweis geben, daß an dieser Stelle im spanischen Satz der Indefinido erscheinen muß. In den Übungen werden wir genauso verfahren, um Sie langsam an den richtigen Gebrauch dieser Zeitform zu gewöhnen.

¿HA USTED COMPRENDIDO LAS FRASES?

❶ Obwohl wir glaubten, daß du nicht kämst, haben wir dich erwartet. ❷ Im Grunde ist er sehr sympathisch. ❸ Sie kann nicht mehr, sie ist sehr müde. ❹ Heimlich aß sie (sich) die Bonbons. ❺ Wähl nicht irgendeinen Film aus. ❻ Lassen Sie ihn ins Wartezimmer durchgehen. ❼ Ich weiß nicht, was ich machen soll.

❹ Von jetzt an werde ich oft gehen.

.. ..

❺ Sie haben die Zeit überschritten, die sie (sich) festgesetzt hatten.

... .
....

LAS PALABRAS QUE FALTAN.

❶ A pesar de haberme dado prisa no he llegado a tiempo ❷ Ni más ni menos ❸ Dígame lo que piensa de ello ❹ De ahora en adelante iré a menudo ❺ Han sobrepasado el tiempo que se habían fijado.

3. Schließlich wollen wir Sie bitten, von nun an regelmäßig im grammatischen Anhang zu blättern und sich die Konjugationen der unregelmäßigen Verben anzusehen, ohne sie aber auswendig zu lernen. Die Verwendung dieser Verben in den laufenden Lektionen und in den Wiederholungsübungen wird dazu beitragen, daß sie Ihnen mit der Zeit geläufig werden.

Segunda ola: Lección 22.

▶ Leccion setenta y dos (72.)

¿Suic**i**dio? ¿Asesin**a**to?
O, las pal**a**bras, **e**sos m**o**nstruos

1 El c**é**lebre escrit**o**r R.I.P. ha s**i**do encontr**a**do mu**e**rto

2 en su resid**e**ncia verani**e**ga de „Los crisant**e**mos“. ①

3 Seg**ú**n fu**e**ntes bi**e**n inform**a**das, ay**e**r n**o**che, ②

4 el escrit**o**r se retir**ó** a su desp**a**cho con obj**e**to de redact**a**r ③

5 las **ú**ltimas p**á**ginas de sus mem**o**rias.

6 Al parec**e**r, en un mom**e**nto de inadvert**e**ncia, ④

7 al inclin**a**rse s**o**bre el diccion**a**rio, en persecuci**ó**n de un t**é**rmino, el infortun**a**do cay**ó** en él.

8 Un n**ú**mero indetermin**a**do de pal**a**bras que se encontr**a**ban agazap**a**das

9 en d**i**cho diccion**a**rio, salt**a**ron a la garg**a**nta del desgraci**a**do

10 ahog**á**ndole instant**á**neamente.

Zweiundsiebzigste Lektion

Selbstmord? Mord?
oder
Die Wörter, diese Ungeheuer

1 Der berühmte Schriftsteller R.I.P. ist tot [auf]gefunden worden
2 in seiner Sommerresidenz „Die Chrysanthemen".
3 Nach gut informierten Quellen (gestern abend)
4 zog (Indef.) sich der Schriftsteller gestern abend in sein Arbeitszimmer zurück mit [der] Absicht,
5 die letzten Seiten seiner Memoiren abzufassen.
6 Anscheinend, in einem Moment der Unachtsamkeit
7 als er sich auf [der] Suche (Verfolgung) nach einem Ausdruck (Terminus) über das Wörterbuch beugte (beim sich Beugen über das Wörterbuch), fiel (Indef.) das Unglückliche auf ihn.
8 Eine unbestimmte Zahl von Wörtern, die sich in besagtem Wörterbuch versteckt befanden,
9 sprangen (Indef.) an die Kehle des Unglücklichen
10 und erwürgten ihn (ihn erwürgend) auf der Stelle (sofort).

ANMERKUNGEN

① **veraniego** „sommerlich, Sommer-„. **Los veraneantes** „die Sommerfrischler". **Ir de veraneo a...** „den Sommerurlaub in ... verbringen".

② **ayer noche** oder **ayer por la noche** oder **anoche** „gestern abend, nacht".

③ **despacho** „Büro, Arbeitszimmer", aber es kann auch „Mitteilung, Depesche" bedeuten.

④ **Al parecer** „dem Anschein nach, anscheinend".

11 La familia se ha negado a hacer cualquier tipo de comentario, ⑤

12 así como a responder a las preguntas que llegan de todas las partes del mundo.

13 La ciudad entera ha quedado muda de estupefacción.

14 Algunos se aventuran a decir que hay silencios que hablan.

¿COMPRENDE USTED ESTAS FRASES?

❶ Cervantes es célebre en el mundo entero. ❷ Maite y Antonio pasan unos días en su residencia de verano. ❸ Estaré a las ocho en el despacho. ❹ Me han regalado un nuevo diccionario. ❺ Le duele la garganta. ❻ ¿Te han hecho preguntas? ❼ Me gusta escuchar al silencio.

¡COMPLETE USTED LAS FRASES CON LAS PALABRAS QUE FALTAN!

❶ Sie haben einen kleinen Strand ein bißchen entfernt gefunden.

. . . .

. . . .

❷ Er schläft gerade.

. . . .

❸ Von wo fährst du ab?

¿ . . . . ?

❹ Die Kommentare waren (Indef.) günstig.

. . . .

▶ Leccion setenta y tres (73.)

¿Qué nos aconseja?

1 Luis y Mari-Angeles van a casarse pronto y, de común acuerdo, han decidido comprar algo que tenga techo.

11 Die Familie hat sich geweigert, irgendeine Art (Typ) von Kommentar abzugeben (zu machen),

12 ebenso wie auf die Fragen zu antworten, die aus allen Teilen der Welt kommen.

13 Die ganze Stadt ist stumm vor Bestürzung (geblieben).

14 Einige wagen (sich) zu sagen, daß es Schweigen (Plural) gibt, das spricht.

ANMERKUNGEN

(5) **cualquiera** „irgendein(e), jede(r, -s) beliebige". Folgt ein Substantiv, so steht die verkürzte Form **cualquier**.

¿HA USTED COMPRENDIDO LAS FRASES?

❶ Cervantes ist in der ganzen Welt berühmt. ❷ Maite und Antonio verbringen einige Tage in ihrer Sommerresidenz. ❸ Ich werde um acht im Büro sein. ❹ Man hat mir ein neues Wörterbuch geschenkt. ❺ Er hat Halsschmerzen (ihm schmerzt der Hals). ❻ Hat man dir Fragen gestellt (gemacht)? ❼ Ich höre gern dem Schweigen zu.

❺ Er wußte (Indef.) nicht, was [er] sagen [sollte].

.. ..

LAS PALABRAS QUE FALTAN.

❶ Han encontrado una playa pequeña un poco más lejos ❷ Está durmiendo ❸ De dónde sales ❹ Los comentarios fueron favorables ❺ No supo qué decir.

Segunda ola: Lección 23.

Dreiundsiebzigste Lektion

Was raten Sie uns?

1 Luis und Mari-Angeles werden (sich) bald heiraten, und in gegenseitigem Einvernehmen haben sie beschlossen, [sich] ein Haus (etwas, was Dach hat) zu kaufen.

2 No tienen dinero pero juegan mucho a la lotería y son de los que creen que la esperanza es lo último que se pierde.

3 En este mismo momento se dirigen en un taxi a la agencia inmobiliaria en la que tienen cita con el director.

4 – Yo diría que no es por aquí, aunque no he venido nunca, mi intuición femenina me dice que éste no es el camino.

5 – ¿Cómo puedes poner en duda la honradez profesional de un taxista? Aunque... Señor, ¿está seguro de que es por aquí?

6 – Si no están contentos no tienen más que bajarse ¡pues no faltaba más! Y el taxista piensa y se dice: ¡Qué clientes! Y en alta voz: Es aquí. ①

7 – El taxímetro marca cuatro cincuenta euros; tome sesentas y quédese con la vuelta. ② ③

8 – Mientras pagas voy a llamar el ascensor, así no tendremos que esperar.

9 El director, que cree tener buen olfato para los negocios, ha mandado servir en su despacho café para tres personas.

10 Una vez hechas las presentaciones, Luis comienza la conversación: – Mi futura esposa y yo quisiéramos comprar una casa. ④

2 Sie haben kein Geld, aber spielen viel in der Lotterie, und sie gehören zu denen (sind von denen), die glauben, daß die Hoffnung das Letzte ist, was man verliert.

3 In genau (selbst) diesem Augenblick fahren sie (dirigieren sich) in einem Taxi zu der Immobilienagentur, in der sie [eine] Verabredung mit dem Geschäftsführer (Direktor) haben.

4 – Ich würde sagen, daß es nicht hierher geht (ist), obwohl ich noch nie gekommen bin; meine weibliche Intuition sagt mir, daß dies nicht der Weg ist.

5 – Wie kannst du die berufliche Rechtschaffenheit eines Taxifahrers in Zweifel ziehen (setzen)? Obwohl... (Herr), sind Sie sicher, daß es hierher geht (ist)?

6 – Wenn Sie (Plural) nicht zufrieden sind, brauchen Sie nur auszusteigen (müssen Sie nicht mehr als sich aussteigen). Das wäre ja noch schöner (dann fehlte nicht mehr)! Und der Taxifahrer denkt und sagt sich: „Was für Kunden!“ und laut (in lauter Stimme): „Hier ist es“.

7 – Das Taxameter zeigt vierundfünfzig Euro an; nehmen Sie sechzig und behalten Sie den Rest (bleiben Sie sich mit dem Wechselgeld).

8 – Während du bezahlst, werde ich den Aufzug holen (rufen), so werden wir nicht warten müssen.

9 Der Direktor, der glaubt, [einen] guten Riecher (Geruchssinn) für die Geschäfte zu haben, hat in seinem Büro Kaffee für drei Personen servieren lassen (befohlen).

10 Nachdem man sich vorgestellt hat (einmal die Vorstellungen gemacht), beginnt Luis das Gespräch: „Meine zukünftige Frau und ich würden gerne ein Haus kaufen“.

ANMERKUNGEN

① **¡pues no faltaba más!** „Das fehlte noch! Das wäre ja noch schöner“.

② Im Buch haben wir hier einen aktuellen Euro-Betrag eingesetzt, während Sie auf den Tonaufnahmen noch die alte Version, cuatrocientas cincuenta pesetas "450 Peseten" und quinientas "500", hören.

③ **quédese con la vuelta** „behalten Sie den Rest“. **La vuelta** ist das, was zurückgegeben wird, das Wechselgeld. Wir kennen dieses Substantiv auch schon in den Bedeutungen „Runde, Rückkehr, Rückfahrt“.

④ **comenzar** hat dieselbe Bedeutung wie **empezar**: „anfangen, beginnen“. **Comenzar el pastel** „den Kuchen anschneiden“. **Empezar la partida** „die Partie eröffnen“.

11 – No, **u**na c**a**sa no, un p**i**so. **U**na c**a**sa da m**u**cho trab**a**jo y, adem**á**s, no ten**e**mos din**e**ro. Un pis**i**to con tres o cu**a**tro habitaci**o**nes nos b**a**sta. ④

12 – ¿No ti**e**nen din**e**ro? ¿Y qué h**a**cen ust**e**des aquí? Me h**a**cen perd**e**r el ti**e**mpo y desperdici**a**r mi caf**é**.

13 – No se enf**a**de, nu**e**stro probl**e**ma es que mi fut**u**ra esp**o**sa y yo no est**a**mos a men**u**do de acu**e**rdo y... ¿qui**é**n mej**o**r que ust**e**d pu**e**de aconsej**a**rnos?

14 – ¿Aconsej**a**rles? ¡Ensegu**i**da! Ti**e**nen dos posibilid**a**des: la más razon**a**ble es que no se c**a**sen y si se c**a**san, ent**o**nces, les acons**e**jo que t**o**men c**a**da **u**no un abog**a**do.

¿COMPRENDE USTED ESTAS FRASES?

❶ En **e**ste m**i**smo mom**e**nto est**a**ba pens**a**ndo en ti. ❷ No cr**e**o que **é**sta s**e**a su c**a**sa. ❸ ¿Est**á**s seg**u**ro de que no es por aquí? ❹ Pu**e**des baj**a**rte de ahí, ya he termin**a**do. ❺ No falt**a**bas más que tú. ❻ Qu**é**date con la vu**e**lta. ❼ ¿S**a**bes si h**a**y ascens**o**r en su c**a**sa?

¡COMPLETE USTED LAS FRASES CON LAS PALABRAS QUE FALTAN!

❶ Ich habe gesagt, daß man mir das Frühstück am Bett serviert.

.. .. que .. .. en la .... .

❷ Wir würden euch [in] der nächsten Woche gern besuchen (sehen gehen).

....

❸ Mir genügt (mit) ein bißchen Milch.

.. ..

11 – Nein, ein Haus nicht, eine Wohnung. Ein Haus macht (gibt) viel Arbeit, und außerdem haben wir kein Geld. Eine kleine Wohnung mit drei oder vier Zimmern genügt uns.

12 – Sie haben kein Geld? Und was machen Sie hier? Ich vergeude meine Zeit und verschwende meinen Kaffee (Sie machen mich die Zeit verlieren und meinen Kaffee verschwenden).

13 – Ärgern Sie sich nicht, unser Problem ist, daß meine zukünftige Ehefrau und ich [uns] oft nicht einig sind, und... wer besser als Sie kann uns raten?

14 – Ihnen raten? Sofort! Sie haben zwei Möglichkeiten: Die vernünftigste ist, daß Sie (sich) nicht heiraten, und wenn Sie (sich) heiraten, dann rate ich Ihnen, daß Sie jeder (einer) einen Rechtsanwalt nehmen.

ANMERKUNGEN

④ **un piso** „eine Wohnung"; **un apartamento** oder **apartamiento** „ein Appartment, eine kleine Wohnung". **piso** heißt übrigens auch „Etage, Stockwerk"; „ein Haus mit sechs Etagen": **una casa de seis pisos**.

¿HA USTED COMPRENDIDO LAS FRASES?

❶ In diesem (selben) Moment dachte ich gerade an dich. ❷ Ich glaube nicht, daß dieses sein Haus ist. ❸ Bist du sicher, daß es nicht hier in der Nähe ist? ❹ Du kannst von dort aussteigen, ich habe schon geendet. ❺ Du hast gerade noch gefehlt (nicht fehltest mehr als du). ❻ Behalt den Rest. ❼ Weißt du, ob es [einen] Aufzug bei ihm zu Hause gibt?

❹ Es lohnt nicht (die Mühe), daß du dich ärgerst.

.. ..

❺ Was ist es, was du uns rätst?

¿... .. ..?

LAS PALABRAS QUE FALTAN.

❶ He dicho – me sirvan el desayuno – cama ❷ Quisiéramos ir a veros la semana próxima ❸ Me basta con un poco de leche ❹ No vale la pena que te enfades ❺ Qué es lo que nos aconsejas.

In dieser Lektion haben Sie einige Bedingungsformen gefunden. Wir wollen Ihnen hier noch ein paar Beispiele zeigen:

Me gustaría ir. „Ich würde gern gehen";

Ahora beberíamos algo fresco. „Jetzt würden wir etwas Kühles trinken";

¿Irías ahora? „Würdest du jetzt gehen?".

▶ Leccion setenta y cuatro (74.)

Los Reyes Magos ①

1 Nochebuena, Navidad, nochevieja, año nuevo, aunque recientes, les parecen lejanas a los niños la noche del cinco de enero.

2 Para ellos, el día cinco es un día de febril espera, de sueño permanente, de inquietud alegre: el día seis son los Reyes Magos.

3 Los adultos se ven desbordados por oleadas de preguntas que no son siempre fáciles de responder.

4 – Hoy, hay que irse muy pronto a la cama para que cuando vengan los Reyes estemos dormidos. ②

Wir wollen Sie noch einmal daran erinnern, daß wir in den Lektionen verstärkt solche Redewendungen und Ausdrücke vorstellen, die im Deutschen keine wörtliche Übersetzung haben, in der Umgangssprache aber sehr gebräuchlich sind. Hier noch einmal einige Beispiele, die Sie schon kennen: **en el fondo** „im Grunde“; **a pesar de** „trotz“; **darse prisa** „sich beeilen“; **en este mismo momento** „genau in diesem Moment, zur Zeit“.

Segunda ola: Lección 24.

Vierundsiebzigste Lektion

Die Heiligen Drei Könige (Die Magier-Könige)

1 Heiligabend (gute Nacht), Weihnachten, Silvester (alte Nacht), Neujahr, obwohl [erst] kürzlich, erscheinen sie den Kindern weit entfernt [in] der Nacht vom fünften Januar.

2 Für sie ist der Fünfte (der Tag fünf) ein Tag von fieberhafter Erwartung, von ständigem Traum, von freudiger Unruhe: Am Sechsten sind die Heiligen Drei Könige (Magier-Könige).

3 Die Erwachsenen sehen sich überschüttet von Fluten von Fragen, die nicht immer leicht zu beantworten sind.

4 – Heute muß man sehr früh ins Bett gehen, damit, wenn die Könige kommen, wir eingeschlafen sind.

ANMERKUNGEN

(1) In Spanien bekommen die Kinder ihre Geschenke nicht am Heiligen Abend oder Weihnachtstag, sondern am 6. Januar, dem Tag der Heiligen Drei Könige. Diese gehen, genau wie bei uns das Christkind oder der Weihnachtsmann, von Haus zu Haus und bringen den Kindern, die vorher einen Wunschzettel geschrieben haben, ihre Geschenke. In den letzten Jahren hat man allerdings begonnen, sich am Weihnachtstag oder an Neujahr zu beschenken. Für die Kinder aber wird der 6. Januar immer der wichtigste Tag bleiben.

(2) Wir haben in diesem Dialog zwischen einem Erwachsenen und einem Kind darauf geachtet, daß die Redeweise der beiden auch realistisch ist und der Dialog sich wirklich so abspielen könnte. Wie Sie sehen, haben Kinder keine Angst vor der Verwendung des Subjuntivo.

5 – ¡Claro que sí! Y tendrás que dejar tus zapatos bien limpios en la ventana para que los Reyes los vean cuando lleguen y te dejen lo que les has pedido.

6 – Espero que ya habrán recibido mi carta y que me traigan todo lo que les he pedido:

7 un juego de construcción de madera, discos y libros de cuentos, una pelota y muchas cosas y he pedido también juguetes para todos mis amigos,

8 y también he pedido flores para ti y colonia para la abuela. Al final de la carta he puesto „y lo que sus majestades quieran“. ③

9 – No sé si van a poder traerte tantas cosas porque tienen que pasar por todas las casas. Mañana veremos todo.

10 – ¿Vamos a ir a ver la cabalgata? Yo quiero ver a Baltasar porque es mi rey y quiero recordarle donde vivimos. ④

11 – Sí, vístete porque vamos a salir dentro de un rato. Luego volveremos y te tendrás que ir pronto a la cama.

12 – Eso es lo que menos me gusta del día de los reyes.

13 Al año que viene les voy a escribir para decirles que vengan a nuestra casa al final, así podré irme a la cama más tarde.

5 – Natürlich (klar daß ja)! Und du wirst deine Schuhe ganz (gut) sauber am Fenster [stehen]lassen müssen, damit die Könige sie sehen, wenn sie ankommen, und dir das geben (lassen), [um] was du sie gebeten hast.

6 – Ich hoffe, daß sie schon meinen Brief erhalten haben (werden) und daß sie mir alles bringen, [um] was ich sie gebeten habe:

7 ein Holzbauspiel, Schallplatten und Bücher mit (von) Erzählungen, einen Ball und viele Sachen, und ich habe auch [um] Spielsachen für alle meine Freunde gebeten,

8 und ich habe auch [um] Blumen für dich gebeten und Kölnisch [Wasser] für die Großmutter. An den Schluß des Briefs habe ich gesetzt: „Und was Ihre Majestäten wünschen".

9 – Ich weiß nicht, ob sie dir so viele Sachen werden bringen können, weil sie in allen Häusern vorbeigehen müssen. Morgen werden wir alles sehen.

10 – Werden wir uns den Reiterzug ansehen (sehen gehen)? Ich möchte Balthasar sehen, weil er mein König ist und ich ihn [daran] erinnern möchte, wo wir wohnen.

11 – Ja, zieh dich an, weil wir gleich (in einer Weile) losgehen werden. Dann werden wir zurückkehren, und du wirst früh ins Bett gehen müssen.

12 – Das ist es, was mir nicht so gut (weniger) am [Drei]königstag gefällt.

13 Im nächsten Jahr werde ich ihnen schreiben, um ihnen zu sagen, daß sie zu unserem Haus zum Schluß kommen [sollen], so werde ich später ins Bett gehen können.

ANMERKUNGEN

(3) **y lo que sus majestades quieran** „und was Ihre Majestäten wünschen". Mit dieser höflichen Floskel beenden die Kinder oft ihre Briefe an die Heiligen Drei Könige.

(4) **cabalgata** „Reiterzug". Dieses Wort wird nur verwendet für die Umzüge der Heiligen Drei Könige in den Städten und für Umzüge an anderen Festtagen.

¿COMPRENDE USTED ESTAS FRASES?

❶ Pas**a**mos la n**o**chevi**e**ja **e**ntre am**i**gos. ❷ D**e**ntro de dos días ser**á** Navid**a**d. ❸ Tendr**á**s que dec**i**rles que v**e**ngan más pr**o**nto. ❹ Cu**a**ndo vi**e**nen su**e**len tra**e**rnos fl**o**res. ❺ ¿Qué te ha ped**i**do? ❻ A los n**i**ños les g**u**stan los jugu**e**tes. ❼ Tra**e**d lo que quer**á**is.

¡COMPLETE USTED LAS FRASES CON LAS PALABRAS QUE FALTAN!

❶ Ich hoffe, daß sie die Notiz (Anmerkung) gesehen haben (werden), die ich ihnen hinterlassen habe.
. . . . nota . . .
. . . .

❷ Wo ist das Kölnisch [Wasser], das du mir gekauft hast?
¿ . . . .
. . . . ?

❸ Ich weiß nicht, ob sie werden kommen können.
. . . .

▶ Leccion setenta y cinco (75.)

Fav**o**res **e**ntre am**i**gos

1 – Sus**a**na me ha propu**e**sto que v**a**ya a pas**a**r la t**a**rde a su c**a**sa p**a**ra ayud**a**rle a revel**a**r las f**o**tos que hic**i**mos el **ú**ltimo d**í**a que fu**i**mos de excursi**ó**n.

2 – ¡Estup**e**ndo! T**e**ngo much**í**simas g**a**nas de v**e**rlas. Ya ni me acu**e**rdo si **e**ran f**o**tos en bl**a**nco y n**e**gro o en col**o**r. ① ②

¿HA USTED COMPRENDIDO LAS FRASES?

❶ Wir haben Silvester mit (unter) Freunden verbracht (Indef.). ❷ In zwei Tagen wird Weihnachten sein. ❸ Du wirst ihnen sagen müssen, daß sie früher kommen sollen. ❹ Wenn sie kommen, pflegen sie uns Blumen mitzubringen. ❺ Um was hat er dich gebeten? ❻ Den Kindern gefallen die Spielsachen. ❼ Bringt mit, was ihr möchtet.

❹ Das ist es, was mir mehr gefällt.

... .

❺ Ich bin als Letzter angekommen.

.. ..

LAS PALABRAS QUE FALTAN.

❶ Espero que habrán visto la – que les he dejado ❷ Dónde está la colonia que me has comprado ❸ No sé si van a poder venir ❹ Eso es lo que más me gusta ❺ He llegado el último.

Segunda ola: Lección 25.

Fünfundsiebzigste Lektion

Gefallen (Plural) **unter Freunden**

1 – Susana hat mir vorgeschlagen, daß ich den Nachmittag bei ihr verbringe (verbringen gehe), um ihr zu helfen, die Fotos zu entwickeln, die wir am letzten Tag gemacht haben (Indef.), den wir auf Exkursion waren (Indef.).

2 – Toll! Ich habe größte Lust (Plural), sie zu sehen. Ich weiß (erinnere mich) nicht einmal mehr, ob es Fotos in schwarzweiß oder in Farbe waren.

ANMERKUNGEN

① **Estupendo** „fabelhaft, toll, großartig". Dies ist ein Ausruf, der eine Zustimmung und hohe Wertschätzung ausdrückt. In einem Satz als Attribut verwendet, hat es die Bedeutung „hervorragend, ausgezeichnet": **Estos zapatos son estupendos** „Diese Schuhe sind ausgezeichnet".

② **Tengo muchísimas ganas** „Ich habe größte Lust, riesige Lust".

3 – Son en col**o**r, fu**i** yo m**i**sma la que compr**ó** el carr**e**te. De las mej**o**res, har**e**mos diapositi**v**as. ¡Al fin**a**l, podr**á**s estren**a**r tu proyect**o**r!

4 – Est**a**ba pens**a**ndo que no ser**í**a **u**na m**a**la id**e**a que te ll**e**ves **u**nas cu**a**ntas c**i**ntas p**a**ra grab**a**r-las en su c**a**sa.

5 – ¡Es verd**a**d! El nu**e**vo equ**i**po estereof**ó**nico que le han regal**a**do ti**e**ne un son**i**do maravill**o**so.

6 – Haz **u**na selecci**ó**n de los mej**o**res d**i**scos que t**e**nga. ¡Ah! y, s**o**bre t**o**do, no olv**i**des **e**se d**i**sco de m**ú**sica irland**e**sa que me g**u**sta t**a**nto.

7 – No te preoc**u**pes, ya con**o**zco tus g**u**stos. Yo pi**e**nso grab**a**r p**a**ra mí un p**o**co de m**ú**sica ori-ent**a**l, **o**tro p**o**co de m**ú**sica cl**á**sica y **a**lgo de Gr**ae**me **A**llwright.

8 – Si neces**i**tas c**i**ntas v**í**rgenes, c**o**ge las que h**a**y enc**i**ma de la bibliot**e**ca, las ac**a**bo de compr**a**r.

9 ¡V**a**ya ch**o**llo que v**a**mos a ten**e**r! Con el nu**e**vo apar**a**to de Sus**a**na, podr**e**mos escuch**a**r m**ú**si-ca de bu**e**na calid**a**d.

10 – Me par**e**ce que, de ah**o**ra en adel**a**nte, va a ser más dif**í**cil hac**e**rte sal**i**r de c**a**sa.

11 – No, no te preoc**u**pes, lo **u**no no qu**i**ta lo **o**tro. Es verd**a**d que escuchar**é** con m**u**cho más g**u**sto la m**ú**sica. ③

3 – Sie sind in Farbe, ich selbst war (Indef.) es, die den Film gekauft hat (Indef.). Von den besten werden wir Dias machen. Schließlich (am Schluß) wirst du deinen Projektor einweihen können!

4 – Ich dachte gerade, daß es keine schlechte Idee wäre, daß du dir einige Tonbänder mitbringst, um sie bei ihr zu Hause aufzunehmen.

5 – Das ist wahr! Die neue Stereoanlage (-ausrüstung), die sie ihr geschenkt haben, hat einen wunderbaren Klang.

6 – Mach eine Auswahl der besten Schallplatten, die sie hat (habe). Ach, und vor allem, vergiß nicht jene Platte mit (von) irischer Musik, die mir so (sehr) gefällt.

7 – Mach dir keine Sorgen, ich kenne deinen Geschmack (Plural) schon. Ich habe vor (denke), für mich ein bißchen orientalische Musik auf[zu]nehmen, ein (anderes) bißchen klassische Musik und etwas von Graeme Allwright.

8 – Wenn du neue (jungfräuliche) Tonbänder brauchst, nimm die, die auf dem Bücherregal (Bibliothek) liegen (sind), ich habe sie gerade gekauft.

9 Was für ein Glück wir haben werden! Mit dem neuen Gerät von Susana werden wir Musik von guter Qualität hören können.

10 – Mir scheint, daß es von nun an schwieriger sein wird, dich aus dem Haus zu bekommen (dich von Hause weggehen machen).

11 – Nein, keine Angst (beunruhige dich nicht), das eine schließt (entfernt) das andere nicht aus. Es ist wahr, daß ich mit viel mehr Vergnügen (die) Musik hören werde.

ANMERKUNGEN

③ **quitar** „entfernen, wegnehmen". **quitar una mancha** „einen Fleck entfernen"; **quitar la tapa** „den Deckel abnehmen". **Lo uno no quita lo otro** ist eine feste Redewendung: „Das eine schließt das andere nicht aus".

12 P**e**ro **e**so no me impedir**á** sal**i**r.

13 Horr**o**r al desperd**i**cio

14 A cualqui**e**ra que le d**i**ga que h**a**ce un mes que le pon**í**a ars**é**nico en el caf**é** y que t**o**ntamente ha s**i**do atropell**a**do por un autob**ú**s... ¡Es incre**í**ble! ④

¿COMPRENDE USTED ESTAS FRASES?

❶ **E**sta t**a**rde est**o**y ocup**a**da, me han propu**e**sto un nu**e**vo trab**a**jo. ❷ ¿Has v**i**sto las f**o**tos que hic**i**mos el **a**ño pas**a**do? ❸ No ser**í**a m**a**la id**e**a ir de c**a**mpo. ❹ T**e**ngo un nu**e**vo equi**i**po. ❺ Me he olvid**a**do de seleccion**a**rte los l**i**bros que quer**í**as. ❻ Ju**a**n con**o**ce bi**e**n mis g**u**stos. ❼ Ac**a**bo de compr**a**r c**i**ntas nu**e**vas.

¡COMPLETE USTED LAS FRASES CON LAS PALABRAS QUE FALTAN!

❶ Bring mir drei Tonbänder und fünf Schallplatten.

. . . .

❷ In diesem Geschäft verkaufen wir nur (nichts mehr als) Sachen von guter Qualität.

. .   . . nada más

. . .   .

❸ Von jetzt an wirst du mich oft besuchen (sehen) kommen können.

. .   . .

. . . .

12 Aber das wird mich nicht [daran] hindern aus[zu]gehen.

13 Grauen vor der Verschwendung

14 Kann jemand sich so etwas vorstellen (zu irgendeinem, daß ich sage es), daß ich ihm vor einem Monat Arsen in den Kaffee getan habe, und daß [er] dummerweise von einem Bus überfahren wurde... Es ist unglaublich!

ANMERKUNGEN

④ **cualquiera** „irgendjemand, irgendeiner“.

¿HA USTED COMPRENDIDO LAS FRASES?

❶ Heute nachmittag bin ich (weibl.) beschäftigt, man hat mir eine neue Arbeit vorgeschlagen. ❷ Hast du die Fotos gesehen, die wir im vergangenen Jahr gemacht haben (Indef.)? ❸ Es wäre keine schlechte Idee, ins Grüne [zu] fahren. ❹ Ich habe eine neue Ausrüstung. ❺ Ich habe vergessen, dir die Bücher auszusortieren, die du wolltest. ❻ Juan kennt meinen Geschmack (Plural) gut. ❼ Ich habe gerade neue Tonbänder gekauft.

❹ Ich hoffe, daß deine Arbeit dich nicht [daran] hindert [zu] kommen.

. . . .

. . . . . .

❺ Es ist unglaublich, was er mir gesagt hat.

. . . .

LAS PALABRAS QUE FALTAN.

❶ Tráeme tres cintas y cinco discos ❷ En esta tienda no vendemos - que cosas de buena calidad ❸ De ahora en adelante podrás venir a verme a menudo ❹ Espero que tu trabajo no te impida venir ❺ Es increíble lo que me ha dicho.

Segunda ola: Lección 26.

Leccion setenta y seis (76.)

El participio ①

1 Después de haberme fumado un puro, me he tomado un café, no me ha gustado, estaba muy amargo.

2 Para engañar el hambre, me he comido un bocadillo de tortilla de patata y he bebido una cerveza. ②

3 La semana pasada encontré en el jardín un pequeño pájaro herido, lo he curado durante unos días y ha sobrevivido.

4 He visto lo que has hecho con las pinturas de colores que te he regalado, me ha gustado mucho.

5 He puesto la mesa en el sitio en el que me has dicho. Ahora, la habitación es más espaciosa. ③

6 ¡Entra! Estoy despierto, me he despertado hace una hora y me he puesto a leer en la cama. ④

Sechsundsiebzigste Lektion

Das Partizip

1 Nachdem ich (mir) eine Zigarre geraucht habe, habe ich (mir) einen Kaffee getrunken (genommen), er hat mir nicht geschmeckt, er war sehr bitter.

2 Um den Hunger zu stillen (betrügen), habe ich (mir) ein belegtes Brötchen mit Kartoffelomelette gegessen und habe ein Bier getrunken.

3 Vergangene Woche habe ich im Garten einen kleinen verletzten Vogel gefunden (Indef.), ich habe ihn einige Tage lang (während einiger Tage) gepflegt, und er hat überlebt.

4 Ich habe gesehen, was du mit den [Mal-] Farben (von Farben) gemacht hast, die ich dir geschenkt habe, es hat mir sehr gefallen.

5 Ich habe den Tisch an den Platz gestellt, (an) den du mir gesagt hast. Jetzt ist das Zimmer geräumiger.

6 Tritt ein! Ich bin wach, ich bin (habe mich) vor einer Stunde aufgewacht und habe begonnen (mich gesetzt), im Bett zu lesen.

ANMERKUNGEN

(1) In dieser Lektion finden Sie einige der häufigsten Partizipien zusammengestellt. Sie kennen sie bereits zum größten Teil. Was die Zeitstufe des Perfekts betrifft, zu deren Bildung das Partizip nötig ist, so lesen Sie noch einmal Lektion 6, Anmerkung 1 und Lektion 42, Anmerkung 1.

(2) **Para engañar el hambre** „um den Hunger zu stillen".

(3) **puesto** (**poner**) „gesetzt, gestellt"; **dicho** (**decir**) „gesagt"; **hecho** (**hacer**) „gemacht, getan"; **visto** (**ver**) „gesehen" sind unregelmäßige Partizipien. Sie kommen sehr häufig vor.

(4) **Estoy despierto** „ich bin wach"; **me he despertado** „ich bin aufgewacht". Manche Verben haben zwei Partizipien, ein regelmäßiges und ein unregelmäßiges. Das regelmäßige wird mit dem Hilfsverb **haber** verwendet, um das Perfekt zu bilden. Das unregelmäßige wird als Adjektiv verwendet; es steht oft in Begleitung von **estar**, **tener**, **quedar** usw.

7 Esta mañana he escrito una postal a mis vecinos para desearles un feliz año nuevo. Me llevo muy bien con ellos.
8 Ha venido a vernos, y se ha llevado los discos y los libros que nos había prestado, los necesitaba.
9 Han ido a dar un paseo y a sacar los billetes a la estación. No creo que tarden mucho en volver.
10 He vuelto a ver a los amigos de José que conocimos el día de su cumpleaños en su casa.
11 Tengo ya escritas cinco cartas pero todavía no he terminado. ⑤

12 Sentido de la propiedad
13 – ¿Sabes? Voy a dedicarme al teatro, me han ofrecido un papel como coprotagonista en una obra muy importante y tomaré un seudónimo.
14 (El novio celoso:)
15 – Pues os mataré a los tres!

¿COMPRENDE USTED ESTAS FRASES?

❶ ¿Has visto cómo estaba vestido? ❷ He enviado una carta certificada. ❸ Nos hemos dormido y no hemos oído el despertador. ❹ Habéis tenido que volver. ❺ Se ha paseado durante toda la tarde. ❻ Han comido un poco para engañar el hambre. ❼ No echaron la carta que me habían escrito.

¡COMPLETE USTED LAS FRASES CON LAS PALABRAS QUE FALTAN!

❶ Ich habe getan, was du mir gesagt hattest.

.. ..

❷ Wir werden ein wenig essen, um den Hunger (Magen) zu stillen.

....
....

7 Heute morgen habe ich eine Postkarte an meine Nachbarn geschrieben, um ihnen ein glückliches neues Jahr zu wünschen. Ich [ver]trage mich sehr gut mit ihnen.
8 Er ist uns besuchen (sehen) gekommen, und er hat (sich) die Schallplatten und die Bücher mitgenommen, die er uns geliehen hatte; er brauchte sie.
9 Sie sind gegangen, einen Spaziergang zu machen (geben) und die Fahrkarten am Bahnhof zu lösen. Ich glaube nicht, daß sie lange (viel) brauchen, um zurückzukehren (in zurückkehren).
10 Ich habe die Freunde von José wiedergesehen, die wir an seinem Geburtstag (Tag seines Geburtstages) bei ihm zu Hause kennengelernt haben (Indef.).
11 Ich habe schon fünf Briefe geschrieben, aber ich bin [immer] noch nicht fertig (habe noch nicht geendet).

12 Besitzergefühl (Gefühl des Besitzes)
13 – Weißt du? Ich werde mich dem Theater weihen, man hat mir eine Rolle als Mit-Hauptdarsteller in einem sehr wichtigen Werk angeboten, und ich werde ein Pseudonym nehmen.
14 (Der eifersüchtige Verlobte:)
15 – Dann werde ich euch drei umbringen!

ANMERKUNGEN

⑤ **Tengo ya escritas...** „Ich habe schon geschrieben"; in diesem Satz wird das Partizip in der Funktion eines Adjektivs gebraucht. Beachten Sie, daß sich in diesem Fall die Endung des Adjektivs in Geschlecht und Zahl nach dem zugehörigen Substantiv richten muß. Wird dagegen das Partizip mit dem Hilfsverb **haber** verwendet, so bleibt die Endung des Partizips unverändert, d.h. es endet stets auf **-o.**

¿HA USTED COMPRENDIDO LAS FRASES?

❶ Hast du gesehen, wie er angezogen war? ❷ Ich habe einen Einschreibebrief geschickt. ❸ Wir sind (haben uns) eingeschlafen und haben den Wecker nicht gehört. ❹ Ihr habt zurückkehren müssen. ❺ Er ist während des ganzen Nachmittags spazierengegangen. ❻ Sie haben ein bißchen gegessen, um den Hunger zu stillen. ❼ Sie haben den Brief nicht eingeworfen (Indef.), den sie mir geschrieben hatten.

3 An meinem Geburtstag (der Tag meines Geburtstages) haben sie mir einen Fotoapparat geschenkt (Indef.).

.. ..
máquina .. ..

4 Meine Nachbarn sind noch nicht aus den Ferien zurückgekommen.

... .
....

Leccion setenta y siete (77.)

Revisión y notas

1. Konjugation

Seit ungefähr fünfzehn Lektionen beschäftigen Sie sich nun schon mit dem Präsens des Subjuntivo, und mittlerweile verfügen Sie über so viele Kenntnisse, daß Sie eine Vielzahl von Sätzen bilden können. Im Vordergrund Ihrer weiteren Übungen wird nun die Vertiefung Ihres Wissens und die praktische Anwendung des Subjuntivo stehen.

Die Formen und die Anwendung des Indikativs, jenes Modus also, der zum Ausdruck einer Tatsache verwendet wird, werden Ihnen dagegen viel vertrauter erscheinen. Machen Sie sich keine Sorgen, wenn Ihnen die unregelmäßigen Verben noch Schwierigkeiten bereiten. Beherzigen Sie aber unseren Rat, den wir Ihnen in Lektion 71 gegeben haben: Blättern Sie regelmäßig im grammatischen Anhang, sehen Sie sich einzelne Konjugationen an, ohne sie gleich intensiv zu „pauken". Selbst das oberflächliche „Überfliegen" der unregelmäßigen Verben reicht aus, damit Sie sich die eine oder andere Form einprägen.

Das Partizip Perfekt: Sie kennen bereits eine Reihe von regelmäßigen und unregelmäßigen Formen des Partizips und haben sich schon mit einigen wichtigen Aspekten zu ihrer Bildung und Verwendung im Satz beschäftigt.

5 Ich bin wach seit fünf Uhr morgens.

....

....

LAS PALABRAS QUE FALTAN.

1 He hecho lo que me habías dicho 2 Vamos a comer un poco para engañar el estómago 3 El día de mi cumpleaños me regalaron una – de fotos 4 Mis vecinos no han vuelto todavía de vacaciones 5 Estoy despierto desde las cinco de la mañana.

Segunda ola: Lección 27.

Siebenundsiebzigste Lektion

In den letzten Lektionen haben wir begonnen, ihnen die Bedingungsform (Konditional) vorzustellen. Wir wollen Ihnen hier systematisch die Personalendungen nennen. Sie gelten für die Verben auf -**ar**, -**er** und -**ir** und lauten: -**ía**, -**ías**, -**ía**, -**íamos**, -**íais**, -**ían**. Diese Endungen werden - bis auf wenige Ausnahmen - an den Infinitiv eines Verbs angehängt:

yo fumar-ía „ich würde rauchen“;
tú comer-ías „du würdest essen“;
él escribir-ía „er würde schreiben“;
nosotros cantar-íamos „wir würden singen“;
vosotros beber-íais „ihr würdet trinken“:
ellos vivir-ían „sie würden leben“.

Was die Regeln zur Satzbildung mit Hilfe des Konditionals betrifft, so verweisen wir Sie auf einen späteren Zeitpunkt.

2. nur

Der deutschen Einschränkung „nur“ entsprechen im Spanischen mehrere Konstruktionen. Vergleichbar mit dem Deutschen ist die Verwendung des Adverbs **sólo** oder **solamente**:

Hubo sólo una equivocación. „Es war nur ein Irrtum“.

Wesentlich häufiger werden Sie den Ausdruck **no... más que** hören, der eine zahlenmäßige Einschränkung bezeichnet, und **no... sino** für eine qualitative Einschränkung:

No tengo más que cinco minutos. „Ich habe nur fünf Minuten";

No he cerrado más que una ventana. „Ich habe nur ein Fenster geschlossen";

No hubo sino una equivocación. „Es war nur ein Irrtum".

3. nicht mehr

wird übersetzt durch **no... ya** oder **ya no**, wobei die letzte Variante die häufigere ist und vor dem Verb stehen muß:

Ya no volverán. „Sie werden nicht mehr zurückkehren";

Ya no tenemos ganas. „Wir haben keine Lust mehr".

4. Piso

(Siehe Lektion 73, Anmerkung 4). Hier noch einige weitere Bemerkungen zu diesem recht häufigen Wort. Sie kennen bereits die Bedeutungen „Stockwerk" und „Wohnung".

Piso bedeutet auch „Fußboden" oder „Straßendecke". **Piso de muestra** oder **piloto** „Musterwohnung"; **piso principal** „erste Etage"; **piso bajo** „Erdgeschoß".

Das Verb **pisar** bedeutet „treten, betreten":

Me han pisado en el metro. „Man hat mich in der Metro getreten";

pisar la tierra „die Erde betreten";

no dejarse pisar „sich nicht auf den Füßen herumtreten lassen";

pisar el acelerador „auf's Gaspedal treten";

Se oían sus pisadas. „Man hörte seine Schritte";

seguir las pisadas de alguien „in jemandes Fußstapfen treten".

5. Schreiben Sie in Spanisch

1 Er ist heimlich aus [dem] Haus gegangen, niemand hat es gesehen.

2 Alle beide sind (sich) im Meer baden gegangen.

3 Mir genügt die Wohnung (mit der Wohnung), die ich mir gekauft habe.

4 Ich werde dir ein Tonband mit der Musik aufnehmen, die dir so gefällt.

5 Dieses Kölnisch Wasser, das du mir mitgebracht hast, ist toll.

6 Ich erinnere mich nicht mehr an das, was du mir gesagt hast.

Übersetzung

1 Ha salido de casa a escondidas, nadie lo ha visto.

2 Ambos han ido a bañarse al mar.

3 Me basta con el piso que me he comprado.

4 Te grabaré una cinta con la música que tanto te gusta.

5 Esta colonia que me has traído es estupenda.

6 Ya no me acuerdo de lo que me has dicho.

Segunda ola: Lección 28 (Revisión).

▶ Leccion setenta y ocho (78.)

Quien manda, manda ①

1 Bajo este título vamos a introducir el imperativo.
2 Para poder reinar sin que la gente
3 se ría delante de sus narices ②
4 hoy ya no hace falta que usted se disfrace de Nerón. ③
5 Dominar es algo fácil. He aquí algunos ejemplos
6 que podrán serle útiles para llevar a cabo,
7 de una manera satisfactoria, su aprendizaje
8 – del castellano, por supuesto –:
9 Alejandro, deja de fumar y friega, ④ ⑤
10 o, ven aquí y ponte de rodillas.
11 También: – mamá, vete a dar una vuelta
12 o, „déjame en paz amor tirano". ⑥
13 E incluso: Tío lávate las manos antes de hacer la comida.
14 El tono y la actitud determinan el sentido que toma el imperativo.

Achtundsiebzigste Lektion

Wer befiehlt, befiehlt

1 Unter diesem Titel werden wir die Befehlsform (Imperativ) einführen.
2 Um regieren zu können, ohne daß die Leute
3 (sich) vor der [eigenen] Nase (vor Ihren Nasen) lachen,
4 ist es heute nicht mehr nötig, daß Sie sich als Nero verkleiden.
5 Herrschen ist etwas Einfaches. Hier einige Beispiele,
6 die Ihnen nützlich sein können (werden), um
7 auf eine befriedigende Weise Ihre Lehrzeit
8 – des Spanischen, freilich – zum Ziel (Ende) zu führen.
9 Alejandro, laß das Rauchen (laß zu rauchen) und spül,
10 oder, komm her und geh (dich) auf die Knie.
11 Ebenso (auch): – Mama, geh (dich) einen Spaziergang (Runde) machen (geben),
12 oder „laß mich in Frieden, mein Tyrann (Tyrannenliebe)".
13 Und sogar: Kerl, wasch dir die Hände, bevor du das Essen machst (bevor zu machen das Essen).
14 Der Ton und das Benehmen bestimmen den Sinn, den der Imperativ erhält (nimmt).

ANMERKUNGEN

① **Quien manda, manda** „Wer befiehlt, befiehlt". Dieser Satz, in Spanien sehr häufig ausgesprochen, erhält verschiedene Bedeutungen, je nach der aktuellen Situation. Er kann Humor, Resignation, Autorität, usw. zum Ausdruck bringen. **Mandar** kann auch in der Bedeutung „schicken" verwendet werden: **mandar una carta** „einen Brief schicken".

② **nariz** „Nase, Nasenloch"; **narices** „Nüstern".

③ **ya no hace falta que usted...** „es ist nicht mehr nötig, daß Sie...". **Hacer falta** „nötig sein". - **disfrazarse** „sich verkleiden".

④ **dejar de** mit nachfolgendem Infinitiv: „aufhören, etwas zu tun". **Deja de hacer ruido** „Hör auf, Krach zu machen".

⑤ **fregar los platos** „die Teller spülen". Normalerweise sagt man nur **fregar** „spülen". **Fregar las escaleras** „die Treppen scheuern".

⑥ Es handelt sich hier um einen Satz von Luis de Góngora.

¿COMPRENDE USTED ESTAS FRASES?

❶ Compra el periódico cuando vengas. ❷ Lleva a cabo lo que te has propuesto. ❸ Pon la mesa. ❹ Ven aquí. ❺ Déjame un bolígrafo. ❻ Come algo. ❼ Si te duele la cabeza quédate en casa.

¡COMPLETE USTED LAS FRASES CON LAS PALABRAS QUE FALTAN!

❶ Bevor du gehst (bevor zu gehen), ruf ihn an.

....

❷ Komm nicht, wenn du müde bist.

.. ..

❸ Schreib uns, wenn du ankommst.

....

❹ Wenn du kannst, kauf mir Blumen.

.. ..

Leccion setenta y nueve (79.)

No molesten ①

1 El imperativo es utilizado en España tanto por
2 el honrado padre de familia
3 como por la abnegada ama de casa,

¿HA USTED COMPRENDIDO LAS FRASES?

❶ Kauf die Zeitung, wenn du kommst. ❷ Führ das zu Ende, was du dir vorgenommen hast. ❸ Deck den Tisch. ❹ Komm her. ❺ Leih mir einen Kugelschreiber. ❻ Iß etwas. ❼ Wenn dir der Kopf schmerzt, bleib zu Hause.

❺ [Hier] (habe), das ist ein Geschenk für dich.

. . . , ...

LAS PALABRAS QUE FALTAN.

❶ Antes de ir telefonéale ❷ No vengas sí estás cansado ❸ Escríbenos cuando llegues ❹ Si puedes cómprame flores ❺ Ten, es un regalo para ti.

Segunda ola: Lección 27.

Neunundsiebzigste Lektion

Stören Sie (Plural) nicht [Bitte nicht stören]

1 Der Imperativ wird in Spanien ebenso (so sehr) vom
2 redlichen Familienvater
3 wie von der selbstlosen Hausfrau,

ANMERKUNGEN

① Wir werden die Besonderheiten des Imperativs in der nächsten Wiederholungslektion behandeln, aber Sie sollten schon jetzt wissen, daß der Imperativ für **usted** und **ustedes** sowie für die erste Person Plural den jeweiligen Formen des Subjuntivo Präsens entspricht. Dies trifft auch zu, wenn eine Befehlsform für die zweite Person Singular oder Plural verneint wird. Wenn Ihnen diese Informationen unverständlich erscheinen, schlagen Sie in Lektion 84 nach.

4 el sereno ejecutivo, el tierno niño e incluso por el melenudo „progre". ②

5 No sería justo olvidar el imperativo

6 administrativo: „entre sin llamar" o „no haga ruido", ③

7 „absténganse de hacer cheques sin fondos", etc.

8 Un agradable paseo en una bella tarde de sol

9 puede facilitarle la ocasión de familiarizarse

10 con lo que podríamos llamar:

11 „el caluroso imperativo civilizado":

12 empuje, tire, no fume, pasen, esperen, corran, etc.

13 Incluso cuando se está enamorado el imperativo puede ser útil;

14 he aquí un ejemplo: „abrázame, amor mío, que tengo frío". ④

¿COMPRENDE USTED ESTAS FRASES?

❶ Sírvase, yo no tengo apetito. ❷ Niños, jugad en vuestra habitación. ❸ Cierren la puerta al salir. ❹ Pon el disco que me gusta. ❺ Peatones pasen. ❻ Venid a vernos la semana que viene. ❼ Id con ellos al cine.

¡COMPLETE USTED LAS FRASES CON LAS PALABRAS QUE FALTAN!

❶ Nehmt und trinkt, dies ist ein guter Wein.

. . . . , ...

❷ Sag mir, mit wem du gehst, und ich werde dir sagen, wer du bist.

. . . . andas . . . .

❸ Sagt, was ihr wollt.

. . . . queráis.

❹ [Hier] (haben Sie), und behalten Sie den Rest.

. . . .

4 dem ausübenden Nachtwächter, dem zarten Kind und sogar vom langhaarigen „Progre“ (Fortschrittler) verwendet.
5 Es wäre nicht recht, den
6 Verwaltungsimperativ zu vergessen: „eintreten (treten Sie ein) ohne anzuklopfen“ oder „keinen Lärm machen (machen Sie keinen Lärm)“,
7 „enthalten Sie sich, ungedeckte Schecks (Schecks ohne Vermögen) auszustellen (zu machen)“, usw.
8 Ein angenehmer Spaziergang an einem schönen Sonnennachmittag kann
9 Ihnen die Gelegenheit verschaffen (erleichtern), sich vertraut zu machen
10 mit dem, was wir
11 „den herzlichen Zivilisationsimperativ“ nennen könnten:
12 drücken (Sie), ziehen (Sie), nicht rauchen (rauchen Sie nicht), durchgehen (gehen Sie (Plural) durch), warten (Sie (Plural)), laufen Sie (Plural), usw.
13 Sogar wenn man verliebt ist, kann der Imperativ nützlich sein;
14 hier ein Beispiel: „umarme mich, meine Liebe, denn (daß) mir ist kalt (ich habe Kälte)“.

ANMERKUNGEN

② **progre** bezeichnet vor allem junge Leute, die sich durch ihre liberalen und progressiven Ideen von der Mehrheit unterscheiden.

③ Im Deutschen erscheinen solche Gebote oder Verbote meistens im Infinitiv. Wir haben die wörtlichen Übersetzungen daher in Klammern gesetzt. Dies betrifft auch Satz 12.

④ **abrázame** „umarm mich“. Wir wollen Sie noch einmal daran erinnern, daß Objekt- und Reflexivpronomina an die Befehlsform angehängt werden (siehe Lektion 16, Anmerkung 1): **lávate** „wasch dich“; **déjame** „laß mich“.

¿HA USTED COMPRENDIDO LAS FRASES?

❶ Bedienen Sie sich, ich habe keinen Appetit. ❷ Kinder, spielt in eurem Zimmer. ❸ Schließen Sie (Plural) die Tür beim Hinausgehen. ❹ Leg die Platte auf, die mir gefällt. ❺ Fußgänger (Plural), gehen Sie [hinüber]. ❻ Kommt uns nächste Woche besuchen. ❼ Geht mit ihnen ins Kino.

⑤ Vergessen Sie (Plural) nicht, daß morgen Sonntag ist und wir schließen.

. . . .

. . . .

Leccion ochenta (80.)

¡Dulce pereza!

1 – Esta mañana nos hemos levantado temprano y hemos ido al monte a coger setas. ①②

2 – A mí, también me hubiera gustado ir pero...

3 se está tan bien en la cama que...

4 – Me apuesto lo que quieras que, para comer, no tendrás pereza. ③

5 – Te prometo hacer un esfuerzo.

6 – Bueno, voy a encender el horno y a lavar las setas.

7 – Yo, voy a poner la mesa.

8 Y si tú bajaras a comprar pan y vino podríamos comer enseguida.

9 – Imposible, tengo unas agujetas horribles

10 y, además, tengo las manos llenas de ampollas.

11 – ¡No digas bobadas! Has estado durmiendo todo el fin de semana.

LAS PALABRAS QUE FALTAN.

❶ Tomad y bebed, éste es un buen vino ❷ Dime con quien – y te diré quien eres ❸ Decid lo que ❹ Tenga y quédese con la vuelta ❺ No olviden que mañana es domingo y cerramos.

Segunda ola: Lección 30.

Achtzigste Lektion

Süße Faulheit!

1 – Heute morgen sind wir früh aufgestanden und sind auf den Berg gegangen, um Pilze zu sammeln (nehmen).

2 – Ich wäre auch gerne gegangen (mir hätte es auch gefallen zu gehen), aber...

3 man liegt (ist) so gut im Bett, daß...

4 – Ich wette (mich), [um] was du willst, daß du zum Essen nicht zu faul bist (keine Faulheit haben wirst).

5 – Ich verspreche dir, mich anzustrengen (eine Anstrengung zu machen).

6 – Gut, ich werde den Ofen anmachen und die Pilze waschen.

7 – Ich werde den Tisch decken,

8 Und wenn du hinuntergingest, Brot und Wein zu kaufen, könnten wir sofort essen.

9 – Unmöglich, ich habe einen schrecklichen Muskelkater (Plural),

10 und außerdem habe ich die Hände voll von Blasen.

11 – Red keinen Unsinn (keine Dummheiten)! Du hast das ganze Wochenende geschlafen (bist dabei gewesen, das ganze Wochenende zu schlafen).

ANMERKUNGEN

① **temprano** „früh“. **Levantarse temprano** hat dieselbe Bedeutung wie **madrugar**, das Sie schon kennen: „früh aufstehen“.

② **seta** „Pilz“. **El champiñón** „der Champignon“.

③ **Me apuesto lo que quieras** „Ich wette, um was du willst“. Beachten Sie, daß hier der Subjuntivo verwendet werden muß.

12 – No me entendéis. ¡Si supierais! ④
13 Me he pasado el sábado y el domingo
14 soñando que trabajaba en una mina.

¿COMPRENDE USTED ESTAS FRASES?

❶ ¿Te vas a levantar temprano mañana? ❷ Si vinieras a verlo le gustaría. ❸ Te apuesto lo que quieras. ❹ Haré un esfuerzo. ❺ Si hubiera sabido que ibas a venir no habría salido. ❻ Me voy a lavar las manos. ❼ ¡Si supieras!

¡COMPLETE USTED LAS FRASES CON LAS PALABRAS QUE FALTAN!

❶ Morgen werden wir Pilze sammeln gehen.

....

❷ Ich bin müde, ich habe Muskelkater (Plural).

...., ...

❸ Haben Sie Feuer, bitte? Ich habe die Streichhölzer verloren.

¿..... ....., ...? .. ..
... .

❹ Wenn ich ein bißchen Zeit gehabt hätte, wäre ich gegangen.

.. ..
....

Leccion ochenta y una (81.)

Por amor al arte

1 – Me gustaría ir a escuchar un concierto.
2 – Si lo hubiera sabido habría reservado unas entradas para la semana que viene.

12 – Ihr versteht mich nicht. Wenn ihr wüßtet!
13 Ich habe (mir) den Samstag und den Sonntag [damit] verbracht
14 zu träumen (träumend), daß ich in einer Mine arbeitete.

ANMERKUNGEN

(4) **Si supierais** „Wenn ihr wüßtet". Das Verb steht im Imperfekt des Subjuntivo. Sie finden noch weitere Beispiele hierfür in Satz 8 der Lektion und in den Sätzen 2, 5 und 7 der Übung und Satz 4 der Lückentextübung.

¿HA USTED COMPRENDIDO LAS FRASES?

❶ Wirst du morgen früh aufstehen? ❷ Wenn du ihn besuchen kämst, würde es ihm gefallen. ❸ Ich wette mit dir, um was du willst. ❹ Ich werde mich anstrengen. ❺ Wenn ich gewußt hätte, daß du kommen würdest, wäre ich nicht ausgegangen. ❻ Ich gehe mir die Hände waschen. ❼ Wenn du wüßtest!

❺ Sag mir, um wieviel Uhr du ankommen wirst.

....

LAS PALABRAS QUE FALTAN.

❶ Mañana iremos a coger setas ❷ Estoy cansado, tengo agujetas ❸ ¿Tiene fuego, por favor? he perdido las cerillas ❹ Si hubiera tenido un poco de tiempo hubiera ido ❺ Dime a qué hora llegarás.

Segunda ola: Lección 31.

Einundachtzigste Lektion

Für [die] Liebe zur Kunst

1 – Ich würde gerne ein Konzert hören gehen.
2 – Wenn ich das gewußt hätte, hätte ich einige Eintrittskarten für die nächste Woche reserviert.

3 El domingo se inaugura la temporada.
4 – He oído decir que hay un programa muy bueno.
5 – Quizás se pueda arreglar todavía.
6 A menudo hay gente que ha reservado por teléfono
7 y a última hora no va.
8 – Sí, pero para eso hay que ir unas horas antes a hacer cola. ①
9 – ¡Ya sé lo que vamos a hacer! ②
10 Enviaremos a la criada con tres horas de antelación
11 para que saque las entradas. ¿Qué te parece? ③
12 – Perfecto. Dile que saque seis entradas. Invitaremos a los Carrillo y a los González.

13 Si Mozart levantara la cabeza... ④
14 – La semana pasada fuimos a las „Bodas de Figaro"
15 – Nosotros estábamos invitados pero no pudimos ir. Enviamos flores.

3 Am Sonntag wird die Saison eröffnet (eröffnet man die Saison).
4 – Ich habe (sagen) gehört, daß es ein sehr gutes Programm gibt.
5 – Vielleicht kann man doch [etwas] arrangieren (kann es sich noch regeln).
6 Oft gibt es Leute, die telefonisch reserviert haben
7 und in [der] letzten Minute (Stunde) nicht gehen.
8 – Ja, aber dafür muß man [sich] ein paar Stunden vorher anstellen (Schlange machen) gehen.
9 – Ich weiß schon, was wir machen (werden)!
10 Wir werden das Hausmädchen drei Stunden vorher (mit drei Stunden von Vorzeitigkeit) schicken,
11 damit sie die Eintrittskarten kauft (zieht). Was meinst du dazu (was scheint dir)?
12 – Perfekt. Sag ihr, daß sie sechs Karten kaufen (ziehen) soll. Wir werden die Carrillo[s] und die González einladen.

13 Wenn Mozart den Kopf heben würde...
14 – Vergangene Woche sind wir in die (zur) „Hochzeit des Figaro" gegangen (Indef.).
15 – Wir waren eingeladen, aber konnten (Indef.) nicht gehen. Wir haben Blumen geschickt (Indef.).

ANMERKUNGEN

① **hay que ir** „man muß gehen". Die Verpflichtung einer unbestimmten Person wird ausgedrückt durch **hay que** mit Infinitiv. **Hay que comer** „Man muß essen".

② **Ya** „schon". **Ya lo has visto** „Du hast es schon gesehen".

③ **sacar** „herausziehen, -holen, -nehmen". **Sacar las maletas del maletero** „die Koffer aus dem Kofferraum holen". **Voy a sacar los billetes** „Ich werde die Eintrittskarten lösen (kaufen)".

④ **Si Mozart levantara** „Wenn Mozart [sich] erheben würde". Wir haben über diese Konstruktion schon in Anmerkung 4 der vorherigen Lektion gesprochen. Sie finden diese Konstruktion auch in Satz 2 dieser Lektion und im ersten Satz der Lückentextübung.

¿COMPRENDE USTED ESTAS FRASES?

❶ Hemos reservado tres entradas para el próximo concierto. ❷ Ven con nosotros. ❸ A última hora no pudo venir. ❹ Había mucha gente haciendo cola. ❺ Saca tres mil pesetas (euros) del banco. ❻ Nos ha invitado a su cumpleaños. ❼ Cinco días antes ya no había entradas.

¡COMPLETE USTED LAS FRASES CON LAS PALABRAS QUE FALTAN!

❶ Wenn [die] Sonne scheinen würde, würden wir spazieren gehen.

.. ..

❷ Wir haben (sagen) gehört, daß er nach Granada gekommen war.

....

Granada.

❸ Am Samstag wird der neue Markt eröffnet (eröffnet sich der neue Markt).

.. ..

❹ Er sagt, daß er weiß, was er machen wird.

....

Leccion ochenta y dos (82.)

Una cierta cultura
(continuación de la Lección 81)

1 El domingo, un cuarto de hora antes del concierto,
2 nuestros simpáticos amigos buscan a su criada entre la multitud.
3 – ¡Uf! Está usted aquí...
4 Ya creíamos que no íbamos a encontrarla.
5 ¡Esto es una locura! ¡Hay muchísima gente!
6 – No me hablen, me he mareado, me han empujado, me han robado el bolso
7 y con los empujones he perdido un zapato,
8 pero... ¡tengo las entradas!

¿HA USTED COMPRENDIDO LAS FRASES?

❶ Wir haben drei Eintrittskarten für das nächste Konzert reserviert. ❷ Komm mit uns. ❸ Im letzten Moment (in letzter Stunde) konnte (Indef.) er nicht kommen. ❹ Es gab viele Leute, die sich anstellten (Schlange machend). ❺ Hol dreitausend Peseten (Euro) von der Bank. ❻ Er hat uns zu seinem Geburtstag eingeladen. ❼ Fünf Tage vorher gab es keine Eintrittskarten mehr.

❺ Was meint ihr dazu (was scheint euch)?

¿ . . .   . ?

LAS PALABRAS QUE FALTAN.

❶ Si hiciera sol iríamos a pasearnos ❷ Hemos oído decir que había venido a ❸ El sábado se inaugura el nuevo mercado ❹ Dice que sabe lo que va a hacer ❺ Qué os parece.

Segunda ola: Lección 32.

Zweiundachtzigste Lektion

Eine gewisse Kultur
(Fortsetzung der Lektion 81)

1 Am Sonntag, eine Viertelstunde vor dem Konzert,
2 suchen unsere sympathischen Freunde ihr Hausmädchen in (zwischen) der Menge.
3 – Uff! Hier sind Sie...
4 Wir glaubten schon, daß wir Sie nicht finden würden.
5 Das ist ein Wahnsinn! Es sind sehr viele Leute!
6 – Sprechen Sie (Plural) (mir) nicht [davon], mir ist schlecht geworden, man hat mich gestoßen, man hat mir die Tasche gestohlen,
7 und bei (mit) den Stößen habe ich einen Schuh verloren,
8 aber... ich habe die Eintrittskarten!

9 – ¡Sensacional! ¡Vamos! ¡Empujad! ¡Hay que entrar cueste lo que cueste!
10 Un poco más tarde, en la sala, la gente se sienta cómodamente,
11 dignamente, da un último toque a la corbata
12 o al broche del vestido, susurra un comentario irónico
13 sobre la ausencia de los Suárez o de los Iribarne
14 y se dispone a aplaudir la entrada del director de orquesta.

In dieser Lektion gibt es keine Anmerkungen; wir verweisen Sie aber auf schon früher besprochene Besonderheiten:
Satz 4 – **Ya**: Lektion 81, Anmerkung 2.
Satz 6 – **Me he mareado**: Lektion 47, Anmerkung 3.
Satz 6 – **Me han empujado**: Lektion 42, Anmerkung 2.
Satz 9 – **Cueste lo que cueste**: Lektion 67, Lückentext.

¿COMPRENDE USTED ESTAS FRASES?

❶ Necesito salir porque me mareo. ❷ Había sitio para todos. ❸ Siéntate aquí. ❹ ¿Puedes planchar mi corbata? ❺ Carmen no pudo ir porque estaba de viaje. ❻ Vendrá un poco más tarde. ❼ El tenor fue muy aplaudido.

¡COMPLETE USTED LAS FRASES CON LAS PALABRAS QUE FALTAN!

❶ Wir werden eine Stunde vorher gehen.

. . . .

❷ Wir glaubten, daß es regnen würde.

. . . .

❸ Wenn wir uns nicht beeilen, werden wir mit Verspätung ankommen.

. .   . .
. . . .

❹ Jene Stühle sind sehr bequem.

. . . .

9 – Sensationell! Gehen wir! Drängelt (drückt)! Man muß hineinkommen (eintreten), koste es, was es wolle (koste)!

10 Ein wenig später, im Saal, setzen die Leute sich bequem,

11 würdig, korrigieren zum letztenmal (geben eine letzte Berührung an) die Krawatte

12 oder die Brosche des Kleides, flüstern einen ironischen Kommentar

13 über die Abwesenheit der Suárez oder der Iribarne[s]

14 und schicken sich an, das Eintreten des Orchesterdirektors zu beklatschen.

¿HA USTED COMPRENDIDO LAS FRASES?

❶ Ich muß (brauche) gehen, weil mir schlecht wird. ❷ Es gab Platz für alle. ❸ Setz dich hier hin. ❹ Kannst du meine Krawatte bügeln? ❺ Carmen konnte (Indef.) nicht gehen, weil sie auf (von) Reise[n] war. ❻ Er wird ein bißchen später kommen. ❼ Der Tenor wurde (Indef.) sehr beklatscht.

❺ Jetzt ist er abwesend, er wird gleich zurückkommen (wird nicht säumen in zurückkommen).

. . . . , ...

. . . .

LAS PALABRAS QUE FALTAN.

❶ Iremos una hora antes ❷ Creíamos que iba a llover ❸ Si no nos damos prisa llegaremos con retraso ❹ Esas sillas son muy cómodas ❺ Ahora está ausente, no tardará en volver.

Segunda ola: Lección 33.

Leccion ochenta y tres (83.)

Cría cuervos... ①

1 En casa de amigos:
– Tiene usted un hijo muy simpático.
– ¿Cómo te llamas, pequeño?
– ¡Curiosa!

2 En la panadería:
– ¿Es su hija?
– No, es mi sobrina Maribel.
– Toma, te regalo un pastel.
– ¡Vamos! ¿Qué se dice Maribel? ②
– ¡Tacaña!

3 En el colegio:
– Sí, señor, su hijo podría trabajar más.
– ¡Chivato!

4 En la tienda:
– ¿Quieres mucho a tu mamá, Julito?
– Sí señor, ¿y usted quiere a su mujer?
– ¡Julito! no seas mal educado.
– Pero mamá... es él el que ha empezado a hablar de deberes morales.

Dreiundachtzigste Lektion

Züchte Raben...

1 Zu Hause bei Freunden:
– Sie haben einen sehr netten Sohn.
– Wie heißt du, Kleiner?
– Neugierige!

2 In der Bäckerei:
– Ist das Ihre Tochter?
– Nein, das ist meine Nichte Maribel.
– [Hier] nimm, ich schenke dir ein Teilchen (Kuchen).
– Gehen wir! Was sagt man, Maribel?
– Geizhals (weibl.)!

3 In der Schule (im Kolleg):
– Ja, (mein Herr), Ihr Sohn könnte mehr arbeiten.
– Petzer!

4 Im Geschäft:
– Liebst du deine Mama sehr, Julito?
– Ja, (mein Herr), und Sie lieben Ihre Frau?
– Julito, sei nicht ungezogen (schlecht erzogen).
– Aber Mama..., er ist es, der angefangen hat, von moralischen Pflichten zu sprechen.

ANMERKUNGEN

① **Cría cuervos...** „Züchte Raben". Vielleicht kennen Sie den gleichnamigen Film. Mit diesen zwei Worten beginnt ein sehr bekanntes spanisches Sprichwort: **Cría cuervos y te sacarán los ojos** „Züchte Raben, und sie werden dir die Augen aushacken (herausreißen)".

② **Vamos** „Wir wollen gehen, laß(t) uns gehen, Gehen wir!". Dies ist die erste Person Plural des Präsens Indikativ, aber auch die erste Person Plural des Imperativ und damit eine Ausnahme von der Regel, die wir Ihnen in Anmerkung 1 von Lektion 79 genannt haben: Der imperativ für die erste Person Plural entspricht der Form des Subjuntivo für die erste Person Plural. Wir werden darüber noch einmal in der nächsten Lektion sprechen.

5 El niño precoz:
– Dentro de unos meses vas a tener un hermanito.
– Decidme la verdad. ¿Tenéis conocimientos de economía?
– No, pero... ¿Qué quieres decir hijo mío?
– No estoy seguro de que la ampliación de nuestra empresa de amor, en esta época de crisis, no nos conduzca a la quiebra.

¿COMPRENDE USTED ESTAS FRASES?

❶ Tenemos tres hijos, dos chicos y una chica. ❷ Mi hermana tiene dos hijas, son mis sobrinas. ❸ Si su hijo jugara más en casa, trabajaría más en el colegio. ❹ He visto un vestido muy bonito para ti. ❺ Dentro de unos meses estaré de vacaciones. ❻ Dime lo que piensas de esa máquina de fotos. ❼ Conduce con precaución.

¡COMPLETE USTED LAS FRASES CON LAS PALABRAS QUE FALTAN!

❶ Du bist sehr schön mit diesem Kleid.

....

❷ Das ist eine sehr gebildete Frau.

.. .. culta.

❸ Was hat er sagen wollen?

¿... .. ..?

▶ Leccion ochenta y cuatro (84.)

Revisión y notas

1. Imperativ beim Duzen und Siezen

(Siehe Lektion 79, Anmerkung 1 und Lektion 83, Anmerkung 2.)

5 Das frühreife Kind:
– In ein paar Monaten wirst du ein Brüderchen haben.
– Sagt mir die Wahrheit. Habt ihr Ahnung (Kenntnisse) von Wirtschaftlichkeit?
– Nein, aber... was willst du [damit] sagen, mein Sohn?
– Ich bin nicht sicher, daß die Erweiterung von unserem Liebesunternehmen uns in dieser Krisenzeit (Epoche von Krise) nicht in den Bankrott führt (steuert).

¿HA USTED COMPRENDIDO LAS FRASES?

❶ Wir haben drei Kinder, zwei Jungen und ein Mädchen. ❷ Meine Schwester hat zwei Töchter, sie sind meine Nichten. ❸ Wenn Ihr Sohn mehr im Haus spielen würde, würde er mehr in der Schule arbeiten. ❹ Ich habe ein sehr hübsches Kleid für dich gesehen. ❺ In einigen Monaten werde ich in Ferien sein. ❻ Sag mir, was du von jenem Fotoapparat hältst (denkst). ❼ Fahr vorsichtig (mit Vorsicht).

❹ Ich bin sicher, daß sie kommen wird.

. . . . de . . . .

❺ Sein Unternehmen ist (in) bankrott.

. . . .

LAS PALABRAS QUE FALTAN.

❶ Estás muy guapa con este vestido ❷ Es una mujer muy ❸ Qué ha querido decir ❹ Estoy seguro - que vendrá ❺ Su empresa está en quiebra.

Segunda ola: Lección 34.

Vierundachtzigste Lektion

Duzen

Die Befehlsform für die zweite Person Singular ist sehr einfach; sie endet bei den Verben auf -**ar** mit -**a**, bei den Verben auf -**er** und -**ir** mit **e**:

habla „sprich“;
bebe „iß“;
abre la puerta „öffne die Tür“.

Einige sehr häufig gebrauchte Verben weisen Unregelmäßigkeiten auf:

di (**decir**) „sag“; **dime** „sag mir“; **haz** (**hacer**) „mach“; **oye** (**oir**) „hör“; **pon** (**poner**) „setze, stelle“; **sal** (**salir**) „geh hinaus“; **sé** (**ser**) „sei“; **ve** (**ir**) oder **vete** (**irse**) „geh“; **ven** (**venir**) „komm“; **ten** (**tener**) „habe“.

Was den Imperativ für die zweite Person Plural betrifft, so bilden Sie diese Form, indem Sie die Endung -**r** des Infinitivs durch ein -**d** ersetzen:

Hablad más alto. „Sprecht lauter“;
Leed este libro. „Lest dieses Buch“;
Escribid a vuestro amigo. „Schreibt eurem Freund“.

Von dieser Regel gibt es keine Ausnahme. Merken Sie sich aber, daß die Imperativform für die zweite Person Plural das -**d** der Endung verliert, wenn das Reflexivpronomen -**os** angehängt wird. Es heißt also nicht **lavados**, sondern **lavaos**.

Siezen

Wir haben schon gesagt, daß im Spanischen die Höflichkeitsform mit der dritten Person Singular bzw. Plural gebildet wird. Für die Befehlsform verwenden Sie die entsprechenden Formen des Subjuntivo:

Venga. „Kommen Sie“;
Vengan ustedes. „Kommen Sie“ (Plural);
Diga usted. „Sagen Sie“;
Digan ustedes. „Sagen Sie“. (Plural)

Den Subjuntivo verwenden Sie auch für die Bildung des Imperativs für die erste Person Plural: **Comamos.** „Laßt uns essen, wir wollen essen“.

Eine Ausnahme von dieser Regel macht die Form **vamos** „laßt uns gehen, wir wollen gehen“ (siehe Lektion 83, Anmerkung 2).

Verneinter Imperativ

Der Subjuntivo wird immer dann verwendet, wenn die Befehlsform verneint wird; dies gilt auch für die zweite Person Singular und Plural. Achten Sie auf die Endungen:

Habla. „Sprich“;
No hables. „Sprich nicht“;
Corred. „Lauft“;
No corráis. „Lauft nicht“.

Hier ist eine Übersicht für die Verben auf **ar**:

Person	**Imperativ**	**verneinter Imperativ**
tú	**habla** „sprich“	**no hables** „spricht nicht“
usted	**hable** „sprechen Sie“	**no hable** „sprechen Sie nicht“
nosotros	**hablemos** „laßt uns sprechen“	**no hablemos** „laßt uns nicht sprechen“
vosotros	**hablad** „sprecht“	**no habléis** „sprecht nicht“
ustedes	**hablen** „sprechen Sie“	**no hablen** „sprechen Sie nicht“

Bei den Verben auf -**er** und -**ir** erscheint anstelle des -**a** in der Endung ein -**e,** anstelle des -**e** in der Endung ein –**a**: **come** „iß“; **no comáis** „eßt nicht“.

2. Subjuntivo

Wir haben Ihnen in den Lektionen 67 und 70 schon eine Übersicht über die Formen und den Gebrauch des **presente de subjuntivo** gegeben. Wir wollen Sie noch einmal daran erinnern, daß der Subjuntivo verwendet wird:

- nach bestimmten Konjunktionen (**cuando**, **como**,...) und nach dem Relativpronomen (**que**), wenn der im Nebensatz ausgedrückte Sachverhalt sich auf die Zukunft bezieht;
- nach der Konjunktion **que** und anderen Konjunktionen, wenn eine Hypothese, ein Gefühl, ein Wunsch ausgedrückt werden soll.

Wir wollen uns jetzt genauer mit dem Subjuntivo des Imperfekts beschäftigen. Sie haben diese Form schon häufig in den Texten vorgefunden; sie war stets in einen Bedingungssatz eingebettet.

3. Bedingungssatz

(Siehe Anmerkung 4 in Lektion 80, Sätze 2 und 5 der Übung und Satz 4 der Lückentextübung von Lektion 80).

Das Bedingungsgefüge besteht aus einem **si**-Satz, der die Bedingung beinhaltet, und dem Hauptsatz, der eine Konsequenz der Bedingung ausdrückt. Im Spanischen wird in einem als nicht erfüllbar angesehenen **si**-Satz das Imperfekt des Subjuntivo verwendet, im Hauptsatz erscheint, wie im Deutschen, das Konditional (Bedingungsform), dessen Formen Ihnen schon aus Lektion 77 bekannt sind:

Llegarías a tiempo. „Du würdest rechtzeitig ankommen";

Haría las cosas más despacio. „Er würde die Sachen langsamer machen".

Wir wollen Sie jetzt mit den Formen des Subjuntivo Imperfekt vertraut machen:

Verben auf -**ar** (**cantar**)	Verben auf -**er** und -**ir** (**comer - vivir**)	
cant ara	**com - viv**	**iera**
cant aras	**com - viv**	**ieras**
cant ara	**com - viv**	**iera**
cant áramos	**com - viv**	**iéramos**
cant arais	**com - viv**	**ierais**
cant aran	**com - viv**	**ieran**

Sie werden feststellen, daß die Formen der zweiten und dritten Person Singular und der dritten Person Plural der Verben auf -**ar** sich nur durch einen Akzent von den Futurformen unterscheiden:

si cantaras „wenn du singen würdest";

tú cantarás. „du wirst singen".

Der Subjuntivo Imperfekt hat noch eine zweite Form; sie erlaubt keinerlei Verwechslung mit anderen Verbformen:

Verben auf -**ar** (**cantar**)	Verben auf -**er** und -**ir** (**comer – vivir**)	
cant ase	**com - viv**	**iese**
cant ases	**com - viv**	**ieses**
cant ase	**com - viv**	**iese**
cant ásemos	**com -viv**	**iésemos**
cant aseis	**com - viv**	**ieseis**
cant asen	**com - viv**	**iesen**

Und nun noch ein paar Beispiele für den Gebrauch des Subjuntivo Imperfekt:

Si todos supiéramos hablar dos o tres lenguas extranjeras, borraríamos otras tantas fronteras. „Wenn wir alle zwei oder drei Fremdsprachen sprechen könnten, würden wir so viele andere Grenzen aufheben";

Si pudiéramos, lo haríamos. „Wenn wir könnten, würden wir es tun";

Si trabajase más, sabría más. „Wenn er mehr arbeiten würde, wüßte er mehr".

Von nun an werden wir die beiden Formen nebeneinander in den Texten verwenden. Wenn Sie eine der Formen bevorzugen, sollten Sie Ihre Sätze damit konstruieren. Beachten Sie aber, daß beide Formen in Spanien verwendet werden und Ihnen daher auch beide geläufig sein sollten. Sie sind in ihrer Bedeutung gleich und verändern nicht den Sinn eines Satzes.

Also: „Wenn Juan gewußt hätte, daß du kommen würdest, hätte er angerufen": **Si Juan hubiese** (oder **hubiera**) **sabido que ibas a venir habría telefoneado**.

4. Schreiben Sie in Spanisch

1 Bring mir ein Liter Milch mit, wenn du zurückkehrst.

2 Rufen Sie ihn vor acht Uhr an.

3 Beeilt euch, wir werden zu spät ankommen.

4 Wenn es heißer wäre, würden wir (uns) baden gehen.

5 Wenn du mehr lesen würdest, wüßtest du mehr.

6 Man wird die Einkäufe für heute abend machen müssen.

Leccion ochenta y cinco (85.)

Novedad

1 Los verbos irregulares son considerados, a menudo,
2 como la dificultad mayor de la lengua castellana.
3 A partir de ahora, los estudiaremos
4 de una manera más detallada.

5 Al despert**a**r
6 Fuera ni**e**va. La claridad que atravi**e**sa las cortinas me despi**e**rta.
7 El frío no me ali**e**nta a levantarme.
8 Cómplice de mi deseo, ci**e**rro de nuevo los ojos.
9 Pero no aci**e**rto a neg**a**r la evidencia.
10 Me confi**e**so vencido y me si**e**nto en la cama,
11 ti**e**mblo, apri**e**to los dientes y no pi**e**rdo más tiempo.
12 Una vez en la cocina enci**e**ndo el fuego,
13 cali**e**nto un poco de leche y preparo el café.
14 Mientras espero, abro la ventana y digo:
15 ¡Bienvenido!

Übersetzung

1 Tráeme un litro de leche cuando vuelvas.

2 Llámelo por teléfono antes de las ocho.

3 Daos prisa, vamos a llegar demasiado tarde.

4 Si hiciera (*oder* hiciese) más calor iríamos a bañarnos.

5 Si leyeras (*oder* leyeses) más sabrías más.

6 Habrá que hacer las compras para esta noche.

Segunda ola: Lección 35 (Revisión).

Fünfundachtzigste Lektion

Neuheit

1 Die unregelmäßigen Verben werden oft angesehen
2 als die größte Schwierigkeit der spanischen Sprache.
3 Von nun an werden wir sie (studieren).
4 auf eine detailliertere Weise lernen.

5 Beim Aufwachen
6 Draußen schneit es. Die Helligkeit, die die Gardinen durchdringt, weckt mich.
7 Die Kälte ermuntert mich nicht, aufzustehen (mich zu erheben).
8 Komplize meines Wunsches, schließe ich von neuem die Augen.
9 Aber ich schaffe [es] nicht, die Tatsachen (Offenkundigkeit) zu leugnen.
10 Ich bekenne mich besiegt und setze mich im Bett,
11 zittere, beiße (drücke) die Zähne [zusammen] und verliere keine Zeit mehr.
12 Einmal in der Küche zünde ich das Feuer an,
13 erwärme ein bißchen Milch und bereite den Kaffee.
14 Während ich warte, öffne ich das Fenster und sage:
15 [Herzlich] willkommen!

Wie schon in den ersten Sätzen der Lektion gesagt, wollen wir damit beginnen, die unregelmäßigen Verben systematisch zu lernen. Bisher haben wir Sie zwar häufig mit unregelmäßigen Verben konfrontiert, haben Ihnen aber jegliche Klassifizierung und Systematisierung vorenthalten. Von nun an wollen wir die jeweiligen Unregelmäßigkeiten genauer behandeln und beginnen heute mit der ersten Gruppe: **E-IE** (diphthongierende Verben; siehe Lektion 91 und grammatischer Anhang).

Wir haben im Text die Betonung der unregelmäßigen Verben markiert; auf diese Weise erkennen Sie die Besonderheiten der Konjugation dieser Verbgruppe leichter.

Und hier ein Beispiel: **nevar** „schneien“; **nieva** „es schneit“ (**e** wird zu **ie**).

¿COMPRENDE USTED ESTAS FRASES?

❶ Los verbos son difíciles, hay que estudiarlos. ❷ Ayer nevó e hizo mucho frío. ❸ Todos los días no me levanto temprano. ❹ No niego que tengas razón. ❺ La leche ya está caliente. ❻ Voy a encender el fuego. ❼ Abre la ventana, hace calor.

¡COMPLETE USTED LAS FRASES CON LAS PALABRAS QUE FALTAN!

❶ Ich gebe zu (bekenne), daß ich nicht weiß, was [ich] sagen [soll].

. . . . sé . . .   .

❷ Schließe die Augen, ich habe eine Überraschung für dich.

. . . . , ... sorpresa . . . .

❸ Hast du den Ofen angemacht?

¿. . .   . . ?

❹ Ich zittere, weil mir kalt ist (weil ich Kälte habe).

. . . .

¿HA USTED COMPRENDIDO LAS FRASES?

❶ Die Verben sind schwierig, man muß sie lernen. ❷ Gestern schneite (Indef.) es und war (Indef.) sehr kalt. ❸ Jeden Tag (alle Tage) stehe ich nicht früh auf. ❹ Ich leugne nicht, daß du recht hast. ❺ Die Milch ist schon heiß. ❻ Ich werde das Feuer anzünden. ❼ Öffne das Fenster, es ist heiß.

❺ [Herzlich] willkommen (weibl. Sing.) bei uns!

¡ . . . . nuestra . . . . !

LAS PALABRAS QUE FALTAN.

❶ Confieso que no - que decir ❷ Cierra los ojos, tengo una - para ti ❸ Has encendido el horno ❹ Tiemblo porque tengo frío ❺ Bienvenida a - casa.

Segunda ola: Lección 36.

Leccion ochenta y seis (86.)

La sopa de ajo

1 He aquí una receta típicamente castellana: ①
2 Se hace hervir agua con sal en una cazuela
3 y se echan rebanadas de pan, que han sido fritas previamente ②
4 con el fin de dorarlas. Se echan también dos pizcas de pimentón. ③
5 En una sartén, con aceite muy caliente,
6 se hace un refrito de ajos; luego se retiran éstos
7 y se vi**e**rte el aceite en la cazuela ④
8 dejando que la sopa hierva lentamente.
9 Un poco antes de servirla,
10 se echa un huevo para cada persona; se espera que las claras cuajen ⑤
11 y se sirve caliente enseguida.
12 En Castilla, suele tomarse esta sopa en recipientes - especie de tazas -
13 de barro consagrados a este uso,

Sechsundachtzigste Lektion

Die Knoblauchsuppe

1 Hier ein typisch spanisches Rezept:
2 Man läßt (macht) Wasser mit Salz in einem Topf kochen
3 und (man) wirft Brotscheiben hinein, die vorher gebacken worden sind
4 mit dem Zweck, sie goldbraun werden zu lassen (sie zu vergolden). Man gibt auch zwei Prisen Paprika [dazu].
5 In einer Pfanne mit sehr heißem Öl
6 macht man eine Knoblauchschmelze; dann nimmt man diese wieder heraus
7 und (man) gießt das Öl in den Topf,
8 wobei man die Suppe leise kochen läßt (lassend, daß die Suppe langsam kocht).
9 Kurz (ein bißchen) vor dem Servieren (bevor sie zu servieren)
10 gibt (wirft) man ein Ei für jede Person [hinein]; man wartet, daß die Eiweiße gerinnen,
11 und (man) serviert sofort heiß.
12 In Kastilien pflegt man diese Suppe in „recipientes" - [einer] Art von Tassen - zu nehmen
13 aus Steingut, bestimmt für diesen Gebrauch,

ANMERKUNGEN

(1) **receta** „Kochrezept" kann auch das „ärztliche Rezept" bedeuten.

(2) Das Verb **echar,** im ursprünglichen Sinn „werfen", erscheint aber auch in anderen Bedeutungen: **echar sal** „Salz dazugeben"; **echar un trago** „einen Schluck nehmen, einen heben"; **echar la siesta** „einen Mittagsschlaf halten"; **se echó sopa** „er nahm sich Suppe, goß sich Suppe ein"; **no me eche agua en el vaso** „gießen Sie mir kein Wasser ins Glas".

(3) **pimentón** „gemahlener roter Paprika". Vorsicht, er ist sehr scharf!

(4) **verter** „ein-, ausgießen". Dieses Verb gehört zur ersten Gruppe der unregelmäßigen Verben; die betonte Silbe ist fettgedruckt.

(5) **se echa y se espera** „man nimmt (gibt dazu) und man wartet". Über diese Konstruktion haben wir in Lektion 42, Kapitel 2 gesprochen.

14 pero en un plato también está muy buena.
15 ¡Buen provecho! ⑥

¿COMPRENDE USTED ESTAS FRASES?

❶ Alberto nos ha regalado un libro de cocina. ❶ El agua está hirviendo. ❷ Necesito otra cazuela. ❸ Hoy comeremos patatas fritas. ❹ Echa un poco de sal. ❺ Los ajos son caros. ❻ La sopa está buena.

¡COMPLETE USTED LAS FRASES CON LAS PALABRAS QUE FALTAN!

❶ Es ist sehr wenig Öl in der Pfanne.
... ...

❷ Es gefällt mir nicht sehr, kalt zu essen.
.. ..

❸ Ich habe Eier für das Abendessen (um zu Abend zu essen) gekauft.
.. ..

❹ Das Essen ist fertig.
.. ..

❺ Wir pflegen von (in) diesen Tellern zu essen.
....

▶ Leccion ochenta y siete (87.)

Advertencia por adelantado
o
„La letra mata, el espíritu vivifica“ ①

1 Incluso cuando se escribe en la lengua materna

14 aber auf einem Teller ist sie auch sehr gut.
15 Guten Appetit!

ANMERKUNGEN

(6) **¡Buen provecho!** oder **¡Que aproveche!** „Guten Appetit!". Die beiden Ausdrücke sind sehr gängig. Das Wort **apetito** existiert auch, aber es wird nicht in dieser Floskel gebraucht: **con mucho apetito** „mit großem Appetit"; **abrir el apetito** „den Appetit anregen".

¿HA USTED COMPRENDIDO LAS FRASES?

❶ Alberto hat uns ein Kochbuch geschenkt. ❷ Das Wasser kocht gerade. ❸ Ich brauche [einen] anderen Topf. ❹ Heute werden wir Pommes Frites essen. ❺ Gib ein bißchen Salz dazu. ❻ Der Knoblauch (Plural) ist teuer. ❼ Die Suppe ist gut.

LAS PALABRAS QUE FALTAN.

Siebenundachtzigste Lektion

Warnung im voraus
oder
„Der Buchstabe tötet den lebendigen Geist"

1 Sogar wenn man in der Muttersprache schreibt,

ANMERKUNGEN

(1) **adelantado** „fortgeschritten, frühzeitig". **Un niño adelantado** „ein frühreifes Kind"; **un país adelantado** „ein fortschrittliches Land"; **por adelantado** „im voraus".

2 - quizás con la excepción de una carta dirigida a amigos o personas próximas -

3 escribir bien una carta puede ser considerado

4 como una auténtica proeza.

5 La Administración, un hospital, una escuela, una empresa, una agencia, etc.,

6 aunque „seres abstractos“ son enormemente exigentes.

7 Se debe saber comenz**a**r una carta y terminarla.

8 En medio se debe saber, ya se trate de alabar ②

9 manifest**a**r, hacer discern**i**r, ment**a**r, defend**e**r, soseg**a**r, ped**i**r, etc. ③

10 decir con formulas hechas que, en general, no quieren decir nada,

11 aquello que se quiere decir.

13 Y... ¡atención a las faltas de ortografía!

13 Se conocen muchos casos en los que el autor de una falta ④

14 ha sido llevado a la silla eléctrica.

¿COMPRENDE USTED ESTAS FRASES?

❶ Hablo inglés pero mi lengua materna es el italiano. ❷ Escribir bien una carta es difícil. ❸ Hemos escrito al hospital pero no nos han contestado. ❹ Julia está aprendiendo a escribir. ❺ No te pongas en medio. ❻ Eso no me concierne. ❼ Las faltas de ortografía se pueden evitar.

2 - vielleicht mit (der) Ausnahme von einem Brief, gerichtet an Freunde oder nahe[stehende] Personen -

3 einen Brief gut [zu] schreiben kann betrachtet werden

4 als eine echte Leistung.

5 Die Verwaltung, ein Krankenhaus, eine Schule, ein Unternehmen, eine Agentur, usw.

6 obwohl „abstrakte Wesen“, sind sie enorm anspruchsvoll.

7 Man muß einen Brief an[zu]fangen und ihn [zu] beenden wissen.

8 Mittendrin (in Mitte) muß man wissen, sei es, daß es sich [darum] handelt, zu loben

9 offenbaren, erkennen geben (machen), erwähnen, verteidigen, beschwichtigen, bitten, usw.

10 mit festen Floskeln (gemachten Formeln), die im allgemeinen nichts bedeuten (sagen wollen), das [zu] sagen,

11 was man sagen will.

12 Und... Achtung auf die Rechtschreibfehler!

13 Man kennt viele Fälle, in denen der Autor eines Fehlers

14 auf den elektrischen Stuhl gebracht worden ist.

ANMERKUNGEN

② **ya se trate de...** „sei es, daß es sich handelt...“. **Ya** kennen wir bereits in der Bedeutung: „schon“. Wenn es aber vor einem Verb im Subjuntivo Präsens erscheint, wird es übersetzt: „sei es, daß... sei es, daß...“. **Ya sea esto o aquello, me es igual** „Sei es dies oder jenes, mir ist es egal“. In unserem Satz hieße es genau: **ya se trate de discernir o de manifestar o de...** „sei es, daß es sich darum handelt zu unterscheiden oder zu offenbaren oder zu...“.

③ Vergessen Sie nicht, daß die Verben, deren betonter Buchstabe fettgedruckt ist, zur ersten Gruppe der unregelmäßigen Verben gehören.

④ **en los que** „in denen“. Erinnern Sie sich noch an die Konstruktion der spanischen Relativsätze?

¿HA USTED COMPRENDIDO LAS FRASES?

❶ Ich spreche Englisch, aber meine Muttersprache ist (das) Italienisch. ❷ Einen Brief gut [zu] schreiben ist schwierig. ❸ Wir haben ans Hospital geschrieben, aber sie haben uns nicht geantwortet. ❹ Julia lernt gerade (zu) schreiben. ❺ Stell dich nicht in [die] Mitte. ❻ Das betrifft mich nicht. ❼ Die Orthographiefehler kann man vermeiden.

¡COMPLETE USTED LAS FRASES CON LAS PALABRAS QUE FALTAN!

1 Dieser Brief ist an dich gerichtet.

. . . . a ti.

2 Er begann (Indef.), sich am Ende zu offenbaren.

. . . . al final.

3 Was willst du sagen?

¿ . . . . ?

4 Machst du viele Fehler, wenn du schreibst?

¿ . . . . ?

Diese Lektion ist einerseits eine Fortsetzung Ihres Studiums und bringt neue und schon bekannte Konstruktionen, Vokabeln und unregelmäßige Verben der ersten Gruppe. Andererseits weist sie auf die Schwierigkeit hin, einen offiziellen Brief zu schreiben. Auch wenn Ihre Kenntnisse nun schon weit fortgeschritten sind, beabsichtigen wir doch nicht, mit Ihnen nun das Verfassen von Briefen zu üben. Aber vielleicht machen Sie sich ein paar Gedanken zum Inhalt dieser Lektion. In der nächsten Lektion finden Sie einen Brief, den der uns

▶ Leccion ochenta y ocho (88.)

Baldomero pide disculpas por carta

1 Estimado Doctor: ①
2 Le ruego tenga la extrema amabilidad ②

❺ Man kennt viele Fälle, in denen diese Krankheit hat geheilt werden können.

.. ..

.... curada.

LAS PALABRAS QUE FALTAN.

❶ Esta carta está dirigida ❷ Comenzó a manifestarse ❸ Qué quieres decir ❹ Haces muchas faltas cuando escribes ❺ Se conocen muchos casos en los que esta enfermedad ha podido ser.

bereits bekannte Baldomero an seinen Psychiater schreibt. Sie werden auf einige sicherlich nützliche Floskeln stoßen, die Sie ohne weiteres in einem offiziellen Brief verwenden können.
Übrigens: Was den zweiten Titel der laufenden Lektion betrifft, den wir in Anführungszeichen gesetzt haben, so handelt es sich hierbei sinngemäß um einen Satz aus dem zweiten Korintherbrief von Paulus (2 Kor 3,6); er lautet wörtlich: „Denn der Buchstabe macht tot, der Geist aber lebendig“.

Segunda ola: Lección 38.

Achtundachtzigste Lektion

Baldomero bittet in [einem] (durch) Brief [um] Vergebung(en)

1 Geschätzter [Herr] Doktor:
2 Ich bitte Sie, [daß] Sie die außerordentliche (extreme) Liebenswürdigkeit haben,

ANMERKUNGEN

① **Estimado Señor** oder **Muy Señor mío** sind offizielle Briefanreden und entsprechen dem deutschen „Sehr geehrter Herr“. Für nahestehende Personen sagen Sie: **Querido...** „Lieber...“.

② **Le ruego tenga** „Ich bitte Sie, daß Sie haben...“. **tenga** ist Präsens Subjuntivo in Abhängigkeit von **que**, das hier aber ausgelassen ist. Eigentlich heißt es nämlich: **le ruego que tenga**.

3 de disculpar mi no asistencia a nuestra cita de la semana pasada.
4 En efecto, su actitud comprensiva hacia mí
5 ha cambiado de arriba a abajo mi concepción de la vida.
6 La euforia me hizo olvidar que le había conocido,
7 impidiéndome así, el personarme en sus oficinas a la hora prevista.
8 Como usted sabe, soy un hijo de la beneficencia pública
9 - la desgracia se abatió muy pronto sobre mí -,
10 luego tuve dificultades de crecimiento y el servicio militar no hizo de mí un hombre, etc.
11 Le ruego pues me comprenda y me disculpe.
12 Dándole las gracias anticipadas y quedando a su entera disposición, ③
13 le saluda atentamente - Baldomero Soltero Guapo y con Dinero. ④
14 P.D. Le quiero. ⑤

3 meine Nicht-Anwesenheit zu unserer Verabredung von der vergangenen Woche zu entschuldigen.
4 In der Tat, Ihre verständnisvolle Haltung mir gegenüber
5 hat meine Lebenseinstellung vollständig (von oben bis unten) verändert.
6 Die Euphorie hat mich vergessen lassen (gemacht) (Indef.), daß ich Sie kennengelernt hatte,
7 und hat mich so [daran] gehindert (mich so hindernd), (das mich) persönlich [zu] erscheinen in Ihren Büros zur vorgesehenen Stunde.
8 Wie Sie wissen, bin ich ein Sohn der öffentlichen Fürsorge
9 - das Unglück ist (sich) sehr früh über mich hereingebrochen (Indef.) -,
10 später hatte (Indef.) ich Wachstumsschwierigkeiten, und der Militärdienst hat aus mir keinen Mann gemacht (Indef.), usw.
11 Ich bitte Sie nun, [daß] Sie mich verstehen und mir verzeihen.
12 Ich danke Ihnen im voraus (Ihnen die vorausgenommenen Danke gebend) und verbleibe zu Ihrer vollen Verfügung (zu Ihrer vollen Verfügung bleibend),
13 es grüßt Sie aufmerksam - Baldomero Schöner Junggeselle und mit Geld.
14 P.S. Ich liebe Sie.

ANMERKUNGEN

(3) **Dar las gracias** „danken“. **Da las gracias a la gente, hijo mío** „Danke den Leuten, mein Sohn“.

(4) **le saluda atentamente** entspricht unserer Floskel „Hochachtungsvoll“. Wir stellen Ihnen in Satz 12 und 13 eine sehr gängige spanische Floskel für einen offiziellen Briefschluß vor. Sie können sie in Briefen verwenden, die an unbekannte oder nur wenig vertraute Personen gerichtet sind.

(5) **P.D.** ist die Abkürzung für **posdata** „Nachschrift“. Manchmal ist auch das Kürzel P.S. (post scriptum) zu finden, das wir im Deutschen verwenden.

¿COMPRENDE USTED ESTAS FRASES?

❶ Le ruego me perdone. ❷ No asistiremos a la próxima sesión. ❸ Tenemos el honor de anunciarle... ❹ Según lo que me han dicho las vacaciones comienzan el lunes. ❺ Si sabes algo comunícamelo. ❻ Disponemos de mucha información. ❼ Gracias anticipadas.

¡COMPLETE USTED LAS FRASES CON LAS PALABRAS QUE FALTAN!

❶ Seien Sie so liebenswürdig (haben Sie die extreme Liebenswürdigkeit), nicht zu rauchen.

....

❷ Der Direktor hat mir mitgeteilt, daß er heute abwesend sein wird.

.. ..
....

❸ Unser Zentrum verfügt über eine sehr gute Bibliothek.

....
... .

▶ Leccion ochenta y nueve (89.)

¡Hagan juego! ①

1 Una de estas leyes está en vigor en una parte del mundo: ¿Cuál y dónde? ②

¿HA USTED COMPRENDIDO LAS FRASES?

❶ Ich bitte Sie, [daß] Sie mir verzeihen. ❷ Wir werden an der nächsten Sitzung nicht teilnehmen. ❸ Wir haben die Ehre, Ihnen anzukündigen... ❹ Nach dem, was sie mir gesagt haben, beginnen die Ferien am Montag. ❺ Wenn du etwas weißt, teil es mir mit. ❻ Wir verfügen über viel Information. ❼ Danke im voraus.

❹ Ich verbleibe zu ihrer vollen Verfügung.

....

❺ Er teilt immer seine Freude mit.

....

LAS PALABRAS QUE FALTAN.

❶ Tenga la extrema amabilidad de no fumar ❷ El director me ha comunicado que hoy estará ausente ❸ Nuestro centro dispone de una biblioteca muy buena ❹ Quedo a su entera disposición ❺ Comunica siempre su alegría.

Segunda ola: Lección 39.

Neunundachtzigste Lektion

Machen Sie (Plural) **[Ihr] Spiel!**

1 Eines dieser Gesetze ist in einem Teil der Welt in Kraft: Welches und wo?

ANMERKUNGEN

① Wir wollen Ihnen jetzt die unregelmäßigen Verben der zweiten Gruppe vorstellen. Sie erkennen sie wieder daran, daß wir ihre betonten Silben fett gedruckt haben (auf der CD-ROM mit einem * markiert).

② In dieser Lektion wollen wir ein Spiel machen. Sie finden in jedem Satz ein Gesetz; es ist immer eingeleitet durch **se prohibe** „es ist verboten". Nur eines dieser Gesetze existiert wirklich in der Gesetzgebung eines Landes. Sie finden die Auflösung in der nächsten Wiederholungslektion.

2 Se prohibe: - vol**a**r sin alas. ③
3 – mord**e**r la hamburguesa de otro.
4 – colg**a**rse en ausencia de testigos.
5 – consol**a**r a las viudas por la noche.
6 – demostr**a**r que una ley es inútil.
7 – vender su propio cuerpo.
8 – apost**a**rse dinero si no se tiene una perra.
9 – soñ**a**r con un aumento de salario.
10 – record**a**r malos recuerdos.
11 – prob**a**r que un político ha cambiado de chaqueta.
12 – invitar a almorz**a**r cuando no se puede pagar. ④
13 – encontr**a**r a alguien que haya desaparecido.
14 – volv**e**rse a dormir a la hora de ir a trabajar.

¿COMPRENDE USTED ESTAS FRASES?

❶ Teresa no encuentra trabajo. ❷ Juan se acuesta tarde todos los días. ❸ Me duelen las muelas. ❹ Suele echarse la siesta. ❺ Los coches ruedan. ❻ Demuéstramelo. ❼ Te encuentro cansado.

2 Es ist verboten (verbietet sich): - ohne Flügel zu fliegen.
3 – den Hamburger von [einem] anderen zu essen.
4 – sich in Abwesenheit von Zeugen aufzuhängen.
5 – die Witwen nachts zu trösten.
6 – zu zeigen, daß ein Gesetz unnütz ist.
7 – seinen eigenen Körper zu verkaufen.
8 – um Geld zu wetten (sich Geld wetten), wenn man keinen Pfennig hat.
9 – von (mit) einer Lohnerhöhung zu träumen.
10 – schlechte Erinnerungen zu erinnern.
11 – zu prüfen, daß ein Politiker die (von) Jacke gewechselt hat.
12 – zum Mittagessen einzuladen, wenn man nicht bezahlen kann.
13 – jemanden zu finden, der verschwunden ist.
14 – noch einmal einzuschlafen, wenn es Zeit ist (zu der Stunde), arbeiten zu gehen.

ANMERKUNGEN

③ Zur zweiten Gruppe der unregelmäßigen Verben gehören die Verben, die den Vokal **o** des Stammes bei Betonung in **ue** verwandeln: **volar** „fliegen" - **vuela** „er fliegt" und nicht: **vola**. In dieser Lektion erscheinen diese Verben im Infinitiv.

④ **almuerzo** „Mittagessen". Im allgemeinen sagt man **comer** anstelle des abgeleiteten Verbs **almorzar**; beide bedeuten: „zu Mittag essen". **Almozar** bezeichnet eher ein offizielles Essen: **el primer ministro almorzó con el embajador** „der Premierminister speiste mit dem Botschafter"; **después de la boda se almorzará en el restaurante** „nach der Hochzeit wird man im Restaurant zu Mittag essen". Im alltäglichen Leben ist **almuerzo** vergleichbar mit unserem zweiten Frühstück, das wir in der Pause bei der Arbeit oder in der Schule einnehmen.

¿HA USTED COMPRENDIDO LAS FRASES?

❶ Teresa findet keine Arbeit. ❷ Juan geht jeden Tag spät schlafen. ❸ Ich habe Zahnschmerzen. ❹ Er pflegt einen (den) Mittagsschlaf zu halten. ❺ Die Autos rollen. ❻ Zeig es mir. ❼ Ich finde dich müde.

¡COMPLETE USTED LAS FRASES CON LAS PALABRAS QUE FALTAN!

1. Ich habe einen Platz gefunden, um das Auto zu parken.

   . . . .

   . . . .

2. Beißt Ihr Hund?

   ¿ . . . . ?

3. Ich träume von einer Schiffsreise (Reise in Schiff).

   . . . . . con . . . .

4. Er hat bewiesen, was er sagte.

   . . . .

Leccion noventa (90.)

Recuerdos

1 A veces, cuando me acu**e**sto ①
2 y, desde mi cama, veo brillar mis zapatos,
3 mientras espero la llegada del sueño, ②
4 su**e**lo dejarme envolv**e**r por el dulce recuerdo ③
5 de aquella mujer, Julia, la madre de mi madre,

❺ Willst du, daß er zurückkommt?

¿ . . . . ?

LAS PALABRAS QUE FALTAN.

❶ He encontrado un sitio para aparcar el coche ❷ Muerde su perro ❸ Sueño - un viaje en barco ❹ Ha probado lo que decía ❺ Quieres que vuelva.

Segunda ola: Lección 40.

Neunzigste Lektion

Erinnerungen

1 Manchmal, wenn ich mich schlafen lege
2 und von meinem Bett [aus] meine Schuhe glänzen sehe,
3 während ich den Schlaf (die Ankunft des Schlafes) erwarte,
4 pflege ich mich von der süßen Erinnerung
5 an jene Frau, Julia, die Mutter meiner Mutter, einhüllen zu lassen,

ANMERKUNGEN

① Wir wollen uns in dieser Lektion noch einmal mit den Verben der zweiten Gruppe **O-UE** beschäftigen. Der Diphthong **ue** erscheint immer dann, wenn das Verb an dieser Stelle betont wird. Dies betrifft somit die erste, zweite und dritte Person Singular und die dritte Person Plural des Präsens Indikativ und Subjuntivo sowie den Imperativ.

② **sueño** „Schlaf, Traum". **sueño** ist auch die erste Person Singular Präsens von **soñar** „träumen".

③ **recuerdo** „Erinnerung" und ebenfalls die erste Person Singular des Verbs **recordar** „(sich) erinnern".

6 que, en los atardeceres en los que las gotas de lluvia ④
7 reson**a**ban en mis oídos al estrellarse ⑤
8 contra los cristales de la cocina,
9 pobl**a**ba nuestra imaginación
10 - la de mis hermanos también -
11 con cuentos que nos volv**í**an, durante unas horas,
12 los protagonistas de las hazañas
13 con las que se su**e**ña en la infancia.

¿COMPRENDE USTED ESTAS FRASES?

❶ Cuando he trabajado todo el día, me acuesto pronto. ❷ Las flores estaban envueltas con papel verde. ❸ Llueve mucho. ❹ Estamos amueblando nuestra nueva casa. ❺ Cuéntame lo que has visto. ❻ He tenido un sueño muy bonito. ❼ Suelo comprar en esa tienda.

¡COMPLETE USTED LAS FRASES CON LAS PALABRAS QUE FALTAN!

❶ Erinnerst du dich an sie?

¿ . .   . . ?

❷ Ich gehe (mich) gerne spazieren, wenn es regnet.

. .   . .

❸ Ich pflege die Fensterscheiben einmal im Monat zu reinigen.

. . . .

al . . . .

❹ Wirst du spät zurückkommen?

¿ . . . . ?

6 die in den Abenddämmerungen, in denen die Regentropfen
7 in meinen Ohren widerklangen, wenn sie (sich)
8 gegen die Küchenfenster schlugen (beim sich schlagen),
9 unsere Phantasie einnahm (bevölkerte)
10 - die von meinen Brüdern auch -
11 mit Geschichten, die uns verwandelten, während einiger Stunden,
12 [in] die Hauptdarsteller der Heldentaten,
13 von (mit) denen man in der Kindheit träumt.

ANMERKUNGEN

④ **al atardecer** „gegen Abend, bei Einbruch der Nacht" (beim Spätwerden).

⑤ **oído** „Gehör, Ohr"; **oreja** „Ohr". **Oreja** wird nur verwendet, um das äußere Organ zu bezeichnen. Also: **tener oído** „ein (gutes) Gehör haben"; **me duelen los oídos** „ich habe Ohrenschmerzen"; **al oído** „ins Ohr"; **ser todo oídos** „ganz Ohr sein".

¿HA USTED COMPRENDIDO LAS FRASES?

❶ Wenn ich den ganzen Tag gearbeitet habe, gehe ich früh schlafen. ❷ Die Blumen waren eingewickelt in (mit) grünes Papier. ❸ Es regnet viel. ❹ Wir möblieren gerade unser neues Haus. ❺ Erzähl mir, was du gesehen hast. ❻ Ich habe einen sehr hübschen Traum gehabt. ❼ Ich pflege in jenem Geschäft zu kaufen.

❺ Träumst du in Farbe oder in Schwarz-Weiß (Weiß und Schwarz)?

¿ . . . . ?

LAS PALABRAS QUE FALTAN.

❶ Te acuerdas de ella ❷ Me gusta pasearme cuando llueve ❸ Suelo limpiar los cristales una vez - mes ❹ Volverás tarde ❺ Sueñas en color o en blanco y negro.

Segunda ola: Lección 41.

▶ Leccion noventa y una (91.)

Revisión y notas

1. Unregelmäßige Verben

Die Real Academia (Königliche Akademie) hat eine vollständige Klassifikation der unregelmäßigen spanischen Verben erstellt. In dieser Klassifikation sind zwölf Gruppen zu unterscheiden, denen jeweils eine Unregelmäßigkeit gemeinsam ist.

Es bleiben 24 Verben übrig, die in keine dieser Gruppen eingeordnet werden können, sondern jeweils eigene Unregelmäßigkeiten aufweisen. Fast all diese Verben sind Ihnen schon bekannt.

Wir wollen Sie mit der Erläuterung der einzelnen Unregelmäßigkeiten und der Aufzählung der zu den verschiedenen Gruppen gehörigen Verben nicht allzu sehr belasten. Aber wir werden Ihnen ein paar Anhaltspunkte geben, mit deren Hilfe Sie die Charakteristika der einzelnen Verbgruppen leichter erkennen und auch behalten können.

Im Verlauf der letzten sechs Lektionen haben wir Ihnen die häufigsten Verben der ersten und zweiten Gruppe vorgestellt.

A. Gemeinsamkeiten der ersten und zweiten Gruppe

- Die Verben beider Gruppen diphthongieren **e** zu **ie** bzw. **o** zu **ue**:

  calentar „erwärmen" - **yo caliento** „ich erwärme"; **llover** „regnen" - **llueve** „es regnet".

- Verändert wird jeweils der letzte Stammvokal, sobald er die Betonung erhält, also bei den drei Personen des Singulars und der dritten Person des Plurals im Präsens Indikativ, Subjuntivo und beim Imperativ für die zweite Person Singular:

  cierra „schließe"; für die dritte Person Singular und Plural: **cierre** „schließen Sie"; **cierren** „schließen Sie" (Plural).

Einundneunzigste Lektion

Beispiele für die erste Gruppe: **cerrar** „schließen"; **perder** „verlieren"; **pensar** „denken":

Präsens Indikativ	Präsens Subjuntivo	Imperativ
ci**e**rro	pi**e**rda	
ci**e**rras	pi**e**rdas	pi**e**nsa
ci**e**rra	pi**e**rda	pi**e**nse
cerramos	perdamos	pensemos
cerráis	perdáis	pensad
ci**e**rran	pi**e**rdan	pi**e**nsen

Beispiele für die zweite Gruppe: **soler** „pflegen"; **renovar** „erneuern"; **soñar** „träumen":

Präsens Indikativ	Präsens Subjuntivo	Imperativ
s**ue**lo	ren**ue**ve	
s**ue**les	ren**ue**ves	s**ue**ña
s**ue**le	ren**ue**ve	s**ue**ñe
solemos	renovemos	soñemos
soléis	renovéis	soñad
s**ue**len	ren**ue**ven	s**ue**ñen

– Zusammengesetzte Verben werden konjugiert wie die entsprechenden einfachen Verben: **deshelar** „auftauen", wie: **helar** „einfrieren"; **hiela** „es friert"; **demostrar** „demonstrieren", wie: **mostrar** „zeigen"; **muestran** „sie zeigen".

B. Besonderheiten der ersten Gruppe E – IE

- Es handelt sich bei dieser Gruppe um Verben auf -**ar** und -**er**. Ausnahmen sind **concernir** „betreffen" und **discernir** „unterscheiden".

C. Besonderheiten der zweiten Gruppe O – UE

- Es handelt sich bei dieser Gruppe ausschließlich um Verben auf -**ar** und -**er**.
- Diejenigen Verben, die auf -**olver** enden, bilden ihr Partizip Perfekt auf **uelto**; **volver** „wenden, zurückkommen" - **vuelto**; **envolver** „einwickeln" - **envuelto**; **disolver** „(auf)lösen" - **disuelto**.

Denken Sie immer daran, daß diese Aufstellung lediglich dazu dienen soll, Ihnen einige Anhaltspunkte für die Konjugation der betreffenden Verben zu vermitteln. Sie werden diese Regeln nach und nach anzuwenden lernen, ohne daß Sie sie mühevoll auswendig gelernt haben.

2. Lösung des Spiels aus Lektion 89

Auch wenn es Ihnen unglaublich vorkommen mag, so ist doch Satz 3 die Lösung des Rätsels. Tatsächlich existiert im Staat Oklahoma ein Gesetz, welches verbietet, den Hamburger einer anderen Person zu essen. In diesem Fall können wir also nicht wünschen: **¡Buen provecho!** oder **¡Que aproveche!**.

▶ Leccion noventa y dos (92.)

Turismo y viaje de estudios

1 – ¿Es la primera vez que usted vi**e**ne a España?
2 – No, h**a**ce cinco años visité el País Vasco, Santander y Asturias.
3 Est**u**ve un mes e h**i**ce muchos amigos.
4 Ahora, v**e**ngo sólo unos días para visitar un poco

3. Schreiben Sie in Spanisch

1 Bist du (*weibl.*) wach? – Dein Kaffee ist heiß.

2 Der Apotheker hat mich [um] das Rezept gebeten. – Hattest du es?

3 Ohne Brille unterscheidet er nicht sehr gut.

4 Ich bitte Sie, daß Sie in Betracht ziehen, was ich Ihnen gesagt habe.

5 Er hat [eine] sehr gute Erinnerung an jene Reise.

6 Wir wollen unser Haus mit alten Möbeln einrichten (möblieren).

Übersetzung

1 ¿Estás despierta? – Tu café está caliente.

2 El farmacéutico me ha pedido la receta; – ¿La tenías?

3 Sin gafas, no distingue muy bien.

4 Le ruego que tome en cuenta lo que le he dicho.

5 Tiene muy buen recuerdo de ese viaje.

6 Queremos amueblar nuestra casa con muebles antiguos.

Segunda ola: Lección 42 (Revisión).

Zweiundneunzigste Lektion

Tourismus und Studienreise

1 – Ist es das erste Mal, daß Sie nach Spanien kommen?

2 – Nein, vor fünf Jahren habe ich das Baskenland, Santander und Asturien besucht (Indef.).

3 Ich war (Indef.) einen Monat [dort] und habe viele Freunde gewonnen (gemacht, (Indef.)).

4 Jetzt komme ich nur einige Tage, um ein bißchen

5 Toledo, Córdoba, Granada y Sevilla; es más bien un viaje de estudios.

6 – ¿Se interesa usted por el arte?

7 – Mucho, y ahora que hablo un poco el castellano, me atr**a**e más.

8 – No me extraña, el arte de un país es más apreciado

9 cuando se conoce a la gente y su lengua.

10 Paternidad responsable

11 – Tomasín, ven aquí, t**e**ngo algo que dec**i**rte, hijo mío.

12 Si **e**res bueno, h**a**ces lo que se te d**i**ga, obedeces a tus mayores,

13 piensas como es debido y me amas... te dar**é** un premio.

14 – ¿Cuál papá?

15 – No te dar**é** una paliza.

¿COMPRENDE USTED ESTAS FRASES?

❶ Es la segunda vez que telefonea. ❷ Hace un rato estaba aquí. ❸ ¿Qué has hecho estas vacaciones? ❹ He visitado la costa cantábrica. ❺ Lo que dice nos interesa mucho. ❻ Ese país me atrae mucho. ❼ ¿Te gusta el arte?

¡COMPLETE USTED LAS FRASES CON LAS PALABRAS QUE FALTAN!

❶ Vor fünf Jahren war ich Student.

....

❷ Es wundert mich nicht, daß er nicht gekommen ist.

.. ..

❸ Wir haben etwas für euch.

....

5 Toledo, Córdoba, Granada und Sevilla zu besuchen; es ist eher (besser) eine Studienreise.
6 – Interessieren Sie sich für (die) Kunst?
7 – Sehr, und jetzt, da ich ein bißchen (das) Spanisch spreche, zieht sie mich mehr an.
8 – Das wundert mich nicht, die Kunst eines Landes wird mehr geschätzt,
9 wenn man die Leute und ihre Sprache kennt.

10 Verantwortliche Vaterschaft
11 – Tomasín, komm hierher, ich habe dir etwas zu sagen, mein Sohn.
12 Wenn du lieb (gut) bist, das machst, was man dir sagt, deinen Eltern (Größeren) gehorchst,
13 denkst, wie es angemessen ist, und mich liebst... werde ich dir eine Belohnung geben.
14 – Was für eine (welche), Papa?
15 – Ich werde dir keine Tracht Prügel geben.

¿HA USTED COMPRENDIDO LAS FRASES?

❶ Es ist das zweite Mal, daß er anruft. ❷ Vor einer Weile war er hier. ❸ Was hast du [in] diesen Ferien gemacht? ❹ Ich habe die kantabrische Küste besucht. ❺ Was er sagt, interessiert uns sehr. ❻ Jenes Land zieht mich sehr an. ❼ Liebst du (die) Kunst?

④ Mein älterer Bruder ist zwanzig Jahre alt.

.. ..

⑤ Wirst du mir deine Adresse geben?

¿.. ....?

Zu Beginn der letzten Wiederholungslektion haben wir von 24 Verben gesprochen, die je unterschiedliche Unregelmäßigkeiten aufweisen und daher keiner Gruppe von unregelmäßigen Verben zugeordnet werden können. In den folgenden sieben Lektionen werden wir diese Verben ausführlicher behandeln. Es ist wichtig, daß Sie mit den Verben vertraut sind, da der größte Teil von ihnen sehr häufig verwendet wird. Die meisten dieser Verben sind Ihnen schon bekannt.

Leccion noventa y tres (93.)

Cuando la realidad sobrepasa la ficción

1 Suena el timbre y Abelardo, carnicero de enorme reputación,
2 deja el periódico, se levanta de la mesa y va a abrir.
3 – ¡Hombre! Pasa, llegas a tiempo,
4 íbamos a tomar ahora el café.
5 – Buenas tardes, ¿qué tal estáis?
6 – Ya ves, terminando de instalarnos. ¿Te gusta el piso? ①
7 – Es muy moderno. Veo que tenéis una buena biblioteca.

LAS PALABRAS QUE FALTAN.

❶ Hace cinco años era estudiante ❷ No me extraña que no haya venido ❸ Tenemos algo para vosotros ❹ Mi hermano mayor tiene veinte años ❺ Me darás tu dirección.

*In dieser Lektion finden Sie bereits einige der 24 Verben aufgeführt; Sie erkennen sie daran, daß ihre betonte Silbe fett gedruckt ist (auf der CD-ROM mit einem * markiert).*

Es wäre vorteilhaft, wenn Sie sich weiterhin im grammatischen Anhang das eine oder andere Verb ansehen würden und sich auch etwas intensiver mit den Verben der ersten und zweiten Gruppe beschäftigen könnten.

Segunda ola: Lección 43.

Dreiundneunzigste Lektion

Wenn die Wirklichkeit (Realität) das Erdichtete übertrifft

1 Es läutet (die Klingel), und Abelardo, Fleischer von ungeheurem Ruf,

2 läßt die Zeitung [sinken], steht (erhebt sich) vom Tisch auf und geht öffnen.

3 – Mensch! Komm rein, du kommst [gerade] richtig (zu Zeit),

4 wir hatten gerade vor, Kaffee zu trinken (gingen jetzt den Kaffee zu trinken).

5 – Guten Tag, wie geht's euch?

6 – Du siehst ja (schon), gerade fertig, uns einzurichten. Gefällt dir die Wohnung?

7 – Sie ist sehr modern. Ich sehe, daß ihr eine gute Bibliothek habt.

ANMERKUNGEN

① **terminando de...** „gerade beendend..."; eigentlich müßte es heißen: **estamos terminando de...** „wir beenden gerade..., wir sind gerade fertig...".

8 – Estoy orgulloso; creo que el color de los libros ②
9 hace juego con la pintura de la pared. ③
10 La semana pasada compré dos metros y medio de Voltaire ④
11 encuadernados en piel verde. Queda bonito ¿eh?
12 Como el formato era de dimensiones mayores
13 que el espacio disponible entre dos baldas
14 hemos tenido que serrar cuatro centímetros cada libro. ⑤
15 – No se nota, te las has apañado muy bien. ⑥

¿COMPRENDE USTED ESTAS FRASES?

❶ Abre, han llamado. ❷ Me levanto de la mesa. ❸ Íbamos a salir. ❹ Estoy orgulloso de mi trabajo. ❺ La camisa hace juego con el pantalón. ❻ La pintura no está seca. ❼ El piso es moderno.

¡COMPLETE USTED LAS FRASES CON LAS PALABRAS QUE FALTAN!

❶ Seine Wohnung ist sehr modern.

. . . .

❷ Die in Leder gebundenen Bücher sind teuer.

. . . .

8 – Ich bin stolz [darauf]; ich glaube, daß die Farbe der Bücher
9 zur Farbe der Wand paßt (Spiel macht mit dem Anstrich der Wand).
10 (Die) vergangene Woche habe ich zweieinhalb Meter (von) Voltaire gekauft (Indef.),
11 eingebunden in grünes Leder. Es ist (bleibt) hübsch, nicht wahr?
12 Weil das Format von größeren Ausmaßen war
13 als der verfügbare Platz zwischen zwei Fächern,
14 haben wir jedes Buch vier Zentimeter absägen müssen.
15 – Man merkt [es] nicht, du hast es sehr geschickt gemacht (hast sie dir sehr gut zurechtgemacht).

ANMERKUNGEN

② **Estar orgulloso** „stolz sein"; **ser orgulloso** „hochmütig, -näsig sein".

③ **hacer juego** („Spiel machen"): „zusammenpassen".

④ Auch wenn Ihnen dies etwas seltsam vorkommen mag, so gibt es bei bestimmten Buchhändlern die Möglichkeit, Bücher meterweise und passend zur Einrichtung gebunden zu kaufen.

⑤ **hemos tenido que** „wir haben gemußt"; dies ist das Perfekt von **tener que** „müssen".

⑥ **apañarse** „sich geschickt anstellen"; **apañar** „ausbessern, flicken, zurechtmachen".

¿HA USTED COMPRENDIDO LAS FRASES?

❶ Öffne, es hat geläutet. ❷ Ich stehe vom Tisch auf. ❸ Wir waren dabei, abzureisen. ❹ Ich bin stolz auf meine Arbeit. ❺ Das Hemd paßt zu (macht Spiel mit) der Hose. ❻ Der Anstrich ist nicht trocken. ❼ Die Wohnung ist modern.

❸ Uns fehlen vier Fächer.

. . . .

❹ Man hat den Arzt rufen müssen.

. . . .

⑤ Ich habe gemerkt, daß er stolz war.

. . . .

▶ Leccion noventa y cuatro (94.)

Vamos al museo

1 – Os propongo ir al museo esta tarde.
2 – Excelente idea. ¿A qué hora abren? ①
3 – No lo sé. Es posible que no cierren a la hora de comer.
4 – Podemos ir ahora y si está cerrado
5 entraremos a tomar algo en un bar o daremos un paseo.
6 En el museo: - Por favor, ¿puede indicarme en que dirección
7 se encuentra la sala de Goya?
8 – Con mucho gusto; Sigan hasta el fondo y luego a la derecha.
9 – Si habla tan deprisa no le entendemos.

LAS PALABRAS QUE FALTAN.

① Su piso es muy moderno ② Los libros encuadernados en piel son caros ③ Nos faltan cuatro baldas ④ Ha habido que llamar al médico ⑤ He notado que estaba orgulloso.

Segunda ola: Lección 44.

Vierundneunzigste Lektion

Wir gehen ins Museum
oder
Wir wollen ins Museum gehen

1 – Ich schlage euch vor, heute nachmittag ins Museum [zu] gehen.
2 – Ausgezeichnete Idee. Um wieviel Uhr wird geöffnet (öffnen sie)?
3 – Ich weiß es nicht. Es ist möglich, daß zur Essenszeit (Stunde des Essens) nicht geschlossen wird.
4 – Wir können jetzt gehen, und wenn es geschlossen ist,
5 werden wir in einer Bar etwas trinken gehen (eintreten), oder wir werden einen Spaziergang machen.
6 Im Museum: - Bitte, können Sie mir sagen (angeben), in welcher Richtung
7 sich der Goya-Saal befindet?
8 – Gern (mit viel Gefallen); gehen Sie (Plural) bis hinten (bis zum Hintergrund) weiter und dann nach rechts.
9 – Wenn Sie so schnell sprechen, verstehen wir Sie nicht.

ANMERKUNGEN

① **abren** „sie öffnen". Erinnern Sie sich noch? Ein unpersönliches Subjekt wird im Spanischen mit der dritten Person Plural ausgedrückt, wenn es sich dabei um unbestimmte Personen handelt. Im Deutschen übersetzen wir mit „man" oder, wie hier in Satz 2 und 3, durch das Passiv: „es wird geöffnet" bzw. „es wird geschlossen": **cierran**.

10 – Perdonen. Había olvidado que eran extranjeros.
11 Es por allí. Quédense con mi plano, no lo necesito.
12 – Muchas gracias. Es usted muy amable.

13 Sensibilidad escultural
14 – ¡Oh! Esa escoba es maravillosa. Debe de ser una escultura muy trabajada por Picasso o Miró. Me interesan mucho esos artistas.
15 – No, señor. Es la escoba de la mujer de la limpieza del museo que ha ido un momento al servicio.
16 – ¡Ah!

¿COMPRENDE USTED ESTAS FRASES?

❶ El museo abre a las diez. ❷ Hoy está cerrado. ❸ La sala que quiero ver está en esta dirección. ❹ Hable despacio por favor. ❺ ¿Es por aquí? ❻ Es por allí, a la izquierda. ❼ Necesitamos un plano del museo.

¡COMPLETE USTED LAS FRASES CON LAS PALABRAS QUE FALTAN!

❶ Ich würde gern ins Museum der Modernen Kunst gehen.

.. ..

❷ Wenn Sie langsamer sprechen, werde ich es verstehen können.

.. .. / ....
....

❸ In meinem Zimmer habe ich einen Plan von der Metro.

.. .. del
..... .

❹ Setzen Sie sich. – Danke, Sie sind sehr liebenswürdig.

.... – ....

❺ Wo ist der Besen?

¿..... ....?

10 – Verzeihen Sie (Plural). Ich hatte vergessen, daß Sie Ausländer sind.

11 Es geht (ist) dort entlang. Behalten Sie (Plural) meinen Plan (bleiben Sie mit meinem Plan), ich brauche ihn nicht.

12 – Vielen Dank. Sie sind sehr liebenswürdig.

13 Bildhauerische Empfindungsfähigkeit

14 – Oh! Dieser Besen da ist wundervoll. Es muß eine von Picasso oder Miró sehr ausgearbeitete Skulptur sein. Jene Künstler interessieren mich sehr.

15 – Nein, mein Herr. Es ist der Besen von der Putzfrau des Museums, die einen Moment zur Toilette gegangen ist.

16 – Ah!

¿HA USTED COMPRENDIDO LAS FRASES?

❶ Das Museum öffnet um zehn Uhr. ❷ Heute ist es geschlossen. ❸ Der Saal, den ich sehen möchte, ist in dieser Richtung. ❹ Sprechen Sie langsam, bitte. ❺ Geht (Ist) es hier entlang? ❻ Es geht dort entlang, links. ❼ Wir brauchen einen Plan vom Museum.

Wir nähern uns langsam dem Ende; Sie haben nun schon gute Kenntnisse. Es kommt jetzt darauf an, daß Sie die Verben beherrschen. Da die Texte der Lektionen keine besonderen Schwierigkeiten bieten, können Sie sich häufig mit dem grammatischen Anhang beschäftigen und sich auch etwas länger mit den Ausdrücken und Redewendungen aufhalten, die wir Ihnen in den Lektionen vorstellen.

LAS PALABRAS QUE FALTAN.

❶ Me gustaría ir al museo de Arte Moderno ❷ Si usted habla más despacio (*oder* lentamente) podré entenderlo ❸ En mi habitación tengo un plano - metro ❹ Siéntese - Gracias es usted muy amable ❺ Dónde está la escoba.

Segunda ola: Lección 45.

Leccion noventa y cinco (95.)

En la mesa, ante todo, buena educación

1 Aunque sólo sea para salvar las apariencias, ①
2 nunca está de más el conocer unas cuantas ②
3 fórmulas de cortesía. He aquí algunos ejemplos: ③
4 Si en la mesa intentan pasarle una fuente
5 recién sacada del horno, siempre puede decir:
6 „Usted primero". Evitará, en general, quemarse y quedará bien. ④
7 Si insisten puede añadir: „De ninguna manera" o „Se lo ruego"
8 o „Sírvase usted, por favor" o „Pásela a su señora".
9 Intente que los otros comensales no se den cuenta
10 de que usted recita de memoria; hace mal efecto.
11 No lleve su buena educación hasta el punto
12 de quedarse sin comer: el hambre
13 acarrea, a menudo, problemas de salud.

Fünfundneunzigste Lektion

Am Tisch, vor allem, gute Erziehung

1 Auch wenn es nur [darum] geht (sei), (um) den Schein (Plural) zu wahren (retten),
2 ist es niemals überflüssig, (das Kennen) einige
3 Höflichkeitsfloskeln zu kennen. Hier einige Beispiele:
4 Wenn man am Tisch beabsichtigt (sie beabsichtigen), Ihnen
5 eine gerade aus dem Ofen genommene Schüssel zu reichen, können Sie immer sagen:
6 „Sie zuerst“. Sie werden im allgemeinen vermeiden, sich [zu] verbrennen, und Sie werden gut abschneiden (gut bleiben).
7 Wenn man [darauf] besteht (sie bestehen), können Sie hinzufügen: „Auf keinen Fall“ oder „Ich bitte (es) Sie“
8 oder „Bedienen Sie sich, bitte“ oder „Reichen Sie sie Ihrer Gattin“.
9 Versuchen Sie, daß die anderen Tischgäste nicht merken (sich nicht Rechnung geben),
10 daß Sie aus [dem] Gedächtnis aufsagen; es macht [einen] schlechten Eindruck.
11 Führen Sie Ihre gute Erziehung nicht bis zu dem Punkt,
12 ohne Essen zu bleiben: Der Hunger
13 verursacht oft Gesundheitsprobleme.

ANMERKUNGEN

(1) **Aunque** „obwohl, wenn auch“. Nach dieser Konjunktion folgt ein Verb im Indikativ, wenn eine Tatsache ausgedrückt werden soll. Es steht der Subjuntivo, wenn eine Möglichkeit angedeutet wird.

(2) **estar de más** „überflüssig sein“.

(3) **cortesía** „Höflichkeit“. **Estar bien educado** „gut erzogen sein“; **ser educado** „höflich sein“.

(4) **quedar bien** „gut ausfallen, gut abschneiden, einen guten Eindruck hinterlassen“; **quedar mal** bedeutet das Gegenteil.

¿COMPRENDE USTED ESTAS FRASES?

1 Cada país tiene sus fórmulas de cortesía. 2 La fuente está demasiado caliente. 3 Ana se sabe la lección de memoria. 4 Usted primero. 5 Sírvase por favor. 6 Es muy educado. 7 No tiene problemas de salud.

¡COMPLETE USTED LAS FRASES CON LAS PALABRAS QUE FALTAN!

1 Komm an den Strand, auch wenn es nur [für] zwei Stunden ist (sei).

... .
..... .

2 Ich bitte (es) Sie.

.. ..

3 Warte ein bißchen, es ist zu heiß.

...., ...

Leccion noventa y seis (96.)

Escándalo en casa de la condesa ①

1 – Señorita, le he hecho venir porque me han contado
2 que mi hijo mantiene con usted relaciones particulares ②

¿HA USTED COMPRENDIDO LAS FRASES?

❶ Jedes Land hat seine Höflichkeitsfloskeln. ❷ Die Schüssel ist zu heiß. ❸ Ana kennt (sich) die Lektion auswendig (von Gedächtnis). ❹ Sie zuerst. ❺ Bedienen Sie sich, bitte. ❻ Er ist sehr höflich. ❼ Er hat keine Gesundheitsprobleme.

❹ Bleib nicht ohne Essen, danach wirst du keine Zeit haben.

. . . . , ...

. . . .

❺ Der Chef hat seinen Bericht mitgeteilt.

. . . . informe.

LAS PALABRAS QUE FALTAN.

❶ Ven a la playa aunque sólo sea dos horas ❷ Se lo ruego ❸ Espera un poco, está demasiado caliente ❹ No te quedes sin comer, después no tendrás tiempo ❺ El jefe ha comunicado su.

Segunda ola: Lección 46.

Sechsundneunzigste Lektion

Skandal bei der Gräfin

1 – [Mein] Fräulein, ich habe Sie kommen lassen (machen), weil man mir erzählt hat,

2 daß mein Sohn mit Ihnen persönliche Beziehungen unterhält,

ANMERKUNGEN

① **en casa de** „bei“. Wir setzen nun voraus, daß Ihnen solche Ausdrücke bekannt sind und verzichten auf eine wörtliche Übersetzung in runden Klammern.

② **mantener** „halten, unterhalten“. **La condesa me mantiene** „die Gräfin unterhält mich“; **mantengo relaciones con ellos** „ich unterhalte Beziehungen zu ihnen“.

3 y como madre, de una antigua familia de alto rango,
4 me preocupo por el futuro de mi hijo,
5 para que esté a la altura que nuestra descendencia merece.
6 ¿Es verdad que su madre era peluquera? ③
7 – Sí, y además quiero a su hijo.
8 – Lo sabía, usted es de ésas que traen consigo el escándalo.
9 ¿Entonces no niega usted que sale con mi hijo?
10 – En efecto, hoy en día, no hay nada de extraño
11 en salir con el hombre con el que se vuelve.
12 – ¡Ah...! ¡Vayase...! ¡Ah...! ¡Fuera...! ¡Ramiro... me ahogo! ④
13 – Sí, señora condesa. ¿Quiere la señora condesa que abra la ventana?
14 – ¡Imbécil! Me ahogo moralmente.

¿COMPRENDE USTED ESTAS FRASES?

❶ Hágale pasar. ❷ Con nuestros vecinos tenemos relaciones amistosas. ❸ Nos preocupamos por el futuro de nuestros hijos. ❹ Voy al peluquero. ❺ ¿Sales o entras? ❻ Se ahogaba de calor. ❼ Abrid el balcón.

3 und als Mutter einer alten Familie von hohem Rang
4 sorge ich mich um die Zukunft meines Sohnes,
5 damit sie auf dem Niveau ist, die unsere Abstammung verdient.
6 Ist es wahr, daß Ihre Mutter Friseuse war?
7 – Ja, und außerdem liebe ich Ihren Sohn.
8 – Ich wußte es, Sie sind von denen (weibl.), die den Skandal mit sich bringen.
9 Also leugnen Sie nicht, daß Sie mit meinem Sohn ausgehen?
10 – In der Tat, heutzutage ist es (gibt es) nichts Erstaunliches,
11 mit dem Mann auszugehen (in ausgehen), mit dem man zurückkommt.
12 – Ah! Gehen Sie weg! Ah...! Hinaus...! Ramiro... ich ersticke (mich)!
13 – Ja, Frau Gräfin. Wünscht (die) Frau Gräfin, daß ich das Fenster öffne?
14 – Blödsinnig! Ich ersticke (mich) moralisch.

ANMERKUNGEN

③ **peluquero** „Friseur"; **peluquera** „Friseuse"; **peluquería** „Friseursalon"; **ir a la peluquería** „zum Friseur gehen". **Peluquería** bezeichnet in erster Linie den Damenfriseur; Herren sagen: **voy al barbero** „ich gehe zum Friseur (Barbier)".

④ **ahogarse** „ersticken, ertrinken". **Se ahogó porque no sabia nadar** „Er ertrank, weil er nicht schwimmen konnte". Übrigens können Sie in Spanien dieses Schild finden: **Es peligroso bañarse** „Baden verboten" (es ist gefährlich, sich zu baden).

¿HA USTED COMPRENDIDO LAS FRASES?

❶ Lassen Sie ihn hereinkommen (passieren). ❷ Mit unseren Nachbarn haben wir freundschaftliche Beziehungen. ❸ Wir sorgen uns um die Zukunft unserer Söhne. ❹ Ich gehe zum Friseur. ❺ Gehst du oder kommst du (gehst du aus oder trittst du ein)? ❻ Er erstickte vor Hitze. ❼ Öffnet den Balkon.

¡COMPLETE USTED LAS FRASES CON LAS PALABRAS QUE FALTAN!

1. Er hat uns kommen lassen, um uns Arbeit vorzuschlagen.
   . . . .
   . . . .
2. Seine Haltung verdient unseren Respekt
   . . . .
3. Heute abend gehen wir mit einigen Freunden zum Abendessen aus.
   . . . .
   . . . .
4. Es ist gefährlich, (sich) dort zu baden.
   . . . .

Leccion noventa y siete (97.)

El progreso no se para (1)

1 El locutor: - La noticia del día nos llega hoy del Museo del Prado.
2 Esta tarde, la joven promesa americana Jimmy-Jimmy
3 en presencia de numerosos espectadores,
4 ha batido el récord de velocidad de visita al Museo del Prado.
5 En efecto, 11 m 13 s y 2 décimas han bastado a Jimmy-Jimmy
6 para pulverizar el antiguo récord, 12 m 10 s 5 d,
7 que hasta esta mañana poseía el soviético Vasilov-Vasilov.
8 Numerosos expertos han manifestado que el joven americano
9 habría podido conseguir un mejor tiempo

⑤ Es gab nichts Erstaunliches an diesem Film.

.. ..

....

LAS PALABRAS QUE FALTAN.

① Nos ha hecho venir para proponernos trabajo ② Su actitud merece nuestro respeto ③ Esta noche salimos a cenar con unos amigos ④ Es peligroso bañarse ahí. ⑤ No había nada de extraño en esa película

Segunda ola: Lección 47.

Siebenundneunzigste Lektion

Der Fortschritt bleibt (sich) nicht stehen

1 Der Sprecher: - Die Nachricht des Tages erreicht uns heute vom Prado-Museum.

2 Heute nachmittag hat die junge amerikanische Hoffnung (Versprechen) Jimmy-Jimmy

3 in Anwesenheit von zahlreichen Zuschauern

4 den Geschwindigkeitsrekord im (von) Besuch des (zum) Prado-Museums gebrochen (geschlagen).

5 In der Tat, 11 Minuten, 13 Sekunden und zwei Zehntel haben Jimmy-Jimmy genügt,

6 um den alten Rekord, 12 Minuten, 10 Sekunden, 5 Zehntel, zu zerstäuben (pulverisieren),

7 den bis heute morgen der Sowjetrusse Vasilov-Vasilov besaß.

8 Zahlreiche Experten haben geäußert, daß der junge Amerikaner

9 eine bessere Zeit hätte erreichen können,

ANMERKUNGEN

① **El progreso no se para** „Der Fortschritt bleibt nicht stehen, läßt sich nicht aufhalten". **parar** „anhalten, festhalten, stoppen"; **pararse** „stehenbleiben, haltmachen". **Sin parar** „unaufhörlich".

10 si, cuando se disponía a pasar por la sala de Goya,
11 un inconsciente visitante
12 no hubiese dado dos pasos atrás para contemplar ②
13 uno de los dibujos del pintor.
14 Telegramas de felicitación llegan a la Casa Blanca de todas las partes del mundo.

¿COMPRENDE USTED ESTAS FRASES?

❶ ¿Está lejos la parada del autobús? ❷ Tengo una buena noticia. ❸ Había muchos espectadores. ❹ Bastaba con telefonear. ❺ Hemos conseguido comprar un equipo estereofónico barato. ❻ Los visitantes eran numerosos. ❼ Dibuja muy bien.

¡COMPLETE USTED LAS FRASES CON LAS PALABRAS QUE FALTAN!

❶ Mir genügt (mit) ein bißchen Salz.

.. .. con .. ..

❷ Er ist die hundert Meter in einer Rekordzeit geschwommen.

.. ..

....

10 wenn, als er sich anschickte, durch den Goya-Saal zu gehen,
11 ein leichtsinniger (unbewußter) Besucher
12 nicht zwei Schritte zurückgetreten wäre (rückwärts gegeben hätte), um
13 eine der Zeichnungen des Malers zu betrachten.
14 Glückwunschtelegramme kommen im Weißen Haus aus allen Teilen der Welt an.

ANMERKUNGEN

② **dar dos pasos atrás** „zwei Schritte zurücktreten". Erinnern Sie sich noch an die anderen Bedeutungen, die **dar** haben kann? Und denken Sie daran, daß **dar** eines der unregelmäßigen Verben ist, die sich nicht klassifizieren lassen.

¿HA USTED COMPRENDIDO LAS FRASES?

❶ Ist die Autobushaltestelle weit? ❷ Ich habe eine gute Nachricht. ❸ Es gab viele Zuschauer. ❹ Es reichte zu (mit) telefonieren. ❺ Wir haben [es] geschafft, eine billige Stereoanlage [zu] kaufen. ❻ Die Besucher waren zahlreich. ❼ Er zeichnet sehr gut.

❸ Wenn du willst, daß es ein gutes Foto wird (sei), tritt zwei Schritte zurück.

.. ..

... .

❹ Wir werden ihnen ein Glückwunschtelegramm schicken.

....

....

❺ In die großen Städte kommen Zeitungen aus allen Teilen der Welt.

. ...

.. ..

LAS PALABRAS QUE FALTAN.

❶ Me basta - un poco de sal ❷ Ha nadado los cien metros en un tiempo récord ❸ Si quieres que sea una buena foto da dos pasos atrás ❹ Vamos a enviarles un telegrama de felicitación ❺ A las grandes ciudades llegan periódicos de todas las partes del mundo.

Segunda ola: Lección 48.

Leccion noventa y ocho (98.)

Revisión y notas

1. Nicht klassifizierbare unregelmäßige Verben

(Siehe Anmerkung in Lektion 92). Im Laufe der letzten sieben Lektionen hatten Sie Gelegenheit, sich mit den nicht klassifizierbaren unregelmäßigen Verben vertraut zu machen. Wie Sie bereits wissen, handelt es sich um 24 Verben, von denen etwa 20 ausgesprochen häufig verwendet werden. Sie finden diese Verben im grammatischen Anhang ausführlich behandelt.

Da es sehr wichtig ist, daß Sie diese Verben beherrschen, haben wir in dieser Lektion eine Übung zusammengestellt, in der die 19 häufigsten Verben verwendet sind. Jeder Satz ist mit je einem dieser Verben konstruiert; die entsprechende Übersetzung finden Sie am Ende der Wiederholungslektion.

Die Einübung der Verben erscheint uns so vorrangig, daß wir sie an die Stelle der sonst üblichen Übung „Schreiben Sie in Spanisch" gesetzt haben, die Sie gewöhnlich am Ende jeder Wiederholungslektion finden.

Wir haben recht kurze Sätze gewählt, die Ihnen keine allzu großen Schwierigkeiten bereiten werden.

Einige der spanischen Sätze bieten wegen der mehrdeutigen Verwendungen mehrere Übersetzungsmöglichkeiten. Machen Sie sich also keine Gedanken, wenn Ihre Übersetzung teilweise von unserer Lösung abweicht.

Achtundneunzigste Lektion

1 Anda más deprisa.
2 ¿Caben todas las maletas en el maletero?
3 Caen copos de nieve.
4 Dame su número de teléfono.
5 Dime algo bonito.
6 Estaremos en su casa hasta las ocho.
7 Había flores en la mesa.
8 Hace un día estupendo.
9 Iba a tomar el tren.
10 ¿Oyes algo?
11 ¿Puedo pasar?
12 Ponte un jersey, hace frío.
13 Queremos ir a verlo.
14 Sabía que estaba enfermo.
15 Es mi marido y éstos son mis hijos.
16 Tenemos alquilado un apartamento.
17 Trae también el periódico.
18 Ven al cine esta noche.
19 Veré lo que puedo hacer.

Außer den 19 Verben, die wir in diesen Sätzen verwendet haben, gibt es noch fünf weitere „nicht klassifizierbare“ Verben, die aber so selten gebraucht werden, daß es unnötig wäre, Sie damit zu belasten. Sie finden sie im grammatischen Anhang.

2. ¿Cuál? „welcher, welche, welches, was für ein(e)?“

Der Plural lautet **¿cuáles?**. Beachten Sie bei der Verwendung dieses Fragepronomens, daß es nie direkt vor einem Substantiv stehen kann:

¿Cuál es el tuyo? „Welcher ist deiner?“.

Wenn Sie dagegen sagen wollen: „Welches Motorrad ist deins?“, verwenden Sie **qué** anstelle von **cuál**: **¿Qué moto es la tuya?**. „Welches Zimmer ist deins?“: **¿Qué habitación es la tuya?**.

Denken Sie daran, daß **qué** und **cuál**, **cuáles** einen Akzent tragen, da es sich bei ihnen um Fragepronomina handelt.

3. Reflexive (rückbezügliche) Verben

A. Sie verwenden schon seit vielen Lektionen die reflexiven Verben, ohne daß wir Ihnen im einzelnen ihre Konstruktion vorgestellt haben. Aber Sie wissen bereits, daß

- diese Verben von Reflexivpronomina begleitet werden;
- beim Infinitiv, Gerundium und Imperativ diese Pronomina an das Verb angehängt werden (siehe Lektion 18, Anmerkung 2);
- das Reflexivpronomen für die Höflichkeitsformen **usted** und **ustedes se** heißt;
- bei zusammengesetzten Zeiten die Pronomina vor dem Hilfsverb stehen:

  Me he levantado. „Ich bin aufgestanden";

  Se había equivocado. „Er hatte sich geirrt";
- bei Infinitivformen und Gerundiumformen in der Vergangenheit die Pronomina an das Hilfsverb angehängt werden:

  haberse lavado „sich gewaschen haben";

  habiéndose lavado „sich gerade gewaschen habend".

B. Die Konjugation der reflexiven Verben für das Präsens Indikativ sehen Sie am Beispiel **lavarse** „sich waschen".

me lavo	ich wasche mich
te lavas	du wäschst dich
se lava	er wäscht sich
nos lavamos	wir waschen uns
os laváis	ihr wascht euch
se lavan	sie waschen sich

C. Manche Verben können einfach oder reflexiv verwendet werden. Das Reflexivpronomen verleiht dem Verb eine mehr oder weniger veränderte Bedeutung: **dormir** „schlafen" - **dormirse** „einschlafen"; **llevar** „tragen" - **llevarse** „mitnehmen"; **olvidar** „vergessen" -

olvidarse „fast vergessen"; **guardar** „behalten" - **guardarse** „für sich behalten"; **quedar** „übrigbleiben" - **quedarse** „(an einer Stelle) bleiben"; usw.
Bei Verben, die eine Fortbewegung ausdrücken, betont das Reflexivpronomen die Entschlossenheit zu dieser Handlung.

Bei einigen Verben wird die reflexive Form verwendet, um ein besonderes Interesse oder eine andere gefühlsmäßige Beteiligung des Sprechers zum Ausdruck zu bringen. Die Bedeutung des Verbs ändert sich hierbei nicht. Es ist nicht leicht, präzise Regeln für den Gebrauch der reflexiven Verbform zu geben. Vor allem durch den Umgang mit der Sprache werden Sie mit der Zeit ein Gefühl dafür entwickeln, in welchen Zusammenhängen solche speziellen Formen angebracht sind und angemessen verwendet werden können.

D. Jene Verben, die als Ergänzung einen Ausdruck für einen Körperteil, ein Kleidungs- oder Ausrüstungsstück bei sich haben, werden häufig reflexiv verwendet und ersetzen dann ein entsprechendes Possessivpronomen: „Er setzt seinen Hut auf" oder „Er setzt sich den Hut auf": **Se pone el sombrero**; „Knöpf dir das Hemd zu" oder „Knöpf dein Hemd zu": **Abróchate la camisa**; „Er hält seine Füße ins Wasser" oder „Er hält sich die Füße ins Wasser": **Se pone los pies en el agua**.

E. Verben wie **comer** „essen"; **beber** „trinken"; **hacer** „machen, tun" werden reflexiv verwendet, wenn ihre Ergänzungen eine Mengenangabe beinhalten:

Me comí todo un pollo. „Ich habe (mir) ein ganzes Hähnchen gegessen";

Se bebieron tres botellas de vino. „Sie haben (sich) drei Flaschen Wein getrunken";

Nos hicimos una tortilla. „Wir haben uns ein Omelette gemacht".

Wie Sie feststellen werden, gibt es dieses Phänomen auch in der deutschen Umgangssprache.

Wenn dagegen das Objekt bezüglich der Menge nicht näher bestimmt ist, wird das Verb ohne Reflexivpronomen verwendet:

No bebo más que agua. „Ich trinke nur Wasser";

Comemos poco. „Wir essen wenig".

4. Übersetzung

1 Geh schneller.
2 Passen alle Koffer in den Kofferraum?
3 Es fallen Schneeflocken.
4 Gib mir seine Telefonnummer.
5 Sag mir etwas Nettes.
6 Wir werden bis acht Uhr bei ihm sein.
7 Auf dem Tisch waren Blumen.
8 Es ist ein herrlicher Tag.
9 Er ging den Zug nehmen.
10 Hörst du etwas?

▶ Leccion noventa y nueve (99.)

Verbos irregulares del tercer y cuarto grupo ①

1 Conozco la carretera. ②
2 Cuando el niño nazca, nos iremos al campo unos días. ③
3 El sol ha lucido todo el día. ④
4 Espero que, cuando anochezca, ya hayamos llegado.

11 Kann ich vorbeigehen?
12 Zieh dir einen Pullover an, es ist kalt.
13 Wir wollen ihn besuchen gehen.
14 Ich wußte, daß er krank war.
15 Das ist mein Mann, und dies sind meine Kinder.
16 Wir haben ein Appartement gemietet.
17 Bring auch die Zeitung mit.
18 Komm heute abend ins Kino.
19 Ich werde sehen, was ich tun kann.

Segunda ola: Lección 49 (Revisión).

Neunundneunzigste Lektion

Unregelmäßige Verben der dritten und vierten Gruppe

1 Ich kenne die (Land)straße.
2 Wenn das Kind geboren wird, werden wir einige Tage aufs Land fahren.
3 Die Sonne hat den ganzen Tag geschienen.
4 Ich hoffe, daß, wenn es Nacht wird, wir schon angekommen sind.

ANMERKUNGEN

① Sie lernen nun die Verben der dritten und vierten Gruppe kennen; Verben, bei denen vor ein **c** mit nachfolgendem **a** oder **o** ein **z** eingeschoben wird: **conocer** „kennen(lernen)"; **conozco** „ich kenne" (und nicht: **conoco**); **conoces** „du kennst"; **conduzca** „fahren Sie"; **conduce** „er fährt". In der nächsten Wiederholungslektion finden Sie hierzu eine Tabelle.

② Anhand der fettgedruckten Silben können Sie wieder die Verben dieser zwei Gruppen identifizieren.

③ Der Subjuntivo wird hier und ebenso in Satz 4 verwendet, weil der Nebensatz sich auf die Zukunft bezieht (siehe Lektion 70, Anmerkung 4).

④ **lucir** „leuchten, glänzen, scheinen"; diese Bedeutungen hat auch **brillar**.

5 ¿Te apet**e**ce un helado?
6 Después de la operación, se restableci**ó** rápidamente.
7 Los campos flor**e**cen, aman**e**ce más pronto
8 y oscur**e**ce más tarde: llega la primavera.
9 ¡Cond**u**zca con precaución! (5)
10 Traduj**e**ron el discurso simultáneamente.

11 ¡Justicia!
12 – „... Mujer, ¿qué quieres?
13 – Quiero justicia, señor.
14 – ¿De qué?
15 – De una prenda hurtada. (6)
16 – ¿Qué prenda?
17 – Mi corazón."

¿COMPRENDE USTED ESTAS FRASES?

❶ Conozco a alguien que podrá informarte. ❷ Nací en el pueblo de mis padres. ❸ Me apetece ir a la playa. ❹ Cuando amanezca, saldremos. ❺ Conduce muy bien. ❻ Tradujimos sin dificultad. ❼ Se introdujo por la ventana.

¡COMPLETE USTED LAS FRASES CON LAS PALABRAS QUE FALTAN!

❶ Ich habe von ihr (reden) gehört, aber ich kenne sie nicht.

. . oído . . . .

. . . .

❷ Er hat sich nach und nach (wenig zu wenig) wiederhergestellt (Indef.).

. . . .

❸ Sie hat mir ihr Haus angeboten (Indef.).

. . . .

5 Magst du (dir) ein Eis?
6 Nach der Operation hat er sich schnell erholt (wiederhergestellt) (Indef.).
7 Die Felder blühen, der Tag beginnt früher,
8 und es wird später dunkel: Es wird Frühling (der Frühling kommt an).
9 Fahren Sie vorsichtig!
10 Sie haben die Rede simultan übersetzt (Indef.).

11 Gerechtigkeit!
12 – „...Frau, was willst du?
13 – Ich will Gerechtigkeit, (Herr).
14 – Wobei (von was)?
15 – Bei einer gestohlenen Sache.
16 – Was für eine Sache?
17 – Mein Herz.“

ANMERKUNGEN

⑤ Die Verben mit der Endung -**ducir** (**conducir** „fahren“; **traducir** „übersetzen“; **introducir** „einführen“) bilden die vierte Gruppe der unregelmäßigen Verben. Zusätzlich zur Unregelmäßigkeit der dritten Gruppe (**z** vor **co** und **ca**) weisen sie auch im Indefinido eine Besonderheit auf: Ihre Endungen lauten anstatt „-**duci**“ -**duje**, -**dujiste**, -**dujo**, usw.

⑥ **prenda** „Pfand“, aber auch „Sache, Stück“. Dieser kleine Dialog ist einem Werk des spanischen Dichters José Zorilla (1817-1893) entnommen.

¿HA USTED COMPRENDIDO LAS FRASES?

❶ Ich kenne jemanden, der dich wird informieren können. ❷ Ich wurde in dem Dorf meiner Eltern geboren (Indef.). ❸ Ich habe Lust, an den Strand zu gehen. ❹ Wenn es Tag wird, werden wir aufbrechen. ❺ Er fährt sehr gut. ❻ Wir haben ohne Schwierigkeit übersetzt (Indef.). ❼ Er ist durch das Fenster eingedrungen (hat sich eingeführt (Indef.)).

❹ Weil es regnete, ist er nicht schnell gefahren (Indef.).

. . . .

5 Stecken Sie eine Münze von fünf Peseten in den Apparat (Maschine).

. . . . moneda . . . .

. . . .

Leccion cleim (100.)

¡Sálvese quien pueda!

1 Olvido
2 – Doctor, tengo trastornos de memoria.
3 – ¿Desde cuándo?
4 – ¿Desde cuándo, qué?

5 Sentido de la responsabilidad
6 – En la mesa de operaciones: – Doctor, sea sincero,
7 ¿está a favor o en contra de la pena de muerte?
8 – Estoy a favor, pero... tranquilícese, no suelo
9 hacer política en el trabajo.

10 Palabras de ánimo
11 La enfermera: – Intente poner buena cara (1)
12 y sonreír cuando el doctor pase; últimamente
13 todo el equipo de médicos está muy preocupado por su salud.

14 Desprendimiento y altruismo
15 – Pero... ¡doctor! la muela que me ha sacado
16 no es la que me duele. (2)

LAS PALABRAS QUE FALTAN.

❶ He - hablar de ella pero no la conozco ❷ Se restableció poco a poco ❸ Me ofreció su casa ❹ Como llovía no condujo deprisa ❺ Introduzca una - de cinco pesetas en la máquina.

Segunda ola: Lección 50.

Einhundertste Lektion

Rette sich, wer kann!

1 Vergessen
2 – [Herr] Doktor, ich habe Gedächtnisstörungen.
3 – Seit wann?
4 – Seit wann, was?

5 Verantwortungsbewußtsein
6 – Auf dem Operationstisch: – [Herr] Doktor, seien Sie ehrlich,
7 sind Sie für oder gegen die Todesstrafe?
8 – Ich bin dafür, aber... beruhigen Sie sich, ich pflege
9 bei (in) der Arbeit keine Politik [zu] machen.

10 Worte der Ermutigung
11 Die Krankenschwester: – Versuchen Sie, [eine] gute Miene auf[zu]setzen
12 und [zu] lächeln, wenn der Doktor vorbeikommt; schließlich
13 ist die ganze Ärztemannschaft sehr besorgt um Ihre Gesundheit.

14 Uneigennützigkeit und Selbstlosigkeit
15 – Aber... [Herr] Doktor! Der Zahn, den Sie mir gezogen haben,
16 ist nicht der, der mir weh tut.

ANMERKUNGEN

① **cara** „Gesicht, Antlitz, Miene“. Hier ein paar Redewendungen: **Tienes mala cara** „Du siehst schlecht aus“; **hacer cara** „die Stirn bieten“; **lávate la cara** „wasch dir das Gesicht“; **cara o cruz** „Kopf oder Zahl“ (beim Münzenwerfen); **poner cara de** „eine... Miene aufsetzen“.

② **tener dolor de muelas** „Zahnschmerzen haben“. **Doler** „schmerzen, weh tun“; **la que me duele** „die mir weh tut“.

17 – Bueno, bueno, no se preocupe
18 por tratarse de usted, no se la cobraré. ③

¿COMPRENDE USTED ESTAS FRASES?

❶ Me duele mucho la cabeza. ❷ Toma una pastilla. ❸ ¿Quieres que telefonee al médico? ❹ No muy lejos de aquí, hay una farmacia de guardia. ❺ La enfermera es muy simpática. ❻ Su estado de salud es muy bueno. ❼ La operación fue un éxito.

¡COMPLETE USTED LAS FRASES CON LAS PALABRAS QUE FALTAN!

❶ Wo schmerzt es dich?

¿ . . . . ?

❷ Wir haben einen guten Arzt.

. . . .

❸ Ich verstehe dieses Rezept nicht.

. .   . .

❹ Ich bin Arzt, kann ich Ihnen helfen?

. . .   . , ¿ . . . . ?

17 – Gut, gut, machen Sie sich keine Sorgen,
18 weil Sie es sind (weil es sich um Sie handelt), werde ich ihn Ihnen nicht berechnen.

ANMERKUNGEN

③ **cobrar** „einziehen, einkassieren, (Gehalt) beziehen". Sehen Sie einige Beispiele dieses sehr gängigen Verbs: **¿Cuánto cobras al mes?** „Wieviel verdienst du im Monat?"; **cobrar una deuda** „eine Schuld eintreiben"; **Cobro a finales de mes** „Ich beziehe mein Gehalt am Monatsende"; **ir a cobrar** „Geld eintreiben gehen, sich bezahlen lassen gehen".

¿HA USTED COMPRENDIDO LAS FRASES?

❶ Mir tut der Kopf sehr weh. ❷ Nimm eine Tablette. ❸ Willst du, daß ich den Arzt anrufe? ❹ Nicht sehr weit von hier ist eine Notdienstapotheke. ❺ Die Krankenschwester ist sehr nett. ❻ Sein Gesundheitszustand ist sehr gut. ❼ Die Operation war (Indef.) ein Erfolg.

❺ Setzen Sie sich, ich werde Sie sofort eintreten lassen (machen).

. . . . , ...

LAS PALABRAS QUE FALTAN.

❶ Dónde te duele ❷ Tenemos un buen médico ❸ No entiendo esta receta ❹ Soy médico, ¿puedo ayudarle? ❺ Siéntese, le haré entrar enseguida.

Segunda ola: Lección 51.

Leccion ciento una (101.)

Escribir

1 Crimen
2 – ¿Sabes? la policía ha arrestado al autor del libro
3 que compraste el otro día. Varias personas lo han denunciado. ①
4 – No me extraña. Sus libros son carísimos.
5 – No, la razón no es ésa. Lo acusan de asesinato.
6 Parece ser que varias personas que leían sus libros ②
7 han muerto de aburrimiento.

8 La cultura es como la mermelada, cuanto menos se tiene más se extiende. ③

9 – Vengo de la charcutería y he comprado para el cuerpo y para el espíritu.
10 Para comer: salchichón, tres latas de sardinas y cuatro latas de bonito.

Einhunderterste Lektion

Schreiben

1 Verbrechen

2 – Weißt du? Die Polizei hat den Autor des Buches verhaftet,

3 das du neulich (den anderen Tag) gekauft hast (Indef.). Verschiedene Personen haben ihn angezeigt (denunziert).

4 – Das wundert mich nicht. Seine Bücher sind sehr teuer.

5 – Nein, das ist nicht der Grund. Man beschuldigt ihn des Mordes.

6 Es scheint [so zu] sein, daß verschiedene Personen, die seine Bücher lasen,

7 vor Langeweile gestorben sind.

8 Die Kultur ist wie die Marmelade, je weniger man hat, [um so] mehr breitet man [sie] aus.

9 – Ich komme von der Metzgerei und habe für den Körper und für den Geist eingekauft.

10 Zu essen: Dauerwurst, drei Dosen (von) Sardinen und vier Dosen (von) Thunfisch.

ANMERKUNGEN

① **denunciar** „melden, ankündigen, anzeigen, verraten".

② **Parecer** „scheinen". Sie kennen schon die Konstruktion **parece que** „es scheint, daß..., anscheinend".

③ **cuanto menos... más** „je weniger... desto mehr".

11 Para instruirnos: dos „latas de palabras".
12 – No sabía que se vendían libros en las tiendas de alimentación.
13 – Sí, es la nueva política: „Por una cultura al alcance de todos".
14 La delicadeza del editor
15 – Los manuscritos que nos son sometidos a revisión,
16 son en general tan malos
17 que tachamos la mitad antes de tirarlos a la papelera.

¿COMPRENDE USTED ESTAS FRASES?

❶ Varias personas han sido arrestadas. ❷ ¿Por qué razón? ❸ Parece ser que se aburrían. ❹ El mes pasado leí tres novelas. ❺ He visto libros en el supermercado. ❻ No me gusta ese bonito. ❼ La comida estaba muy buena.

¡COMPLETE USTED LAS FRASES CON LAS PALABRAS QUE FALTAN!

❶ Wir haben viel Geld für (in) Bücher ausgegeben.

. . . .

❷ Wir werden ihn [um] Rat fragen (bitten).

. . . .

❸ Wir frühstücken mit Marmelade.

. . . .

❹ Der Metzger verkauft keinen Fisch.

. . . .

11 Um uns [zu] bilden: zwei „Dosen (von) Wörter".
12 – Ich wußte nicht, daß man in (den) Lebensmittelläden Bücher verkauft (verkaufte).
13 – Ja, [das] ist die neue Politik: „Für eine allen zugängliche Kultur (für eine Kultur zum Erreichen von allen)".
14 Das Zartgefühl des Verlegers
15 – Die Manuskripte, die uns zur Durchsicht vorgelegt werden,
16 sind im allgemeinen so schlecht,
17 daß wir die Hälfte streichen, bevor [wir] sie in den Papierkorb werfen.

¿HA USTED COMPRENDIDO LAS FRASES?

❶ Mehrere Personen sind verhaftet worden. ❷ Aus welchem Grund? ❸ Anscheinend langweilten sie sich. ❹ Im letzten Monat habe ich drei Romane gelesen (Indef.). ❺ Ich habe Bücher im Supermarkt gesehen. ❻ Jener Thunfisch schmeckt mir nicht. ❼ Das Essen war sehr gut.

❺ Im Sommer lese ich viel mehr als im Winter.

.. ..

LAS PALABRAS QUE FALTAN.

❶ Hemos gastado mucho dinero en libros ❷ Vamos a pedirle consejo ❸ Desayunamos con mermelada ❹ El charcutero no vende pescado ❺ En verano leo mucho más que en invierno.

Segunda ola: Lección 52.

Leccion ciento dos (102.)

Verbos irregulares del quinto, sexto y séptimo grupo ①

1 Julia tañe la guitarra con muchísima habilidad. ② ③
2 Van al jardín a mullir el colchón. ④

3 En el restaurante
4 – Si ya has elegido déjame la carta.
5 – ¿Qué vas a pedir? ⑤
6 – Papá, yo quiero un helado.
7 – De acuerdo, pero después de comer.
8 Si lo pides ahora se va a derretir.
9 – Yo pediré unas chuletas de cordero.
10 – ¿Crees que tardarán en servirnos?
11 – No creo, la gente come más tarde ⑥

ANMERKUNGEN

① Die unregelmäßigen Verben der Gruppen fünf, sechs und sieben finden Sie in den folgenden Sätzen: Gruppe 5: Satz 1 und 2; Gruppe 6: Satz 3, 4, 7, 8, 9; zu Gruppe 7 gehört das Verb **reír** „lachen". Übrigens: Schauen Sie sich die Ordnungszahlen in der Überschrift an. Erinnern Sie sich noch?

Einhundertzweite Lektion

Unregelmäßige Verben der fünften, sechsten und siebten Gruppe

1 Julia spielt (die) Gitarre mit sehr viel Talent.
2 Sie gehen in den Garten, um die Matratze aufzuschütteln.

3 Im Restaurant
4 – Wenn du schon gewählt hast, gib (laß) mir die Karte.
5 – Was wirst du bestellen?
6 – Papa, ich möchte ein Eis.
7 – Einverstanden, aber nach dem Essen.
8 Wenn du es jetzt bestellst, wird es (sich) schmelzen.
9 – Ich werde (einige) Hammelkoteletts bestellen.
10 – Glaubst du, daß es [lange] dauern wird (daß sie säumen werden), bis sie uns bedienen (in uns bedienen)?
11 – Ich glaube nicht, die Leute essen später,

ANMERKUNGEN

② **tañer** „(Instrument) spielen". Häufiger sagt man aber: **tocar**.

③ **mucho**, **-a** „viel". **muchísima** ist der Elativ (absoluter Superlativ): „sehr viel".

④ **mullir** „aufschütteln, ausschlagen". **Mullir** und **tañer** gehören zur fünften Gruppe. Diese Verben sind nicht sehr häufig. Sie finden nähere Erläuterungen hierzu in der nächsten Wiederholungslektion.

⑤ Im Gegensatz zu den Verben der fünften Gruppe, die Sie für den Moment ein wenig vernachlässigen können, sind die Verben der sechsten Gruppe sehr häufig: **pedir** „bitten, bestellen"; **seguir** „folgen, weitermachen"; **vestir** „anziehen, bekleiden"; **servir** „dienen, bedienen, servieren". Einzelheiten finden Sie in der nächsten Wiederholungslektion.

⑥ Sie sollten wissen, daß man in Spanien zwischen 14 und 15 Uhr zu Mittag ißt. Das Abendessen nimmt man um 21 oder 22 Uhr ein. In der Urlaubszeit sind in den Feriengebieten die Essenszeiten verlängert.

12 ya esta hora en los restaurantes todavía no hay mucho trabajo.
13 – Espero que tengas razón porque tengo mucha hambre.
14 Por el momento no se paga por reír o cuando el sol no es rentable.

15 En la terraza de la cafetería:
16 – Buenos días, ¿qué desean tomar?
17 – El sol.
18 – ¡Fuera!

¿COMPRENDE USTED ESTAS FRASES?

❶ Pidió una botella de vino de Rioja. ❷ Pide dos helados y una cerveza. ❸ Se vistió con el pantalón que le compraste. ❹ Esta rueda no sirve para mi bicicleta. ❺ Elige lo que quieras. ❻ ¿Te sirvo el aperitivo? ❼ Se rió cuando le dije lo que pasó.

¡COMPLETE USTED LAS FRASES CON LAS PALABRAS QUE FALTAN!

❶ Hast du [es] geschafft, Arbeit zu finden?
¿ . . . conseguido encontrar . . . . ?

❷ Sie (Plural) haben ein sehr modernes Kleid ausgesucht (Indef.).
. . . .

❸ Es ist hierher, folgen Sie mir.
. . . . , ...

❹ Er bat mich [um] eine Information (Indef.).
. . . .

Leccion ciento tres (103.)

Precisiones

1 De los tres grupos de verbos que hemos presentado

12 und zu dieser Zeit (Stunde) gibt es in den Restaurants noch nicht viel Arbeit.
13 – Ich hoffe, daß du recht hast, weil ich viel Hunger habe.
14 Im Moment (für den Moment) bezahlt man nicht für[s] Lachen oder wenn die Sonne nicht rentabel ist.

15 Auf der Terrasse der Cafeteria:
16 – Guten Tag, was möchten Sie nehmen?
17 – Die Sonne.
18 – Hinaus (draußen)!

¿HA USTED COMPRENDIDO LAS FRASES?

❶ Er hat eine Flasche Rioja-Wein bestellt (Indef.). ❷ Bestell zwei Eis und ein Bier. ❸ Er hat sich mit der Hose bekleidet (Indef.), die du ihm gekauft hast (Indef.). ❹ Dieses Rad paßt (dient) nicht für mein Fahrrad. ❺ Wähl aus, was du willst. ❻ [Soll] ich dir den Aperitif servieren? ❼ Er hat (sich) gelacht (Indef.), als ich ihm sagte (Indef.), was passiert ist (Indef.).

❺ Sie (Plural) ließen (machten) uns lächeln.

. . . .

LAS PALABRAS QUE FALTAN.

❶ Has - trabajo ❷ Eligieron un vestido muy moderno ❸ Es por aquí, sígame ❹ Me pidió una información ❺ Nos hacían sonreir.

Segunda ola: Lección 53.

Einhundertdritte Lektion

LEKTION 103

Feinheiten (Präzisionen)

1 Von den drei Verbgruppen, die wir (vorgestellt haben)

2 en la lección precedente, el grupo sexto es el que más nos interesa. ①

3 Veamos algunas frases corrientes construidas con esos verbos:

4 Fueron a desped**i**rnos a la estación. ②

5 Nos s**i**guen escribiendo regularmente. ③

6 Por favor, corr**í**jame cuando haga faltas, así aprenderé más rápido.

7 Elig**ie**ron un pequeño hotel cerca de la costa.

8 Se v**i**ste a la última moda.

9 Cuando nos sirv**ie**ron ya no teníamos casi hambre.

10 Yo mido un metro setenta y cinco y tú ¿cuánto mides?

11 „... delicada fue la invención de la taberna
12 porque allí llego sediento
13 pido vino de lo nuevo
14 m**í**denlo, dánmelo (me s**i**rven), bebo, ④
15 pagólo y me voy contento.“
(Baltasar de Alcázar)

2 in der vorangehenden Lektion vorgestellt haben, ist es die sechste Gruppe, die uns am meisten interessiert.
3 Lassen Sie uns einige gängige, mit jenen Verben konstruierte Sätze sehen:
4 Sie sind zum Bahnhof gegangen (Indef.), uns zu verabschieden.
5 Sie schreiben uns regelmäßig weiter.
6 Bitte, korrigieren Sie mich, wenn ich Fehler mache, so werde ich schneller lernen.
7 Sie haben ein kleines Hotel nahe der Küste gewählt (Indef.).
8 Er kleidet sich nach der neuesten (letzten) Mode.
9 Als sie uns bedienten (Indef.), hatten wir fast keinen Hunger mehr.
10 Ich messe einen Meter fünfundsiebzig, und du, wieviel mißt du?

11 „... köstlich war (Indef.) die Erfindung der Taverne,
12 weil ich dort durstig ankomme,
13 ich bestelle Wein vom Neuen,
14 sie messen ihn [ab], geben ihn mir (bedienen mich), ich trinke,
15 ich bezahle ihn und gehe zufrieden fort."

ANMERKUNGEN

① Die Unregelmäßigkeit besteht in einem Wandel des **e** und **i,** wenn dieser Vokal die Betonung trägt - **sirvo** „ich bediene" statt **servo** – oder, wenn die Endung mit **a** oder Diphthong beginnt - **sirvió** „er hat bedient" statt **servió** und **sirva** „bedienen Sie" statt **serva**. Mehr hierzu in Lektion 105.

② **despedir** „verabschieden". Dieses Verb hat noch andere Bedeutungen: „entlassen, kündigen, ausstrahlen". **Ha sido despedido** „Er ist entlassen worden"; **despedirse a la francesa** „abhauen, verduften"; **Nos despedimos a la puerta de casa** „Wir haben uns an der Haustür getrennt". (Siehe Satz 1 der Lückentextübung.)

③ **siguen escribiendo** „sie schreiben weiter". Mit **seguir** und nachfolgendem Gerundium kann man eine Fortdauer ausdrücken: **Seguía comiendo** „Er aß weiter". Im Deutschen verwenden wir hierfür das Adverb „weiter".

④ In diesem Text von Baltasar de Alcázar finden Sie einige Verben der sechsten Gruppe. Die Stellung der Personalpronomina wird Ihnen ungewohnt vorkommen; heutzutage würden wir sagen: **lo miden**, **me lo dan**, **lo pago** „sie messen ihn ab, geben ihn mir, ich bezahle ihn". Der Sinn der Sätze bleibt hiervon unberührt.

¿COMPRENDE USTED ESTAS FRASES?

❶ ¿Vendrás a despedirnos? ❷ Les escribimos en la playa. ❸ Me corregía la pronunciación. ❹ Vístete porque vamos a salir. ❺ ¿Quieren que les sirva? ❻ Voy a tomar las medidas. ❼ Le queremos pedir un favor.

¡COMPLETE USTED LAS FRASES CON LAS PALABRAS QUE FALTAN!

❶ Wir haben uns am Flughafen verabschiedet (Indef.).

... .

❷ Ich habe ein kleines, typisches Restaurant ausgesucht, um heute abend essen zu gehen.

.. ..
....

❸ Das Hotel war in der Nähe vom Strand.

.. ..

▶ Leccion ciento cuatro (104.)

Parábola ①

1 Era un niño que soñaba
un caballo de cartón.
2 Abrió los ojos el niño
y el caballito no vió. ②

¿HA USTED COMPRENDIDO LAS FRASES?

❶ Wirst du kommen, uns zu verabschieden? ❷ Wir haben ihnen am Strand geschrieben (Indef.). ❸ Er korrigierte meine (mir die) Aussprache. ❹ Zieh dich an, weil wir gleich aufbrechen. ❺ Wollen Sie (Plural), daß ich Sie bediene? ❻ Ich werde die Maßnahmen ergreifen. ❼ Wir wollen Sie [um] einen Gefallen bitten.

❹ Er war durstig und bat (Indef.) um Wasser.

....

❺ Man servierte (Indef.) ihm Wein.

.. ..

LAS PALABRAS QUE FALTAN.

❶ Nos despedimos en el aeropuerto ❷ He elegido un pequeño restaurante típico para ir a cenar esta noche ❸ El hotel estaba cerca de la playa ❹ Estaba sediento y pidió agua ❺ Le sirvieron vino.

Segunda ola: Lección 54.

Einhundertvierte Lektion

Gleichnis

1 Es war [einmal] ein Kind, das träumte
[von] einem Pferd aus Pappe.

2 Das Kind öffnete (Indef.) die Augen,
und sah (Indef.) das Pferdchen nicht.

ANMERKUNGEN

① Dieser Text des Dichters Antonio Machado ist vom Satzbau her sehr einfach konstruiert und bietet auch keine Verständnisschwierigkeiten. Nehmen Sie die Gelegenheit wahr, anhand dieses schönen Gedichts einige sprachliche Einzelheiten zu wiederholen.

② **caballito** „Pferdchen“; dies ist der Diminutiv, gebildet mit der Silbe -**ito**, von **caballo** „Pferd“.

3 Con un caballito blanco
el niño volvió a soñar; [3]
4 y por la crin lo cogía...
¡Ahora no te escaparás!
5 Apenas lo hubo cogido,
el niño se despertó.
6 Tenía el puño cerrado.
¡El caballito voló!
7 Quedóse el niño muy serio
pensando que no es verdad
8 un caballito soñado.
Y ya no volvió a soñar.
9 Pero el niño se hizo mozo [4]
y el mozo tuvo un amor, [5]
10 y a su amada le decía:
¿Tú eres de verdad o no?
11 Cuando el mozo se hizo viejo
pensaba: Todo es soñar,
12 el caballito soñado
y el caballo de verdad.
13 Y cuando vino la muerte,
el viejo a su corazón
14 preguntaba: ¿Tú eres sueño?
¡Quién sabe si despertó!

3 Von (mit) einem weißen Pferdchen
träumte das Kind wieder (Indef.);“
4 und ergriff es an der Mähne...
Jetzt wirst du (dich) nicht entkommen!
5 Kaum hat (Indef.) es es ergriffen,
wachte (Indef.) das Kind (sich) auf.
6 Es hielt die Faust geschlossen.
Das Pferdchen flog (Indef.)!
7 Das Kind blieb (Indef.) sehr ernst
und dachte (denkend), daß
8 ein geträumtes Pferdchen nicht wahr ist.
Und es träumte nicht mehr wieder (Indef.).
9 Aber das Kind wurde (machte sich) (Indef.) [zum] jungen Mann,
und der junge Mann hatte (Indef.) eine Liebe,
10 und er sagte zu seiner Geliebten:
Bist du (von) Wirklichkeit oder nicht?
11 Als der junge Mann alt wurde (sich machte) (Indef.),
dachte er: Alles ist ein Traum (träumen),
12 das geträumte Pferdchen
und das wirkliche Pferd (Pferd von Wirklichkeit).
13 Und als der Tod kam (Indef.),
fragte der Alte sein Herz:
14 Bist du [ein] Traum?
Wer weiß, ob er aufgewacht ist (Indef.)!

ANMERKUNGEN

③ **volver** „zurückkehren“. Wie Sie wissen, dient dieses Verb auch dazu, eine Wiederholung auszudrücken. Schlagen Sie noch einmal in Lektion 70, Absatz 1 nach. In Satz 8 finden Sie ein weiteres Beispiel für diese Konstruktion.

④ **se hizo** (er machte sich) = „er wurde“. Wir haben schon gesagt, daß **hacerse** eine langsame Veränderung bezeichnet, während **volverse** für eine schnellere und abrupte Veränderung verwendet wird.

⑤ **mozo** „junger Mann, Bursche“. Dieses Wort wird heutzutage eher in ländlichen Gebieten gebraucht. Es kann auch die Bedeutung „Kellner, Dienstmann“ und „Gepäckträger“ haben. **Mozo de caballo** „Stallbursche, Pferdeknecht“.

¿COMPRENDE USTED ESTAS FRASES?

❶ Fuimos a pasear a caballo. ❷ Volví a verlo el mes pasado. ❸ El perro se ha escapado. ❹ Se hirió en el puño. ❺ Se ha quedado en el jardín. ❻ He soñado contigo. ❼ El viejo estaba sentado.

¡COMPLETE USTED LAS FRASES CON LAS PALABRAS QUE FALTAN!

❶ Wir werden bei (mit) den Pferden bleiben.

....

❷ Er hat heute morgen wieder angerufen.

.. ..

❸ Ist es wahr oder nicht?

¿.. ....?

❹ Sie (Plural) haben ein großes Herz.

....

Leccion ciento cinco (105.)

Revisión y notas

1. Verbos irregulares del tercer y cuarto grupo

A. **Dritte Gruppe**

Zu dieser Gruppe gehören die Verben mit den Infinitivendungen **-acer**, **-ecer**, **-ocer**, **-ucir** (siehe die sehr seltenen Ausnahmen im grammatischen Anhang):

nacer „geboren werden";
crecer „wachsen";
conocer „kennen(lernen)";
lucir „glänzen"; usw.

¿HA USTED COMPRENDIDO LAS FRASES?

❶ Wir sind (seien) ausgeritten (zu Pferd spazieren gegangen) (Indef.). ❷ Ich habe ihn im vergangenen Monat wiedergesehen (Indef.). ❸ Der Hund ist (sich) entwischt. ❹ Er hat sich an der Faust verletzt (Indef.). ❺ Er ist im Garten geblieben. ❻ Ich habe von dir geträumt. ❼ Der Alte saß.

❺ Er ist sehr spät aufgewacht (Indef.).

.. ..

LAS PALABRAS QUE FALTAN.

❶ Vamos a quedarnos con los caballos ❷ Ha vuelto a telefonear esta mañana ❸ Es verdad o no ❹ Tienen un gran corazón ❺ Se despertó muy tarde.

Segunda ola: Lección 55.

Einhundertfünfte Lektion

B. **Vierte Gruppe**

Hierzu gehören die Verben auf **–ducir**:

conducir „fahren";
traducir „übersetzen";
seducir „verführen"; usw.

C. **Gemeinsamkeiten der beiden Gruppen** (siehe Lektion 99, Anmerkung 1):

In den drei Präsensformen (Indikativ, Subjuntivo und Imperativ) erhalten diese Verben ein **z** vor dem **c**, wenn die Endung mit einem **a** oder **o** beginnt. Wir zeigen Ihnen die Konjugation dieser Gruppen an den Beispielen **parecer** „scheinen"; **conocer** „kennen(lernen)"; **conducir** „fahren":

Präsens Indikativ	**Präsens Subjuntivo**	**Imperativ**
pare**zc**o	cono**zc**a	
pareces	cono**zc**as	conduce
parece	cono**zc**a	condu**zc**a
parecemos	cono**zc**amos	condu**zc**amos
parecéis	cono**zc**áis	conducid
parecen	cono**zc**an	condu**zc**an

D. **Besonderheiten der dritten Gruppe**

- Diese Verben gehören zur zweiten und dritten Konjugation.
- Der größte Teil dieser Verben ist aus Adjektiven abgeleitet:

  entristecer „betrüben, traurig machen" (von **triste** „traurig"); **embellecer** „verschönern" (von **bello** „schön"); usw.

E. **Besonderheiten der vierten Gruppe**

- Alle Verben dieser Gruppe enden auf **-ducir** und gehören somit zur dritten Konjugation.
- Diese Verben weisen zusätzlich zu der schon besprochenen Besonderheit in den Präsensformen eine Unregelmäßigkeit im Indefinido und im Subjuntivo Imperfekt auf. Wir zeigen sie Ihnen an den Beispielen **conducir** „fahren" und **traducir** „übersetzen":

Indefinido	**Imperfekt Subjuntivo**		
con**duj**e	tra**duj**era	(*oder*)	tra**duj**ese
con**duj**iste	tra**duj**eras		tra**duj**eses
con**duj**o	tra**duj**era		tra**duj**ese
con**duj**imos	tra**duj**éramos		tra**duj**ésemos
con**duj**isteis	tra**duj**erais		tra**duj**eseis
con**duj**eron	tra**duj**eran		tra**duj**esen

2. Verbos irregulares del quinto grupo (siehe Lektion 102, Anmerkung 1):

Da die Verben dieser Gruppe kaum gebräuchlich sind, wollen wir Ihnen an dieser Stelle weitere Einzelheiten ersparen und verweisen Sie direkt auf den grammatischen Anhang.

3. Verbos irregulares del sexto grupo (siehe Lektion 102, Anmerkungen 1 und 5, und Lektion 103, Anmerkung 1):

- Zu dieser Gruppe gehören unter anderem die Verben mit den Endungen: **-ebir**, **-edir**, **-egir**, **-eguir**, **-emir**, **-enchir**, **-endir**, **-estir**, **-etir**:

  pedir „bitten“;
  seguir „folgen“;
  vestir „anziehen“;
  repetir „wiederholen“; usw.

- Die Besonderheit dieser Gruppe besteht in der Verwandlung des Vokals **e** in **i**, wenn dieser die Betonung erhält oder wenn die Verbendung mit **a** oder Diphthong beginnt. Von dieser Besonderheit sind die drei Präsensstufen, der Indefinido, der Subjuntivo Imperfekt und das Gerundium betroffen. Sehen Sie die folgenden Beispiele: **servir** „servieren“; **pedir** „bitten“; **vestir** „anziehen“:

Präsens Indikativ	Präsens Subjuntivo	Imperativ
sirvo	pida	
sirves	pidas	viste
sirve	pida	vista
servimos	pidamos	vistamos
servís	pidáis	vestid
sirven	pidan	vistan

Indefinido	**Imperfekt Subjuntivo**		**Gerundium**
serví	pidiera (*oder*)	pidiese	
serviste	pidieras	pidieses	
sirvió	pidiera	pidiese	
servimos	pidiéramos	pidiésemos	pidiendo
servísteis	pidierais	pidieseis	
sirvieron	pidieran	pidiesen	

4. Verbos irregulares del séptimo grupo

- Zu dieser Gruppe gehören Verben, die auf **-eir** und **–eñir** enden: **freír** „braten, backen"; **reír** „lachen"; **teñir** „färben, tönen".
- Diese Gruppe ist nicht sehr umfangreich.
- Die Verben dieser Gruppe weisen die Unregelmäßigkeiten der fünften und der sechsten Gruppe auf.

Wir wollen noch einmal betonen, was wir in den vorangegangenen Lektionen bereits bezüglich der unregelmäßigen Verben gesagt haben: Unsere Erläuterungen und Tabellen sollen für Sie nur ein Anhaltspunkt sein, auf den Sie immer dann zurückgreifen können, wenn Sie auf eine Schwierigkeit stoßen.

Lernen Sie die Regeln und die Konjugationen nicht auswendig. Lesen Sie aufmerksam unsere Erläuterungen; Einzelheiten werden Ihnen durch die Übungen schnell vertraut sein.

▶ Leccion ciento seis (106.)

Ultimas advertencias

1 El fin del principio de su aprendizaje se acerca.

6. Schreiben Sie in Spanisch

1 Ich kenne ein kleines, sehr angenehmes Restaurant nahe am Strand.

2 Als ich vorbeiging (*Indef.*), sagte (*Indef.*) ich ihm Auf Wiedersehen und lächelte (*Indef.*) ihn [an].

3 Mir scheint, daß es regnen wird.

4 Ich habe die Weine auf der Karte nicht gesehen.

5 Ich muß meine Aussprache korrigieren.

6 Bevor er mir servierte, fragte (*Indef.*) er mich, ob ich Hunger hätte (hatte).

Übersetzung

1 Conozco un pequeño restaurante muy agradable cerca de la playa.

2 Cuando pasé le dije adiós y le sonreí.

3 Me parece que va a llover.

4 No he visto los vinos en la carta.

5 Tengo que corregir mi pronunciación.

6 Antes de servirme me preguntó si tenía hambre.

Segunda ola: Lección 56 (Revisión).

Einhundertsechste Lektion

Letzte Hinweise

1 Das Ende des Anfangs Ihrer Lehrzeit (Lehre) nähert sich.

2 En lo que concierne a los verbos, aún nos quedan
3 algunas precisiones que hacer.
4 Como no son numerosas y se refi**e**ren a verbos
5 que ya hemos visto en el curso de las lecciones precedentes,
6 nos contentaremos con advert**i**rle en las notas ①
7 y le sugerir**e**mos que se dirija directamente al apéndice gramatical.

8 Proverbios ②
9 ¡Malo, malo! dice el comprador, pero al marchar se felicita. ③
10 Para el asno la brida, para la espalda de los necios la vara.
11 Como ramo de espino en la mano del borracho es el proverbio en la boca de los necios.

¿COMPRENDE USTED ESTAS FRASES?

❶ Hemos llegado los últimos. ❷ Al principio no sabíamos qué decir. ❸ Aún tengo tiempo. ❹ ¿Te queda dinero suelto? ❺ Han enviado un telegrama para advertirnos de su llegada. ❻ Diríjase a aquella ventanilla. ❼ Me duele la espalda.

2 Was die Verben betrifft, bleiben uns noch
3 einige Erläuterungen (Präzisionen) zu machen.
4 Weil sie nicht zahlreich sind und sich auf Verben beziehen,
5 die wir schon im Verlauf der vorhergehenden Lektionen gesehen haben,
6 werden wir uns damit zufriedengeben, Sie in den Anmerkungen [darauf] aufmerksam zu machen,
7 und wir werden Ihnen vorschlagen, daß Sie sich direkt an den grammatischen Anhang wenden.

8 Sprichwörter
9 Schlecht, schlecht! sagt der Käufer, aber beim Weggehen freut er sich.
10 Für den Esel den Zügel, für den Rücken der Narren die Rute.
11 Wie [ein] Dornenzweig (Strauß von Dornen) in der Hand des Betrunkenen ist das Sprichwort im Mund der Narren.

ANMERKUNGEN

① Diese Lektion ist den unregelmäßigen Verben der achten Gruppe gewidmet. Verben, die in den Präsensformen (Indikativ, Subjuntivo, Imperativ) dieselbe Unregelmäßigkeit wie die Verben der ersten Gruppe aufweisen (I-IE). Sie bilden aber eine eigene Gruppe, weil sie teilweise die Unregelmäßigkeit der sechsten Gruppe haben. (Mehr darüber auf Seite 441 im grammatischen Anhang). Im Text haben wir die betreffenden Verben durch Fettdruck kenntlich gemacht.

② Diese drei Sprichwörter handeln von Narren. Sie werden König Salomon zugeschrieben.

③ **al marchar** „beim Weggehen, als er wegging". Erinnern Sie sich noch an die Konstruktion **al** mit Infinitiv? Wir haben darüber in Lektion 22, Anmerkung 2 gesprochen.

¿HA USTED COMPRENDIDO LAS FRASES?

❶ Wir sind [als] letzte angekommen. ❷ Am Anfang wußten wir nicht, was [wir] sagen [sollten]. ❸ Ich habe noch Zeit. ❹ Hast du noch (bleibt dir noch) Kleingeld? ❺ Sie haben ein Telegramm geschickt, um uns über ihre Ankunft zu benachrichtigen. ❻ Wenden Sie sich an jenen Schalter. ❼ Ich habe Rückenschmerzen.

¡COMPLETE USTED LAS FRASES CON LAS PALABRAS QUE FALTAN!

1. Wir wissen nicht, was [wir] tun [sollen]. Was schlägst du uns vor?

   .. .. , ¿... ... .?

2. Ich bedaure, jenen Zug nicht genommen [zu] haben.

   Siento .. ..

3. Wir haben uns sehr amüsiert.

   ... .

4. Ich ziehe vor, daß du mich begleitest.

   ....

Leccion ciento siete (107.)

El arte de saber distanciarse

1 José era carpintero y desde hacía muchos años
2 vivía de su trabajo,
3 que no era otro que el de construir las casas ①
4 de aquellos que querían instalarse al borde del río.
5 De todos era temido y respetado.
6 Se le atribuían poderes extraños.

⑤ Das Wasser kocht gerade.

.. ..

LAS PALABRAS QUE FALTAN.

❶ No sabemos qué hacer, ¿qué nos sugieres? ❷ no haber cogido ese tren ❸ Nos hemos divertido mucho ❹ Prefiero que me acompañes. ❺ El agua está hirviendo.

Segunda ola: Lección 57.

Einhundertsiebte Lektion

Die Kunst, sich zurückziehen (distanzieren) zu können (wissen)

1 José war Schreiner, und seit vielen Jahren
2 lebte er von seiner Arbeit,
3 die keine andere war als die, die Häuser
4 von denen zu bauen, die sich am Ufer des Flusses niederlassen wollten.
5 Von allen wurde er gefürchtet und respektiert.
6 Sie schrieben ihm seltsame Fähigkeiten zu.

ANMERKUNGEN

① Mit dieser Lektion beschließen wir die Besprechung der unregelmäßigen Verben. **Construir** „bauen" ist eines der Verben mit der Endung auf -**uir**, die die zehnte Gruppe bilden. Diese Verben erhalten ein **y** nach dem **u**, wenn danach **a**, **e** oder **o** folgt. Hiervon sind betroffen der Präsens Indikativ, Präsens Subjuntivo und Imperativ. Zu beachten sind bei dieser Verbgruppe einige Veränderungen im Schriftbild, die Sie im grammatischen Anhang nachlesen können.

7 Las gentes hablaban de su maravillosa capacidad de ver de lejos.
8 Cuentan que un día alguien oyó un gran ruido
9 en la habitación en la que él dormía ②
10 y asustados preguntaron desde fuera:
11 – ¿Qué ha sido eso? ¿Qué ha pasado?
12 – No os preocupéis, s**a**lgo enseguida – respondió – ha sido mi pijama que se ha caído. ③
13 Perplejos, los vecinos gritaron: – Es imposible, un pijama no hace tanto ruido.
14 Y con voz tranquila José respondió: – ¡Claro! Es porque yo estaba dentro.

*Über die neunte Verbgruppe haben wir noch nicht gesprochen. Hierzu gehört **jugar** „spielen“ sowie die Verben, die auf **-irir** enden. Ihre Unregelmäßigkeit besteht in einem Wechsel von **u** zu **ue** bzw. **i** zu **ie**, wenn diese Silbe betont wird (siehe grammatischer Anhang).*

¿COMPRENDE USTED ESTAS FRASES?

❶ Construyo una casa. ❷ Se durmió en la playa. ❸ Este cuadro se atribuye a Murillo. ❹ Voy a salir. ❺ Esos zapatos no te valen. ❻ Fue excluido de la lista. ❼ Todos contribuimos a la construcción de la casa.

¡COMPLETE USTED LAS FRASES CON LAS PALABRAS QUE FALTAN!

❶ In welchem Zimmer schläfst du?

¿. . . . . ?

❷ Sie sind dabei, eine Autobahn zu bauen.

. . . .

❸ Benachrichtige mich, wenn du abreist.

. . . .

❹ Wieviel kostet jenes Fahrrad (Kurzform)?

¿. . . . . ?

7 Die Leute sprachen von seiner wunderbaren Fähigkeit, von weitem zu sehen.
8 Man erzählt, daß eines Tages jemand einen großen Lärm
9 in dem Zimmer hörte (Indef.), in dem er schlief,
10 und erschrocken fragten (Indef.) sie von draußen:
11 – Was ist das gewesen? Was ist passiert?
12 – Macht euch keine Sorgen, ich komme sofort hinaus – antwortete (Indef.) er – es ist mein Schlafanzug gewesen, der (sich) hingefallen ist.
13 Verblüfft riefen (Indef.) die Nachbarn: – Das ist unmöglich, ein Schlafanzug macht nicht so viel Lärm.
14 Und mit ruhiger Stimme antwortete (Indef.) José: – Klar, (es ist), weil ich darin war.

ANMERKUNGEN

② **dormir** „schlafen". Sie haben dieses Verb schon sehr oft verwendet und haben wahrscheinlich keine Schwierigkeiten damit. Sie sollten noch wissen, daß dieses Verb zusammen mit **morir** „sterben" die elfte Gruppe der unregelmäßigen Verben bildet.

③ **salir** „weggehen, abreisen, ausgehen" bildet mit **valer** „wert sein" die zwölfte Gruppe. Weitere Erläuterungen zur elften und zwölften Verbgruppe im grammatischen Anhang.

¿HA USTED COMPRENDIDO LAS FRASES?

❶ Ich baue ein Haus. ❷ Er schlief (Indef.) am Strand ein. ❸ Dieses Gemälde wird Murillo zugeschrieben. ❹ Ich werde ausgehen. ❺ Jene Schuhe passen dir nicht. ❻ Er wurde (Indef.) von der Liste gestrichen (ausgeschlossen). ❼ Wir haben alle beim Bau des Hauses mitgeholfen (beigetragen) (Indef.).

❺ Kannst du einen Moment hinausgehen?

¿ . . . . ?

LAS PALABRAS QUE FALTAN.

❶ En qué habitación duermes ❷ Están construyendo una autopista ❸ Adviérteme cuando salgas ❹ Cuánto vale esa bici ❺ Puedes salir un momento.

Segunda ola: Lección 58.

▶ Leccion ciento ocho (108.)

„Vientos del pueblo me llevan“ ①

...
1 Asturianos de braveza,
vascos de piedra blindada,
2 valencianos de alegría
y castellanos de alma,
3 labrados como la tierra
y airosos como las alas;
4 andaluces de relámpagos,
nacidos entre guitarras
5 y forjados en los yunques
torrenciales de las lágrimas;
6 extremeños de centeno,
gallegos de lluvia y calma.
7 catalanes de firmeza,
aragoneses de casta,
8 murcianos de dinamita
frutalmente propagada,
9 leoneses, navarros, dueños
del hambre, el sudor y el hacha,
10 reyes de la minería,
señores de la labranza,
11 hombres que entre las raíces,
como raíces gallardas,
12 vais de la vida a la muerte,
vais de la nada a la nada
...

Einhundertachte Lektion

Winde des Volkes tragen mich

...

1 Asturianer von Tapferkeit,
Basken von gepanzertem Stein,
2 Valencianer von Freude
und Kastilier von Seele,
3 bearbeitet wie das Land
und anmutig wie die Flügel;
4 Andalusier von Blitzen,
geboren zwischen Gitarren
5 und geschmiedet auf den Ambossen,
strömend von den Tränen;
6 „Extremeños“ (Bewohner von Extremadura) von Roggen,
Galizier von Regen und Stille,
7 Katalanen von Beständigkeit,
Aragoneser von Rasse,
8 Murcianer von Dynamit,
wie Obst fortgepflanzt,
9 „Leoneses“ (Einwohner von Leon), Navarrer, Besitzer
des Hungers, des Schweißes und der Axt,
10 Könige des Bergbaus,
Herren des Ackerbaus,
11 Männer, die zwischen den Wurzeln,
wie stattliche Wurzeln,
12 ihr geht vom Leben zum Tod,
ihr geht vom Nichts zum Nichts
...

ANMERKUNGEN

(1) Diese Zeilen des Gedichts **„Vientos del pueblo me llevan“** von Miguel Hernández bieten Ihnen Gelegenheit, die Namen der Einwohner der verschiedenen Teile Spaniens kennenzulernen. Wir empfehlen Ihnen, dieses Gedicht nicht Satz für Satz, sondern im Ganzen zu lesen, um einen Eindruck von seiner Schönheit zu bekommen. Es ist nachzutragen, daß weder im Gedicht noch auf der Karte nach der letzten Lektion die Kanarischen Inseln zu finden sind. Sie befinden sich auf der Höhe der früheren spanischen Sahara.

¿COMPRENDE USTED ESTAS FRASES?

❶ Asturias es una región minera. ❷ El Teide es un volcán que está en las islas Canarias. ❸ Extremadura limita al oeste con Portugal. ❹ Goya nació en Aragón. ❺ Galicia es una región pesquera y ganadera. ❻ Murcia tiene dos provincias y un puerto importante. ❼ El olivo es cultivado, principalmente, en Andalucía.

¡COMPLETE USTED LAS FRASES CON LAS PALABRAS QUE FALTAN!

❶ In diesen Tagen ist es sehr windig.

. . . .

❷ Der Regen hat dem Bauern geholfen (Indef.).

. . . .

❸ Die Wurzeln des Baumes sind tief.

. . . .

▶ Leccion ciento nueve (109.)

„Proverbios y cantares“ ①

1 Todo pasa y todo queda,
pero lo nuestro es pasar,
pasar haciendo caminos,
caminos sobre la mar.

2 Caminante, son tus huellas
el camino, y nada más;
caminante, no hay camino,
se hace camino al andar.

¿HA USTED COMPRENDIDO LAS FRASES?

❶ Asturien ist ein Bergbaugebiet. ❷ Der Teide ist ein Vulkan, der auf den Kanarischen Inseln ist. ❸ Extremadura grenzt im Westen an (mit) Portugal. ❹ Goya wurde in Aragón geboren (Indef.). ❺ Galizien ist ein Fischfang- und Viehzuchtgebiet. ❻ Murcia hat zwei Provinzen und einen wichtigen Hafen. ❼ Der Olivenbaum wird hauptsächlich in Andalusien angebaut.

❹ Die Blitze erleuchteten den Himmel.

. . . .

❺ Der Bach durchquert den Obstgarten.

. . riachuelo . . . .

LAS PALABRAS QUE FALTAN.

❶ Estos días hace mucho viento ❷ La lluvia ayudó al labrador ❸ Las raíces del árbol son profundas ❹ Los relámpagos iluminaban el cielo ❺ El - atraviesa el huerto.

Segunda ola: Lección 59.

Einhundertneunte Lektion

Sprichwörter und Lieder

1 Alles geht vorbei und alles bleibt,
aber das Unsere ist es, vorbei[zu]gehen,
vorbei[zu]gehen und Wege zu machen
(Wege machend),
Wege über das Meer.

2 Wanderer, deine Spuren sind
der Weg, und nichts mehr;
Wanderer, es gibt keinen Weg,
man macht [den] Weg beim Gehen.

ANMERKUNGEN

① Mit diesen Zeilen von Antonio Machado wollen wir die Spanisch-Lektionen abschließen.

3 Al andar se hace camino,
y al volver la vista atrás
se ve la senda que nunca
se ha de volver a pisar.
Caminante, no hay camino,
sino estelas en la mar.

¿COMPRENDE USTED ESTAS FRASES?

❶ El viajero se paraba a contemplar el paisaje. ❷ Pasó unos días en las montañas. ❸ En un pueblo le ofrecieron pan y vino. ❹ El camino era de tierra. ❺ Dejó sus huellas en la nieve. ❻ Volvió a casa por otro sendero. ❼ El mar estaba tranquilo.

¡COMPLETE USTED LAS FRASES CON LAS PALABRAS QUE FALTAN!

❶ Sing mir ein Lied.

. . . .

❷ Ist sie hier vorbeigekommen?

¿. .   . . . ?

❸ Er wandte den Blick nicht zurück, als er wegging.

. .   . .   se   . . . .

3 Beim Gehen macht man [den] Weg,
und wenn man den Blick zurückwendet
(beim Wenden den Blick),
sieht man den Pfad, den man [wohl] niemals wieder
betreten wird (zu betreten hat).
Wanderer, es gibt keinen Weg,
sondern Spuren im Meer.

¿HA USTED COMPRENDIDO LAS FRASES?

❶ Der Reisende blieb stehen, um die Landschaft zu betrachten. ❷ Er hat einige Tage in den Bergen verbracht (Indef.). ❸ In einem Dorf hat man ihm Brot und Wein angeboten (Indef.). ❹ Der Weg war aus Erde. ❺ Er hat seine Spuren im Schnee zurückgelassen (Indef.). ❻ Er ist auf einem anderen Pfad nach Hause zurückgekehrt (Indef.). ❼ Das Meer war ruhig.

❹ Er wird niemals zurückkehren.

.. ..

❺ Siehst du den Weg?

¿... .. .. ?

LAS PALABRAS QUE FALTAN.

❶ Cántame una canción ❷ Ha pasado por aquí ❸ No volvía la vista atrás cuando - iba ❹ No volverá nunca ❺ Ves el camino.

Segunda ola: Lección 60.

Wir empfehlen Ihnen, in gewohntem Rhythmus die „Zweite Welle" bis zu dieser Lektion fortzusetzen. Auf den folgenden Seiten finden Sie einige Erläuterungen und Beispiele zum Spanischen, wie es in Lateinamerika gesprochen wird. Wenn Sie sich für diese Besonderheiten interessieren, werden Ihnen unsere Hinweise sicherlich recht nützlich sein.
Wir hoffen, daß Sie von den vergangenen, mit uns verbrachten Wochen profitiert haben und daß es uns gelungen ist, Ihnen neben der spanischen Sprache auch ein wenig von der spanischen Lebens- und Denkweise näherzubringen.
Wir wünschen Ihnen beim Umgang mit dem Spanischen viel Freude und Erfolg!

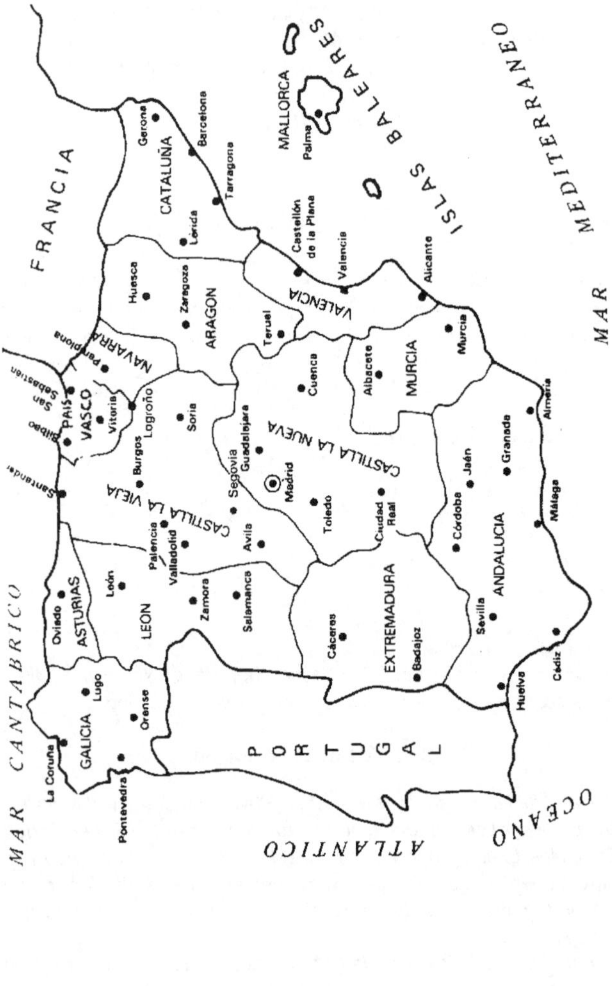
FRANCIA
MAR CANTABRICO
OCEANO ATLANTICO
MAR MEDITERRANEO
ISLAS BALEARES
MALLORCA
Palma
PORTUGAL
GALICIA
La Coruña
Lugo
Orense
Pontevedra
ASTURIAS
Oviedo
LEON
León
Zamora
Salamanca
CASTILLA LA VIEJA
Santander
Burgos
Palencia
Valladolid
Segovia
Avila
Soria
Logroño
PAIS VASCO
Bilbao
San Sebastián
Vitoria
NAVARRA
Pamplona
ARAGON
Huesca
Zaragoza
Teruel
CATALUÑA
Gerona
Barcelona
Tarragona
Lérida
VALENCIA
Castellón de la Plana
Valencia
Alicante
MURCIA
Murcia
Albacete
CASTILLA LA NUEVA
Guadalajara
Madrid
Cuenca
Toledo
Ciudad Real
EXTREMADURA
Cáceres
Badajoz
ANDALUCIA
Córdoba
Jaén
Granada
Almería
Málaga
Sevilla
Huelva
Cádiz

DAS SPANISCHE IN LATEINAMERIKA

Die spanische oder manchmal auch als Kastilisch bezeichnete Sprache wird außerhalb von Spanien noch in folgenden Ländern als offizielle Sprache verwendet:

Dt. Bezeichnung	**Span. Bezeichnung**	**Adjektiv**
Argentinien	Argentina	argentino
Kolumbien	Colombia	colombiano
Costa Rica	Costa Rica	costarriquense *oder* costarricense
Kuba	Cuba	cubano
Chile	Chile	chileno
Ecuador	Ecuador	ecuatoriano
Guatemala	Guatemala	guatemalteco
Honduras	Honduras	hondureno
Mexiko	Méjico	mejicano
Nicaragua	Nicaragua	nicaragüense *oder* nicaragüeño
Panama	Panamá	panameño
Paraguay	Paraguay	paraguayo *oder* paraguayano
Peru	Perú	peruano
El Salvador	El Salvador	salvadoreño
Dominikanische Republik	República Dominicana *oder* Santo Domingo	dominicano
Uruguay	Uruguay	ruguayo
Venezuela	Venezuela	venezolano
Puerto Rico (mit Englisch)	Puerto Rico	puertorriqueño *oder* portorriqueño

Spanisch wird außerdem auf den philippinischen Inseln (neben Englisch und Tagalog) und in einigen afrikanischen Ländern gesprochen, die früher spanische Kolonien waren.

Spanisch ist häufig auch Muttersprache in einigen Teilen der Vereinigten Staaten - Neu-Mexiko (**Nuevo Méjico**), Arizona, Texas (**Tejas**) und Kalifornien (**California**) - sowie auf zahlreichen Inseln der Antillen (Antillas).

Der Vollständigkeit halber ist noch zu sagen, daß eine ältere Stufe des Spanischen - das Sefaraddi - in einigen jüdischen Kolonien in Afrika, auf dem Balkan und im Vorderen Orient gesprochen wird.

Heute sprechen mehr als 220 Millionen Menschen diese Sprache.

Wir haben uns in diesem Kapital die Aufgabe gestellt, Sie über die Besonderheiten des Spanischen, wie es in Südamerika gesprochen wird, zu informieren. Zunächst ein paar Worte zur Ursache von solchen Differenzen innerhalb einer Sprache.

Eine Sprache muß aufgefaßt werden als ein lebendiges Wesen, das nicht in einem bestimmten Zustand verbleibt, sondern sich ständig aufgrund von äußeren Einflüssen verändert. Hierzu zählen Kontakte mit anderssprachigen Gemeinschaften, mit anderen Landschaften, mit anderen soziokulturellen Einrichtungen. Eine Sprache übernimmt Eigenheiten einer Nachbarsprache, erweitert ihren Wortschatz nach den jeweiligen Gegebenheiten, gleicht sprachliche Strukturen an neue Lebensstrukturen an. Die Sprache ist eben ein wesentlicher Bestandteil des Lebens und wird daher auch immer eine Lebensform widerspiegeln.

Wir wollen nicht allzusehr ins Detail gehen. Die Untersuchung von Einzelphänomen ist sicherlich Sache der Linguisten. Aber Sie werden vielleicht verstehen, wie es zu Differenzen innerhalb einer Sprache kommen kann.

Ehe wir Sie mit einigen Besonderheiten des Spanischen außerhalb von Spanien vertraut machen, wollen wir betonen, daß Sie mit dem Spanisch, das Sie bisher gelernt haben, in Lateinamerika ohne Schwierigkeiten verstanden werden. Unsere Absicht ist es, in diesem Kapitel ein wenig über die sprachlichen Besonderheiten des lateinamerikanischen Spanisch zu sprechen, so daß Sie sich bei einem Aufenthalt in einem dieser Länder etwas weniger befremdet fühlen.

Die sprachlichen Besonderheiten, die wir hier besprechen wollen, betreffen

- die Aussprache
- den Satzbau
- den Wortschatz.

Wir geben Ihnen auf den folgenden Seiten einige Erläuterungen zu diesen Gesichtspunkten und zeigen Ihnen anhand von Beispielen den spezifischen Gebrauch von einzelnen Wörtern und Ausdrücken in verschiedenen Gebieten. Hierbei soll auch die Verwendung von alten oder neu erfundenen Begriffen zur Sprache kommen.

Und nun noch einige Hinweise zu den Vokabeln, die wir am Ende dieses Kapitels für Sie zusammengestellt haben:

- Die Kenntnis der Wörter und Ausdrücke ist eine Hilfe, nicht aber eine Notwendigkeit, um sich im spanischsprechenden Amerika zu verständigen.
- Die Vokabeln sind fast ausschließlich der Umgangssprache entnommen, weil sich in erster Linie hierin eine Weiterentwicklung widerspiegelt.
- Nicht so sehr, damit Sie diese Wörter aktiv verwenden, sondern mehr, damit Sie sie verstehen, haben wir diese Listen erstellt. Sie werden selbst beurteilen können, inwieweit ihr Gebrauch angebracht sein wird.
- Wir haben die Listen für die einzelnen Länder getrennt aufgestellt, aber einige von den Wörtern des einen Landes sind durchaus auch in anderen Ländern gebräuchlich. Sie werden also verstanden, wenn Sie eines der Wörter anderswo verwenden.

Wir haben nicht für jedes Land eine solche Aufstellung gemacht, weil viele Wörter auch über die Grenze eines Landes hinaus gebräuchlich sind. Die Vokabeln, die Sie für Chile angegeben finden, gelten beispielsweise ebenso für Uruguay, jene von Venezuela beziehen sich auch auf Kolumbien. In erster Linie besteht eine sprachliche Abgrenzung zwischen Nord und Süd.

Es gibt sicherlich verschiedene Meinungen über die Anwendung dieser Wörter, aber wir wollen noch einmal wiederholen, daß die Vokabeln der Umgangssprache entnommen sind und sie daher mit einiger Berechtigung als typisch angesehen werden können, auch wenn dies von manchen Grammatiken nicht besonders gern gesehen wird.

– Was die Vokabellisten selbst betrifft, so finden Sie in der linken Spalte den jeweils regional bekannten Ausdruck, in der Mitte die in Spanien übliche Entsprechung und rechts die deutsche Übersetzung.

A. **Besonderheiten in der Aussprache**

Was die Aussprache in Lateinamerika betrifft - mit Ausnahme von Brasilien, wo Portugiesisch gesprochen wird - findet man ein „andalusisches Spanisch" vor.

Die charakteristischen Merkmale sind folgende:

1. Der „Seseo": c und z werden wie s ausgesprochen
Sie sprechen **s** also gleichermaßen in **sí** („ja") wie in **cine – sine** („Kino") oder in **corazón – corasón** („Herz").

2. Der „Yeísmo": Aussprache des ll wie y
Calle – **caye** („Straße"); **pollo** – **poyo** („Huhn"), usw.

3. Verwechslung von r und l
Carne – **calne** („Fleisch"); **pierna** – **pielna** („Bein"); **izquierda** – **izquielda** („links").

4. Anhauchen oder Verlust des s als Silben- oder Wortende
Los hombres – **lojombre** („die Männer"); **las moscas** – **lamohca** („die Fliegen"); **las ocho** – **laj ocho** („acht Uhr").

5. Verlust von einigen Vokalen
Un cafecito – **un cafsito** („ein kleiner Kaffee"); **muchísimas gracias** – **muchísmas gracias** („vielen Dank").

6. Verlust des Endungs-r
Voy a comer – **voy a come** („ich gehe essen"); **sí señor** – **sí señó** („ja, mein Herr").

7. Verlust des d zwischen zwei Vokalen
Pescado –**pejcao** („Fisch"); **el dedo** – **el deo** („der Finger").

8. Anhauchen des Anfangs-h
Hilo – **h'ilo** („Faden"); **hora** – **h'ora** („Stunde").

B. Besonderheiten des Satzbaus

1. Ausweitung des Plurals
¿Qué hora es? - ¿Qué horas son? („Wieviel Uhr ist es?“); **el tiempo está lluvioso - los tiempos están lluviosos** („das Wetter ist regnerisch“).

2. Verwendung des Pronomens yo nach einer Präposition
A mí - a yo („zu mir“); **conmigo - con yo** („mit mir“).

3. Verwendung des Indefinido anstelle des Perfekts
Hoy he estado - hoy estuve („heute bin ich gewesen“); **hoy he ido - hoy fui** („heute bin ich gegangen“).

4. Verwendung des Reflexivpronomens mit Verben der Fortbewegung
Subió - subióse („er ist hinaufgegangen“); **entró – entróse** („er ist eingetreten“).

5. Verwendung von Präsensformen zur Bezeichnung des Futurs
Querrán – han querrer („sie werden wollen“); **yo iré - he de ir yo** („ich werde gehen“).

6. Sehr häufiger Gebrauch des Adverbs recién mit anderer Bedeutung
a) **hace un momento** („vor einem Moment“): **acaba de llegar - llegó recién** („er ist gerade angekommen“);
b) **sólo** („erst“); **sólo hoy - recién hoy** („erst heute“); **no llegará hasta mañana - recién mañana llegará** („er wird erst morgen ankommen“);
c) **apenas** („kaum“): **lo vi apenas llegó - lo vi recién llegó** („kaum angekommen, sah er es“).

7. Bevorzugte Verwendung der Diminutive
Pronto – prontito („bald“); **entero - enterito** („vollständig“); **ahora - ahorita** („jetzt“); **enseguida -enseguidita** („sofort“).

Das wichtigste und am meisten verallgemeinerte Merkmal aber ist der „**Voseo**“.

8. Der „Voseo"

Man nennt „**Voseo**" die Verwendung des **vos** anstelle von **tú** und **ti**. Man sagt also: **vos tenéis** anstelle von **tú tienes** („du hast"); **a vos** anstelle von **a tí** („an dich"); **con vos** anstelle von **contigo** („mit dir").

Das Problem des „**Voseo**" besteht also nicht nur in einem Austausch der Pronomina **tú** und **tí** durch **vos**, sondern auch in einer entsprechend veränderten Verbform.

Was das Pronomen für die zweite Person Plural, **vosotros**, betrifft, so kann man generell sagen, daß es in ganz Lateinamerika durch **ustedes** ersetzt worden ist, welches in Spanien nur als Höflichkeitsform für die zweite Person Plural (Sie) verwendet wird.

Nichtsdestoweniger findet man in manchen Gebieten Lateinamerikas ein Nebeneinander des „**Voseo**" und des Duzens.

Wir haben die Verwendung dieser Pronomina in Tabellen dargestellt:

Spanien:	**Singular**	**Plural**
Duzen	tú, te, ti	vosotros, os, vuestro
Siezen	usted	ustedes

Lateinamerika:	**Singular**	**Plural**
Duzen	vos, te, vos	ustedes
Siezen	usted	

Der „**Voseo**" ist wegen seiner Ausbreitung ein sehr wichtiges Phänomen, auch wenn er manchmal als vulgärsprachlich angesehen wird und von den Grammatiken nicht akzeptiert wird. Aber: Eine Sprache entwickelt sich nicht (nur) in den Bibliotheken!

C. Besonderheiten des Wortschatzes

Im allgemeinen entspricht der Wortschatz Spaniens dem in Lateinamerika. Aber sicherlich sind einige regional begrenzte Unterschiede zu verzeichnen. Allerdings lassen sich solche Differenzen auch in verschiedenen Gebieten Spaniens feststellen.

Wir wollen Ihnen, um Sie mit dem Problem ein wenig vertraut zu machen, eine Aufstellung von 10 häufig in bestimmten Teilen Lateinamerikas gebrauchten Wörtern geben:

bolillos	panecillos	Brötchen
camión	autobús	Autobus
chancleta	acelerador	Gaspedal
droga	deuda	Schuld
exigir	rogar	bitten
luego	al instante	sofort
palo	trago	Schluck
parquear	aparcar	parken
ruletero	taxista	Taxifahrer
tinto	café negro	schwarzer Kaffee
usw.		

Nehmen Sie beispielsweise das Wort **camión**, das in Spanien einen Lastwagen bezeichnet, in einigen Teilen Südamerikas aber einen Autobus meint. Der Autobus heißt in Kolumbien **guagua**, dieses Wort bedeutet aber in Chile „Säugling".

Wenn Sie den **camión** in Mexiko nehmen, um einige Tage in Kolumbien zu verbringen, von wo aus Sie per **guagua** nach Argentinien reisen wollen, raten wir Ihnen, der Person, die Sie in Buenos Aires erwartet und für die Sie übrigens mit dem **ómnibus** oder dem **colectivo** ankommen, nicht zu erzählen: **el camión que cogí en Méjico y la guagua que tomé en Colombia eran...** („der Autobus, den ich in Mexiko genommen habe und der Autobus, den ich in Kolumbien genommen habe, waren..."). Sprechen Sie lieber nicht weiter, denn Sie sind hier in eine heikle Situation geraten: Der Gebrauch der Verben **tomar** und **coger** ist in Argentinien nicht ganz unproblematisch. **Coger** bedeutet dort - vulgärsprachlich – „miteinander schlafen", „Geschlechtsverkehr haben". **Tomar** hat die Bedeutung von **beber**, aber etwas Vorsicht ist geboten, denn meist ist das Trinken von alkoholischen Getränken gemeint...

Alles in allem empfehlen wir Ihnen, die jeweils für ein Land typischen Wörter und Ausdrücke etwas zurückhaltend zu verwenden. Es wird zunächst einmal darum gehen, daß Sie Ihren Gesprächspartner verstehen. Sie können auf jeden Fall davon ausgehen, daß Sie mit dem Spanisch, das Sie nun gelernt haben, verstanden werden. Feinheiten werden Sie sich erst im Umgang mit der Sprache erwerben.

Übrigens können Sie sich mit dem falschen Gebrauch eines in Lateinamerika gebräuchlichen Wortes, das Sie in Spanien verwenden, in Schwierigkeiten bringen. Sehen Sie selbst: Wenn jemand in

Gefahr ist zu ertrinken und um Hilfe ruft und Sie „**luego**" antworten und nicht sofort handeln, laufen Sie Gefahr, wegen unterlassener Hilfeleistung angeklagt zu werden. Denn in Spanien bedeutet **luego** „später", auch wenn Sie das amerikanische **luego** meinten, das „sofort" bedeutet.

Wir wollen Sie nun aber nicht einschüchtern. Man wird Sie als Ausländer sicherlich sehr rücksichtsvoll und tolerant behandeln und Ihnen bei Ihren Sprachproblemen viele Hilfestellungen anbieten.

Alte Sprachformen und Wortneuschöpfungen

Häufig sind Unterschiede innerhalb des Wortschatzes darauf zurückzuführen, daß sich im spanisch-sprechenden Amerika Wörter erhalten haben, die in Spanien bereits als ungebräuchlich und veraltet gelten.

Sehen Sie einige Beispiele:

amargoso	amargo	bitter
fatiga	agonía	Todeskampf, Agonie
despacharse	darse prisa	sich beeilen
recordarse	despertarse	aufwachen
saber	soler	die Gewohnheit haben zu...
taita	padre	Vater
candela	fuego	Feuer
catar	mirar	betrachten
bregar	trabajar	arbeiten
mercar	comprar	kaufen

usw.

Was die sogenannten Neologismen - sprachliche Neuschöpfungen - betrifft, so sind verschiedene Ursprünge nachzuweisen: Wir finden italienische, französische, englische und auch deutsche Abstammungen.

usina (frz. usine)	fábrica	Fabrik
eclair (frz. fermeture éclair)	cremallera	Reißverschluß
placar (frz. placard)	armario	Schrank
rentar (engl. to rent)	alquilar	mieten

monis (engl. money)	dinero	Geld
traficar (engl. traffic)	trajinar	geschäftig sein
auto (dt. Automobil)	coche	Auto
kiosko	quiosco	Verkaufsstelle für Zeitungen und Zigaretten (dt. Kiosk)

EINIGE IN GANZ LATEINAMERIKA GEBRÄUCHLICHE WÖRTER

arrancarse	despedirse	sich verabschieden
balaceo	tiroteo	schießen
bestia	caballo	Pferd
diarismo	periodismo	Journalismus
eleccionario	electivo, elector	Wahl..., Wähler..
esportivo	deportivo	sportlich
estampilla	sello	Briefmarke
expeditar	despachar, hacer algo con prontitud	sich beeilen
expendio	local de venta al por menor	Einzelhandel
foja	hoja de papel	Blatt Papier
frazada	manta	Decke
lindo	bonito	schön, hübsch
manejar	conducir un coche	fahren
memorias	recuerdos, saludos	Erinnerungen, Grüße
pararse	ponerse en pie	sich hinstellen
plata	dinero	Geld
quedadizo, quedado	lento, indolente	träge, langsam
sabana	llanura	Savanne, Ebene
saco	chaqueta	Jacke
ubicar	colocar en un sitio preciso	unterbringen, aufstellen

MITTELAMERIKA

abreviarse	apresurarse	sich beeilen
acogencía	acogida, aceptación	Empfang, Aufnahme
acuerpar	defender	verteidigen
afanar	ganar dinero	Geld verdienen
cobija	manta	Decke
de juro	sin remedio, a la fuerza	rettungslos, gewaltsam
de pie	constantemente	ständig, stetig
estacón	pinchazo	Reifenpanne
festinar	festejar	feiern
marfil	peine	Kamm
mercar	comprar	kaufen
¿qué tanto?	¿cuánto?	wieviel?
rajar	gastar mucho dinero	viel Geld ausgeben
rango	lujo	Luxus
sentirse	resentirse, estar dolido	beleidigt sein, sich ärgern
tajarrazo	herida	Verletzung
vallunco	rústico, burdo	plump, grobschlächtig
venduta	venta pública	öffentlicher Verkauf
zipote	muchacho	Bursche, junger Mann

ARGENTINIEN

apolillar	dormir	schlafen
auto	coche	Auto
ómnibus, colectivo	autobús	Autobus („colectivo" ist in der Stadt gebräuchlicher)
con fantasía	con ganas, mucho	gern, sehr
correo	correos	Post
desilo, desíselo	díselo	sag es ihm
escobilla	cepillo	Bürste
exprés, expreso	café exprés	Espresso
fósforos	cerillas	Streichhölzer
kiosko	lugar en el que se venden los periódicos y el tabaco	Verkaufsstelle für Zeitungen und Zigaretten
laburo,	trabajo	Arbeit
lunfardo		(Sprache der Unterwelt in einigen Teilen von Buenos Aires)
morfar	comer	essen
pollera	falda	Rock
puchos	cigarrillos	Zigaretten
tomar	beber	trinken (Alkohol)
viejo, a	padre, madre	Vater, Mutter
¿viste?	¿entiendes? ¿ves?	verstehst du? siehst du?

BOLIVIEN

anque	aunque	obwohl
aplicarle	comer o beber algo con gusto	etwas gern essen oder trinken
corre, haz corre este trabajo	deprisa, haz deprisa, este trabajo	beeil dich mit dieser Arbeit
desecho	atajo	Abkürzung
¿diande?	¿cómo?	wie?
fachada	cara, rostro	Gesicht
futre	elegante	elegant
¿hay?	¿cómo dice usted?, ¿qué?	wie bitte? was haben Sie gesagt?
guagua	niño pequeño, bebé	Baby, kleines Kind
limpio	vacío	leer
monis	dinero	Geld
mi negocio camina bien	mi negocio marcha bien	mein Geschäft geht gut
no más	solamente	nur
no le hace	no importa	das ist egal, nicht wichtig
pajuela	cerilla	Streichholz
peyor, más peyor	peor	schlechter
pulmón, he trabajado tanto que me duele el pulmón	espalda, he trabajado tanto que me duele la espalda	Rücken, ich habe so viel gearbeitet, daß mir der Rücken weh tut
guija	hambre, apetito	Hunger, Appetit
sobre	cama	Bett
suplementero	persona que vende periódicos y revistas	Zeitungsverkäufer
tata	señor	Herr
trabajo	difícil, penoso	schwer, mühsam

KOLUMBIEN

antier	anteayer	vorgestern
emañarse	estar a gusto en un sitio	sich irgendwo wohl fühlen
agente viajero	viajante	Reisender, Handelsvertreter
china	mujer indígena en general bella y simpática	einheimische elegante junge Dame (die männliche Form ist auch gebräuchlich)
finir	acabar, terminar	beenden
parquear	aparcar, estacionar	parken
pase	permiso de conducir	Führerschein
patilla	sandía	Wassermelone
peluquear	cortar el pelo	sich die Haare schneiden
querido	persona simpática, amable	liebe, nette Person
saco	chaqueta	Jacke
sifón	cerveza de barril	Bier vom Faß
taita	padre	Vater
tanque	depósito de gasolina del coche	Tankstelle
teatro	sala de cine	Kino
televidente	telespectador	Fernsehzuschauer
tener afán	tener prisa	eilig, in Eile sein
trastearse	mudarse	umziehen
sesionar	reunirse para celebrar una sesión	sich zu einer Arbeitssitzung versammeln

CHILE

al tiro	inmediatamente	sofort
arrancarse	irse	weggehen, -fahren
botar	tirar	werfen
bus	autobús	Autobus
cierro	sobre	Umschlag
farsear	bromear	scherzen, spaßen
finir	acabar	beenden
fundo	finca rústica	Landgut
garson	camarero	Kellner
guagua	niño pequeño, bebé	Säugling, Baby
harto	mucho	viel
individual	idéntico	identisch
¡oye che!	¡oye tú!	hör mal!
regana	gana muy grande	große Lust
¿tenis tabaco?	¿tienes cigarros?	hast du Zigaretten?
zoquetes	calcetines	Socken

MEXIKO

abarrotes	artículos de comercio	Lebensmittel
abrirse	retirarse	sich zurückziehen, Platz machen
adición	cuenta	Rechnung
banqueta	acera	Bürgersteig
carro	coche	Auto
cerillos	cerillas	Streichhölzer
chequeo	examen, revisión	(Über-)Prüfung
¡esquina!		(Ausruf von Busfahrgästen, die an einer Haltestelle aussteigen wollen)
destanteado	confundido, indeciso, desorientado	verwirrt, unschlüssig, desorientiert
gringo	norteamericano	Nordamerikaner
hallarse	acostumbrarse, estar a gusto	sich gewöhnen, sich wohl fühlen
ni modo	imposible a pesar del esfuerzo	unmöglich trotz Bemühung
palabrar, palabrear	hablar por teléfono	telefonieren
pendejo	torpe	ungeschickt
petrolero	petrolífero, persona que trabaja en ese dominio	Erdöl..., Person, die in dieser Sparte arbeitet
ruletero	taxista	Taxifahrer
rutero	conductor de autobús	Busfahrer
tener leche	tener suerte	Glück haben
tortilla		Grundnahrungsmittel mit Bohnen und Pfeffer
trabajoso	difícil, complicado	schwierig, kompliziert

PERU

agarrar	coger, tomar	nehmen
asomarse	acercarse	sich nähern
botar	arrojar, echar fuera con violencia	heftig hinauswerfen
cachete	carrillo, mejilla	Wange, Backe
candela	fuego, llama	Feuer, Flamme
cigarrería	estanco	Tabakladen
cocinar	cocer	kochen
cubierta de la carta	sobre	Briefumschlag
díceselo	díselo	sag es ihm
donde fulano	a casa de fulano	bei Herrn Sowieso
de donde fulano	de casa de fulano	von Herrn Sowieso
dulcería	confitería	Süßwarengeschäft
palo	madera	Holz
pellejo	piel	Haut
pitar	fumar	rauchen
tener moneda sencilla	tener dinero suelto	Kleingeld haben
vereda	acera	Bürgersteig
voltear	volver	umkehren, umwerfen, umstürzen
vuelto (el)	vuelta (la)	Wechselgeld

PUERTO RICO

azuquita	diminutivo familiar de azúcar	Diminutiv von Zucker: „Zückerchen“
cada vez más	cada día más	jeden Tag mehr
camarero	delegado elegido a la cámara de representantes (diputado)	Abgeordneter, der ins Abgeordnetenhaus gewählt wurde
en un bendito	en un santiamén	im Nu
explicotear	explicar	erklären
faculto	entendido, experto	Experte, Sachverständiger
¡gana!	es imposible, es inútil empeñarse en ello	das ist unmöglich, zwecklos
llorarle a uno una cosa	sentarle a uno mal una cosa, irle mal	schlecht ergehen
maduro	plátano	Banane
mandar	dar, tirar	geben, werfen
carro, máquina, auto	coche	Auto
mantequero	dueño de una pequeña tienda de comestibles	Lebensmittelhändler
pluma	grifo	Wasserhahn
pollería	edad de la niñez o grupo de niños	Backfischalter
regar	dar	geben
remojar	dar una propina	ein Trinkgeld geben
rosario	cuento, chisme, historia	Geschichte, Klatsch
tertuliar	estar en reunión, conversando, hablando	plaudern
traficar	trajinar	geschäftig sein

VENEZUELA

banqueta	cuneta	Straßengraben
boleto	billete	Fahrkarte
botar	tirar	werfen
comida	cena	Abendessen
chancleta	acelerador	Gaspedal
escaparate	ropero	Kleiderschrank
estupendoso	estupendo	hervorragend
exigir	rogar	bitten
exigencia	ruego cortés	höfliche Bitte
flux	traje	Anzug
galleta	atasco	Verkehrsstau
guindar	colgar	(auf)hängen
musiú, a	todo extranjero, a	völlig fremd
palo	trago	Schluck
pegar	empezar a hacer algo	etwas beginnen, in Angriff nehmen
remojo	propina	Trinkgeld
tripa	neumático del coche	Autoreifen

GRAMMATISCHER ANHANG

GRAMMATISCHER ANHANG

INHALT DES GRAMMATISCHEN ANHANGS

ALLGEMEINE BEMERKUNGEN

1. Die Bildung der einfachen Zeiten

Bei der Bildung der einfachen Zeiten geht man aus vom

A. Verbstamm	Präsens Indikativ Präsens Subjuntivo Imperativ Imperfekt Indikativ Indefinido Gerundium Partizip Perfekt
B. Infinitiv	Futur Indikativ Konditional
C. Indefinido	Imperfekt Subjuntivo (zwei Formen) Futur Subjuntivo

2. Die unregelmäßigen Verben

Es gibt ein recht einfaches Mittel, um festzustellen, ob ein Verb regelmäßig oder unregelmäßig ist. Es handelt sich darum, folgende Formen mit den Modellkonjugationen für Verben auf -**ar**, -**er** und -**ir** zu vergleichen:

– vom Präsens Indikativ	die erste Person Singular
– vom Indefinido	die dritte Person Singular
– vom Futur	die erste Person Singular

Wenn ein Verb in diesen Formen mit der betreffenden Modellkonjugation übereinstimmt, ist es in allen Formen regelmäßig. Aber:

- Wenn das Verb in der ersten Person Singular Präsens Indikativ unregelmäßig ist, ist es auch im Imperativ und im Präsens Subjuntivo unregelmäßig.
- Wenn das Verb in der dritten Person Singular Indefinido unregelmäßig ist, trifft dies auch für Imperfekt und Futur Subjuntivo zu.
- Wenn das Verb in der ersten Person Singular Futur Indikativ unregelmäßig ist, ist es das ebenfalls im Konditional.

Es lassen sich somit drei Zeitstufen feststellen, die bei der Beurteilung der Unregelmäßigkeit von Verben die wesentliche Rolle spielen: Präsens, Vergangenheit und Futur.

Das Imperfekt Indikativ bildet eine eigene Gruppe; jedoch erscheinen Unregelmäßigkeiten in dieser Zeit nur bei drei Verben: **-ir** „gehen“; **ser** „sein“; **ver** „sehen“ (und die mit diesem Verb zusammengesetzten Verben).

3. Die zusammengesetzten Verben

Die zusammengesetzten Verben werden konjugiert wie die entsprechenden einfachen Verben. Zum Beispiel: **satisfacer** „befriedigen“ wird konjugiert wie **hacer**; **disponer** „verfügen“ wird konjugiert wie **poner**; usw.

Nur die Zusammensetzungen mit **decir** weisen einige Abweichungen auf:

- Im Futur sind regelmäßig: **maldecir** „verfluchen“ - **maldeciré** „ich werde verfluchen“; **bendecir** „segnen“ - **bendeciré** „ich werde segnen“; aber: **diré** „ich werde sagen“;
- Im Imperativ enden sie auf **dice**: **predice** „sag voraus“; **bendice** „segne“; usw. aber **di** „sag“;
- Für das Partizip Perfekt ist zu beachten: **predecir** und **desdecir** („abweichen“) folgen dem Beispiel von **decir**; ihre Partizipien lauten **predicho** und **desdicho**. **Contradecir** „widersprechen“ ist regelmäßig: **contradecido**. Was die Verben **bendecir** und **maldecir** betrifft, so haben sie zwei Partizipialformen: **bendecido** und **maldecido** zur Bildung der zusammengesetzten Zeiten und **bendito** und **maldito** als Adjektive oder in Begleitung der Verben **estar** oder **tener**.

Beachten Sie: Im gesamten grammatischen Anhang finden Sie jeweils höchstens zwei Formen des Imperativs angegeben – die zweite Person Singular und eventuell die zweite Person Plural. Wie wir bereits in Lektion 84 gesagt haben, werden die Höflichkeitsformen und die verneinten Imperativformen dem Präsens Subjuntivo entnommen. Somit sind, wenn die Präsensstufe eines Verbs von einer Unregelmäßigkeit betroffen ist, auch die letztgenannten Imperativformen betroffen, ohne daß wir dies ausdrücklich in den Tabellen kenntlich machen.

Wir haben in den Konjugationstabellen der regelmäßigen Verben eine Zeitform aufgeführt, über die wir noch nicht gesprochen haben und die Ihnen auch vom Deutschen her nicht bekannt ist: der „Pretérito anterior“, eine Form von nur geringer praktischer Bedeutung in der Umgangssprache. Sie übersetzen sie am besten durch das Plusquamperfekt.

HABER „haben“ (1)

Unpersönliche Formen

Einfache Formen

Infinitiv	– hab er
Gerundium	– hab iendo
Partizip Perfekt	– hab ido

Zusammengesetzte Formen

Infinitiv	– haber habido
Gerundium	– habiendo habido

Indikativ

Präsens	**Perfekt**	
he	he	hab ido
has	has	hab ido
ha	ha	hab ido
hemos	hemos	hab ido
habéis	habéis	hab ido
han	han	hab ido
Imperfekt	**Plusquamperfekt**	
hab ía	había	hab ido
hab ías	habías	hab ido
hab ía	había	hab ido
hab íamos	habíamos	hab ido
hab íais	habíais	hab ido
hab ían	habían	hab ido
Indefinido	**Pret.anterior**	
hub e	hube	hab ido
hub iste	hubiste	hab ido
hub o	hubo	hab ido
hub imos	hubimos	hab ido
hub isteis	hubisteis	hab ido
hub ieron	hubieron	hab ido
Futur I	**Futur II**	
hab ré	habré	hab ido
hab rás	habrás	hab ido
hab rá	habrá	hab ido
hab remos	habremos	hab ido
hab réis	habréis	hab ido
hab rán	habrán	hab ido

Konditional

Kond. I	**Kond. II**	
hab ría	habría	hab ido
hab rías	habrías	hab ido
hab ría	habría	hab ido
hab ríamos	habríamos	hab ido
hab ríais	habríais	hab ido
hab rían	habrían	hab ido

Subjuntivo

Präsens	**Perfekt**	
hay a	haya	hab ido
hay as	hayas	hab ido
hay a	haya	hab ido
hay amos	hayamos	hab ido
hay áis	hayáis	hab ido
hay an	hayan	hab ido

Imperfekt		
hub iera *(oder)*	iese	
hub ieras	ieses	
hub iera	iese	
hub iéramos	iésemos	
hub ierais	ieseis	
hub ieran	iesen	

Plusquamperfekt		
hubiera *(oder)*	hubiese	hab ido
hubieras	hubieses	hab ido
hubiera	hubiese	hab ido
hubiéramos	hubiésemos	hab ido
hubierais	hubieseis	hab ido
hubieran	hubiesen	hab ido

Futur I	**Futur II**	
hub iere	hubiere	hab ido
hub ieres	hubieres	hab ido
hub iere	hubiere	hab ido
hub iéremos	hubiéremos	hab ido
hub iereis	hubiereis	hab ido
hub ieren	hubieren	hab ido

Imperativ

he
–
–
hab ed

(1) Das Verb **haber** ist ein Hilfsverb, mit dessen Hilfe die zusammengesetzten Verbformen gebildet werden.

TENER „haben“ (im Sinne von „besitzen“)

Unpersönliche Formen

Einfache Formen

Infinitiv	– ten er
Gerundium	– ten iendo
Partizip Perfekt	– ten ido

Zusammengesetzte Formen

Infinitiv	– haber tenido
Gerundium	– habiendo tenido

Indikativ

Präsens	**Perfekt**	
teng o	he	ten ido
tien es	has	ten ido
tien e	ha	ten ido
ten emos	hemos	ten ido
ten éis	habéis	ten ido
tien en	han	ten ido
Imperfekt	**Plusquamperfekt**	
ten ía	había	ten ido
ten ías	habías	ten ido
ten ía	había	ten ido
ten íamos	habíamos	ten ido
ten íais	habíais	ten ido
ten ían	habían	ten ido
Indefinido	**Pret. anterior**	
tuv e	hube	ten ido
tuv iste	hubiste	ten ido
tuv o	hubo	ten ido
tuv imos	hubimos	ten ido
tuv isteis	hubisteis	ten ido
tuv ieron	hubieron	ten ido
Futur I	**Futur II**	
ten dré	habré	ten ido
ten drás	habrás	ten ido
ten drá	habrá	ten ido
ten dremos	habremos	ten ido
ten dréis	habréis	ten ido
ten drán	habrán	ten ido

Konditional

Kond. I	**Kond. II**	
ten dría	habría	ten ido
ten drías	habrías	ten ido
ten dría	habría	ten ido
ten dríamos	habríamos	ten ido
ten dríais	habríais	ten ido
ten drían	habrían	ten ido

Subjuntivo

Präsens	**Perfekt**	
teng a	haya	ten ido
teng as	hayas	ten ido
teng a	haya	ten ido
teng amos	hayamos	ten ido
teng áis	hayáis	ten ido
teng an	hayan	ten ido

Imperfekt *(oder)*	
tuv iera	iese
tuv ieras	ieses
tuv iera	iese
tuv iéramos	iésemos
tuv ierais	ieseis
tuv ieran	iesen

Plusquamperfekt		
hubiera *(oder)*	hubiese	ten ido
hubieras	hubieses	ten ido
hubiera	hubiese	ten ido
hubiéramos	hubiésemos	ten ido
hubierais	hubieseis	ten ido
hubieran	hubiesen	ten ido

Futur I	**Futur II**	
tuv iere	hubiere	ten ido
tuv ieres	hubieres	ten ido
tuv iere	hubiere	ten ido
tuv iéremos	hubiéremos	ten ido
tuv ieréis	hubiereis	ten ido
tuv ieren	hubieren	ten ido

Imperativ

ten
–
–
tened

SER „sein“ (1)

Unpersönliche Formen

Einfache Formen

Infinitiv	– s er
Gerundium	– s iendo
Partizip Perfekt	– s ido

Zusammengesetzte Formen

Infinitiv	– haber sido
Gerundium	– habiendo sido

Indikativ

Präsens	**Indikativ Perfekt**	
soy	he	s ido
eres	has	s ido
es	ha	s ido
somos	hemos	s ido
sois	habéis	s ido
son	han	s ido
Imperfekt	**Plusquamperfekt**	
era	había	s ido
eras	habías	s ido
era	había	s ido
éramos	habíamos	s ido
erais	habíais	s ido
eran	habían	s ido
Indefinido	**Pret. anterior**	
fui	hube	s ido
fuiste	hubiste	s ido
fue	hubo	s ido
fuimos	hubimos	s ido
fuisteis	hubisteis	s ido
fueron	hubieron	s ido
Futur I	**Futur II**	
s eré	habré	s ido
s erás	habrás	s ido
s erá	habrá	s ido
s eremos	habremos	s ido
s eréis	habréis	s ido
s erán	habrán	s ido

	Konditional	
Konditional I	**Kond. II**	
s ería	habría	s ido
s erías	habrías	s ido
s ería	habría	s ido
s eríamos	habríamos	s ido
s eríais	habríais	s ido
s erían	habrían	s ido

	Subjuntivo	
Präsens	**Perfekt**	
se a	haya	s ido
se as	hayas	s ido
se a	haya	s ido
se amos	hayamos	s ido
se áis	hayáis	s ido
se an	hayan	s ido

Imperfekt

fu era *(oder)*	ese	
fu eras	eses	
fu era	ese	
fu éramos	ésemos	
fu erais	eseis	
fu eran	esen	

Plusquamperfekt

hubiera *(oder)*	hubiese	s ido
hubieras	hubieses	s ido
hubiera	hubiese	s ido
hubiéramos	hubiésemos	s ido
hubierais	hubieseis	s ido
hubieran	hubiesen	s ido

Futur I	**Futur II**	
fu ere	hubiere	s ido
fu eres	hubieres	s ido
fu ere	hubiere	s ido
fu éremos	hubiéremos	s ido
fu ereis	hubiereis	s ido
fu eren	hubieren	s ido

Imperativ

s é
–
–
s ed

(1) Das Verb ist auch, wie **haber**, ein Hilfsverb. Es wird zur Bildung des Passivs verwendet.

ESTAR „sein“ (im Sinne von „sich befinden“)

Unpersönliche Formen

Einfache Formen

Infinitiv	– est ar
Gerundium	– est ando
Partizip Perfekt	– est ado

Zusammengesetzte Formen

Infinitiv	– haber estado
Gerundium	– habiendo estado

Indikativ

Präsens	**Perfekt**	
est oy	he	est ado
est ás	has	est ado
est á	ha	est ado
est amos	hemos	est ado
est áis	habéis	est ado
est án	han	est ado
Imperfekt	**Plusquamperfekt**	
est aba	había	est ado
est abas	habías	est ado
est aba	había	est ado
est ábamos	habíamos	est ado
est abais	habíais	est ado
est aban	habían	est ado
Indefinido	**Pret. anterior**	
estuv e	hube	est ado
estuv iste	hubiste	est ado
estuv o	hubo	est ado
estuv imos	hubimos	est ado
estuv isteis	hubisteis	est ado
estuv ieron	hubieron	est ado
Futur I	**Futur II**	
est aré	habré	est ado
est arás	habrás	est ado
est ará	habrá	est ado
est aremos	habremos	est ado
est aréis	habréis	est ado
est arán	habrán	est ado

Konditional

Kond. I	**Kond. II**	
est aría	habría	est ado
est arías	habrías	est ado
est aría	habría	est ado
est aríamos	habríamos	est ado
est aríais	habríais	est ado
est arían	habrían	est ado

Subjuntivo

Präsens	**Perfekt**	
est é	haya	est ado
est és	hayas	est ado
est é	haya	est ado
est emos	hayamos	est ado
est éis	hayáis	est ado
est én	hayan	est ado

Imperfekt

estuv iera *(oder)*	iese
estuv ieras	ieses
estuv iera	iese
estuv iéramos	iésemos
estuv ierais	ieseis
estuv ieran	iesen

Plusquamperfekt

hubiera *(oder)*	hubiese	est ado
hubieras	hubieses	est ado
hubiera	hubiese	est ado
hubiéramos	hubiésemos	est ado
hubierais	hubieseis	est ado
hubieran	hubiesen	est ado

Futur I	**Futur II**	
estuv iere	hubiere	est ado
estuv ieres	hubieres	est ado
estuv iere	hubiere	est ado
estuv iéremos	hubiéremos	est ado
estuv iereis	hubiereis	est ado
estuv ieren	hubieren	est ado

Imperativ

est á
–
–
est ad

ERSTE KONJUGATION: INFINITIV AUF -**AR**

CANTAR „singen“

Unpersönliche Formen

Einfache Formen

Infinitiv	– cant ar
Gerundium	– cant ando
Partizip Perfekt	– cant ado

Zusammengesetzte Formen

Infinitiv	– haber cantado
Gerundium	– habiendo cantado

Indikativ

Präsens	**Perfekt**	
cant o	he	cant ado
cant as	has	cant ado
cant a	ha	cant ado
cant amos	hemos	cant ado
cant áis	habéis	cant ado
cant an	han	cant ado

Imperfekt	**Plusquamperfekt**	
cant aba	había	cant ado
cant abas	habías	cant ado
cant aba	había	cant ado
cant ábamos	habíamos	cant ado
cant abais	habíais	cant ado
cant aban	habían	cant ado

Indefinido	**Pret. anterior**	
cant é	hube	cant ado
cant aste	hubiste	cant ado
cant ó	hubo	cant ado
cant amos	hubimos	cant ado
cant asteis	hubisteis	cant ado
cant aron	hubieron	cant ado

Futur I	**Futur II**	
cant aré	habré	cant ado
cant arás	habrás	cant ado
cant ará	habrá	cant ado
cant aremos	habremos	cant ado
cant aréis	habréis	cant ado
cant arán	habrán	cant ado

Konditional

Kond. I	**Kond. II**	
cant aría	habría	cant ado
cant arías	habrías	cant ado
cant aría	habría	cant ado
cant aríamos	habríamos	cant ado
cant aríais	habríais	cant ado
cant arían	habrían	cant ado

Subjuntivo

Präsens	**Perfekt**	
cant e	haya	cant ado
cant es	hayas	cant ado
cant e	haya	cant ado
cant emos	hayamos	cant ado
cant éis	hayáis	cant ado
cant en	hayan	cant ado

Imperfekt

cant ara (*oder*)	ase
cant aras	ases
cant ara	ase
cant áramos	ásemos
cant arais	aseis
cant aran	asen

Plusquamperfekt

hubiera (*oder*)	hubiese	cant ado
hubieras	hubieses	cant ado
hubiera	hubiese	cant ado
hubiéramos	hubiésemos	cant ado
hubierais	hubieseis	cant ado
hubieran	hubiesen	cant ado

Futur I	**Futur II**	
cant are	hubiere	cant ado
cant ares	hubieres	cant ado
cant are	hubiere	cant ado
cant áremos	hubiéremos	cant ado
cant areis	hubiereis	cant ado
cant aren	hubieren	cant ado

Imperativ

cant a
–
–
cant ad

ZWEITE KONJUGATION: INFINITIV AUF -**ER**

COMER „essen"

Unpersönliche Formen

Einfache Formen

Infinitiv	– com er
Gerundium	– com iendo
Partizip Perfekt	– com ido

Zusammengesetzte Formen

Infinitiv	– haber comido
Gerundium	– habiendo comido

Indikativ

Präsens	**Perfekt**	
com o	he	com ido
com es	has	com ido
com e	ha	com ido
com emos	hemos	com ido
com éis	habéis	com ido
com en	han	com ido

Imperfekt	**Plusquamperfekt**	
com ía	había	com ido
com ías	habías	com ido
com ía	había	com ido
com íamos	habíamos	com ido
com íais	habíais	com ido
com ían	habían	com ido

Indefinido	**Pret. anterior**	
com í	hube	com ido
com iste	hubiste	com ido
com ió	hubo	com ido
com imos	hubimos	com ido
com isteis	hubisteis	com ido
com ieron	hubieron	com ido

Futur I	**Futur II**	
com eré	habré	com ido
com erás	habrás	com ido
com erá	habrá	com ido
com erémos	habremos	com ido
com eréis	habréis	com ido
com erán	habrán	com ido

Konditional

Kond. I	Kond. II	
com ería	habría	com ido
com erías	habrías	com ido
com ería	habría	com ido
com eríamos	habríamos	com ido
corrí eríais	habríais	com ido
com erían	habrían	com ido

Subjuntivo

Präsens	Perfekt	
com a	haya	com ido
com as	hayas	com ido
com a	haya	com ido
com amos	hayamos	com ido
com áis	hayáis	com ido
com an	hayan	com ido

Imperfekt	
com iera (*oder*)	iese
com ieras	ieses
com iera	iese
com iéramos	iésemos
com ierais	ieseis
com ieran	iesen

Plusquamperfekt		
hubiera (*oder*)	hubiese	com ido
hubieras	hubieses	com ido
hubiera	hubiese	com ido
hubiéramos	hubiésemos	com ido
hubierais	hubieseis	com ido
hubieran	hubiesen	com ido

Futur I	Futur II	
com iere	hubiere	com ido
com ieres	hubieres	com ido
com iere	hubiere	com ido
com iéremos	hubiéremos	com ido
com ieréis	hubiereis	com ido
com ieren	hubieren	com ido

Imperativ

com e
–
–
com ed

DRITTE KONJUGATION: INFINITIV AUF -**IR**

VIVIR „leben“

Unpersönliche Formen

Einfache Formen

Infinitiv	– viv ir
Gerundium	– viv iendo
Partizip Perfekt	– viv ido

Zusammengesetzte Formen

Infinitiv	– haber vivido
Gerundium	– habiendo vivido

Indikativ

Präsens	**Perfekt**	
viv o	he	viv ido
viv es	has	viv ido
viv e	ha	viv ido
viv imos	hemos	viv ido
viv ís	habéis	viv ido
viv en	han	viv ido
Imperfekt	**Plusquamperfekt**	
viv ía	había	viv ido
viv ías	habías	viv ido
viv ía	había	viv ido
viv íamos	habíamos	viv ido
viv íais	habíais	viv ido
viv ían	habían	viv ido
Indefinido	**Pret. anterior**	
viv í	hube	viv ido
viv iste	hubiste	viv ido
viv ió	hubo	viv ido
viv imos	hubimos	viv ido
viv isteis	hubisteis	viv ido
viv ieron	hubieron	viv ido
Futur I	**Futur II**	
viv iré	habré	viv ido
viv irás	habrás	viv ido
viv irá	habrá	viv ido
viv iremos	habremos	viv ido
viv iréis	habréis	viv ido
viv irán	habrán	viv ido

Konditional

Kond. I	**Kond. II**	
viv iría	habría	viv ido
viv irías	habrías	viv ido
viv iría	habría	viv ido
viv iríamos	habríamos	viv ido
viv iríais	habríais	viv ido
viv irían	habrían	viv ido

Subjuntivo

Präsens	**Perfekt**	
viv a	haya	viv ido
viv as	hayas	viv ido
viv a	haya	viv ido
viv amos	hayamos	viv ido
viv áis	hayáis	viv ido
viv an	hayan	viv ido

Imperfekt

viv iera *(oder)*	iese	
viv ieras	ieses	
viv iera	iese	
viv iéramos	iésemos	
viv ierais	ieseis	
viv ieran	iesen	

Plusquamperfekt

hubiera *(oder)*	hubiese	viv ido
hubieras	hubieses	viv ido
hubiera	hubiese	viv ido
hubiéramos	hubiésemos	viv ido
hubierais	hubieseis	viv ido
hubieran	hubiesen	viv ido

Futur I	**Futur II**	
viv iere	hubiere	viv ido
viv ieres	hubieres	viv ido
viv iere	hubiere	viv ido
viv iéremos	hubiéremos	viv ido
viv iereis	hubiereis	viv ido
viv ieren	hubieren	viv ido

Imperativ

viv e
–
–
viv id

ORTHOGRAPHISCHE VERÄNDERUNGEN

Die orthographischen Veränderungen können nicht als eigentliche Unregelmäßigkeiten angesehen werden. Sie dienen dazu, Laute zu erhalten, die sich sonst aufgrund des Aufeinandertreffens von bestimmten Vokalen und bestimmten Konsonanten verändern würden. So müssen wir also beim Verb **vencer** „besiegen“ statt **venco venzo** „ich besiege“ schreiben, wenn stets derselbe Laut erhalten werden soll.

Beachten Sie die Gleichheit der gesprochenen Konsonanten:

Die Laute **ca** – **co**	werden zu **que** – **qui**;
Die Laute **ga** – **go**	werden zu **gue** – **gui**;
Die Laute **ja** – **jo**	werden zu **ge** – **gi**;
Die Laute **gua** – **guo**	werden zu **güe** – **güi**;
Die Laute **za** – **zo**	werden zu **ce** – **ci**.

A. Veränderungen in der ersten Konjugation

Verben auf -**car**, **-gar**, **-guar**, **-zar**

Endung	Umformung	Infinitiv	Indefinido	Präsens Subjuntivo
-car: **c**	wird zu **qu**	**indicar** „angeben“	indi**qu**é	indi**qu**e, indi**qu**es, usw.
-gar: **g**	wird zu **gu**	**pagar** „bezahlen“	pa**gu**é	pa**gu**e, pa**gu**es, usw.
-guar: **gu**	wird zu **gü**	**averiguar** „prüfen“	averi**gü**é	averi**gü**e, averi**gü**es, usw.
-zar: **z**	wird zu **c**	**izar** „(Segel) setzen“	i**c**é	i**c**e, i**c**es, usw.

Wie Sie anhand dieser Tabelle sehen können, sind von der Umformung alle Formen betroffen, deren Endung mit **e** beginnt, also die erste Person Singular des Indefinido und das gesamte Präsens Subjuntivo.

B. Veränderungen in der zweiten und dritten Konjugation

Verben auf -**cer**, **-cir**, **-ger**, **-gir**, **-guir**, **-quir**

Endung	Umformung	Infinitiv	Präsens	Präsens Subjuntivo
- cer } **c**	wird zu **z**	**ejercer** „ausüben“	ejer**z**o	ejer**z**a, ejer**z**as, usw.
- cir		**esparcir** „verstreuen“	espar**z**o	espar**z**a, espar**z**as, usw.
- ger } **g**	wird zu **j**	**coger** „nehmen“	co**j**o	co**j**a, co**j**as, usw.
- gir		**dirigir** „lenken“	diri**j**o	diri**j**a, diri**j**as, usw.
- guir gu	wird zu **g**	**distinguir** „unterscheiden“	distin**g**o	distin**g**a, distin**g**as, usw.
- quir qu	wird zu **c**	**delinquir** „(Straftat) begehen“	delin**c**o	delin**c**a, delin**c**as, usw.

KLASSIFIKATION DER UNREGELMÄSSIGEN VERBEN

DIE ZWÖLF VERBGRUPPEN

Erste Gruppe

Gruppe **E-IE**

Diese Verben diphthongieren das **e** des Stammes in **ie**, wenn dieser Laut die Betonung erhält. Hiervon sind betroffen die drei Personen des Singulars und die dritte Person Plural des Präsens Indikativ und Subjuntivo und der Imperativ.

PENS AR „denken“

	Indikativ	Subjuntivo	Imperativ
Präsens	p**ie**ns o	p**ie**ns e	
	p**ie**ns as	p**ie**ns es	p**ie**ns a
	p**ie**ns a	p**ie**ns e	
	pens amos	pens emos	
	pens áis	pens éis	pens ad
	p**ie**ns an	p**ie**ns en	

Alle anderen Verbformen dieser Gruppe sind regelmäßig und werden nach dem Beispiel von **cantar** konjugiert.

PERD ER „verlieren“

	Indikativ	Subjuntivo	Imperativ
Präsens	p**ie**rd o	p**ie**rd a	
	p**ie**rd es	p**ie**rd as	p**ie**rd e
	p**ie**rd e	p**ie**rd a	
	perd emos	perd amos	
	perd éis	perd áis	perd ed
	p**ie**rd en	p**ie**rd an	

Alle anderen Verbformen dieser Gruppe sind regelmäßig und werden nach dem Beispiel von **comer** konjugiert.

Discernir “unterscheiden“ und **concernir** „betreffen“ sind die einzigen Verben der dritten Konjugation, die diese Unregelmäßigkeit aufweisen. **Discierno** „ich unterscheide“; **disciernes** „du unterscheidest“; usw. **concierno** „ich betreffe“; **conciernes** „du betriffst“; usw.

Zweite Gruppe

Gruppe **O-UE**

Diese Verben diphthongieren das **o** des Stammes in **ue**, wenn dieser Laut die Betonung erhält. Hiervon sind betroffen die drei Personen des Singulars und die dritte Person Plural des Präsens Indikativ und Subjuntivo und der Imperativ.

CONT AR „zählen, erzählen“

	Indikativ	**Subjuntivo**	**Imperativ**
Präsens	c**ue**nt o	c**ue**nt e	
	c**ue**nt as	c**ue**nt es	c**ue**nt a
	c**ue**nt a	c**ue**nt e	
	cont amos	cont emos	
	cont áis	cont éis	cont ad
	c**ue**nt an	c**ue**nt en	

Alle anderen Verbformen dieser Gruppe sind regelmäßig und werden nach dem Beispiel von **cantar** konjugiert.

VOLV ER „zurückkehren“ (1)

	Indikativ	Subjuntivo	Imperativ
Präsens	v**ue**lv o	v**ue**lv a	
	v**ue**lv es	v**ue**lv as	v**ue**lv e
	v**ue**lv e	v**ue**lv a	
	volv emos	volv amos	
	volv éis	volv áis	
	v**ue**lv en	v**ue**lv an	volv ed

Alle anderen Verbformen dieser Gruppe sind regelmäßig und werden nach dem Beispiel von **comer** konjugiert.

In dieser Gruppe finden sich nur Verben der ersten und zweiten Konjugation (auf -**ar** und auf -**er**).

(1) **Volver** ist ein sehr wichtiges Verb. Wir empfehlen Ihnen, in Lektion 70 noch einmal die Anmerkung 1 zu lesen und sich auch die anderen möglichen Bedeutungen dieses Verbs ins Gedächtnis zurückzurufen.

Dritte Gruppe

Gruppe **C-ZC**

Die Verben dieser Gruppe erhalten vor dem **c** ein **z**, wenn nach dem **c** ein **a** oder **o** folgt, so daß das **c** nun wie [*k*] ausgesprochen wird. Hiervon sind betroffen: Präsens Indikativ und Subjuntivo und der Imperativ. Zu dieser Gruppe gehören die Verben mit den Endungen **-acer**, **-ecer**, **-ocer**, **-ucir**.

CONOC ER „kennen(lernen)“

	Indikativ	Subjuntivo	Imperativ
Präsens	cono**z**c o	cono**z**c a	
	conoc es	cono**z**c as	conoc e
	conoc e	cono**z**c a	
	conoc emos	cono**z**c amos	
	conoc éis	cono**z**c áis	conoc ed
	conoc en	cono**z**c an	

LUC IR „glänzen“

	Indikativ	Subjuntivo	Imperativ
Präsens	lu**z**c o	lu**z**c a	
	luc es	lu**z**c as	luc e
	luc e	lu**z**c a	
	luc imos	lu**z**c amos	
	luc ís	lu**z**c áis	luc id
	luc en	lu**z**c an	

Alle anderen Verbformen dieser Gruppe sind regelmäßig und werden nach dem Beispiel von **comer** bzw. von **vivir** konjugiert.

In dieser Gruppe finden sich nur Verben der zweiten und dritten Konjugation. Ausnahmen: **hacer** „machen“; **placer** „gefallen“; **yacer** „liegen“ - diese drei Verben weisen noch andere Unregelmäßigkeiten auf und werden zur Reihe der 24 nicht klassifizierbaren Verben gezählt - **mecer** „schaukeln“; **cocer** „kochen“; **escocer** „jucken“.

Abgesehen von diesen sechs Verben schließt die Real Academia von dieser Gruppe noch die Verben mit der Endung **-ducir** aus; diese Verben weisen eine weitere Unregelmäßigkeit auf und bilden eine eigene Gruppe, nämlich die vierte.

Vierte Gruppe

Gruppe **C-ZC** (Präsensstufe)

C-J (Vergangenheitsstufe)

Zu dieser Gruppe gehören die Verben mit der Endung **-ducir**. Sie weisen in der Präsensstufe dieselbe Unregelmäßigkeit auf wie die Verben der dritten Gruppe. Darüber hinaus bilden sie einen unregelmäßigen Indefinido - mit der Endung auf **-uje** - und folglich auch unregelmäßiges Imperfekt und Futur des Subjuntivo (**-dujera**, **- dujese**, **-dujere**).

CONDUC IR „fahren“

	Indikativ	**Subjuntivo**	**Imperativ**
Präsens	condu**z**c o	condu**z**c a	
	conduc es	condu**z**c as	conduc e
	conduc e	condu**z**c a	
	conduc imos	condu**z**c amos	
	conduc ís	condu**z**c áis	conduc id
	conduc en	condu**z**c an	

	Indikativ			Subjuntivo			
Indefinido	con**duj** e	Imperfekt	con**duj** era	*oder* ese	Futur I	con**duj** ere
	con**duj** iste		con**duj** eras	eses		con**duj** eres
	con**duj** o		con**duj** era	ese		con**duj** ere
	con**duj** imos		con**duj** éramos	ésemos		con**duj** éremos
	con**duj** isteis		con**duj** erais	eseis		con**duj** ereis
	con**duj** eron		con**duj** eran	esen		con**duj** eren

Alle anderen Verbformen dieser Gruppe sind regelmäßig und werden nach dem Beispiel von **vivir** konjugiert.

Mit der Endung **-ducir** werden eine Reihe von Verben zusammengesetzt: **seducir** „verführen“; **traducir** „übersetzen“; **producir** „herstellen“; **introducir** „einführen“; usw.

Fünfte Gruppe

Verlust des **i** (Vergangenheitsstufe)
(Gerundium)

Die Verben dieser Gruppe verlieren den Vokal **i** in der Vergangenheitsstufe: Indefinido, Imperfekt und Futur Subjuntivo sowie im Gerundium.

Zu dieser Gruppe gehören die Verben mit den Endungen **-añer**, **-añir**, **-iñir**, **-uñir** und **-eller** und **-ullir**.

MULL IR „aufschütteln, auflockern“

	Indikativ			**Subjuntivo**			
Indefinido	mull í	**Imperfekt**	mull era	*oder*	ese	**Futur I**	mull ere
	mull iste		mull eras		eses		mull eres
	mull ó		mull era		ese		mull ere
	mull imos		mull éramos		ésemos		mull éremos
	mull isteis		mull erais		eseis		mull ereis
	mull eron		mull eran		esen		mull eren

Gerundium: mull endo

Abgesehen von den gezeigten Formen des Indefinido, Imperfekt und Futur Subjuntivo und Gerundium sind die Verbformen dieser Gruppe regelmäßig und werden nach dem Beispiel von **vivir** bzw. **comer** konjugiert.

Sechste Gruppe

Gruppe **E-I**

Die Verben dieser Gruppe verwandeln den Stammvokal **e** in **i**, wenn dieser betont wird oder wenn die Verbendung mit **a** oder Diphthong beginnt. Dies betrifft die Präsens- und die Vergangenheitsstufe sowie das Gerundium.

Zu dieser Gruppe gehören außer **servir** „bedienen“ die Verben mit den Endungen **-ebir**, **-edir**, **-egir**, **-eguir**, **-emir**, **-enchir**, **-endir**, **-estir** und **-etir**.

PED IR „bitten“

	Indikativ	Subjuntivo	Imperativ
Präsens	p**i**d o	p**i**d a	
	p**i**d es	p**i**d as	p**i**d e
	p**i**d e	p**i**d a	
	ped imos	p**i**d amos	
	ped ís	p**i**d áis	ped id
	p**i**d en	p**i**d an	

	Indikativ				Subjuntivo		
Indefinido	ped í	Imperfekt	p**i**d iera	*oder*	iese	Futur I	p**i**d iere
	ped iste		p**i**d ieras		ieses		p**i**d ieres
	p**i**d ió		p**i**d iera		iese		p**i**d iere
	ped imos		p**i**d iéramos		iésemos		p**i**d iéremos
	ped isteis		p**i**d ierais		ieseis		p**i**d iereis
	p**i**d ieron		p**i**d ieran		iesen		p**i**d ieren

Gerundium : p**i**d iendo

Alle anderen Verbformen dieser Gruppe sind regelmäßig und werden nach dem Beispiel von **vivir** konjugiert.

Siebte Gruppe

Verlust des **i** (Vergangenheitsstufe)

(Gerundium)

Gruppe **E-I**

Die Verben dieser Gruppe weisen die Unregelmäßigkeiten der fünften und der sechsten Gruppe auf.

Zu dieser Gruppe gehören die Verben mit den Endungen **-eir** und **-eñir**.

RE IR „lachen“

	Indikativ	Subjuntivo	Imperativ
Präsens	rí o	rí a	
	rí es	rí as	rí e
	rí e	rí a	
	re ímos	ri amos	
	re ís	ri áis	re id
	rí en	rí an	

	Indikativ				Subjuntivo		
Indefinido	re í	Imperfekt	**ri** era	oder	ese	Futur I	ri ere
	re íste		**ri** eras		eses		**ri** eres
	ri ó		ri era		ese		**ri** ere
	re ímos		**ri** éramos		ésemos		**ri** eremos
	re ístes		ri erais		eseis		**ri** ereis
	ri eron		ri eran		esen		**ri** eren

Gerundium : **ri** endo

Achte Gruppe

Gruppe **E-IE - E-I**

Diese Verben haben einerseits in der Präsensstufe (Präsens Indikativ, Subjuntivo und Imperativ) dieselbe Unregelmäßigkeit wie die Verben der ersten Gruppe, d.h. sie diphthongieren den Vokal **e** in **ie**, wenn dieser betont wird.

Andererseits haben sie in der Präsens- und Vergangenheitsstufe und im Gerundium die Unregelmäßigkeit der sechsten Gruppe, d.h. sie verwandeln den Vokal **e** in **i**, wenn die Verbendung mit betontem **a** oder Diphthong beginnt.

Zu dieser Gruppe zählen die Verben, die auf **-entir**, wie **sentir** „fühlen“, auf **-erir**, wie **proferir** „äußern“ und **–ertir**, wie **divertir** „ablenken“, enden. Es handelt sich hierbei um alle Verben, die nach dem Stammvokal **e** ein **r** oder **nt** haben. **Servir** bildet die einzige Ausnahme; es zählt zur sechsten Gruppe.

SENT IR „fühlen“

	Indikativ	Subjuntivo	Imperativ
Präsens	si**e**nt o	si**e**nt a	
	si**e**nt es	si**e**nt as	si**e**nt e
	si**e**nt e	si**e**nt a	
	sent imos	sint amos	
	sent ís	sint áis	sent id
	si**e**nt en	si**e**nt an	

	Indikativ		Subjuntivo			
Indefinido	sent í	Imperfekt	s**i**nt iera	*oder* iese	Futur I	s**i**nt iere
	sent iste		s**i**nt ieras	ieses		s**i**nt ieres
	s**i**nt ió		s**i**nt iera	iese		s**i**nt iere
	sent imos		s**i**nt iéramos	iésemos		s**i**nt iéremos
	sent isteis		s**i**nt ierais	ieseis		s**i**nt iereis
	s**i**nt ieron		s**i**nt ieran	iesen		s**i**nt ieren

Gerundium : s**i**nt iendo

Es ist anzumerken, daß die Verben auf **ir**, die als Stammvokal ein **e** haben, entweder nach diesem Beispiel oder nach dem Beispiel der sechsten Gruppe **pedir** „bitten“ konjugiert werden.

Neunte Gruppe

Gruppe **I-IE - U-UE**

Es handelt sich bei dieser Gruppe um Verben, die ein **i** in **ie** bzw. ein **u** in **ue** diphthongieren, unter den Bedingungen, die für die erste bzw. zweite Gruppe gelten.

Zu dieser Gruppe zählen **jugar** „spielen“ und die Verben mit der Endung -**irir** wie z.B. **adquirir** „erlangen“.

JUG AR „spielen“

	Indikativ		**Subjuntivo**		**Imperativ**	
Präsens	**jue**g	o	**jue**gu	e		
	jueg	as	**jue**gu	es	**jue**g	a
	jueg	a	**jue**gu	e		
	jug	amos	jugu	emos		
	jug	áis	jugu	éis	jug	ad
	jueg	an	**jue**gu	en		

ADQUIR IR „erwerben, erlangen“

	Indikativ		Subjuntivo		Imperativ	
Präsens	adqu**ie**r	o	adqu**ie**r	a		
	adqu**ie**r	es	adqu**ie**r	as	adqu**ie**r	e
	adqu**ie**r	e	adqu**ie**r	a		
	adquir	imos	adquir	amos		
	adquir	ís	adquir	áis	adquir	id
	adqu**ie**r	en	adqu**ie**r	an		

Zehnte Gruppe

Einschub von **y** vor den Vokalen **a**, **e**, **o**

In dieser Gruppe sind ausschließlich Verben mit der Endung **-uir** zu finden. Diese Verben schieben nach dem Stammvokal **u** ein **y** ein, wenn danach **a**, **e** oder **o** folgt, d.h. immer dann, wenn die Endung nicht mit **i** beginnt.

Von dieser Unregelmäßigkeit ist demnach die Präsensstufe betroffen.

CONSTRU IR „bauen“

	Indikativ		**Subjuntivo**		**Imperativ**	
Präsens	constru**y**	o	constru**y**	a		
	constru**y**	es	constru**y**	as	constru**y**	e
	constru**y**	e	constru**y**	a		
	constru	imos	constru**y**	amos		
	constru	ís	constru**y**	áis	constru	id
	constru**y**	en	constru**y**	an		

Alle anderen Verbformen dieser Gruppe sind regelmäßig. Es ist jedoch zu beachten, daß im Gerundium, in der dritten Person Singular und Plural Indefinido und in allen daraus abgeleiteten Formen das unbetonte **i** durch **y** ersetzt wird. Es handelt sich hierbei jedoch nicht um eine Unregelmäßigkeit, sondern um eine orthographische Veränderung.

Indikativ			Subjuntivo				
Indefinido		**Imperfekt**			**Futur I**		
constru í		constru **y**era	*oder*	**y**ese		constru **y**ere	
constru iste		constru **y**eras		**y**eses		constru **y**eres	
constru **y**ó		constru **y**era		**y**ese		constru **y**ere	
constru imos		constru **y**éramos		**y**ésemos		constru **y**éremos	
constru isteis		constru **y**erais		**y**eseis		constru **y**ereis	
constru **y**eron		constru **y**eran		**y**esen		constru **y**eren	

Gerundium: constru **y**endo

Dieselbe orthographische Veränderung weisen auch die Verben auf **-aer** und **-eer** auf wie: **caer** „fallen"; **leer** „lesen"; ebenso die Verben auf **-oer** wie: **roer** „nagen", und auf **-oir** wie: **oir** „hören"; auch hier wird das unbetonte **i** in der Vergangenheitsstufe und im Gerundium durch **y** ersetzt.

Caer „fallen" und **oir** „hören" zählen übrigens zur Gruppe der nicht klassifizierbaren unregelmäßigen Verben.

Elfte Gruppe

Dormir „schlafen" und **morir** „sterben"

Diese beiden Verben haben dieselbe Unregelmäßigkeit wie die Verben der zweiten Gruppe; sie diphthongieren den Stammvokal **o** in **ue** (**duermo** „ich schlafe"; **muere** „er stirbt"). Aber darüber hinaus verwandeln sie das **o** zu **u** in denselben Fällen, wie die Verben der achten Gruppe **e** zu **i** verwandeln.

DORM IR „schlafen"

	Indikativ	Subjuntivo	Imperativ
Präsens	d**ue**rm o	d**ue**rm a	
	d**ue**rm es	d**ue**rm as	d**ue**rm e
	d**ue**rm e	d**ue**rm a	
	dorm imos	d**u**rm amos	
	dorm ís	d**u**rm áis	dorm id
	d**ue**rm en	d**ue**rm an	

	Indikativ			Subjuntivo			
Indefinido	dorm í	Imperfekt	d**u**rm iera	*oder*	iese	Futur I	d**u**rm iere
	dorm iste		d**u**rm ieras		ieses		d**u**rm ieres
	d**u**rm ió		d**u**rm iera		iese		d**u**rm iere
	dorm imos		d**u**rm iéramos		iésemos		d**u**rm iéremos
	dorm isteis		d**u**rm ierais		ieseis		d**u**rm iereis
	d**u**rm ieron		d**u**rm ieran		iesen		d**u**rm ieren

Gerundium: d**u**rm iendo

Es ist anzumerken, daß das Partizip von **morir** unregelmäßig ist und nicht **morido**, sondern **muerto** lautet.

Zwölfte Gruppe

Valer: wert sein und **salir:** weggehen

Diese Verben erhalten ein **g** vor der Endung, wenn diese mit **a** oder **o** beginnt. Dies betrifft die Präsensstufe. In der Futurstufe - Futur und Konditional - verlieren sie einen Vokal und erhalten ein **d**.

Der Imperativ für die zweite Person Singular weist zwei Formen auf.

	Indikativ	Subjuntivo	Imperativ
Präsens	val**g** o	val**g** a	
	val es	val**g** as	val (*oder*) vale
	val e	val**g** a	
	val emos	val**g** amos	
	val éis	val**g** áis	val ed
	val en	val**g** an	

	Indikativ	Konditional
	val**d** ré	val**d** ría
	val**d** rás	val**d** rías
Futur I / Kond. I	val**d** rá	val**d** ría
	val**d** remos	val**d** ríamos
	val**d** réis	val**d** ríais
	val**d** rán	val**d** rían

ÜBERSICHTSTABELLE DER ZWÖLF VERBGRUPPEN

Gruppe	betroffen sind	Unregelmäßigkeit	tritt auf in der	Beispiel
1	zahlreiche Verben mit **e** als letztem Stammvokal	Wandel **e-ie**	Präsensstufe	**pensar**, **perder**
2	zahlreiche Verben mit **o** als letztem Stammvokal	Wandel **o-ue**	Präsensstufe	**contar**, **volver**
3	Verben auf **-acer**, **-ecer**, **-ocer**, **-ucir**	Wandel **c-zc**	Präsensstufe	**conocer**, **lucir**
4	Verben auf **-ducir**	Wandel **c-zc** Indefinido auf **-duje**	Präsensstufe Vergangenheitsstufe	**conducir**
5	Verben auf **–añer**, **-añir**, **-iñir**, **-uñir**, **-eller**, **-ullir**	Verlust des **i**	Vergangenheitsstufe Gerundium	**mullir**
6	**servir** und Verben auf **-ebir**, **-edir**, **-egir**, **-eguir**, **-emir**, **-enchir**, **-endir**, **-estir**, **-etir**	Wandel **e-i**	Präsensstufe Gerundium	**pedir**

7	Verben auf **-eir** und **-eñir**	Verlust des **i**, Wandel **e**-**i**	Präsensstufe Vergangenheitsstufe	**reír**
8	Verben auf **-entir**, **-erir**, **-ertir**	Wandel **e**-**ie** Wandel **e**-**i**	Präsensstufe Vergangenheitsstufe Gerundium	**sentir**
9	Verben auf **-irir** und **jugar**	Wandel **i**-**ie** Wandel **u**-**ue**	Präsensstufe	**adquirir**, **jugar**
10	Verben auf **-uir**	Einschub von **y** vor **a**, **e**, **o**	Präsensstufe	**construir**
11	**dormir**, **morir**	Wandel **o**-**ue** Wandel **o**-**u**	Präsensstufe Vergangenheitsstufe Gerundium	**dormir**
12	**valer**, **salir**	Einschub von **g** vor **a** und **o**. Eintausch des Vokals durch **d**. Zwei Imperativformen	Präsensstufe Futurstufe Imperativ	**valer**

DAS PARTIZIP PERFEKT

Das Partizip Perfekt endet im allgemeinen für die Verben auf **-ar** auf **-ado**, für die Verben auf **-er** und **-ir** auf **-ido**.

Die unregelmäßigen Partizipien haben im allgemeinen die Endungen **-to**, **-so** oder **-cho**: **abrir** - **abierto**: „geöffnet“; **imprimir** - **impreso**: „gedruckt“; **hacer** - **hecho**: „gemacht“.

Das Partizip Perfekt wird mit dem Hilfsverb **haber** kombiniert, um die zusammengesetzten Zeiten zu bilden. Wenn es mit dem Verb **ser** verwendet wird, dient es zur Bildung des Passivs.

Einige Verben haben zwei Formen des Partizips, eine regelmäßige und eine unregelmäßige Form.

Die regelmäßige Form dient - in Verbindung mit dem Hilfsverb **haber** - zur Bildung der zusammengesetzten Zeiten. Die unregelmäßige hat entweder Adjektivcharakter, oder sie wird mit **estar** oder **tener** verwendet.

Nur die unregelmäßigen Partizipien **frito** (von **freír**: „braten“), **impreso** (von **imprimir** „drucken“) und **provisto** (von **proveer** „sorgen für“) können auch zur Bildung der zusammengesetzten Zeiten verwendet werden.

Verben mit zwei Partizipien

Infinitiv	Übersetzung	Regelmäßiges Partizip	Unregelmäßiges Partizip
absorber	aufsaugen	absorbido	absorto
abstraer	abstrahieren	abstraído	abstracto
atender	sich kümmern um	atendido	atento
bendecir	segnen	bendecido	bendito
completar	vervollständigen	completado	completo
concluir	vollenden	concluido	concluso
concretar	zusammenfassen	concretado	concreto
confesar	beichten	confesado	confeso
confundir	verwechseln	confundido	confuso
convertir	verwandeln	convertido	converso
corregir	verbessern	corregido	correcto
cultivar	anbauen	cultivado	culto
despertar	wecken	despertado	despierto
difundir	verbreiten	difundido	difuso
distinguir	unterscheiden	distinguido	distinto
dividir	teilen	dividido	diviso
elegir	wählen	elegido	electo
exceptuar	ausschließen	exceptuado	excepto
expresar	ausdrücken	expresado	expreso
extender	ausbreiten	extendido	extenso
fijar	befestigen	fijado	fijo
freír	braten	freído	frito
hartar	sättigen	hartado	harto
imprimir	eindrücken	imprimido	impreso
incluir	einschließen	incluido	incluso
invertir	umdrehen	invertido	inverso
juntar	versammeln	juntado	junto
maldecir	verfluchen	maldecido	maldito
manifestar	äußern	manifestado	manifiesto
molestar	belästigen	molestado	molesto
ocultar	verstecken	ocultado	oculto
omitir	unterlassen	omitido	omiso
pervertir	verderben	pervertido	perverso
poseer	besitzen	poseído	poseso
precisar	benötigen	precisado	preciso
proveer	ausstatten	proveído	provisto
remitir	abschicken	remitido	remiso
soltar	losmachen	soltado	suelto
suspender	aufhängen	suspendido	suspenso
sustituir	ersetzen	sustituido	sustituto
tender	spannen	tendido	tenso

DIE 24 NICHT KLASSIFIZIERBAREN VERBEN

Es gibt im Spanischen 24 Verben, die aufgrund ihrer je eigenen Unregelmäßigkeiten nicht in bestimmte Verbgruppen eingeteilt werden können. Von diesen 24 Verben sind 19 Bestandteil des sogenannten Grundwortschatzes, d.h. sie werden im täglichen Leben ausgesprochen häufig verwendet. Sie werden auf den folgenden Seiten nur die unregelmäßigen Formen finden. Die nicht aufgeführten Formen werden nach den entsprechenden Beispielen der regelmäßigen Verben auf -**ar**, -**er** oder -**ir** konjugiert. Auf orthographische Veränderungen werden wir hier ebenfalls nicht eingehen, da sie nicht als Unregelmäßigkeiten im eigentlichen Sinne angesehen werden können. Sie finden zunächst - in alphabetischer Reihenfolge - die 19 sehr gängigen Verben; darauf folgen die übrigen 5 Verben - ebenfalls alphabetisch geordnet. Wir haben diese Aufteilung im Hinblick auf die Gebräuchlichkeit der Verben gewählt; die letzten 5 Verben werden in der Umgangssprache kaum verwendet.

ANDAR „gehen, laufen"

	Indikativ		Subjuntivo		
Indefinido	anduve	**Imperfekt**	anduviera *oder* anduviese	**Futur I**	anduviere
	anduviste		anduvieras		anduvieres
	anduvo		anduviera		anduviere
	anduvimos		anduviéramos		anduviéremos
	anduvisteis		anduvierais		anduviereis
	anduvieron		anduvieran		anduvieren

CABER „passen, Platz haben“

	Indikativ		Subjuntivo		
Präsens	quepo	Präsens	quepa		
			quepas		
			quepas		
			quepamos		
			quepáis		
			quepan		
Indefinido	cupe	Imperfekt	cupiera *oder* cupiese	Futur I	cupiere
	cupiste		cupieras		cupieres
	cupo		cupiera		cupiere
	cupimos		cupiéramos		cupiéremos
	cupisteis		cupierais		cupiereis
	cupieron		cupieran		cupieren
			Konditional		
Futur I	cabré	Kond. I	cabría		
	cabrás		cabrías		
	cabrá		cabría		
	cabremos		cabríamos		
	cabréis		cabríais		
	cabrán		cabrían		

CAER „fallen“

	Indikativ		Subjuntivo
Präsens	caigo	Präsens	caiga
			caigas
			caiga
			caigamos
			caigáis
			caigan

DAR „geben“

	Indikativ		Subjuntivo		
Präsens	doy				
Indefinido	di	Imperfekt	diera *oder* diese	Futur I	diere
	diste		dieras		dieres
	dio		diera		diere
	dimos		diéramos		diéremos
	disteis		dierais		diereis
	dieron		dieran		dieren

DECIR „sagen“

	Indikativ		Subjuntivo		Imperativ
Präsens	digo	Präsens	diga		di
	dices		digas		
	dice		diga		
	-		digamos		
	-		digáis		
	dicen		diga		
Indefinido	dije	Imperfekt	dijera *oder* dijese	Futur I	dijere
	dijiste		dijeras		dijeres
	dijo		dijera		dijere
	dijimos		dijéramos		dijéremos
	dijisteis		dijerais		dijereis
	dijeron		dijeran		dijeren
			Konditional		**Partizip Perfekt**
Futur I	diré	Kond. I	diría		dicho
	dirás		dirías		
	dirá		diría		
	diremos		diríamos		
	diréis		diríais		
	dirán		dirían		

ESTAR

Siehe Konjugation im vorderen Teil des grammatischen Anhangs.

HABER

Siehe Konjugation im vorderen Teil des grammatischen Anhangs.

HACER „machen“

	Indikativ		Subjuntivo		Imperativ
Präsens	hago	Präsens	haga		haz
			hagas		
			haga		
			hagamos		
			hagáis		
			hagan		
Indefinido	hice	Imperfekt	hiciera *oder* hiciese	Futur I	hiciere
	hiciste		hicieras		hicieres
	hizo		hiciera		hiciere
	hicimos		hiciéramos		hiciéremos
	hicisteis		hicierais		hiciereis
	hicieron		hicieran		hicieren
			Konditional		**Partizip Perfekt**
Futur I	haré	Kond. I	haría		hecho
	harás		harías		
	hará		haría		
	haremos		haríamos		
	haréis		haríais		
	harán		harían		

IR „gehen“

	Indikativ		Subjuntivo		Imperativ
Präsens	voy	Präsens	vaya		
	vas		vayas		ve
	va		vaya		
	vamos		vayamos		
	vais		vayáis		
	van		vayan		
Imperfekt	iba				
	ibas				
	iba				
	íbamos				
	ibais				
	iban				
Indefinido	fui	Imperfekt	fuera *oder* fuese	Futur I	fuere
	fuiste		fueras		fueres
	fue		fuera		fuere
	fuimos		fuéramos		fuéremos
	fuisteis		fuerais		fuereis
	fueron		fueran		fueren

OIR „hören“

	Indikativ		Subjuntivo	Imperativ
Präsens	oigo	Präsens	oiga	
	oyes		oigas	oye
	oye		oiga	
	-		oigamos	
	-		oigáis	
	oyen		oigan	

PODER „können“

	Indikativ		Subjuntivo		Imperativ
Präsens	puedo	Präsens	pueda		puede
	puedes		puedas		
	puede		pueda		
	-		-		
	-		-		
	pueden		puedan		
Indefinido	pude	Imperfekt	pudiera *oder* pudiese	Futur I	pudiere
	pudiste		pudieras		pudieres
	pudo		pudiera		pudiere
	pudimos		pudiéramos		pudiéremos
	pudisteis		pudierais		pudiereis
	pudieron		pudieran		pudieren
			Konditional		
Futur I	podré	Kond. I	podría		
	podrás		podrías		
	podrá		podría		
	podremos		podríamos		
	podréis		podríais		
	podrán		podrían		

PONER „setzen, stellen, legen“

	Indikativ		Subjuntivo		Imperativ
Präsens	pongo	Präsens	ponga		pon
			pongas		
			ponga		
			pongamos		
			pongáis		
			pongan		
Indefinido	puse	Imperfekt	pusiera *oder* pusiese	Futur I	pusiere
	pusiste		pusieras		pusieres
	puso		pusiera		pusiere
	pusimos		pusiéramos		pusiéremos
	pusisteis		pusierais		pusiereis
	pusieron		pusieran		pusieren
			Konditional		**Partizip Perfekt**
Futur I	pondré	Kond. I	pondría		puesto
	pondrás		pondrías		
	pondrá		pondría		
	pondremos		pondríamos		
	pondréis		pondríais		
	pondrán		pondrían		

QUERER „wollen“

	Indikativ		Subjuntivo		Imperativ
Präsens	quiero	Präsens	quiera		quiere
	quieres		quieras		
	quiere		quiera		
	-		-		
	-		-		
	quieren		quieran		
Indefinido	quise	Imperfekt	quisiera *oder* quisiese	Futur I	quisiere
	quisiste		quisieras		quisieres
	quiso		quisiera		quisiere
	quisimos		quisiéramos		quisiéremos
	quisisteis		quisierais		quisiereis
	quisieron		quisieran		quisieren
			Konditional		
Futur I	querré	Kond. I	querría		
	querrás		querrías		
	querrá		querría		
	querremos		querríamos		
	querréis		querríais		
	querrán		querrían		

SABER „wissen“

	Indikativ		Subjuntivo		
Präsens	sé	Präsens	sepa		
			sepas		
			sepa		
			sepamos		
			sepáis		
			sepan		
Indefinido	supe	Imperfekt	supiera *oder* supiese	Futur I	supiere
	supiste		supieras		supieres
	supo		supiera		supiere
	supimos		supiéramos		supiéremos
	supisteis		supierais		supiereis
	supieron		supieran		supieren
			Konditional		
Futur I	sabré	Kond. I	sabría		
	sabrás		sabrías		
	sabrá		sabría		
	sabremos		sabríamos		
	sabréis		sabríais		
	sabrán		sabrían		

SER

Siehe Konjugation im vorderen Teil des grammatischen Anhangs.

TENER

Siehe Konjugation im vorderen Teil des grammatischen Anhangs.

TRAER „mitbringen“

	Indikativ		Subjuntivo			
Präsens	traigo	**Präsens**	traiga			
			traigas			
			traiga			
			traigamos			
			traigáis			
			traigan			
Indefinido	traje	**Imperfekt**	trajera *oder* trajese	**Futur I**	trajere	
	trajiste		trajeras		trajeres	
	trajo		trajera		trajere	
	trajimos		trajéremos		trajéremos	
	trajisteis		trajerais		trajereis	
	trajeron		trajeran		trajeren	

VENIR „kommen“

	Indikativ		Subjuntivo		Imperativ
Präsens	vengo	**Präsens**	venga		ven
	vienes		vengas		
	viene		venga		
	-		vengamos		
	-		vengáis		
	vienen		vengan		
Indefinido	vine	**Imperfekt**	viniera *oder* viniese	**Futur I**	viniere
	viniste		vinieras		vinieres
	vino		viniera		viniere
	vinimos		viniéramos		viniéremos
	vinisteis		vinierais		viniereis
	vinieron		vinieran		vinieren

			Konditional
Futur I	vendré	**Kond. I**	vendría
	vendrás		vendrías
	vendrá		vendría
	vendremos		vendríamos
	vendréis		vendríais
	vendrán		vendrían

VER „sehen“

	Indikativ		Subjuntivo
Präsens	veo	**Präsens**	vea veas vea veamos veáis vean
Imperfekt	veía veías veía veíamos veíais veían		

Partizip Perfekt
visto

Fünf wenig gebräuchliche Verben

ASIR „anfassen, ergreifen“

	Indikativ		Subjuntivo
Präsens	asgo	**Präsens**	asga asgas asga asgamos asgáis asgan

ERGUIR „aufrichten, errichten“

	Indikativ				Subjuntivo				Imperativ		
Präsens	irgo	*oder*	yergo	Präsens	irga	*oder*	yerga		irgue	*oder*	yergue
	irgues		yergues		irgas		yergas				
	irgue		yergue		irga		yerga				
	-				irgamos		yergamos				
	-				irgáis		yergáis				
	irguen		yerguen		irgan		yergan				
Indefinido	-			Imperfekt	irguiera	*oder*	irguiese	Futur I	irguiere		
	-				irguieras				irguieres		
	irguió				irguiera				irguiere		
	-				irguiéramos				irguiéremos		
	-				irguierais				irguiereis		
	irguieron				irguieran				irguieren		

Gerundium

irguiendo

PLACER „gefallen“

Dieses Verb kann in allen Formen wie das Verb **complacer** „gefallen“ konjugiert werden, das zur dritten Gruppe der unregelmäßigen Verben gehört. Für die dritte Person finden sich aber auch die folgenden abweichenden Formen:

Indikativ (Indefinido):
plació (*oder*) plugo
-
-
placieron pluguieron

Subjuntivo (Präsens):
plazca, plega, plegue

Subjuntivo (Imperfekt):
placiera, pluguiera, placiese, pluguiese

Subjuntivo (Futur I):
placiere (*oder*) pluguiere

PODRIR (*oder*) **PUDRIR** „verfaulen"

Es ist empfehlenswert, bei diesem Verb - bis auf den Infinitiv (**podrir**) und das Partizip (**podrido**) - vom Stamm **pudr-** auszugehen. Auf diese Weise erhalten Sie ein regelmäßiges Verb (dritte Konjugation) und vermeiden eine Verwechslung mit dem Verb **poder** (**podría**, **podrías**, usw.).

YACER „liegen, begraben sein"

Indikativ	**Subjuntivo**	**(Präsens)**			**Imperativ**
yazco, yazgo *od*. yago	yazca,	yazga	*oder*	yaga	yace *od*. yaz
	yazcas,	yazgas		yagas	
	yazca,	yazga		yaga	
	yazcamos,	yazgamos		yagamos	
	yazcáis,	yazgáis		yagáis	
	yazcan,	yazgan		yagan	

GRAMMATISCHER INDEX

Die erste Zahl bezieht sich auf die Lektion, die zweite auf die Anmerkung, in der Sie Erklärungen zu dem jeweiligen grammatischen Thema finden. GA steht für Grammatischer Anhang.

A

B

C

D

M

N

O

P

Q

R

LITERATURHINWEISE

Für Spanisch hat Assimil noch mehr zu bieten:

Für fortgeschrittene Lerner

„Spanisch in der Praxis“ (420 Seiten)
Zweisprachiges Lehrbuch mit 4 Audio-CDs und/oder einer mp3-CD.

Sie haben erfolgreich Spanisch mit „Spanisch ohne Mühe heute“ erlernt und können die Frage **¿Perdone, habla usted castellano?** spontan mit **¡Muy bien!** beantworten. Nun möchten Sie Ihre bereits guten Spanischkenntnisse vertiefen, Ihren Wortschatz erweitern und sich mit zahlreichen interessanten Texten die spanische Kultur erschließen? Dann ist unser Selbstlernkurs „**Spanisch in der Praxis**“ genau das Richtige für Sie! In 60 kurzweiligen Lektionen präsentiert Ihnen dieser Kurs anspruchsvolle Texte quer durch die unterschiedlichsten Themenschwerpunkte des Alltagslebens: praxisnah, modern und lebendig. Am Ende werden Sie die Feinheiten des umgangssprachlichen Spanisch besser kennen, entspannt und natürlich Redewendungen benutzen und bei grammatischen Schwierigkeiten mehr Sicherheit erlangt haben – und das ganz ohne Auswendiglernen und Grammatikpauken.

Im Vordergrund steht zu Beginn das Verstehen der spanischen Texte beim Lesen und Anhören. Die Rückübersetzung der deutschen Texte ins Spanische bietet Ihnen eine ideale Möglichkeit für ein aktives Sprechtraining, das eine solide Sprachkompetenz aufbaut. Der Kurs umfasst die Niveaustufen B2-C1 des Gemeinsamen Europäischen Referenzrahmens für Sprachen.

Abwechslungsreiche Lektionen in übersichtlicher Gestaltung fördern Ihren Lernerfolg:

• Fremdsprachige Dialoge mit sinngemäßer und teilweise auch wörtlicher deutscher Übersetzung werden durch kurze, präzise Anmerkungen zu Grammatik, Vokabular und bestimmten sprachlichen Phänomenen ergänzt.

• Anhand der ca. 150 Übungen (Verständnis- und Lückentextübungen mit Lösungen) können Sie Ihren Lernfortschritt überprüfen.

• In regelmäßigen Wiederholungslektionen wird der Stoff vertieft und anhand von Beispielen systematisch verdeutlicht, so dass Sie das Kennengelernte aufarbeiten und festigen können.

• Ein umfangreicher grammatischer Anhang mit einem Überblick über alle spanischen Verbkonjugationen bietet Ihnen die Möglichkeit, spezielle Informationen gezielt nachzuschlagen.

• Die Tonaufnahmen der spanischen Lektions- und Verständnisübungstexte auf vier Audio-CDs oder einer mp3-CD (190 Min. Spieldauer), für die professionelle Sprecherinnen und Sprecher ihre Stimmen geliehen haben, bringen Ihnen die authentische spanische Aussprache näher.

• Damit der Spaß an der Sprache nicht verloren geht, sorgen lustige Cartoons, zahlreiche Lerntipps und informative Texte zur Landeskunde für die nötige Motivation.

„Spanisch in der Praxis“ ist erhältlich in den Kombinationen MultimediaClassic mit Lehrbuch und 4 Audio-CDs (ISBN 978-2-7005-2058-3) und MultimediaMP3 mit Lehrbuch und einer mp3-CD (ISBN 978-3-89625-276-0).

Wenn Sie Spanisch sprechende Freunde haben, die gerne Deutsch erlernen oder vertiefen möchten, empfehlen wir Ihnen folgenen Kurs:

El nuevo Alemán sin esfuerzo
(420 Seiten)

Dieser Selbstlernkurs eignet sich hervorragend für Spanisch sprechende Lerner, für die das Deutsche noch eine gänzlich fremde Sprache ist, aber auch für diejenigen, die bereits über Deutschkenntnisse verfügen und diese vertiefen und festigen möchten.

Der Kurs vermittelt nach dem Prinzip des natürlichen Assimilierens progressiv und umfassend die Grundlagen des Deutschen und einen Wortschatz von ca. 2.000 Vokabeln. Am Ende erreichen Sie das sprachliche Niveau von

4-5 Semestern VHS bzw. die Stufe B2 des Gemeinsamen Europäischen Referenzrahmens für Sprachen. Sie werden sich in Alltagssituationen fließend mit Deutschen unterhalten können, und das ganz ohne Auswendiglernen und Grammtikpauken.

Im Vordergrund steht zu Beginn das Verstehen der deutschen Texte beim Lesen und Anhören (sog. „passive Phase"). Mit Beginn der zweiten Kurshälfte, in der sogenannten „aktiven Phase" (oder auch „2. Welle"), setzt ein aktives Sprechtraining ein, das eine solide Sprachkompetenz aufbaut.

Kurze Lektionen in übersichtlicher Gestaltung fördern Ihren Lernerfolg:

• Die deutschen Dialoge mit sinngemäßer und größtenteils auch wörtlicher Übersetzung in spanischer Sprache werden durch kurze, präzise Anmerkungen zu Grammatik, Vokabular und bestimmten sprachlichen Phänomenen ergänzt.
• Eine speziell an die Erklärungssprache des Lerners angepasste vereinfachte Lautschrift hilft, sich mit der Aussprache des Deutschen vertraut zu machen und die Texte fast authentisch auszusprechen.
• Anhand der ca. 220 Übungen (Verständnis- und Lückentextübungen mit Lösungen) können Sie Ihren Lernfortschritt überprüfen.
• In regelmäßigen Wiederholungslektionen wird der Stoff vertieft und durch Beispiele systematisch verdeutlicht, so dass Sie das Gelernte aufarbeiten und festigen können.
• Ein ausführlicher grammatischer Anhang bietet die Gelegenheit zum gezielten Nachschlagen bestimmer Informationen.
• Die Tonaufnahmen der deutschen Lektions- und Verständnisübungstexte auf vier Audio-CDs oder einer mp3-CD (180 Min. Spieldauer), für die professionelle Sprecherinnen und Sprecher ihre Stimmen geliehen haben, bringen Ihnen die authentische deutsche Aussprache näher.
• Damit der Spaß an der Sprache nicht verloren geht, sorgen lustige Cartoons, zahlreiche Lerntipps und informative Texte zur Landeskunde für die nötige Motivation.

„El nuevo Alemán sin esfuerzo" ist erhältlich in den Kombinationen MultimediaClassic mit Lehrbuch und 4 Audio-CDs (ISBN 978-2-7005-1067-6) und MultimediaMP3 mit Lehrbuch und mp3-CD (ISBN 978-2-7005-7023-6).